黑龙江省优势地方特色学科项目
（DF2017-10233-牡丹江师范学院-01-地方语言文学）

黑龙江省哲学社会科学研究规划项目
"胶辽官话语音演变和历史层次研究"（15YYB10）

牡丹江师范学院博士科研启动基金项目
"大连方言语音研究"（MNUB201702）

大连方言语音研究

THE PHONOLOGICAL STUDY OF
DALIAN DIALECT

刘丽丽 著

社会科学文献出版社
SOCIAL SCIENCES ACADEMIC PRESS (CHINA)

序

《中国语言地图集》（2012年版）将大连方言归属于胶辽官话区登连片，并指出该片区别于其他片的主要语音特点有：古知庄章三组字声母分两类，部分古次浊入声字与清入的读法相同，古蟹止山臻四摄合口一三等韵的端系字多数没有 [-u-] 介音，古曾梗摄开口一二等入声字韵母一般读 [ɤ]（[ə]）或 [ɛ]，古止摄开口三等日母字读 [ɚ]，古影疑母一等字今读零声母，阴平多读降调，上声多读低降升调。相比于山东省的胶辽官话研究，东北的胶辽官话虽然有一些研究成果，但总体来说还很不系统，高质量的调查材料也很有限。

《大连方言语音研究》是作者刘丽丽在博士论文的基础上扩充、修改、精心打磨而成的，是东北地区胶辽官话研究最新的代表性成果。大连是胶辽官话登连片在辽宁的主要分布区域，大连方言既是辽宁省方言中胶辽官话色彩最重的，又是内部差异最大的，独特的地理位置决定了大连方言既与胶东半岛方言有着千丝万缕的联系，又具有自身的独特性。本书在大量实地调查的基础上，全面描写大连方言语音面貌，揭示大连方言的语音演变规律，从方言接触、移民、民族、地理等方面解释其内部差异，并与山东胶辽官话进行比较，拓展了胶辽官话研究的深度和广度。这本著作既是她这些年来从事官话研究的一个阶段性小结，也是对她多年来辛勤努力的回报。

丽丽2004年考入北京语言大学攻读汉语方言学硕士学位，2005年9月-10月间，丽丽跟同届的其他几位同学一起随我前往安徽歙县深渡镇、徽州区呈坎镇、祁门县箬坑乡、休宁县溪口乡进行方言调查实习，并于次

1

年暑期分赴四地进行了补充调查和核对，后来即以休宁溪口的调查材料撰写了硕士学位论文《休宁（溪口）方言语音研究》。工作以后，丽丽又利用假期时间到溪口进行过多次调查核对，扩充为《休宁（溪口）方言研究》，2014年由中国社会科学出版社出版。

2007年，丽丽硕士毕业到牡丹江师范学院工作，2013年考入北京语言大学攻读博士学位。经历了工作、成家、生子等人生必修课之后，丽丽非常珍惜博士期间的学习机会；生活与工作的磨砺，让博士阶段的丽丽沉稳了许多，学习目标更明确，学习的劲头也更足。博士论文18个点的实地调查和写作，加上繁重的教学任务和家务，个中的艰辛可想而知，好在丽丽凭着她坚强的毅力顺利地挺过来了。

汉语方言研究有着悠久的调查传统，从最早的方言调查工作者"輏轩使者采异代方言"，扬雄著《方言》发其端，晋郭璞注《方言》，以至历代文人对方言也都有一些零星的记录，特别是明清时期的各种地方韵书、韵图，无一不是对地点方言的调查描写；20世纪以来，以赵元任为代表的现代语言学家开创的汉语方言调查研究范式一直延续至今，50年代的汉语方言普查，改革开放以来方言研究的蓬勃发展，无不以方言调查为其基础。我们在指导研究生的过程中也一直十分强调实地调查的重要性，每一届学生的方言调查课都辅以十天左右的实地调查实习，时间虽然不长，但效果显著。丽丽上学期间及工作以后，有过多次方言调查的实践，积累了比较丰富的调查经验，这对她的研究工作起到了很积极的作用。

历经风雨方见彩虹。博士毕业后，丽丽在教学科研方面不断有好消息传来，比如主持了语保工程的项目和黑龙江省哲社科项目，开始招收、指导硕士研究生，多次获得省教学科研成果奖，我为她的进步感到开心和骄傲。

高校青年教师面临各种压力，我深知丽丽一路走来的不易。生活、工作的压力对当事人来说也许是一种痛苦的体验，但又何尝不是一种历练？丽丽天资聪颖，思维活跃，视野开阔，衷心希望她以一如既往的笃实和锐气，在治学的道路上踏实迈进，更有作为。

赵日新 2020年10月

目　录

第一章　引　论………………………………………………………………1
　　第一节　大连的历史和人口………………………………………………1
　　第二节　大连方言的分区、语音特点及形成……………………………6
　　第三节　本研究的材料、目的、意义和方法……………………………9

第二章　大连方言的语音特点和分区……………………………………18
　　第一节　大连（汉族）方言的语音特点…………………………………18
　　第二节　大连（满族）方言的语音特点…………………………………23
　　第三节　大连（汉族和满族）方言的语音特点…………………………27
　　第四节　大连方言的分区…………………………………………………32

第三章　大连方言声母研究…………………………………………………37
　　第一节　精组………………………………………………………………37
　　第二节　知系………………………………………………………………45
　　第三节　见晓组……………………………………………………………60
　　第四节　与山东胶辽官话的比较…………………………………………64

第四章　大连方言韵母研究…………………………………………………78
　　第一节　果摄见系一等……………………………………………………78

1

第二节　蟹摄开口二等见系……………………………… 83
　　第三节　来母蟹止摄开口三四等、深臻曾梗摄开口三四等入声 … 86
　　第四节　蟹止山臻端系合口……………………………… 88
　　第五节　入声字的韵母…………………………………… 91
　　第六节　与山东胶辽官话的比较………………………… 100

第五章　大连方言声调研究……………………………………… 121
　　第一节　调类和调值……………………………………… 121
　　第二节　清入……………………………………………… 127
　　第三节　次浊平声………………………………………… 133
　　第四节　次浊入声………………………………………… 140
　　第五节　与山东胶辽官话的比较………………………… 143

第六章　语言接触视角下的大连方言…………………………… 166
　　第一节　大连方言形成和发展的历史…………………… 166
　　第二节　大连各小片（片）方言的语音特点及语言接触 … 173
　　第三节　大连6地方言和山东胶辽官话的亲疏关系…… 184

余　论……………………………………………………………… 194

附录一　大连方言代表点音系…………………………………… 197

附录二　大连18个方言点语音专题代表字的读音…………… 209

参考文献…………………………………………………………… 289

后　记……………………………………………………………… 296

第一章 引 论

第一节 大连的历史和人口

大连是一个地级市,隶属辽宁省,位于辽东半岛最南端。北依营口市,南与山东半岛隔海相望,位置在东经120°58′~123°31′,北纬38°43′~40°10′之间。大连下辖6区3市1县:中山区、西岗区、沙河口区、甘井子区、旅顺口区、金州区6个市辖区,普兰店市、瓦房店市、庄河市3个县级市,以及1个海岛县——长海县。大连土地总面积12573.85平方千米。

根据大连市统计局2011年5月18日发布的《大连市2010年第六次全国人口普查主要数据公报》,大连全市总人口为6690432人。

本文"大连方言"不只是指大连市区方言,包括大连地区6区3市1县的方言。

以下简要介绍大连地区的历史和人口构成。

一 历史

大连地区历史悠久,对大连历史描述最全面细致的是由大连市委市政府主持编纂、2007年出版的三卷本的《大连通史》。以下对大连历史的介绍主要依据《大连通史·古代卷》。

在距今1.7万年前,古人类已定居于此。历经旧石器时代、新石器时代、夏商周时期，大连与山东半岛联系密切。春秋战国时期，大连一度成为齐国和燕国的领地，燕设置上谷、渔阳、右北平、辽西、辽东等郡，此为辽东设治之始，大连地区属辽东郡，郡治设在襄平（今辽阳）。秦袭燕制。汉武帝元封四年（公元前107年，一说公元前128年）正式建辽东郡，下设"凡县十八，乡邑五十一"，今大连南部地区设沓氏县，北部地区分属文县、平郭县和武次县。东汉桓帝和灵帝时，军阀公孙度割据辽东。汉献帝初平元年（公元190年），公孙度自立辽东侯，并分东汉之东郡为辽西、中辽、辽东三郡，上设平州，自封平州牧。大连地区仍设沓县、汶县，上统于辽东郡。公元204年，公孙度死，其子康、康弟恭、恭子渊先后把持辽东，大连地区南部属沓县，西北部属平郭县，东北部属西安平县。其间，由于战乱，齐鲁学者纷纷逃亡辽东避难。其中最有名的当数管宁、邴元、太史慈、王烈及北海人刘政等。中原传统礼仪由是系统传入辽东。

三国时期，魏吴都欲将辽东纳入各自的势力范围。公孙氏先称臣附魏，后联吴拒魏。公孙渊惧怕接受吴国封王之后招致魏国征讨，复投魏，突袭吴军，致使吴军全军覆没。魏明帝因召渊入朝不至，发兵两次征讨公孙渊。公孙渊"闻魏人将讨，复称臣于吴，乞兵北伐以自救"。当吴军于同年8月抵达沓县时，魏司马懿大军已攻破襄平城并诛杀公孙渊父子。其残部7000余人弃城向辽南退却，在沓县境内与东吴军组成联军与魏军激战并将魏军击退。吴军乘机劫掠沓县大批青壮男女和物资南还。此战使沓县遭到严重破坏，城池被毁，田园荒芜，民不聊生，剩余的沓县吏民纷纷逃往山东齐郡界（今淄博），致使包括平郭、汶、沓县在内的整个辽南地区沦为荒芜之地，造成大连地区历史上的第一次大劫难。后魏国在原沓县治所东部置东沓县，同时为了安置沓县逃亡的吏民，特在齐郡的淄川县罗村（今淄博市淄川区罗村镇罗村）一带另置一县，称新沓县，以安置沓县徙民。后大连地区先后归西晋、东晋、前燕、前秦、后燕、高句丽管辖。

唐高宗总章元年（668），唐将薛仁贵统帅大军攻克平壤。唐置安东都护府，统兵2万人镇守。今大连地区属安东都护府之积利州，州治所设在今庄河市城山山城，终收复辽东。开元元年（713）五月，唐派遣鸿胪卿崔忻赴辽东册封靺鞨粟末首领大祚荣。公元908年，契丹占据包括大连在内的整个辽东。是年"冬十月，筑长城于镇东海口"（今甘井子南关岭）。天显元年（926）正月，阿保机率军亲征渤海，抵忽汗城（今黑龙江宁安），灭渤海国。其后，契丹将扶余城（今吉林省农安）的女真人安置在今大连地区西北部定居，并设置扶州（取扶余城字头命州名）治理（公元938年改复州）；将苏子河附近的南苏（今辽宁新宾境内）女真人安置在今金州以南地区定居，置苏州（取南苏之苏命州名）治理。契丹通过移民，使大连地区人口骤增。上述两州，"编户数十万，耕垦千余里"。契丹向大连地区的大规模移民，使唐王朝灭亡后辽南地区的萧条状况得以改变，社会经济逐渐复苏。兴宗景福元年（1031），辽为加强对辽东南部地区的统治，在今大连北部地区设复州怀德军节度，下设永宁（后改永康）、德胜二县；在大连南部地区置苏州安复军节度，下设来苏、怀化两县。辽代的大连地区居民有汉人、渤海人、奚人和契丹人。1115年，女真族的完颜旻（阿骨打）在今黑龙江阿城立国，国号金。后辽阳路54个州悉被金国控制。金太祖天辅元年（1117）七月，苏、复两州10万军民（主要有汉人、渤海人、契丹人）爆发了反对金人统治的武装大起义。此次战乱，苏、复两州居民惨遭涂炭。幸存下来的多"泛海至登州"。苏、复两州人口骤减，使大连地区的社会经济又一次遭受了重大挫折。金朝经过30余年的统治，"府库充实，天下富庶"，辽代迁入苏、复两州的熟女真人口益繁。金熙宗年间，苏复二州人口已达40余万。金朝担心熟女真过于集中难以管理，就陆续将苏、复两州的熟女真居民编为猛安，分期分批以戍边的名义转徙山东分散定居各地。至黄统元年（1141）时，将苏、复两州熟女真"尽驱以行"。至是，苏、复两州居民以汉族和渤海人为主。至1193年，复州所辖之永康、化成二县计有13950户，人口约8万。金宣宗贞祐四年（1216）五月，金朝为保辽东最南部的一块土地，控制沿海诸港，将化成县升格为金州。金州之名从此诞生。同年八月，蒙古军攻占金、复、海、盖四州。1234年，金朝灭亡。大连地区归蒙古孛儿只斤窝阔台辖地。由契丹人建立的辽及女真人建立的金在与两宋对峙的过程中，他们善于吸收汉族文化，在其统治中期以后，大连地区经济繁荣、社会稳定。尤其是辽代复州城和金州城的辟建，形成了大连地区南北两个政治经济和文化中心的格局，对后世产生了深远影响。

元初，由于蒙古与金的连年征战，金、复两州人口大批逃亡，大片土地荒芜。当元军最后占领金、复两州时，大连地区已成一片人烟稀少的荒漠之地。元废金代所设的金、复二州，将其并入盖州路，后又并入辽阳路。其时，整个辽阳路仅有3780户，13231人，大连地区人口不足千人。元初曾四次向金、复州派遣屯田军户，总数达3640户，加之眷属，总人口达3万余。这些军户以原部队编制划分地块，定居耕作，战时出征，平时为民。每个耕作单位称"屯"，是为现在大连地区地名"屯"的起源。这些移民的后裔成为明代大连地区的世居居民。至元二十一年（1284），元在大连地区置金、复州屯田万户府，上统于辽阳行省辽阳路，府治所设在金州城。大连地区人口迅速增加到20余万人，社会经济得到长足发展。

明洪武五年（1372），辽东设置第一个卫——金州卫，下领6个千户所，实行州卫并行制。洪武十四年（1381）置复州卫，下领4个千户所。金州卫和复州卫隶属辽海东宁道。洪武二十八年（1395）废州制而专行卫制。从此大连地区民政事务及军事均归东宁道的上一级行政机构辽东都司管辖。是年起，辽东21卫的军士屯田自食，复州、金州两卫军兵改为屯田军，辟给耕地，屯田自养。至明朝中叶，复州卫有屯田军1019名，金州卫有屯田军2022名（为在册军士，如含军人眷属，可达2万人），屯田20余万亩，出现了"岁有羡余，数千里内，屯堡相望"的景象。大连地区出现了自汉代以来又一个繁荣时期。时复州卫人口达到4万余人，金州卫人口达到5.7万余人，耕地数十万亩。明朝重视教育事业，太祖洪武十七年（1384），建立金、复、盖、海四州儒学（孔庙）。明末，由于辽东战乱不止，居民大批逃亡山东，辽东各卫儒学移至山东莱州府，设金、复"辽学"，金、复生员须跨海到山东读书应考。

1616年努尔哈赤称汗，国号金（史称后金）。明熹宗天启元年（1621）三至五月，后金兵攻占了辽南的海、盖、复、金各卫。部分居民逃亡山东。《复县志略》云："海盖金复4卫人，望风奔窜，多航海走山东，其不能达者则栖止各岛间。"① 当时，明将毛文龙率部游击于皮岛（今朝鲜椴岛）

---

① 参见《复县志略》，第5页。

至南巳诸岛（长山列岛，注：长海县诸岛）间。长山列岛与山东登州成为犄角之势，遥相呼应，对后金等诸卫起到一定威胁和牵制作用。百姓多归附之。1623年，后金军再次攻占复州和金州。为防明军毛文龙部的袭击，后金军将金州居民强行驱至复州境内，金州一时间几乎成为无人区。清初，大连地区曾经历近20年的战乱，社会经济遭到严重破坏，人口大批流失，除数百人滞留海岛外，居民多由海路先后逃往山东，致使大连地区"城堡虽多，皆成荒土"。为了重新开发金、复州这块曾经繁荣昌盛之地，清朝实行屯兵实边、移民垦荒的政策。顺治十年（1653），清朝在对东北地区进行了15年的有效统治之后，颁行了《辽东招民垦荒则例》，对招来的移民全部编入旗籍，计民授田，发给耕牛和种子。同期，还分拨京城部分八旗兵员（带眷属）和长白山一带旗民来大连地区戍边、垦殖定居。对他们的政策更为优厚，官府允许他们在一定时限内"跑马圈地"，作为私产，被称为"占山户"。康熙末年，清廷颁令在大连南部地区实行编民入旗政策，即将金州城以南地区（今甘井子区、城市三区及旅顺口区）的汉民编入汉军正黄旗、镶黄旗、正白旗，使之享受旗人在税赋等方面的优惠待遇，因此大连地区旗人的比例大幅度增加。雍正十二年（1734），升复州通判为复州，撤金州巡检司设宁海县，隶属奉天府。至此，清自1644年定鼎北京之后，又经历了近一个世纪，大连南部地区才正式设立县级建制。至此大连地区分属复州、宁海县和岫岩通判（今庄河市部分地区）。清初大连地区人烟稀少，卫学移山东莱州府。雍正五年（1727），由于移民涌入，大连地区人口增加，"学子赴试困于渡海"，朝廷批准将原设在山东的复州、金州儒学并归奉天府。

19世纪末，大连地区先后被俄国、日本强租，大连人民经历了甲午战争、旅顺大屠杀、日俄战争、731人体试验等深重的灾难，开始了持续不断的反抗和斗争。直至1945年8月日本投降，大连地区才回到祖国的怀抱。

二 人口

大连是汉族、满族、回族等多民族共同生活的地方，汉族人口占绝大多数，少数民族中以满族人口最多。

据2010年第六次全国人口普查数据，大连市少数民族户籍人口39.1万人。其中，满族人口超过20万，为299539人。人口超万人的有蒙古族（30645人）、朝鲜族（23268人）、回族（15533人）、锡伯族（14180人）。全市有民族乡5个，分别是：普兰店市的乐甲满族乡、瓦房店市的杨家满族乡、三台满族乡，庄河市的太平岭满族乡、桂云花满族乡。享受民族乡待遇的镇、街道有6个，分别是金州新区的七顶山街道、普湾新区的石河街道、瓦房店市的老虎屯镇、庄河市的吴炉镇、仙人洞镇、塔岭镇。

第二节　大连方言的分区、语音特点及形成

以往对大连方言的研究主要集中在分区、语音特点和大连方言的形成等方面。

一　大连方言的分区和语音特点

1934年的《中华民国新地图》之《语言区域图》中，大连方言属于"中国语系"之华北官话区。1939年的《中国分省新图》之《语言区域图》中，大连方言属"汉语系"的北方官话区，1948年版《中国分省新图》沿用上述说法。

《辽宁语音说略》（宋学等，1963）依据辽宁47个市县的普查材料，把辽宁方言分为4区。大连方言属于第一和第三两区。具体说来，大连长海县、新金县（今普兰店市）、庄河县（今庄河市）为第一区；大连市、瓦房店市是第二区。文章指出了两区的语音差别，并附有6幅方言地图和代表方言点（大连有长海县、新金县、大连市区）的声韵调表，是比较可靠、权威的研究大连方言的早期材料。

《官话方言的分区》（李荣，1985）把官话区分为7区，大连方言被划归胶辽官话区，该区的特点是"古清音入声今读上声，与其他六区分开"，此后"胶辽官话"的术语被学界沿用至今。

《中国语言地图集》（1987）把官话分成8区，大连方言属于胶辽官话

区登连片。该片的主要语音特点有：古知庄章组今读两类声母，古见系字今读 [c- ch- ç-] 声母。《汉语官话方言研究》（钱曾怡主编，2010）对大连方言的分区也与上书相同。

《中国语言地图集》（2012）仍把大连划为登连片，认为该片区别于其他片的主要语音特点是：古知庄章三组字声母分两类，部分古次浊入声字与清入的读法相同，古蟹止山臻四摄合口一三等韵的端系字多数没有 [-u-] 介音，古曾梗摄开口一二等入声字韵母一般读 [ɤ]([ə]) 或 [ɛ]，古止摄开口三等日母字读 [ɚ]，古影疑母一等字今读零声母，阴平多读降调，上声多读低降升调。登连片下分 3 个小片，大连市金州区、庄河市、普兰店市和长海县属于烟威小片；大连市旅顺口区、沙河口区、中山区、西岗区、甘井子区和瓦房店市属于大岫小片。烟威小片的语音特点：古次浊平声字分读阳平和阴平两类，威海等地阳平和去声合并只有 3 个调类，文登荣成古全浊声母逢仄声读不送气、逢平声时有的送气有的不送气，文登荣成有一部分团音字读 [c- ch- ç-]、口语中读 [ts- tsh- s-]，牟平威海等方言山摄细音入声字与觉药两韵字韵母不同。大岫小片的语音特点：不分尖团，都读 [tɕ- tɕh- ç-]，阳平调读高升调 35（或 45）。

除分区研究外，目前对大连方言的语音也有一定研究，相关研究论著主要有以下一些。

《东北黄海沿岸几个地方的语音问题》（金贵士，1959），研究大连下辖的庄河县（今庄河市）、新金县（今普兰店市）、金县（今大连市金州区）、长海县的黄海沿岸方言的语音问题，指出黄海沿岸方言在声母、韵母、声调上的共同特点，并注意到当地有读书音和说话音的不同。该文没有使用国际音标；字音多是举例性的，没有说明音类的分合规律；作者仅调查金县华家屯人民公社和新金县普兰店人民公社两个方言点，其他方言未调查，材料未免有以偏概全之嫌。

《长海方言的内部差异》（于志培，1985），把长海县主要居住岛屿方言分为石广区、长山区和獐海区，描写三区语音的共同特点以及在分尖团、古知系声母的分化、声韵配合情况和声调四方面的语音差别，并从山东半岛邻近方言移民的角度做出解释。该文没有使用国际音标，多是举例性说明语音特点，没有指出古知庄章组声母今读的分化规律。

《长海方言的儿化与子尾》（厉兵，1981），讨论长海县大长山岛镇方言的声韵调、两字组连调情况，列出儿化韵，说明儿化韵和基本韵的关系、儿化韵的特点以及子尾的读音情况、用法等。

《大连方言语音研究》（中国人民大学硕士学位论文，董岩，2008），将大连及下辖县市的10个方言点分为大连、庄河、长山三类，对大连方言的声母、韵母、声调进行分类性描写分析，初步揭示大连方言的地域差异，并参照中古音分析大连方言语音的演变。

《庄河音系内部差异研究》（辽宁大学硕士学位论文，董琼瑜，2014），对庄河市区话和步云山话的声母、韵母、声调系统及声韵拼合关系进行对比，说明庄河方言的内部差异。

除此之外，《胶辽官话研究》（罗福腾，1998）和《汉语官话方言研究》（钱曾怡主编，2010）中也有涉及大连方言的研究内容，兹不赘述。

目前对大连方言的分区和特点已有一定的研究：新版《中国语言地图集》对大连方言的分区较之旧版更加细致，反映近年来大连方言语音研究的深入；《辽宁语音说略》《东北黄海沿岸几个地方的语音问题》《长海方言的内部差异》《大连方言语音研究》对大连的黄海沿岸方言、非沿岸方言的差别及长海县方言的内部差异有一定的描写，尤其是董岩把大连方言归结为大连型、庄河型和长山型，三种类型的语音特点或者完全相同，或者彼此不同，或者互有交叉，初步揭示大连方言的地域差异。

但目前对大连方言差异性的研究仍远远不够，首先对大连方言没有一个整体、全面的认识。以往对大连方言的研究只是限于几种类型。语言是渐变的，这几种类型之间有没有过渡阶段，或者说大连方言是否还有别的类型呢？另外，大连是一个以汉族为主体，汉族与满族、回族、蒙古族等少数民族共同生活的地区，除汉族外，满族人口最多。大连的满族人也说汉语，但与当地汉族汉语的语言面貌有所不同。大连地区的黄海沿岸方言与非沿岸方言的不同，与满族人、满族汉语有无关联？与满族人的分布有无关联？总之，对大连方言地域差异的研究还远远不够，对地域差异形成的原因也无从知晓，对民族差异的研究没有展开，大连方言的语音研究有很多可待挖掘的空间。

二　大连方言的形成

以往对大连方言形成原因的探讨，往往涵盖在辽东半岛方言或者说东北胶辽官话的形成原因里。目前，学术界占主流的观点是"移民"说，即认为"辽东的胶辽官话是胶东地区的胶辽官话跨海北渡的结果"（《中国语言地图集》，2012）。这种观点在罗福腾的《胶辽官话研究》中始见端倪，他认为"清代初期、中期大量涌入辽东的胶东移民，把胶东话带到了辽东半岛地区，从而奠定了辽东半岛方言的基本面貌"。他从移民的祖籍来源、时间先后的角度解释辽东半岛方言和吉林省通化地区方言的语音差别，认为这种差别是一种时代层次的差异："辽东半岛的移民主要来自山东登州府和莱州府，迁入时间集中于清代早期和中期。胶东移民的方言奠定了大连、丹东、营口方言的基础"；"清代后期和民国年间，山东登州府、莱州府、青州府移民和辽东半岛二次搬迁的山东人口涌向辽宁东部、吉林南部地区，奠定了桓仁、宽甸、通化、白山、长白、临江、抚松等方言的基础"。

我们认为，清朝乃至民国从山东到辽东半岛（甚至更北地区）的移民是历史事实，移民说在一定程度上可以解释辽东半岛与胶东半岛方言的渊源关系，但大连方言的地域差异是以往单纯的移民说解释不了的。此外，虽然学界认为"东北地区的胶辽官话是山东半岛的居民带过来的"，"辽东半岛的南部与胶东地区的胶辽官话更为接近"（张树铮，2007），大连方言又是辽东最具有胶辽官话语音特征的，但目前并没有大连方言与胶东方言的对比性研究，因此对大连方言与胶东方言的关系、大连方言的形成历史等问题研究得还不够深入。总之，与山东胶辽官话的研究相比，大连方言的研究工作比较滞后，因此也可以说是大有可为的。

第三节　本研究的材料、目的、意义和方法

一　研究材料

本研究的材料主要建立在笔者田野调查获得的方言语料上，同时也借

鉴已发表或出版的方言论文、著作，大连的历史和地方志书等。

（一）笔者田野调查获得的方言材料

方言田野调查包括第一阶段的初步调查和第二阶段的专题性调查。

2014年8~9月，对大连市甘井子区革镇堡街道、大连市金州区杏树屯街道和长海县大长山岛镇方言作《方言调查字表》的初步调查，了解三地方言的音系及语音差异。在此基础上，围绕大连方言的声母、韵母和声调特点，总结语音专题研究代表字共632个。选字原则主要有二：一是选取口语常用字，尽量反映大连方言的口语情况；二是主要围绕大连方言的声母、韵母和声调共计13个语音专题选取代表字。这13个语音专题分别是：（1）精组，（2）知庄章组，（3）日母，（4）见晓组，（5）果摄见系一等，（6）蟹摄开口二等见系，（7）来母蟹止摄开口三四等、深臻曾梗摄开口三四等入声，（8）蟹止山臻端系合口，（9）入声字的韵母，（10）调类和调值，（11）清入字，（12）次浊平声字，（13）次浊入声字。其中，专题（1）至（4）属于声母部分，专题（5）至（9）属于韵母部分，专题（10）至（13）属于声调部分。

2015年8~9月，根据大连下辖各区、市、县方言的内部差异性，选取18个方言点，作各点的音系调查和语音专题调查。在14个调查点选取汉族发音人，在4个调查点选取满族发音人。18个调查点及发音合作人的情况简要介绍如下。

1. 革镇堡：大连市甘井子区革镇堡街道（汉族，2人）

周万歧，男，1945年9月生，出生地革镇堡街道鞍子山村，函授大专学历，退休公务员。祖籍山东文登，太爷爷辈迁来。

王贞伦，男，1943年8月生，出生地革镇堡街道中革村，高中学历，务农。祖籍山东福山，五辈以前迁来。

2. 营城子：大连市甘井子区营城子街道（满族，1人）

金长盛，男，1930年4月生，出生地营城子街道，小学毕业，工人。鳌拜后人，祖上因避祸于康熙年间迁到营城子，后改汉族。传世字"志万有文，耀立诚世，福长业隆德永厚，源远振宗邦"，现传到德字辈。金家在村里居住较早，属于老户。

3. 杏树屯：大连市金州区杏树屯街道（汉族，2人）

刘金涌，男，1944年8月生，杏树屯街道李屯村人，小学文化，建筑企业老板，祖籍青岛市海阳县。

秦久鳆，男，1950年12月生，杏树屯街道台子社区人，初中文化，农民，祖籍登州府。

4. 亮甲店：大连市金州区亮甲店街道（汉族，2人）

姜允良，男，1947年8月生，亮甲店街道亮甲村人，小学文化，农民，曾祖父辈从山东迁来。

巴居仁，男，1940年6月生，亮甲店街道亮甲村人，小学文化，农民，高祖父辈从山东烟台巴家寨迁来。

5. 大魏家：大连市金州区大魏家街道（汉族，2人）

刘兆生，男，1947年12月生，大魏家街道大魏家村人，小学文化，农民。五辈前从山东走海路迁来。

韩世源，男，1944年8月生，大魏家街道大魏家村人，小学文化，农民。祖父辈从山东迁来。

6. 七顶山：大连市金州区七顶山满族自治乡（满族，1人）

满永江，男，1946年3月生，七顶山满族自治乡老虎山村人，初中文化，农民。祖上正黄旗，雍正年间从北京草帽胡同迁来。祖辈未与汉族通婚。迁来时有查汉口、查汉代哥两个，传世字"廷玉连治永，德明继世忠，运兴增宏业，文士复元成"。辛亥革命后改汉姓，现到第十辈"忠"字辈。老虎山村满族有"满、文、付、白"四大姓，都是从草帽胡同迁来的正黄旗人。

7. 皮口：普兰店市皮口镇（汉族，2人）

孙德芝，男，1943年11月生，皮口镇人，小学文化，在皮口镇工作。祖上雍正年间迁到皮口，祖籍山东福山。

修世玉，男，1943年11月生，皮口镇人，中专学历，农民。祖籍山东，爷爷在皮口出生，不知哪辈迁到皮口。

8. 普市（指普兰店市，以下同）：普市太平街道庙山社区（原庙山村，汉族，2人）

栾兆盛，男，1949年1月出生于庙山村，小学肄业，农民。祖籍山东莱阳，曾祖父辈迁来。

林茂仁，男，1950年10月出生于庙山村，高中毕业，农民。祖籍内蒙古，曾祖父辈迁来。

9. 安波$_汉$：普市安波镇（汉族，1人）

尹永平，男，1958年4月出生于安波镇得胜村，初中文化，农民。曾祖父辈从山东迁来。

10. 安波$_满$：普市安波镇（满族，1人）

张宝峰，男，1948年11月出生于安波镇张屯（今安波社区），初中文化，小学老师。父亲是满族，母亲是汉族。正黄旗人，11辈祖上在光绪年间从北京保定府被派驻熊岳城，8辈祖上迁到安波。原姓爱新觉罗，改汉姓张。安波镇内的大屯、孤山子和张屯三地满族人比较多，都姓张。满族人多于清朝初年来到此地，汉族人随后迁来。当地满族和汉族杂居的情况使得满族汉语和汉族汉语互相混合，两种口音互有杂糅。

11. 复州：瓦房店市复州城镇（汉族，2人）

孙炳新，男，1952年3月生，复州城镇永丰村人，初中文化，农民。祖上4辈前或更早从山东登州府迁来。

林桂枫，男，1948年2月生，复州城镇永丰村人，小学文化，农民。祖上十多辈前从山东登州府逃荒迁来。

12. 三台：瓦房店市三台满族自治乡（满族，1人）

陶成民，男，1947年8月生于三台满族乡夹河心村，初中文化，工人。正黄旗人，祖上4辈前从吉林长白山迁来。祖辈未与汉族通婚。

13. 万家岭：瓦房店市万家岭镇（汉族，2人）

张永年，男，1941年2月生于万家岭镇万家岭村，初中文化，农民。

张永连，男，1947年1月生于万家岭镇万家岭村，小学文化，农民。

二人祖籍山东登州府，祖上在河北丰润县张各庄待了两三辈，十几辈祖上迁到盖州熊岳城，7辈祖上迁到万家岭。

14. 庄河市：庄河市昌盛街道小寺儿村（汉族，1人）

刘惠成，男，1949年9月生，昌盛街道（原观架山乡）小寺儿村人，小学文化，农民。太爷爷辈因水灾，从山东登州府荣成刘鸭湾逃难迁徙而来。

15. 蓉花山：庄河市蓉花山镇（汉族，2人）

唐淑庆，女，1948年2月生，蓉花山镇德兴村人，小学肄业，农民。

唐清焕，男，1952年10月生，蓉花山镇德兴村人，小学文化，农民。

二人祖籍山东登州府，祖上十多辈前迁到此地。

16. 大长山：长海县大长山岛镇（汉族，2人）

姜同山，男，1944年10月生于大长山岛镇三官庙村，高中学历，务农十年，后做教师、公务员，现已退休。祖籍烟台八角村，属于迁入后第九或第十辈人。

赵广臣，男，1944年5月生于大长山岛镇三官庙村，高中毕业，务农四年，后做教师，现已退休。祖籍山东，属于迁入后第8辈人。

17. 广鹿：长海县广鹿乡（汉族，2人）

李成家，男，1943年10月生，广鹿乡塘洼村人，中专文化，退休干部。祖上七辈前从山东迁来。

潘良山，男，1944年3月生，广鹿乡塘洼村人，初中文化，退休干部。祖上5辈前从山东迁来。

18. 獐子岛：长海县獐子岛镇（汉族，1人）

姜明花，女，1945年11月生，獐子岛镇沙包子社区人，初中肄业，曾经做过教师、工人。祖籍山东蓬莱，祖上5~6辈前迁到此地。

统计共调查25位汉族人、4位满族人、一位满汉。普市安波镇汉族和满族各调查1人，鉴于民族成分和语音面貌不同，算作两个调查点。所调查的满族发音人都说汉语方言，语音存在一定差异，这既与其所处地域有关，也与其民族成分有关：七顶山乡和三台乡的满族人及其父辈与汉族没有婚姻关系，安波镇的满族人张宝峰父亲是满族、母亲是汉族，营城子镇的满族金长盛祖上是清朝权臣鳌拜，发音有满族人所说汉语的特点。

（二）已发表或出版的方言论文、著作

本研究涉及山东胶辽官话、北京官话等方言的材料主要采用前人或时贤的论著，主要有《中国语言地图集》（2008, 2012）、《汉语官话方言研究》（钱曾怡，2010）、《山东方言研究》（钱曾怡，2001）、《胶辽官话研究》（罗福腾，1998）、《烟台方言报告》（钱曾怡，1982）、《长岛方言音系》（钱曾怡，

2008)、《蓬莱方言语音研究》（洪小熙，2005）、《龙口方言调查报告》（一杉刚弘，1999）、《威海方言志》（徐明轩、朴炯春，1997）、《荣成方言志》（王淑霞，1995）、《牟平方言志》（罗福腾，1992）、《文登方言语音研究》（孙彦，2015）、《莱州方言志》（钱曾怡、太田斋、陈洪昕、杨秋泽，2005）、《平度方言志》（于克仁，1992）、《即墨方言志》（赵日新、沈明、扈长举，1991）、《诸城方言志》（钱曾怡、曹志耘、罗福腾，2002）、《沂水方言志》（张廷兴，1999）、《北京官话语音研究》（张世方，2010）等。

（三）大连历史、地方志书

关于大连各市县或镇的历史、民族构成、移民情况等，主要借鉴涉及大连历史的著作和各地方志。主要有《大连通史·古代卷》（大连通史编纂委员会，2007）、《大连市志·民俗志》（大连市史志办公室，2004）、《大连市情》（大连地方志编纂委员会办公室，1987）、《甘井子区志》（大连市甘井子区地方志编纂委员会，1995）、《金县志》（大连市金州区地方志编纂委员会办公室，1989）、《新金县志》（新金县志编纂委员会办公室，1993）、《复县志略》（程廷恒修，张素纂，瓦房店地方志编纂委员会办公室整理诠释翻印，1994）、《瓦房店市志》（瓦房店市地方志编纂委员会，1994）、《庄河县志》（庄河县志编纂委员会办公室，1996）、《长海县志》（长海县志编纂委员会，1984）、《营城子镇志》（营城子镇志编纂委员会，2001）、《广鹿乡志》（广鹿乡志编纂委员会，2010）、《大长山岛镇志》（大长山岛镇志编纂委员会，2010）、《獐子岛镇志》（獐子岛镇志编纂委员会，2003）、《皮口镇志》（辽宁省普兰店市皮口街道党委，2015）、《复州往事》（牛正江，2011）、《金县地名志》（金县地名办公室，1988）、《山海韵律话金州》（胡跃新，1987）等。

二 研究目的

目前大连方言的研究很不充分，与山东胶辽官话研究的深入程度对比鲜明。这种研究的不平衡性会影响胶辽官话整体性研究的深入；同时，近二十年来诸如地理语言学、语言接触理论和层次分析法等已经被广泛地应用到研究中，在此形势下，对大连方言进行系统性的调查并做综合性的深入研究很有必要，也是很有意义的一件事情。

（一）为辽宁胶辽官话的研究提供一份基础性的语料

胶辽官话主要分布在山东、辽宁两省，两省的研究很不平衡。目前山东胶辽官话的研究比较深入，很多点的方言志早已出版，综合性、专题性研究都有很多；与之形成鲜明对比的是，辽宁胶辽官话目前只有一些综合性的材料，各点的基本材料比较缺乏，专题性研究更少，与山东胶辽官话的研究相比非常滞后。本研究对大连方言下设18个点进行语音的深入调查，可以为辽宁胶辽官话的研究提供一份基础性的语料，弥补以往研究的不足。

（二）进行语音专题性研究，了解大连方言的地域差异和民族差异

在对大连方言进行初步调查的基础上，了解大连方言的语音特点，总结语音专题研究代表字。考虑到方言的地域差异和民族差异，在大连下辖每个市县设置2~4个方言点进行调查，了解大连方言语音的地域差异和民族差异。

（三）进行大连方言内部的比较研究、大连方言与胶东方言的比较研究，揭示大连方言语音演变的规律

在较为全面地了解大连方言语音面貌的基础上，进行共时的考察和历时的系统比较，探究大连方言语音演变的规律，同时进行语音的层次性、语言接触等相关内容的研究。

三 研究意义

（一）有助于了解大连方言的全貌

以往对大连方言的研究多集中于对市区方言的研究，选取的发音合作人也是汉族人。考虑到大连是一个多民族聚居的地区且大连方言具有一定

的地域差异，本研究对大连市区以及所辖的三个县级市（普兰店、瓦房店、庄河）、一个海岛县（长海）及大连市金州区（原金县）广泛设立调查点，选取汉族发音人和满族发音人，对大连方言进行较为全面的调查研究，以期揭示大连方言的地域差异和民族差异，展现大连方言语音的全貌。

（二）有助于推进胶辽官话、北京官话的研究

大连位于辽东半岛的最南端，是胶辽官话登连片在辽宁的主要分布地域。大连方言既是辽宁胶辽官话中胶辽官话色彩最重的，又是地域差异最大的——登连片的烟威小片、蓬龙小片和大岫小片都分布于此，从烟威小片、蓬龙小片到大岫小片，大连方言胶辽官话的特征逐渐削弱，北京官话（我们对北京官话区的界定与张世方一致，也包括东北官话，下文不再赘述）的色彩逐渐增强，故对大连方言的研究能够推进胶辽官话和北京官话的研究。

（三）有助于推进大连方言形成历史的研究

大连的地方志书中记载清朝前中期胶东半岛的移民曾经迁徙到大连，故学界普遍认为"东北地区的胶辽官话是山东半岛的居民带过来的"（张树铮，2007）。据此推断，大连方言或者辽宁胶辽官话的形成时间当是清朝前中期。这种说法有一定道理，但是并不全面。今大连地区"黑"说[xə213]，"天黑透了"说"墨黑"[mə53xə213]。无独有偶，在大连市金州区有一座山名"大黑山"，被誉为辽南第一山。据史料记载，明弘治三年（1490）重修胜水寺的碑志撰称"大黑山"，明嘉靖六年（1527），重修观音阁碑志时则书"大赫山"。后，清顾祖禹著《方舆全图》称之为"大黑尚山"。日俄战争后，开始称"大和尚山""老虎山"。这段记载说明至迟在明代中后期"黑""赫"已经同音，与今大连方言曾摄开口一等入声字、梗摄开口二等入声字读[ə]韵母的语音特点相同，这说明大连方言的形成历史至少可以上推到明朝中后期。

大连方言还存在一定的地域差异。《中国语言地图集》（2012）将大连市区方言（金州区除外）和瓦房店方言划为登连片大岫小片，将大连市金州区、普兰店、庄河方言划为烟威小片。根据我们的实地调查，大连市金州区、普兰店、瓦房店、庄河乃至长海县方言内部都有一定的地域差

异。这种地域差异究竟如何，缘何产生？我们认为，只有揭示出这种地域差异，弄清地域差异形成的原因，才能真正厘清大连方言形成和发展的历史。换言之，只有在了解大连方言的语音全貌之后，才能谈得上对大连方言形成历史的深究。

大连方言的源头究竟为何？清朝的汉族移民和满族移民对大连方言的发展各起到什么作用？凡此种种，这些问题解决了，大连方言的历史谜题才能真正解开。

（四）丰富我们对语言接触理论的认识

大连方言存在一定的地域差异和民族差异，概括地说，越往东部黄海沿岸地区，胶辽官话色彩越重；越往西部、北部远离黄海的地区，胶辽官话色彩越轻，与满族人所说的汉语方言越近。在这个意义上，大连方言与胶东方言虽然同属胶辽官话，却有着明显的差异。大连方言的地域差异是以往的移民说所解释不了的，与满族汉语和汉族汉语的接触有关系，故大连方言的语音研究可以丰富我们对语言接触理论的认识。

四　研究方法

（一）传统方言学的方法

根据大连方言的地域差异和民族差异，实地调查大连18个方言点，总结各调查点音系及语音专题代表字的读音情况；列出语音专题代表字的读音对照表，描写和分析大连方言的语音面貌；进行大连内部各调查点语音的比较、大连方言与山东胶辽官话语音的比较，揭示大连方言的地域差异、民族差异、大连方言与山东胶辽官话的异同，探究大连方言的语音演变规律及形成和发展的历史。

（二）方言地理学的方法

选取若干语音上有代表性的例字进行分析，表现大连方言的地域差异和民族差异，体现地理上的过渡性。

第二章　大连方言的语音特点和分区

大连地区临近黄海，大连方言向来以"海蛎子味儿"闻名，但不同区域、不同民族，海蛎子味儿轻重不同。目前大连地区生活的汉族、满族和其他少数民族都说汉语方言，其中汉族人口占绝大多数，少数民族人口中满族占绝大多数。汉族和满族所说汉语方言的语音有一定差异。汉族人由于分布地域较广，语音差异性较大，主要表现为地域性差异。满族人语音的共同特点较大，与汉族人相比内部差异较小。本章首先列举大连（汉族、满族）汉语方言的语音特点，在此基础上讨论大连方言的分区问题。

第一节　大连（汉族）方言的语音特点

我们对大连的汉族共设 14 个调查点，详见前文。

根据《中国语言地图集》（2012），大连所在的胶辽官话登连片具有如下 8 个语音特点：古知庄章三组字声母分两类，部分古次浊入声字与清入的读法相同，古蟹止山臻四摄合口一三等韵的端系字多数没有 [-u-] 介音，古曾梗摄开口一二等入声字韵母一般读 [ɤ]([ə]) 或 [ɛ]，古止摄开口三等日母字读 [ɚ]，古影疑母一等字今读零声母，阴平多读降调，上声多读低降升调。根据我们的调查，上述特点在大连（汉族）方言中表现不一，各地语音具有较大的差异性，以下说明汉族方言语音的共同特点和内部差异。

一 共同特点

（一）声母

1. 泥来母

各方言点泥来母不混，例如：革镇堡"挪"[₋nuo]≠"锣"[₋luo]，"南"[₋nan]≠"蓝"[₋lan]；杏树屯"挪"[₋nuo]≠"锣"[₋luo]，"南"[₋nan]≠"蓝"[₋lan]。

2. 知庄章组

除万家岭外，知庄章组今读两类或三类声母。例如：革镇堡"梳_{遇合三生}"[₋ʂu]≠"书_{遇合三书}"[₋ʂu]，"枝_{止开三章}"[₋tʂɿ]≠"知_{止开三知}"[₋tʂɿ]；杏树屯"梳_{遇合三生}"[₋ʂu]≠"书_{遇合三书}"[₋ɕy]，"枝_{止开三章}"[₋tʂɿ]≠"知_{止开三知}"[₋tɕi]；大长山"梳_{遇合三生}"[₋su]≠"书_{遇合三书}"[₋ʃu]，"枝_{止开三章}"[₋tsɿ]≠"知_{止开三知}"[₋tʃɿ]。

万家岭临近盖州，知庄章组今读[tʂ tʂh ʂ]一类声母，与盖州相同。

3. 日母

日母字今读零声母，止摄开口字今读零声母的[ɚ]音节，其他日母字今多读零声母的齐齿呼或撮口呼音节，例如：14点"二"读[ɚˀ]、"扰"读[˘iau]、"软"读[˘yɛn]、"褥"读[yˀ]等。

4. 影疑母

影疑母一等字今读零声母，各点相同，例如：14点"饿"读[uoˀ]、"窝"读[₋uo]、"熬_{~菜}"读[₋au]等。

（二）韵母

1. 果摄见系一等

果摄见系一等字多读[uo]韵母，例如：14点"饿"读[uoˀ]、杏树屯"鹅"读[₋uo]、"河"读[xuoˀ]，獐子岛"鹅"读[₋uo]、"河"读[₋xuo]等。

2. 蟹止山臻端系合口

蟹止山臻四摄端系合口字多没有[u]介音，例如：14点"推"读

[⁼thei]、"酸"读 [⁼san]、"顿"读 [tən⁼]、"脱"读 [⁼thə] 等。

3. 入声字的韵母

（1）咸山摄开口一等见系

咸山摄开口一等见系入声字今多读 [a] 韵母，例如：14 点"喝~水"读 [⁼xa]、"割"读 [⁼ka]、"渴"读 [⁼kha] 等。

（2）宕江摄

宕摄开口一三等、江摄入声字今读 [ə] 类（[ə][uo][yə]）韵母，例如：革镇堡"薄~厚"读 [⁼pə]、"烙~饼"读 [⁼luo]、"凿"读 [⁼tsuo]、"削"读 [⁼ɕyə]、"觉~感"读 [⁼tɕyə]；杏树屯"薄~厚"读 [pə⁼]、"烙~饼"读 [⁼luo]、"凿"读 [tsuo⁼]；大长山"削"读 [⁼ʃuə]、"觉~感"读 [⁼cyə] 等。

（3）曾摄开口一等、梗摄开口二等

曾摄开口一等、梗摄开口二等入声字今读 [ə] 韵母，例如：14 点"黑"读 [⁼xə]、"百"读 [⁼pə]、"客"读 [⁼khə] 等。

（三）声调

1. 调型比较一致

有三调方言和四调方言。如果有 3 个调类，就是平声 312、上声 213、去声 53；4 个调类，就是阴平 312、阳平 445、上声 213、去声 53。三调和四调方言的阴平（平声）、上声和去声的调型非常接近。四调方言的阳平多是 445 调。唯有万家岭的阳平调上升幅度比较明显，接近 35 调，与其他方言的阳平 445 调听感上有一定差异。

2. 清入

清入字今多读上声调，例如："鳖" [⁼piə]、"秃" [⁼thu] 等。革镇堡清入字今读上声的字数比其他点少，例如：13 点"八"读 [⁼pa]、"滴"读 [⁼ti]、"菊"读 [⁼tɕy]、"色"读 [⁼sə]，革镇堡"八"读 [⁼pa]、"滴"读 [⁼ti]、"菊"读 [⁼tɕy]、"色"读 [⁼sə]。

3. 次浊入声

14 个调查点中都有次浊入声字读上声的现象，例如："拉~车" [⁼la]、"脉把" [⁼mə]、"鹿" [⁼lu] 等。相对来说，安波汉次浊入声字读上声的字数比其他点少。

二 内部差异

（一）声母

1. 精组

精组声母今读有三种情况：

大长山和獐子岛精组字今读 [ts tsh s]（实际音值 [tθ tθh θ]）[t th s] [tʃ tʃh ʃ] 三组声母，[ts tsh s] 只拼开口呼，[t th s] 只拼合口呼，[tʃ tʃh ʃ] 既可拼开口呼，也可拼合口呼，例如："走" [˪tsou]、"仓" [˫tshaŋ]、"丝" [˫sʅ]、"坐" [tuo˪]、"错~杂 [thuo˪]、俗 [˪su]、"酒" [˫tʃou]、"清" [˫tʃhən]、"须" [˫ʃu]；

万家岭精组洪音字读 [tʂ tʂh ʂ] 声母，精组细音字读 [tɕ tɕh ɕ] 声母，如："坐" [tʂuo˪]、"仓" [˫tʂhaŋ]、"丝" [˫ʂʅ]、"酒" [˫tɕiou]、"清" [˫tɕhiŋ]、"须" [˫ɕy]；

其他 11 个方言点精组洪音字读 [ts tsh s] 声母，精组细音字读 [tɕ tɕh ɕ] 声母，例如：11 点"坐" [tsuo˪]、"仓" [˫tshaŋ]、"丝" [˫sʅ]、"酒" [˫tɕiou]、"清" [˫tɕhiŋ]、"须" [˫ɕy]。

2. 知庄章组

知庄章组今读有一类声母、两类声母、三类声母三种类型。

知庄章组今读一类声母的是万家岭，由于接近盖州，受盖州影响，万家岭今读一类 [tʂ tʂh ʂ] 声母，例如："楂假开二庄" [˫tʂa]、"枝止开三章 = 知止开三知" [˫tʂʅ]。

除了万家岭、大长山、獐子岛和蓉花山外，其他 10 点知庄章组今读两类声母，具体情形有二：杏树屯、皮口、广鹿、庄河市 4 点知庄章组今读甲类 [ts tsh s] 声母，乙类 [tɕ tɕh ɕ] 声母，例如："楂假开二庄" [˫tsa]、"枝止开三章" [˫tsʅ] ≠ "知止开三知" [˫tɕi]；亮甲店、普市、安波汉、大魏家、复州、革镇堡 6 点知庄章组今读甲类 [ts tsh s] 声母，乙类 [tʂ tʂh ʂ] 声母，例如："楂假开二庄" [˫tsa]、"枝止开三章" [˫tsʅ] ≠ "知止开三知" [˫tʂʅ]。

知庄章组今读三类声母的有大长山、獐子岛和蓉花山 3 点。大长山和獐子岛知庄章组今读甲类 [ts tsh s] 声母，乙类 [tʃ tʃh ʃ] 声母，丙类 [t th s] 声母，如："楂假开二庄" [˫tsa]、"枝止开三章" [˫tsʅ]、"知止开三知" [˫tʃʅ]、

"桌_江开二知_" [ˬtuo]；蓉花山知庄章组今读甲类 [ts tsh s] 声母，乙类 [tɕ tɕh ɕ] 声母，丙类 [tʂ tʂh ʂ] 声母，例如："楂_假开二庄_" [ˬtsa]、"枝_止开三章_" [ˬtʂɿ]、"说_山合三书，~话_" [ˬɕyə]、"知_止开三知_" [ˬtʂɿ] 等。

3. 见晓组

见晓组今读有两种类型。大长山、獐子岛见晓组洪音字读 [k kh x] 声母，细音字读 [c ch ç] 声母，例如："高" [ˬkɑu]、"开" [ˬkhai]、"好_形容词_" [ˬxɑu]、"九" [ˬciou]、"轻" [ˬchiŋ]、"响" [ˬçiaŋ] 等；其他方言点见晓组洪音字读 [k kh x] 声母，细音字读 [tɕ tɕh ɕ] 声母，例如："高" [ˬkɑu]、"开" [ˬkhai]、"好" [ˬxɑu]、"九" [ˬtɕiou]、"轻" [ˬtɕhiŋ]、"响" [ˬɕiaŋ] 等。

（二）韵母

1. 蟹摄开口二等见系

杏树屯、皮口、广鹿、庄河市、蓉花山、大长山、獐子岛、复州 8 点部分蟹摄开口二等见系字有读 [iai]、[iɛi]、[i] 韵母的，例如：杏树屯"秸"读 [ˬtɕiɛi]、"鞋"读 [ɕiɛiˬ]、"矮"读 [ˬiai]；獐子岛"秸"读 [ˬciai]、"鞋"读 [ˬçi]、"矮"读 [ˬiai]；亮甲店、普市、安波_汉_、大魏家、革镇堡、万家岭 6 点今读 [iə][ai] 韵母，没有读 [iai]、[iɛi]、[i] 韵母的，例如："秸" [ˬtɕiə]（亮甲店、普市、安波_汉_、大魏家）、"鞋" [ɕiəˬ]（亮甲店、普市、安波_汉_）/ [ˬɕiə]（大魏家、革镇堡、万家岭）、"矮" [ˬai]。

2. 来母蟹止摄开口三四等、深臻曾梗摄开口三四等入声

来母蟹止摄开口三四等、深臻曾梗摄开口三四等入声字如"厉犁离梨李栗力历"在今北京话中读 [li] 音节，在大连方言中读音不同：杏树屯、皮口、广鹿、庄河市、蓉花山、亮甲店、普市、安波_汉_、大魏家、革镇堡 10 点今读 [lei] 音节，例如："李" [ˬlei]、"栗" [leiˬ] 等；大长山、獐子岛、复州、万家岭 4 点今读 [li] 音节，例如："李" [ˬli]、"栗" [liˬ] 等。

（三）声调

1. 三调与四调

有三调方言和四调方言。四调方言有阴平 312 调、阳平 445 调（万家岭是 35 调）、上声 213 调和去声 53 调。三调方言中，全浊声母的平上入

声字、全部去声字和部分次浊声母的平入声字都读去声调，即只有平声312调、上声213调和去声53调。

四调方言有獐子岛、大魏家、复州、革镇堡、万家岭5点；三调方言有杏树屯、皮口、广鹿、庄河市、大长山、亮甲店、普市7点；蓉花山、安波汉全浊声母的平、入声字和部分次浊声母的平声字单念时去声和阳平不定，原属三调方言的部分去声字开始向阳平调转化，处在三调向四调的变化过程中。

2.次浊平声

4字调的獐子岛、大魏家、复州、革镇堡、万家岭5个方言点的次浊平声字今读阳平，读阴平调的很少；3字调的杏树屯、皮口、广鹿、庄河市、大长山、亮甲店、普市7个方言点的次浊平声字今读平声和去声，读平声的字较多；蓉花山、安波汉的次浊平声字今读阴平和去声，少数字读阳平，与4字调方言读阳平调不同，例如：3字调方言和蓉花山、安波汉"箩"读 [₋luo]、"牛"读 [₋niou]、"门"读 [₋mən]，4字调方言"箩"读 [⁼luo]、"牛"读 [⁼niou]、"门"读 [⁼mən]。

第二节　大连（满族）方言的语音特点

本次调查对大连的满族人设了4个调查点。4个调查点的满族发音人情况各异：七顶山发音人满永江、三台发音人陶成民二人及其父辈与汉族没有婚姻关系；安波发音人张宝峰父亲是满族，母亲是汉族；营城子发音人金长盛祖上鳌拜，先人因避祸迁至营城子居住，后改为汉族，语音仍与满族接近，考虑到其民族成分的特殊性，仍作为满族看待。

需要指出一点，当今的民族政策规定父母双方同为满族或一方为满族的都可以入满族籍，因此满族人的情况不同，语音面貌也不同：父母双方同为满族的受当地汉族方言的影响较轻，满族语音特点重；父母只有一方为满族的会受当地汉族方言的影响，但心理上更看重自己的满族身份，语音上更向满族靠拢，跟当地汉族口音有所不同。根据调查，四个满族发音人的语音面貌有同有异，原因既与其父辈（或母辈）是否与汉人通婚有关，又与方言的地域差异有关。由于以上原因，满族人的语音面貌存在一定差异，因此四人的语音面貌并不代表四地所有满族人的语音面貌。

一　共同特点

（一）声母

1. 泥来母

各方言点泥来母不混，例如：七顶山"挪"[⊆nuo] ≠ "锣"[⊆luo]，"南"[⊆nan] ≠ "蓝"[⊆lan]等。

2. 精组

精组洪音字读[ts tsʰ s]声母，细音字读[tɕ tɕʰ ɕ]声母，例如：4点"坐"读[tsuo⊇]、"仓"读[⊂tsʰɑŋ]、"丝"读[⊂sɿ]、"酒"读[⊂tɕiou]、"清"读[⊂tɕʰiŋ]、"须"读[⊂ɕy]。

3. 知庄章组

知庄章组今读甲乙两类声母，甲类[ts tsʰ s]声母，乙类[tʂ tʂʰ ʂ]声母，例如：4点"瘦流开三生"[sou⊇] ≠ "受流开三禅"[ʂou⊇]、"争梗开二庄"[⊂tsəŋ] ≠ "蒸曾开三章"[⊂tʂəŋ]。

4. 日母

日母字今读零声母，止摄开口字读[ɚ]，其他日母字多读零声母齐齿呼或撮口呼音节，例如：4点"二"读[ɚ⊇]、"扰"读[⊂iɑu]、"软"读[⊂yɛn]、"褥"读[y⊇]等。

5. 见晓组

见晓组洪音字读[k kʰ x]声母，细音字读[tɕ tɕʰ ɕ]声母，例如：4点"高"读[⊂kɑu]、"开"读[⊂kʰai]、"好形容词"读[⊂xɑu]、"九"读[⊂tɕiou]、"轻"读[⊂tɕʰiŋ]、"响"读[⊂ɕiɑŋ]等。

6. 影疑母

影疑母一等字今读零声母，例如：4点"窝"读[⊂uo]、"翁"读[⊂oŋ]等。

第二章 大连方言的语音特点和分区

（二）韵母

1. 蟹摄开口二等见系

四个点均读 [iə][ai] 韵母，没有读 [iai] 类韵母的，例如：4点"鞋"读 [ɕiə]₌、"矮"读 [ai]⁼、"秸"安波满读 [tɕiə]₋，营城子、七顶山、三台读 [kai]₋。

2. 入声字的韵母

（1）咸山摄开口一等见系

咸山摄开口一等见系入声字今读 [ə][a] 韵母的都有，例如：4点"割"读 [ka]₋、"渴"读 [khə]⁼、"喝~水"营城子读 [xə]⁼、安波满、七顶山、三台读 [xə]₋。

（2）宕江摄

宕摄开口一三等、江摄入声字今读 [ə] 类（[ə][uo][yə]）、[ɑu] 类（[ɑu][iɑu]）韵母，例如：4点"削"读 [ɕyə]⁼、"薄厚~"营城子读 [pə]₌、安波满、七顶山、三台读 [pɑu]₌、"烙~饼"安波满读 [luo]₌、营城子、七顶山、三台读 [lɑu⁼]、"凿"营城子、安波满、七顶山读 [tsuo]₌、三台读 [tsɑu]₌、"觉~感"营城子、安波满、七顶山读 [tɕyə]⁼、三台读 [tɕiɑu]⁼。

（三）声调

1. 四调

都是四调方言，有阴平、阳平、上声和去声四个调类。

2. 调型比较一致

四个调类的调型比较一致：阴平调值多是312，只有三台发音人是31；阳平调值35，升调明显，和汉族具有差异；上声调值213；去声调值53。

3. 次浊入声

次浊入声字今读上声调的字和方言点少，今读去声或其他调类的多，例如："鹿"安波满读 [lu]⁼、营城子、七顶山、三台读 [lu⁼]，"脉把~"安波、七顶山、三台读 [mai⁼]，营城子读 [mə]₌ 等。

25

二　内部差异

（一）韵母

1. 果摄见系一等

果摄见系一等字营城子和七顶山今读开口呼，三台和安波_满部分字今读开口呼，部分字今读合口呼，例如：4点"河"读 [˵xə]，"贺"安波_满和三台读 [xuo˵]；营城子和七顶山读 [xə˵] 等。

2. 蟹止山臻端系合口字

蟹止山臻端系合口字三台有 [u] 介音，营城子、安波_满、七顶山部分字有 [u] 介音，部分字没有 [u] 介音，例如：4点"酸"读 [˵suan]，营城子和七顶山"推"读 [˵thei]，"顿"读 [tən˵]；安波_满和三台"推"读 [˵thuei]，"顿"读 [tuən˵] 等。

3. 来母蟹止摄开口三四等、深臻曾梗摄开口三四等入声

来母蟹止摄开口三四等、深臻曾梗摄开口三四等入声字七顶山和安波_满读 [lei] 音节，营城子和三台读 [li] 音节，例如：七顶山和安波_满"李"读 [˹lei]，"栗"读 [lei˵]；营城子和三台"李"读 [˹li]，"栗"读 [li˵] 等。

4. 曾摄开口一等、梗摄开口二等入声

曾摄开口一等、梗摄开口二等入声字各方言点今读不同，营城子多读 [ə] 韵母，安波_满、七顶山、三台有 [ə][ei][ai] 三种读法。例如：4点"贼"读 [˵tsei]，"百"营城子读 [˹pə]，安波_满、七顶山、三台读 [˹pai]；"客"营城子、安波_满、三台读 [˹khə]，七顶山读 [˹tɕhiə] 等。

（二）声调

1. 清入

清入字在4个方言点中归调不同：安波_满今多读上声调，营城子、七顶山今读上声、阳平调，三台今读上声、阴平、阳平调。例如：4点"鳖"读 [˹piə]，"秃"读 [˹thu]，"说~话"安波_满读 [˹ʂuo]、营城子和七顶山读 [˵ʂuo]、三台读 [˵ʂuo] 等。

2. 次浊平声

部分次浊平声字安波_满_今读阳平和阴平调，其他3点多读阳平调，例如：4点"龙"读[₌loŋ]，"箩"安波_满_读[₌luo]，营城子、七顶山、三台读[₌luo]；"牛"安波_满_读[₌niou]，营城子、七顶山、三台读[₌niou]等。

第三节　大连（汉族和满族）方言的语音特点

前文分析汉族和满族汉语的语音特点，此处我们暂且不考虑民族差异，把14个汉族调查点和4个满族调查点放到一起来分析。由于上文对汉族和满族汉语方言的语音特点已经分别做了详尽的说明，故此处只列出大连（汉族和满族）方言的语音特点，不再一一举例。

根据前文，大连方言（汉族和满族）语音的共同特点有：（1）泥来母不混，（2）日母字今读零声母，（3）影疑母一等字今读零声母，这3个特点既是大连方言共有的，也是胶辽官话登连片共有的，此处不作具体分析。

以下主要列出大连方言内部存在一定差异的语音特点及代表方言点。

一　声母

（一）知庄章组

表2-3-1　大连方言知庄章组今读声母类型

一类	[tʂ tʂh ʂ]	万家岭
二类	[ts tsh s/tɕ tɕh ɕ]	杏树屯、皮口、广鹿、庄河市4点
	[ts tsh s/tʂ tʂh ʂ]	亮甲店、普市、安波_汉_、大魏家、复州、革镇堡、营城子、安波_满_、七顶山、三台10点
三类	[ts tsh s/tʃ tʃh ʃ/t th s]	大长山、獐子岛2点
	[ts tsh s/tɕ tɕh ɕ/tʂ tʂh ʂ]	蓉花山1点

27

（二）精组

表 2-3-2　大连方言精组今读声母类型

二类	[tʂ tʂh ʂ/tɕ tɕh ɕ]	万家岭 1 点
	[ts tsh s/tɕ tɕh ɕ]	杏树屯、皮口、广鹿、庄河市、蓉花山、亮甲店、普市、安波汉、大魏家、复州、革镇堡、万家岭、营城子、安波满、七顶山、三台 15 点
三类	[ts tsh s/tʃ tʃh ʃ/t th s]	大长山、獐子岛 2 点

（三）见晓组

表 2-3-3　大连方言见晓组今读声母类型

二类	[k kh x/c ch ç]	大长山、獐子岛 2 点
	[k kh x/tɕ tɕh ɕ]	杏树屯、皮口、广鹿、庄河市、蓉花山、亮甲店、普市、安波汉、大魏家、复州、革镇堡、万家岭、营城子、安波满、七顶山、三台 16 点

二　韵母

（一）果摄见系一等

表 2-3-4　大连方言果摄见系一等字今读韵母类型

读 [uo] 多	杏树屯、皮口、广鹿、庄河市、蓉花山、大长山、獐子岛、亮甲店、普市、安波汉、大魏家、复州、革镇堡、万家岭 14 点
[ə][uo] 参半或者读 [ə] 多	安波满、三台、营城子、七顶山 4 点

（二）蟹摄开口二等见系

表 2-3-5　大连方言蟹摄开口二等见系字今读韵母类型

有 [iai] 类音	杏树屯、皮口、广鹿、庄河市、蓉花山、大长山、獐子岛 7 点
无 [iai] 类音	亮甲店、普市、安波汉、大魏家、复州、革镇堡、万家岭、营城子、安波满、七顶山、三台 11 点

（三）来母蟹止摄开口三四等、深臻曾梗摄开口三四等入声

表 2-3-6　大连方言来母蟹止摄开口三四等、深臻曾梗摄开口三四等入声字今读韵母类型

[lei]	革镇堡、杏树屯、皮口、广鹿、庄河市、蓉花山、亮甲店、普市、安波汉、大魏家、安波满、七顶山 12 点
[li]	大长山、獐子岛、复州、万家岭、营城子、三台 6 点

（四）蟹止山臻端系合口

表 2-3-7　大连方言蟹止山臻端系合口字今读韵母类型

多无 [u] 介音	杏树屯、皮口、广鹿、庄河市、蓉花山、大长山、獐子岛、亮甲店、普市、安波汉、大魏家、复州、革镇堡、万家岭 14 点
[u] 有无参半或多有 [u] 介音	营城子、安波满、七顶山、三台 4 点

（五）咸山摄开口一等见系入声

表 2-3-8　大连方言咸山摄开口一等见系入声字今读韵母类型

多读 [a]	杏树屯、皮口、广鹿、庄河市、蓉花山、大长山、獐子岛、亮甲店、普市、安波汉、大魏家、复州、革镇堡、万家岭 14 点
[ə][a] 参半	营城子、安波满、七顶山、三台 4 点

（六）宕江摄入声

表 2-3-9　大连方言宕江摄入声字今读韵母类型

[ə] 类音	杏树屯、皮口、广鹿、庄河市、蓉花山、大长山、獐子岛、亮甲店、普市、安波汉、大魏家、复州、革镇堡、万家岭 14 点
[ə][ɑu] 类音	营城子、安波满、七顶山、三台 4 点

（七）曾摄开口一等、梗摄开口二等入声

表 2-3-10　大连方言曾摄开口一等、梗摄开口二等入声字今读韵母类型

[ə] 类音	杏树屯、皮口、广鹿、庄河市、蓉花山、大长山、獐子岛、亮甲店、普市、安波汉、大魏家、复州、革镇堡、万家岭 14 点
[ə][ei][ai] 不定	营城子、安波满、七顶山、三台 4 点

三 声调

（一）三调与四调

表 2-3-11 大连方言声调类型

三调	平声、上声、去声	杏树屯、皮口、广鹿、庄河市、大长山、亮甲店、普市 7 点
四调	阴平、阳平、上声、去声	獐子岛、大魏家、复州、革镇堡、万家岭、营城子、安波_满、七顶山、三台 9 点
过渡型		安波_汉、蓉花山 2 点

（二）清入

表 2-3-12 大连方言清入字今读声调类型

读上声	杏树屯、皮口、广鹿、庄河市、蓉花山、大长山、獐子岛、亮甲店、普市、安波_汉、大魏家、复州、万家岭、安波_满 14 点
读上声、阳平	革镇堡、营城子、七顶山 3 点
读上声、阴平、阳平	三台 1 点

（三）次浊平声

表 2-3-13 大连方言次浊平声字今读声调类型

读阳平和阴平	杏树屯、皮口、广鹿、庄河市、蓉花山、大长山、亮甲店、普市、安波_汉 9 点
读阳平	獐子岛、大魏家、复州、革镇堡、万家岭、营城子、安波_满、七顶山、三台 9 点

（四）次浊入声

表 2-3-14 大连方言次浊入声字今读声调类型

读上声和去声	杏树屯、皮口、广鹿、庄河市、蓉花山、大长山、亮甲店、普市、獐子岛、复州 10 点
读去声	安波_汉、大魏家、革镇堡、万家岭、营城子、安波_满、七顶山、三台 8 点

通过以上分析，我们发现部分语音特征在大连的汉族或部分汉族方言

点中和满族没有民族差异，汉族调查点具有地域差异；部分语音特征汉族和满族具有民族差异，汉族调查点内部没有地域差异。汉族或部分汉族方言点和满族没有民族差异的特征主要有：（1）知庄章组今读 [ts tsh s][tʂ tʂh ʂ] 两类声母；（2）精组今读 [ts tsh s][tɕ tɕh ɕ] 两组声母；（3）见晓组今读 [k kh x][tɕ tɕh ɕ] 两组声母；（4）蟹摄开口二等见系字今不读 [iai] 类音；（5）来母蟹止摄开口三四等、深臻曾梗摄开口三四等入声字读 [lei] 音节，部分方言点读 [li] 音节；（6）四个调类；（7）次浊平声字今读阳平调。特征（1）（2）（3）是属于声母方面的，特征（4）（5）是属于韵母方面的，特征（6）（7）是属于声调方面的。前述大连方言的共同特征"泥来母不混、日母字今读零声母、影疑母一等字今读零声母"3 条也没有民族差异，加上这 3 条，共有 10 条。

汉族和满族有民族差异的特征有：（1）果摄见系一等字是否多读 [uo] 韵母，（2）蟹止山臻端系合口字是否多无 [u] 介音，（3）咸山摄开口一等见系入声字是否多读 [a] 韵母，（4）宕摄字是否多读 [ə] 类音，（5）曾摄开口一等、梗摄开口二等入声字是否只读 [ə] 类音，（6）清入字是否多读上声调，（7）次浊入声字是否读上声和去声调。特征（1）至（5）是韵母方面的，特征（6）（7）是声调方面的。

这样看来，大连方言具有民族差异的语音特点以韵母最多，声调次多，且具有民族差异的语音特点，汉族或满族方言点内部往往没有民族差异的语音特点，汉族方言点往往有地域差异。为大连方言分区，首要体现出方言的地域差异，故没有民族差异的语音特征更为重要。

大连地区满族汉语和汉族汉语的不同实是北京官话和胶辽官话两种语音层次的体现：满族居民祖籍长白山，大连地区的满族人有清一代或者自长白山迁徙而来，或者自北京迁徙而来，无论是长白山还是北京都属于北京官话区；大连的汉族人除少数明代以来的大连世居居民外，多数是清代山东登州、烟台、蓬莱等地的移民，这两部分人所说的方言原本就属于胶辽官话。在 17 世纪至今的几百年中，大连的满族人和汉族人是大杂居、小聚居的，满族和汉族互有来往，满族带来的北京官话语音层次和汉族的胶辽官话语音层次彼此碰撞，形成今日大连地区满族汉语和汉族汉语错综复杂的局面。

在地域上，清代迁徙至大连的胶东移民以黄海沿岸地区最多且集中，故黄海沿岸地区胶辽官话的色彩最重；往北、往西，一是山东移民的来源渐多，移民祖籍没有黄海沿岸地区集中；二是满族与汉族居民混杂的程度也不同。满族自治乡内满族居民最为集中，满族带来的北京官话语音成分可以较多地保留下来，汉族汉语受到满族汉语的影响也较大；离满族自治乡越远、满族人口越少、居住越分散的地方，汉族汉语受到满族汉语的影响越小，由于这两种因素，汉族汉语存在较大的地域差异。

第四节　大连方言的分区

两版《中国语言地图集》都把大连方言划为胶辽官话登连片。新版《中国语言地图集》在登连片之下还划分了个小片，把大连市金州区、庄河市、普兰店市和长海县划归烟威小片，把大连市旅顺口区、沙河口区、中山区、西岗区、甘井子区、瓦房店市划归大岫小片。根据我们的调查，大连下辖各县市的语言面貌存在内部差异，这样看来，以往对大连方言的分区划片略为粗疏，有进一步精确的空间。此处我们尝试按18个调查点对大连方言进行分区。

一　大连方言分区的依据

如前文所述，大连方言具有地域差异的特征共有7条，共涉及：(1) 知庄章组，(2) 精组，(3) 见晓组，(4) 蟹摄开口二等见系，(5) 来母蟹止摄开口三四等、深臻曾梗摄开口三四等入声，(6) 三调与四调，(7) 次浊平声。

从理论上来说，上面的任何一条标准都可以作为大连方言分区的依据。但是考虑到胶辽官话分区标准的统一性，我们尽量采取《中国语言地图集》(2012) 的标准。张树铮 (2007) 提到胶辽官话登连片、青莱片和盖桓片的分区标准是"古知庄章三组声母的今读"，即："盖桓片古知庄章三组字合为一类，登连和青莱两片都分为两类。登连片和青莱片的区别在于山臻两摄合口三等字古知庄章三组字的归类：登连片读甲类与'支愁梳'声母相同，而青莱片读乙类与'知仇书'声母相同"。

登连片下辖 3 个小片——烟威小片、蓬龙小片和大岫小片，虽然文中没有提到小片的划分标准，但提到了 3 个小片各自的特点，这些特点可以为大连方言的分区提供参考。3 个小片的特点分有如下几点。

1. 烟威小片

古次浊平声字分读阳平和阴平两类。

威海、烟台、福山、栖霞、莱西、乳山、海阳、招远只有 3 个调类。特点都是古浊声母平声字的大部分（另一部分读阴平）、古全浊声母入声字与去声字、古全浊声母上声字读同一调。

文登、荣成两点，古全浊声母今读塞音、塞擦音的仄声字今读不送气，平声字有的送气有的不送气。（文登、荣成两点有一部分团音字在文读中读 [c ch ç]，但在口语中读 [ts tsh s]。）

牟平、威海、文登、荣成一带方言中，山摄细音入声字与觉药两字韵母不同。

反复问句常用"是不 V/A""是没 V/A"式。

2. 蓬龙小片

古次浊平声字不分两类，都归阳平。

阴平、去声两调的调值与烟威小片的大部分地区不同。

反复问句常用"是 V/A""是没 V/A"式。

3. 大岫小片

不分尖团，都读 [tç tçh ç]。不同于烟威、蓬龙两小片区分尖团（团音字读 [c ch ç]）。

阳平的调值与烟威、蓬龙两小片不同。阳平调读高升调 35（或 45）。

如果仔细考量，3 小片的语音特征并不是完全对立的，各小片内部也不尽一致。以是否分尖团来说，尽管大连市金州区、庄河市、普兰店市和长海县被划为烟威小片，但多数方言点不分尖团，和同属烟威小片的山东省烟台市、威海市等地不同。这说明胶辽官话的语音特征在辽宁地区已经削弱，因此在为大连方言分区划片时，我们要尽量选取小片内更具普遍性的特点。由此，烟威小片的特点"古次浊平声字分读阳平和阴平两类"，蓬龙小片的特点"古次浊平声字不分两类，都归阳平"，大岫小片的特点"阳平调读高升调35（或45）"。以上3条可以作为我们为大连分区划片的主要标准。

二 分区划片的方案

以上3条标准中，前两条标准是互补的，3条标准实际上是2条。我们按照2条标准先把方言点列举出来。

1. 古次浊平声字今读阳平和阴平

符合：杏树屯、皮口、广鹿、庄河市、蓉花山、大长山、亮甲店、普市、安波$_汉$9点；

不符合：獐子岛、大魏家、复州、革镇堡、万家岭、营城子、安波$_满$、七顶山、三台9点。

2. 阳平调读高升调35（或45）

符合：獐子岛、大魏家、复州、革镇堡、万家岭、营城子、安波$_汉$、蓉花山、安波$_满$、七顶山、三台11点；

不符合：杏树屯、皮口、广鹿、庄河市、大长山、亮甲店、普市7点。

严格来讲，阳平读35调在大连只有万家岭、安波$_满$、七顶山和三台4点，其他7点即獐子岛、大魏家、复州、革镇堡、营城子、安波$_汉$、蓉花山等地的阳平实际调值是445，与万家岭等4地的阳平调不同。既然《中国语言地图集》（2012）记作35（或45）调，不加区分，此处暂且也将445调看作35（或45）调。

理想的状态当然是符合特征1，不符合特征2，或者反之，但在特征1、2中，部分方言点存在交叉的情况，具体参见下表。

表2-4-1 大连18点方言特征1、2的符合情况

1古次浊平声字今读阳平和阴平	2阳平调读高升调	方言点
+	-	杏树屯、皮口、广鹿、庄河市、大长山、亮甲店、普市7点
+	+	蓉花山、安波$_汉$2点

第二章 大连方言的语音特点和分区

续表

1 古次浊平声字今读阳平和阴平	2 阳平调读高升调	方言点
-	-	
-	+	獐子岛、大魏家、复州、革镇堡、万家岭、营城子、安波汉、七顶山、三台 9 点

说明:"+"表示符合标准,"-"表示不符合标准。

符合标准 1、不符合标准 2 的 7 点可以划归烟威小片；符合标准 2、不符合标准 1 的除獐子岛和万家岭外的 7 点可以划归大岫小片。万家岭、獐子岛、蓉花山、安波汉 4 点的归属需要讨论。

万家岭阳平调读高升调，与大魏家、复州等地相同，但考虑到其知庄章今读 [tṣ tṣh ṣ] 一组声母，还是划归盖桓片更好。

獐子岛阳平调也读高升调，但其次浊平声字读阳平，和山东省长岛、蓬莱、龙口 3 点相同，獐子岛的精组和知庄章组读 [ts tsh s][t th s][tʃ tʃh ʃ] 三组声母、见晓组读 [k kh x][c ch ç] 两组声母，与长岛、蓬莱、龙口 3 点的精组和知庄章组读音（[ts tsh s][tʃ tʃh ʃ]）、见晓组读音（[k kh x][c ch ç]）非常接近，综合考虑，应该划为蓬龙小片。

蓉花山、安波汉 2 点的次浊平声字今读阳平和阴平，阳平调今读高升调，同时符合特征 1 和特征 2。此外，这两点处于 3 字调向 4 字调的过渡中，蓉花山知庄章读 [ts tsh s][tɕ tɕh ɕ][tṣ tṣh ṣ] 三组声母，两点处于烟威小片与大岫小片的过渡阶段。考虑其声母、韵母的特点多与杏树屯、亮甲店等地相同，我们认为划归烟威小片更好。

以下是大连方言的分区方案。

1. 盖桓片

万家岭 1 点，主要特点有：

知庄章组今读 [tṣ tṣh ṣ] 一组声母；

次浊平声字读阳平；

阳平调读高升调；

有 4 个调类。

35

2. 登连片

（1）烟威小片

杏树屯、皮口、广鹿、庄河市、大长山、亮甲店、普市、蓉花山、安波_汉 9 点，主要特点有：

知庄章组今读两组（或三组）声母，山臻合口知章组字读甲类声母；

次浊平声字读阳平和阴平；

多数 3 个调类，蓉花山、安波_汉 两个方言点处于 3 个调类向 4 个调类的过渡中。

（2）蓬龙小片

獐子岛 1 点，主要特点有：

知庄章组今读三组声母，山臻合口知章组字读甲类声母；

次浊平声字读阳平；

阳平调读高升调；

有 4 个调类。

（3）大岫小片

大魏家、复州、革镇堡、营城子、安波_满、七顶山、三台 7 点，主要特点有：

知庄章组今读两组声母，山臻合口知章组字读甲类声母；

次浊平声字读阳平；

阳平调读高升调；

有 4 个调类。

第三章　大连方言声母研究

大连各点共有的声母特点有"泥来母不混""影疑母读零声母""日母读零声母",差异主要体现在精组、知庄章组和见晓组的今读上。考虑到"日母读零声母"是胶辽官话的重要特点之一,本章也把日母列入。

第一节　精组

精组声母在大连的读音有三类情况:

杏树屯等 15 点(包括满族 4 点)精组洪音字读 [ts tsh s] 声母,细音字读 [tɕ tɕh ɕ] 声母;

万家岭精组洪音字读 [tʂ tʂh ʂ] 声母,细音字读 [tɕ tɕh ɕ] 声母;

大长山、獐子岛两点精组开口一等字读 [ts tsh s] 声母、合口一等字读 [t th s] 声母,三四等字读 [tʃ tʃh ʃ] 声母,精组今读三类声母。

一　大连方言精组声母的今读音类型

以下列表说明大连方言精组三种类型读音的音韵条件,同时将与大长山接近的长岛方言的读音情况列出作为对照。长岛方言的材料依据钱曾怡著述(2008)。下表中,杏树屯代表精组今读 [ts tsh s][tɕ tɕh ɕ] 声母的 15 点,大长山代表精组今读 [ts tsh s][t th s][tʃ tʃh ʃ] 声母的 2 点。

表 3-1-1　大连方言精组声母今读音类型及分化条件

	蟹效流咸山曾开一	蟹合一合三	止开三	止合三	山臻合一	宕开一（舒）	通合一三（舒）
例字	走	罪	丝	嘴	酸	仓	松放~
杏树屯	tsou	tsei	sɿ	tsei	san	tshaŋ	soŋ
万家岭	tʂou	tʂei	ʂʅ	tʂei	ʂan	tʂhaŋ	ʂoŋ
大长山	tsou	tsei	sɿ	tsei	san	tshaŋ	soŋ
长岛	tsou	tsei	sɿ	tsei	san	tshaŋ	suŋ

	果开一合一	遇合一	宕开一（入）	通合一（入）合三（入）部分
例字	坐	组	凿	族
杏树屯	tsuo	tsu	tsuo	tshu
万家岭	tʂuo	tʂu	tʂau	tʂu
大长山	tuo	tu	tuo	thu
长岛	tsuo	tsu	tsuo	tshu

	假效流咸深臻宕曾梗开三	蟹开四	山开三四	遇山臻合三	通合三（入）部分
例字	酒	西	煎	须	宿
杏树屯	tɕiou	ɕi	tɕien	ɕy	ɕy
万家岭	tɕiou	ɕi	tɕien	ɕy	ɕy
大长山	tʃou	ʃɿ	tʃan	ʃu	ʃu
长岛	tʃou	ʃɿ	tʃan	ʃu	ʃu

根据精组今读声母的音韵条件，我们对大连三种类型的读音情况做一梳理。

（1）杏树屯类型精组读 [ts tsh s][tɕ tɕh ɕ] 两组声母是以今韵母的洪细为条件的，[ts] 组拼洪音，[tɕ] 组拼细音。读 [ts tsh s] 声母的韵摄有：所有开口一等字和合口一等字、蟹止通摄的合口三等字、止摄开口三等字。读 [tɕ tɕh ɕ] 声母的条件有：除止摄外的开口三四等字、遇山臻摄的合口三等字和部分通摄合口三等入声字。

（2）杏树屯读 [ts tsh s] 声母的字万家岭读 [tʂ tʂh ʂ] 声母，杏树屯读 [tɕ tɕh ɕ] 声母的字万家岭也读 [tɕ tɕh ɕ] 声母。万家岭精组今读 [tʂ tʂh ʂ] [tɕ tɕh ɕ] 两组声母也是以今韵母的洪细为条件的。

（3）长岛读 [tʃ tʃh ʃ] 声母的字大长山也读 [tʃ tʃh ʃ] 声母，长岛读 [ts tsh s] 声母的字大长山读 [ts tsh s] 和 [t th s] 两组声母。大长山 [ts tsh s] 和 [t th s] 两组声母分化的条件是今韵母的开合，即开口呼前面读 [ts tsh s] 声母，合口呼前面读 [t th s] 声母，今开口呼、合口呼和古开合口的出入有：果摄一等开口的精组声母字今读合口呼，精组读 [t th s] 声母；蟹摄合口一三等、止摄合口三等、山臻摄合口一等字今读开口呼，没有 [u] 介音，精组读 [ts tsh s] 声母；通摄合口一三等舒声字读开口呼 [oŋ] 韵母，精组读 [ts tsh s] 声母；宕摄开口一等入声精组声母字读 [uo] 韵母，精组读 [t th s] 声母。

（4）杏树屯 [tɕ tɕh ɕ] 声母拼细音的字在长岛和大长山读 [tʃ tʃh ʃ] 声母拼洪音，例如："酒"杏树屯读 [⁻tɕiou]，长岛和大长山读 [⁻tʃou]。这类字多数是三等字，少数是四等字，与杏树屯的读音相比，大长山的读音应该是后起的，即声母读舌叶音之后，韵母也失去 [i][y] 介音，由原来的细音变读洪音，从而在声母和韵母上完成"去腭化"这一过程。

相对于长岛的 [ts tsh s] 声母，大长山的 [ts tsh s][t th s] 声母属于语音的分化，[t th] 声母是以 [u] 介音或 [u] 韵母为条件的。大长山的蟹止山臻精组合口字今读 [ts tsh s] 声母拼开口呼，没有 [u] 介音，如"嘴"读 [⁻tsei]、"酸"读 [⁻san]，其他摄的精组合口字读 [t th s] 声母拼合口呼，如"坐"读 [tuo⁻]、"族"读 [⁻thu]、苏读 [⁻su]，有 [u] 介音或 [u] 韵母。这说明蟹止山臻四摄精组合口字失去 [u] 介音在前，合口精组字归入端组读 [t th] 声母在后，因此精组合口字读 [t th] 声母应是比较晚近的事。下面讨论万家岭和大长山精组声母的读音。

1. 万家岭的 [tʂ tʂh ʂ] 声母

万家岭的精组洪音字读 [tʂ tʂh ʂ] 声母，和知庄章声母的今读相同，从语音演变的走向上看，是精组洪音声母混入知庄章声母。这种读法和北部盖州相同，和大连多数地区的读法不同，和北部桓仁、通化也不同。据《山东方言研究》，"知庄章＝精洪[tʂ tʂh ʂ]"这种读法在平度西北角和莱西的交界处如平度的两目村也有。据《汉语官话方言研究》，在官话方言区，这种读音分布也不多，仅见于河北秦皇岛、卢龙，山西晋城、阳城、陵川、高平、泽州等地。据张世方（2010）云，此类读音在辽宁的兴城、锦州，河北的青龙、昌黎北区等地也有分布。

2. 大长山和獐子岛的精组声母今读

大长山和獐子岛精组读 [ts tsh s][tʃ tʃh ʃ][t th s] 声母。两地读 [tʃ tʃh ʃ] 声母的字杏树屯、万家岭读细音，故 [tʃ tʃh ʃ] 最初是以细音为出现条件的，今韵母读洪音是由于 [tʃ tʃh ʃ] 声母的影响而发生的后来的变化，即介音脱落。据《山东方言研究》，精组读 [tʃ tʃh ʃ] 声母这种语音现象也分布在山东的蓬莱、龙口、莱西和招远等地。《龙口方言调查报告》中记 [tʃ tʃh ʃ] 声母拼细音；《蓬莱方言语音研究》记 [tʃ tʃh ʃ] 声母拼洪音，但音系中有"韵母逢 tʃ tʃh ʃ 声母，带有细音色彩"的说明；《长岛方言音系》中记 [tʃ tʃh ʃ] 声母拼洪音，与大长山、獐子岛相同。从龙口、蓬莱到长岛、大长山、獐子岛，[tʃ tʃh ʃ] 声母由拼细音到拼洪音，[i][y] 介音逐渐失去，最终完成去腭化过程。

大长山和獐子岛的精组洪音字按照开口呼和合口呼的不同分别读 [ts tsh s][t th s] 声母，也就是说，精组洪音字 [ts tsh] 声母在 [u] 介音或 [u] 韵母的作用下归入端组 [t th] 声母，与端组合并。

精组和端组读音合并的现象在胶辽官话的诸城、五莲等地也存在。据《山东方言研究》（P54），"在诸城、五莲的交界地区及两县周围县市，古精组字跟端组字各按韵母洪细合并，其中洪音合并限于诸城、五莲的交界地区，细音合并的范围则分布在诸城、五莲全境及周围胶南、日照等较大范围"，文中列表如下。

表 3-1-2 诸城、五莲等地精、端组读音的交叉情况

	洪音					细音				
	走_精	斗_端	菜_清	太_透	才_从	拾_定	精_精	丁_端	千_清	天_透	前_从	田_定
诸城_{皇华}	꜀tou		tʰe꜂		꜁tʰɛ		꜀tiŋ		꜀tʰiã		꜁tʰiã	
五莲_{洪凝镇}	꜀tou		tʰe꜂		꜁tʰɛ		꜀tiŋ		꜀tʰiã		꜁tʰiã	
胶南	꜀tθou	꜀tou	tθhe꜂	tʰe꜂	꜁tθhɛ	꜁tʰɛ	꜀tɕiŋ		꜀tɕʰiã		꜁tɕʰiã	

胶南、日照的精、端组在洪音前不合并，在细音前合并为一组舌面前塞音 [tɕ tɕh] 声母；诸城_{皇华}、五莲_{洪凝镇}的精、端组在洪、细音前都合并，洪音前合并为 [t th] 声母，细音前合并为 [tɕ tɕh] 声母。据《诸城方言志》（PP. 7~8），

诸城精、端组合并为 [ʨ ʨh] 的有 42 点，合并为 [t th] 的有 15 点，这 15 点也包含在 42 点之中。故两种合并方式，以细音前合并的方言点多，洪音前合并的方言点少，洪音前合并的方言点细音前一定合并，反之则不一定。故诸城、五莲等地的精、端组合并应是细音韵母字在先，洪音韵母字在后。从演变趋向上看，应是精组归入端组声母。

据钱曾怡（2010），端、精组声母合流的现象还见于四川西部的天全、宝兴、芦山等地，属于西南官话区，其表现形式是：端组字在细音韵母前读 [ʨ ʨh] 声母，并与细音前的精见组字相混，例如：丁＝今＝精 [ˍʨin]，厅＝轻＝清 [ˍʨhin]，电＝见＝荐 [ʨianˀ]。此类合流属于端组归入精组声母，这是与胶辽官话合流的不同之处。

与诸城、五莲、四川部分地区不同，大长山、獐子岛的精、端组声母合并只限于合口呼，在开口呼和细音前不合并。

二　大连方言读音不一的精组字

大连杏树屯、万家岭和大长山精组的三种读音存在语音对应的关系，多数精组字都符合这种对应关系，但是也有部分精组字在大连读音不一，这些字有"饲~养/~料暂浸伞癣薛全绝雪津俊皴雀家~儿鲫"14 个，我们将这些字的读音类型及方言点列出来，同时与烟台、长岛两地的读音作一比较。

表 3-1-3　大连方言读音不一的精组字对照

例字	中古音	今读类型	大连方言点	山东方言点	备注
饲~养/~料	止开三去志心	tshɿ	杏树屯、皮口、广鹿、庄河市、蓉花山、普市 6 点	烟台	烟台[sɿ]又
		sɿ	亮甲店、营城子、大长山、獐子岛等 11 点	长岛	
暂	咸开一去阚从	tsan	杏树屯、蓉花山、大长山等 13 点	烟台、长岛	
		tʂan	普市、安波汉、安波满、三台 4 点		

41

续表

例字	中古音	今读类型	大连方言点	山东方言点	备注
浸	深开三去沁精	tɕhyn	杏树屯等15点		烟台资料缺
		tʃhuan	大长山、獐子岛2点		
		tʃən		长岛	
伞	山开一上旱心	san	杏树屯、皮口、广鹿、庄河市、亮甲店、安波汉、大长山、獐子岛8点	烟台、长岛	烟台[tshan]又
		ʂan	蓉花山、普市、大魏家、复州等9点		
癣	山开三上狝心	ɕien	杏树屯、皮口、广鹿、庄河市、蓉花山、革镇堡、安波满、三台8点		
		ʃan	大长山、獐子岛2点		
		ɕyen	亮甲店、普市、安波、大魏家等6点	烟台	
		ʃuan		长岛	
		tɕhyen	营城子1点		
薛	山开三入薛心	ɕie		烟台	
		ʃə	大长山、獐子岛2点	长岛	
		ɕyə	杏树屯、普市等15点		
全	山合三平仙从	tɕhyen	大连除大长山、獐子岛外15点	烟台	
		tʃhuan		长岛	
		thuan	大长山1点		
		chyen	獐子岛1点		
绝	山合三入薛从	tɕyə	大长山、獐子岛外15点		
		cyə	大长山、獐子岛2点	烟台	cyø
		tʃə		长岛	
雪	山合三入薛心	cyə	大长山、獐子岛外15点	烟台	ᶜcyø又读
		ʃə	大长山、獐子岛2点	长岛	
		ɕie		烟台	
津	臻开三平臻精	tɕyn	大连其他15点		

第三章 大连方言声母研究

续表

例字	中古音	今读类型	大连方言点	山东方言点	备注
津	臻开三平臻精	tʃuən	大长山、獐子岛2点		
		tɕin		烟台	
		tʃən		长岛	
俊	臻合三去稕精	tɕin	广鹿1点	烟台	
		tʃən	大长山、獐子岛2点	长岛	
		tɕyn	其他14点		
		tsuən	安波汉又读		
皴	臻合三平谆清	tɕhin	广鹿1点		烟台资料缺
		tʃhən	大长山、獐子岛2点	长岛	
		tɕhyn	其他11点		
		tshuən	七顶山1点		
		tʂhuən	营城子、革镇堡2点		
雀家~儿	宕开三入药精	tɕhyø		烟台	长岛资料缺
		tɕhyə	其他11点		
		tʃhuo	皮口、大长山、獐子岛3点		
		tɕhiɑu	安波满、七顶山、三台3点		
鲫	曾开三入职精	tɕi	大连其他15点	烟台	
		tʃɿ	大长山1点		
		ci	獐子岛1点	长岛	

说明：

①《烟台方言报告》和"长岛方言音系"中记录烟台、长岛语音使用的音标符号与本文略有不同，这在表3-1-1中已经有所体现，本表不再单独说明。

②万家岭的精组读音和大连多数方言不同，表中不列。

表3-1-3中部分精组字的读音有一些值得注意的特点：

（1）"暂伞"在普市、安波满、三台等地读[tʂan][ʂan]，"皴"在营城子、革镇堡读[tʂhuən]，与烟台、长岛及大连其他地区读音不同，反映个别精组字与知庄章乙类字读音相混，这种混同很有可能是满汉接触导致。

43

（2）部分方言点的开合口情况和大连多数方言点不同，但和烟台或者长岛相同。例如："薛雪"大长山和獐子岛读 [ʃə]，和大连其他15点今读 [ɕyə] 语音不对应，但和长岛相同，与烟台 [ɕie] 存在对应；"俊"广鹿读 [tɕin]，和烟台相同，和大长山、獐子岛、长岛 [tʃən] 存在对应关系；"皴"广鹿读 [tɕhin]，和大长山、獐子岛、长岛 [tʃhən] 存在对应关系；"雀_{家~儿}"广鹿读 [tɕhiə]，和烟台相同，大长山、獐子岛读 [tʃhuo]。

（3）个别精组字读同见晓组声母。"绝"大长山、獐子岛读 [cyə]，与烟台 [cyø] 存在对应关系；"鲫"獐子岛读 [ci]，与大长山 [tʃɿ] 音不同，但与长岛读音相同。

这种读音情况反映在大长山、獐子岛、长岛、烟台等方言中，部分精组三四等字与见晓组三四等字读音相同。与此相反，文登、荣成等方言中，团音字多数读 [c ch ç] 声母，少数口语中读 [ts tsh s] 声母，与精组声母读音相同，例如：荣成"教_见=焦_精"[꜀tsiau]、"结_{开花~果，见}=节_精"[꜂tsiɛ]。大长山和獐子岛的见晓组字调查的较少，只"虹_{江开二见}"读 [tʃaŋ꜕]，如果调查的字数更多，可能会发现更多读音与精组字相同的团音字。我们认为，这两种语音现象虽然不同，但都属于精组和见晓组声母读音的合流现象。既然见晓组读音会合流入精组声母，那么精组声母读音合流入见晓组声母也就不奇怪了。

（4）部分字大连和烟台、长岛读音不同，例如："浸"大长山、獐子岛读 [tʃhuən]，和大连其他点 [tɕhyn] 音存在对应，和长岛 [tʃən] 不同，送气、不送气的不同可能是不同音韵地位的反映。"浸"字在《广韵》有两个音韵地位：深摄开口三等平声清母和去声精母，大连送气音与平声清母音韵地位一致，长岛不送气音与去声精母音韵地位一致；"癣"大长山、獐子岛读 [ʃan]，和长岛不同，但和大连其他8点 [ɕien] 音存在对应关系；"全"大长山读 [thuan]，獐子岛读 [chyɛn]，长岛读 [tʃhuan]，三地三个读音；"津"大长山和獐子岛读 [tʃuən]，和大连其他点 [tɕyn] 存在对应关系，和烟台 [tɕin]、长岛 [tʃən] 不同。

此外，部分精组字大连或大连多数方言点今读与长岛、烟台相同，主要有"组寺粽松_{放~} 松_{~树}族"等，具体读音如下表。

表 3-1-4　大连方言读音较一致的精组字对照

例字	中古音	今读类型	大连方言点	山东方言点	标音或备注
组	遇合一上姥精	ˉtsu	杏树屯、皮口、广鹿、庄河市、蓉花山、亮甲店、大魏家、复州、七顶山、三台 10 点	长岛	
		ˉtu	大长山、獐子岛 2 点		
		ˉtsu	普市、安波汉、革镇堡、营城子、安波满 5 点	烟台	
寺	止开三去志邪	tshʅ˗	大连其他 16 点	烟台、长岛	
		sʅ˗	大长山 1 点		
粽	通合一去送精	tsəŋ˗	大连 17 点	烟台、长岛	
松放~	通合一平冬心	˪soŋ	大连 17 点	烟台	
		˪suŋ		长岛	
松~树	通合三平钟邪	˪ɕyoŋ	大连其他 16 点	烟台、长岛	
		˪soŋ	安波满 1 点		
族	通合一入屋从	ˉtshu	大连其他 14 点	烟台、长岛	烟台 [ˉtsu]又
		ˉthu	大长山、獐子岛 2 点		
		˪tsu	安波满 1 点		

"寺"[tshʅ˗]、"粽"[tsəŋ˗]、"松放~"[˪soŋ]、"松~树"[˪ɕyoŋ]、"族"[ˉtshu]等在大连和烟台、长岛非常一致，这种一致性体现了三地方言的共通性。

第二节　知系

知系声母中知庄章组在大连方言中读音复杂，日母读音比较一致，以下分别展开。

一 知庄章组

万家岭知庄章组今读一类 [tʂ tʂh ʂ] 声母，与北部盖州相同，跟胶辽官话盖桓片一样。

其他方言点知庄章组今读两类或者三类声母。

知庄章组今读两类声母的有 14 点，具体音值有 [ts][tɕ] 二分型和 [ts][tʂ] 二分型。

[ts][tɕ] 二分型即知庄章读甲类 [ts tsh s] 声母，乙类 [tɕ tɕh ɕ] 声母，代表方言点有杏树屯、皮口、广鹿、庄河市4点，例如：4点"锥 止合三章"[₌tsuei]、"茶 假开二澄"[tshaˀ]、"瘦 流开三生"[souˀ]、"猪 遇合三知"[₌tɕy]、"车 假开三昌"[₌tɕhiə]、"烧 效开三书"[₌sau]。

[ts][tʂ] 二分型即知庄章读甲类 [ts tsh s] 声母，乙类 [tʂ tʂh ʂ] 声母，代表方言点有亮甲店、普市、安波汉、大魏家、复州、革镇堡、营城子、安波满、七顶山、三台10点，例如：10点"锥 止合三章"[₌tsuei]、"茶 假开二澄"[tshaˀ]/[₌tsha]、"瘦 流开三生"[souˀ]、"猪 遇合三知"[₌tʂu]、"车 假开三昌"[₌tʂhə]、"烧 效开三书"[₌sau]。

知庄章组今读三类声母的有蓉花山、大长山和獐子岛3点，具体音值有 [ts][tɕ][tʂ] 三分型和 [ts][tʃ][t] 三分型。

[ts][tɕ][tʂ] 三分型即知庄章读甲类 [ts tsh s] 声母，乙类 [tɕ tɕh ɕ] 声母，丙类 [tʂ tʂh ʂ] 声母，代表方言点是蓉花山，例如："锥 止合三章"[₌tsuei]、"茶 假开二澄"[tshaˀ]、"瘦 流开三生"[souˀ]、"猪 遇合三知"[₌tɕy]、"车 假开三昌"[₌tʂhə]、"烧 效开三书"[₌sau]。

[ts][tʃ][t] 三分型即知庄章读甲类 [ts tsh s] 声母，乙类 [tʃ tʃh ʃ] 声母，丙类 [t th s] 声母，代表方言点是大长山和獐子岛，例如："罩 效开二知"[tsauˀ]、"茶 假开二澄"[tshaˀ]（大长山）/[₌tsha]（獐子岛）、"瘦 流开三生"[souˀ]、"猪 遇合三知"[₌tʃu]、"车 假开三昌"[₌tʃhə]、"烧 效开三书"[₌ʃau]、"锥 止合三章"[₌tuei]、"锄 遇合三崇"[thuˀ]（大长山）/[₌thu]（獐子岛）、"刷 山合二生"[˚sua]。

（一）胶辽官话登连片知庄章乙类字在杏树屯、蓉花山和普市三地读音的不同

大连方言知庄章组今读音二分或三分的具体情形可以从两个方面来分析：二分或三分的音韵条件和实际的音值类型。

下面我们把 [ts][tɕ] 二分型的杏树屯 4 点、[ts][tɕ][tʂ] 三分型的蓉花山和 [ts][tʂ] 二分型的普市 6 点（汉族）的知庄章组今读的分化条件与烟台、莱州等地作一比较。表中普市、杏树屯、蓉花山分别代表同类型读音的方言。

表 3-2-1　烟台、杏树屯、蓉花山、普市、莱州知庄章今读甲乙（丙）类声母的语音分化条件和例字

	知开二		庄开二开三合二合三		章开口止摄		知章合口遇山臻摄以外，通摄入声以外		知章合口山臻舒声	
	茶		捎		是		追		春	
	读音	归类	读音	归类	读音	归类	读音	归类	读音	归类
烟台	tsha	甲类	sɑu	甲类	sʅ	甲类	tsui	甲类	tshuən	甲类
杏树屯	tsha	甲类	sɑu	甲类	sʅ	甲类	tsuei	甲类	tshuən	甲类
蓉花山	tsha	甲类	sɑu	甲类	sʅ	甲类	tsuei	甲类	tshuən	甲类
普市	tsha	甲类	sɑu	甲类	sʅ	甲类	tsuei	甲类	tshuən	甲类
莱州	tsha	甲类	sɔ	甲类	sʅ	甲类	tsuei	甲类	tʂhuẽ	乙类

	知章合口山臻入声		知章合口遇摄		知开三止摄		知章开三假蟹摄		知章开三咸深山臻曾梗摄入声	
	出		猪		知		车		织	
	读音	归类	读音	归类	读音	归类	读音	归类	读音	归类
烟台	tɕhy	乙类	tɕy	乙类	tɕi	乙类	tɕhie	乙类	tɕi	乙类
杏树屯	tɕhy	乙类	tɕy	乙类	tɕi	乙类	tɕhiə	乙类	tɕi	乙类
蓉花山	tɕhy	乙类	tɕy	乙类	tʂʅ	丙类	tʂhə	丙类	tʂʅ	丙类
普市	tʂhu	乙类	tʂu	乙类	tʂʅ	乙类	tʂhə	乙类	tʂʅ	乙类
莱州	tʂhu	乙类	tʂu	乙类	tʂʅ	乙类	tʂhə	乙类	tʂʅ	乙类

	知章开三效流摄		知章开三咸深山臻曾梗摄舒声		知章开三宕摄舒入声		知章合口通摄入声			
	烧		针		张		竹		叔	
	读音	归类	读音	归类	读音	归类	读音	归类	读音	归类
烟台	ɕiɑo	乙类	tɕin	乙类	tɕiaŋ	乙类	tsu	甲类	ɕy	乙类

续表

	知章开三效流摄		知章开三咸深山臻曾梗摄舒声		知章开三宕摄入声		知章合口通摄入声			
	烧		针		张		竹		叔	
	读音	归类	读音	归类	读音	归类	读音	归类	读音	归类
杏树屯	ʂau	甲类	tsən	甲类	tsaŋ	甲类	tsu	甲类	ɕy	乙类
蓉花山	ʂau	丙类	tʂən	丙类	tʂaŋ	丙类	tsu	甲类	ɕy	乙类
普市	ʂau	乙类	tʂən	乙类	tʂaŋ	乙类	tsu	甲类	ʂu	乙类
莱州	ʂɔ	乙类	tʂẽ	乙类	tʂaŋ	乙类	tsu	甲类	ʂu	乙类

说明：据《莱州方言志》(P6)，莱州 [tʂ tʂh ʂ] 卷舌不明显，近似 [tʃ tʃh ʃ]。

大连普市知庄章今读甲类 [ts] 组声母的韵摄有知组开口二等、庄组、章组开口止摄、知章组合口遇摄山臻摄舒声和通摄入声以外，今读乙类 [tʂ] 组声母的韵摄有知组开口三等、章组开口止摄以外、知章合口遇摄和山臻摄入声。知章合口通摄入声字读甲乙两类声母的都有，看不出分化规律。从今读甲乙两类的分化条件上看，普市和烟台完全一致，和莱州不尽相同。知章合口山臻摄舒声字普市（包括大连其他点）今读甲类 [ts] 组声母，莱州今读乙类 [tʂ] 组声母，普市今读类型和烟台相同，和莱州不同。

普市今读甲乙两类的分化条件和山东胶辽官话登连片其他点也相同。钱曾怡（2004）曾以荣成、烟台等地为例，具体分析过山东胶辽官话登连片知庄章今读甲乙两类的音韵条件，并大致归结为：

甲类	知开二	章开口止摄	知章合口（除遇摄）	庄组开二开三合二合三
乙类	知开三	章开口（除止摄）	知章合口遇摄	

以上分化条件在山东省登连片只有威海一地例外。青莱片知庄章今读甲乙两类的分化条件和上表基本一致，不同只在山臻合口舒声知章组字，烟台等登连片今读甲类，青莱片今读乙类，这也是《中国语言地图集》（2012）中对登连片和青莱片分区的主要依据。

杏树屯和蓉花山知庄章今读甲乙（丙）类的分化条件与烟台、普市不同，尤其体现在乙类字上，我们列表说明。

第三章 大连方言声母研究

表 3-2-2 烟台、杏树屯、蓉花山、普市知庄章组今读
甲乙（丙）类声母的语音分化条件

音韵条件	烟台	杏树屯	蓉花山	普市
知章合口山臻入声、遇摄	乙类 [tɕ]组	乙类 [tɕ]组	乙类 [tɕ]组	乙类 [tʂ]组
知组开口止摄、知章组开口假蟹摄和咸深山臻曾梗摄入声	乙类 [tɕ]组	乙类 [tɕ]组	丙类 [tʂ]组	乙类 [tʂ]组
知章开口效流摄、咸深山臻曾梗摄的舒声、宕摄舒入声	乙类 [tɕ]组	甲类 [ts]组	丙类 [tʂ]组	乙类 [tʂ]组
其他	甲类 [ts]组	甲类 [ts]组	甲类 [ts]组	甲类 [ts]组

烟台知庄章甲类读 [ts] 组声母的字在大连 3 地也读甲类 [ts] 组声母，对应整齐；烟台知庄章乙类读 [tɕ] 组声母的字普市读乙类 [tʂ] 组声母，杏树屯部分字读乙类 [tɕ] 组声母，部分字读甲类 [ts] 组声母，蓉花山部分字读乙类 [tɕ] 组声母，部分字读丙类 [tʂ] 组声母。

大连知庄章甲类字读 [ts] 组声母，从语音走向上看是归入精组洪音声母，例如："捎＝骚" [₋sɑu]、"是＝四" [sʅ⁼]、"梳＝苏" [₋su]、"桌＝左" [ᶜtsuo]。从韵母上看，既有开口呼字，又有合口呼字，唯有蟹止山臻合口字例外：四摄合口知庄章组读甲类 [ts] 组声母，归入精组声母，但知庄章组字与精组字今读韵母不同，知庄章组字读 [ts] 组声母拼合口呼，精组字读 [ts] 组声母拼开口呼，例如："睡" [suei⁼] ≠ "碎" [sei⁼]，"顺"读 [suən⁼]，"孙"读 [₋sən]。蟹止山臻四摄合口知庄章组与精组声母字今读音没有合流，精组字没有 [u] 介音，知系字有 [u] 介音。据此推断，蟹止山臻四摄合口精组的 [u] 介音消失在前，知庄章组并入精组声母在后。

烟台、普市乙类字在杏树屯和蓉花山今读声母不同，杏树屯读乙类 [tɕ] 组声母和甲类 [ts] 组声母，蓉花山读乙类 [tɕ] 组声母和丙类 [tʂ] 组声母。两地今读声母的异同以古韵摄为条件，知章合口遇摄和山臻摄入声字两地都读乙类 [tɕ] 组声母，今读相同；知章开口三等字两地今读音不同：蓉花山今读丙类 [tʂ] 组声母；杏树屯部分字今读乙类 [tɕ] 组声母，部分字今读甲类 [ts] 组声母，具体来说，知组开口止摄、知章组开口假蟹摄和咸深山臻曾梗摄入声字今读乙类 [tɕ] 组声母；知章开口效流摄、咸深山臻曾梗摄舒声、宕摄舒入声字今读甲类 [ts] 组声母。

49

我们可以就知章开口三等字今读的音值将烟台和杏树屯两地作一比较，将蓉花山和普市两地作一比较。知章开口三等字烟台读[tɕ]组声母，杏树屯部分读[tɕ]组声母，部分读[ts]组声母；普市读[tʂ]组声母，蓉花山也读[tʂ]组声母。如果只考虑音值，普市和蓉花山知庄章组声母今读的不同只在知章合口山臻摄入声、遇摄字，这些字普市读[tʂ]组声母，蓉花山读[tɕ]组声母，蓉花山读音与普市不同，与杏树屯、烟台相同。

前文有言，大连知章组山臻合口舒声字今读甲类声母，和烟台相同，和莱州不同。杏树屯和蓉花山知章[tɕ]组声母的读音，显然和烟台型关系更近。烟台知章乙类[tɕ]组声母字，杏树屯部分读甲类[ts]组声母，部分读乙类[tɕ]组声母。具体来说，知章开口效流摄、咸深山臻曾梗摄的舒声和宕摄舒入声字，杏树屯读甲类[ts]组声母，烟台读乙类[tɕ]组声母，这些字两地读音不同，例如："超"[ₑtsʰau] ≠ [ₑtɕʰiao]，"周"[ₑtsou] ≠ [ₑtɕiu]、"沾"[ₑtsan] ≠ [ₑtɕian]、"针"[ₑtsən] ≠ [ₑtɕin]、"张"[ₑtsaŋ] ≠ [ₑtɕiaŋ]、"蒸"[ₑtsəŋ] ≠ [ₑtɕin]，这些字的前一种读音是杏树屯的，后一种读音是烟台的；知章合口山臻入声遇摄、知组开口止摄、知章组开口假蟹摄和咸深山臻曾梗摄入声字，杏树屯读乙类[tɕ]组声母，读音和烟台相同，例如："车"[ₑtɕʰiə]、"猪"[ₑtɕy]、"直"[tɕiˀ]、"熟"[ɕyˀ]、"蜇ᵧ人"[ˀtɕiə]、说[ˀɕyə]。烟台今读乙类声母的字，杏树屯读甲类还是乙类声母是以古韵摄为条件的。如果考察今读音的音节结构，我们会发现，杏树屯乙类[tɕ]组声母只与[i y iə yə]4个韵母相拼，这四个韵母都是没有韵尾的，杏树屯今读甲类[ts]组声母的音节或者有[u]韵尾，或者有[n]韵尾，或者有[ŋ]韵尾，总之都是有韵尾的。烟台的知章乙类声母字，在杏树屯按照韵尾有无的不同呈现出[ts]组与[tɕ]组读音的对立，有韵尾音节对应着[ts]组声母拼洪音，无韵尾音节对应着[tɕ]组声母拼细音。

烟台知庄章甲类声母字杏树屯也都读甲类声母，读音相同，例如："枝"[ₑtʂʅ]、锄[tʂʰuˀ]、"罩"[tsauˀ]、"愁"[tʂʰouˀ]、"站"[tsanˀ]、"衬"[tsʰənˀ]、"争"[ₑtsəŋ]、"桌"[ˀtsuo]，从读音上看既有[u]/[n]/[ŋ]韵尾的音节，又有无韵尾的音节。

烟台的知庄章甲、乙两类字，可以与无韵尾、有韵尾音节相拼；杏树屯的知庄章甲类字，可以与无韵尾、有韵尾音节相拼。乙类字只能和无韵

第三章 大连方言声母研究

尾音节相拼，不能与有韵尾音节相拼。

蓉花山的情形又不同，我们发现烟台的知庄章乙类 [tɕ] 组声母字，蓉花山的今读属于杏树屯与普市的过渡形式。具体来说，知章合口山臻摄入声和遇摄蓉花山读 [tɕ] 组声母，例如："猪" [ˍtɕy]、"熟" [ɕyˀ]、"说" [ˈɕyə]，此时蓉花山和杏树屯、烟台读音相同，和普市不同；知组开口止摄、知章组开口假蟹摄和咸深山臻曾梗摄入声、知章开口效流摄、咸深山臻曾梗摄的舒声、宕摄舒入声，蓉花山读 [tʂ] 组声母，读音与普市相同，和杏树屯不同，例如："车" [ˍtʂʰə] ≠ [ˍtɕʰiə]、"直" [tʂʅˀ] ≠ [tɕiˀ]、"蜇_人" [ˈtʂə] ≠ [ˈtɕiə]、"周" [ˍtʂou] ≠ [ˍtsou]、"沾" [ˍtʂan] ≠ [ˍtsan]、"针" [ˍtʂən] ≠ [ˍtsən]、"张" [ˍtʂɑŋ] ≠ [ˍtsɑŋ]、"蒸" [ˍtʂəŋ] ≠ [ˍtsəŋ]，这些字的前一种读音是蓉花山和普市的，后一种读音是杏树屯的。蓉花山 [tɕ][tʂ] 两组声母的出现是以古音为条件的，[tɕ] 组声母出现于古合口韵，[tʂ] 组声母出现于古开口韵。

庄河的沿海地区如庄河市知庄章读 [ts][tɕ] 两组声母，读音与杏树屯相同；庄河的北部、西部地区有很多满族自治乡，如太平岭、三架山、桂云花满族乡等，知庄章今读 [ts][tʂ] 两组声母。在地理位置上，蓉花山在庄河市区北部，不是黄海沿岸地区，且当地有很多满族人聚居，如"金屯"就是清朝大臣鳌拜的一支后人为避祸改姓金，搬迁到此成立的村子，满族人口较为集中。综合考虑，我们认为蓉花山知庄章声母今读 [ts][tɕ][tʂ] 三组声母既有庄河市的影响，又有满族人的影响，是庄河市类和满族类读音相互接触的产物。蓉花山方言的这种过渡性也体现在声调上，蓉花山单念有 3 个单字调，口语中有 4 个单字调，处于庄河市三个调类与满族四个调类的过渡阶段。

那么，普市的 [tʂ] 组读音又是如何产生的呢？表面上看，乙类字在普市、亮甲店、安波_汉、大魏家、复州、革镇堡 6 地汉族方言中都读 [tʂ] 组声母，排列整齐。但如果我们仔细考察，会发现 6 地有个别字读 [ts tsʰ s] 声母。

表 3-2-3　烟台与大连部分知章组字今读音表

例字	沉_下~	沉_重	枕_动词	枕_名词	膻	蜇_海~	汁	轴
中古音	深开三澄	深开三章	深开三章	深开三章	山开三章	山开三_入知	深开三_入章	通合三_入澄
烟台	tɕʰinˀ		ˈtɕʰin		ˍɕian	资料缺	ˈtɕi	ˈtɕiu

51

续表

例字	沉下~	沉重	枕动词	枕名词	膻	蜇海~	汁	轴
中古音	深开三澄		深开三章		山开三章	山开三入知	深开三入章	通合三入澄
杏树屯	tshən²	tshən²	tsən²	⁻tsən	⁻san	tɕiə²	⁻tɕi	⁻tsou
皮口	tshən²	tshən²	tsən²	⁻tsən	⁻san	tɕiə²	⁻tɕi	⁻tsou
广鹿	tshən²	tshən²	tsən²	⁻tsən	⁻san	tɕiə²	tɕi²	⁻tsou
庄河市	tshən²	tshən²	tsən²	⁻tsən	⁻san	tɕiə²	⁻tɕi	⁻tsou
蓉花山	tʂhən²	tʂhən²	tʂən²	⁻tʂən	⁻san	⁼tʂə	⁻tʂɿ	⁼tʂou
亮甲店	tʂhən²	tʂhən²	⁻tʂən	⁻tʂən	⁻san	tʂə²	⁻tʂɿ	**tsou**
普市	tʂhən²	tʂhən²	**tsən²**	⁻tsən	⁻san	tʂə²	⁻tʂɿ	⁻tʂou
安波汉	tshən² / tʂhən²	tʂhən²	tsən²	⁻tsən	**⁻san**	**tsə²**	⁻tʂɿ	⁻tʂou
大魏家	tʂhən²	⁼tʂhən	tʂən²	⁻tʂən	⁻san	⁼tʂə	**⁻tsɿ**	⁼tʂou
复州	tʂhən²	⁼tʂhən	tʂən²	⁻tʂən	⁻san	⁼tʂə	⁻tʂɿ	⁼tʂou
革镇堡	tʂhən²	⁼tʂhən	⁻tʂən	⁻tʂən	⁻san	⁼tʂə	⁻tʂɿ	⁼tʂou
营城子	tʂhən²	⁼tʂhən	⁻tʂən	⁻tʂən	⁻san	⁼tʂə	⁻tʂɿ	⁼tʂou
安波满	tʂhən²	⁼tʂhən	tʂən²	⁻tʂən	⁻san	⁼tʂə	⁻tʂɿ	⁼tʂou
七顶山	tʂhən²	tʂhən²	tʂən²	⁻tʂən	⁻san	⁼tʂə	⁻tʂɿ	⁼tʂou
三台	⁼tʂhən	⁼tʂhən	⁻tʂən	⁻tʂən	⁻san	⁼tʂə	⁻tʂɿ	⁼tʂou

说明：安波汉"沉下~"[tshən²][tʂhən²]二音分别是老读和新读。

按照常理，知章开口深山摄字、通摄合口入声"澄"字，在普市等6地汉族方言中读乙类[tʂ]组声母，但"沉下~枕膻轴汁蜇海~"等字在亮甲店、安波汉、普市、大魏家等地却有[ts]类读音，例如：安波"沉下~"老读[tshən²]、"膻"读[⁻san]、"蜇海~"读[tsə²]，普市"枕"作动词读[tsən²]、作名词读[⁻tsən]，亮甲店"轴"读[⁻tsou]、大魏家"汁"读[⁻tsɿ]等。[ts]类读音的出现有时是有词汇条件的，例如：安波汉"沉"字表示"下沉"意义时有[tshən²][tʂhən²]两读，表示"重"意义只有[tʂhən²]一种读法，安波汉"蜇"字在词语"海蜇"中读[tsə²]，表示"蝎子蜇人"意义时读[⁻tʂə]。

52

根据词语的意义和用法，我们推断"沉_下_"[tshən˧]、"蜇_海_"[tsə˧]等应是较老的读法。普市等地的乙类字今读[tʂ]组声母，但很可能有过读[ts]组声母的阶段，"沉_下_ 蜇_海_"等字在部分方言中的[ts]类读音很可能是旧有读音层次的反映。也就是说，部分原乙类字在杏树屯今读[ts]类声母的情形在普市等地很可能也发生过。

与普市等6地方言相反，上述字在营城子、安波_满_、七顶山、三台4地满族汉语方言中都读[tʂ]组声母，没有例外。大连地区的满族人祖籍长白山，满族人绝大多数是从长白山或北京迁徙而来，其知庄章原本只读一类[tʂ]组声母，普市等6地汉族方言的[tʂ]组声母应该是满族影响所致。

实际上，杏树屯等4地今读乙类[tɕ]组声母的部分字，目前也在悄悄的变化着，例如："褶"杏树屯、广鹿读[˂tɕiə]，皮口、庄河市读[˂tsə]；4点"侄"字在"侄女"一词中读[tɕi˧]，在"侄儿"一词中读[tʂʅ˧]。这表明以往由[tɕ]组到[ts]组的语音变化并未停止。

（二）大连满族汉语知庄章组声母的今读

前文说过，烟台知庄章甲类字大连的汉族人都读甲类声母，对应整齐；烟台知庄章乙类字大连的汉族人有[tɕ]组、[ts]组、[tʂ]组三种类型的读音，三种读音存在语音对应的关系。

在满族人那里，情形正好相反：烟台知庄章乙类字满族人都读[tʂ]组声母，没有例外；烟台知庄章甲类字满族人读[ts][tʂ]组声母的都有，具体来说，4个满族发音人今读音情形有两种情况。

1. 三台发音人读[tʂ]组声母多

三台发音人陶成民生于瓦房店市三台满族乡夹河心村（今桂林屯儿），祖上4辈前从吉林长白山迁来，祖辈未与汉族通婚，满族正黄旗人。跟其他满族人相比，陶成民与汉族接触较少，知庄章组读[tʂ]组声母多，读[ts]组声母少。

按照我们统计的调查字数，烟台65个知庄章甲类字三台读[ts]组声母的有30个字，读[tʂ]组声母的有34字，读[ʂ]组声母的有：茶[˂tʂha]、楂_山_[˂tʂa]、沙[˂ʂa]、锄[˂tʂhu]、梳[˂ʂu]、耍[˂ʂua]、事[ʂʅ˧]、师

[ʂʅ]、枝 [꜀tʂʅ]、齿 [꛰tʂʅ]、是 [ʂʅ⁼]、罩 [tʂau⁼]、捎 [꜀ʂau]、愁 [꜁tʂhou]、站 [tʂan⁼]、馋 [꜁tʂhan]、插 [꜀tʂha]、渗 [ʂən⁼]、山 [꜀ʂan]、杀 [꜀ʂa]、刷 [꜀ʂua]、转~弯 [꛰tʂuan]、转~头、~悠 [tʂuan⁼]、穿 [꜀tʂhuan]、船 [꜁tʂhuan]、衬 [tʂhən⁼]、虱 [꜀ʂʅ]、椿春 [꜀tʂhuan]、疮 [꜀tʂhuaŋ]、床 [꜁tʂhuaŋ]、争 [꜀tʂəŋ]、竹 [꜁tʂu]、杀 [꜀ʂa]。"曰"字三台发音人不说。

2.营城子等3地满族发音人读[tʂ]组声母较少

烟台的知庄章甲类字，营城子、安波满、七顶山三地满族发音人读[tʂ]组声母的字数比三台少，比普市（汉族汉语）略多，这些字有：营城子（9个）"转~弯 [꛰tʂuan]、转~头、~悠 [tʂuan⁼]、穿 [꜀tʂhuan]、船 [꜁tʂhuan]、衬 [tʂhən⁼]、椿春 [꜀tʂhuan]、率~领 [ʂuai⁼]、顺 [ʂuən⁼]"；安波满（7个）"耍 [꛰ʂua]、事 [ʂʅ⁼]、师 [꜀ʂʅ]、枝 [꜀tʂʅ]、是 [ʂʅ⁼]、水 [꛰ʂuei]、山 [꜀ʂan]"；七顶山（7个）"罩 [tʂau⁼]、捎 [꜀ʂau]、山 [꜀ʂan]、杀 [꜀ʂa]、撞 [tʂhuaŋ⁼]、桌 [꜀tʂuo]、双 [꜀ʂuɑŋ]"等。

本次调查我们共选取131个知庄章声母字，烟台和普市等6地今读甲类[ts]组声母的字65个，今读乙类[tʂ]组声母的字66个。我们将营城子、安波满、七顶山、三台和普市五个方言点今读[ts][tʂ]声母的字数和比例统计列表，表3-2-3反映的极少数字在普市等地的读音情况不再单独统计。

表3-2-4 营城子、安波满、七顶山、三台和普市知庄章
今读[ts][tʂ]两组声母的字数和比例统计

知庄章组	今读[ts]组声母		今读[tʂ]组声母		总字数
	字数	比例	字数	比例	
营城子	56	43%	75	57%	131
安波满	58	44%	73	56%	131
七顶山	58	44%	73	56%	131
三台	30	23%	100	77%	130
普市	65	50%	66	50%	131

比较发现，营城子、安波满、七顶山知庄章组今读[tʂ]组声母的字数略

多于普市，今读[ts]组声母的字数略少于普市；三台知庄章组今读[tʂ]组声母的字数不仅比普市多，比营城子等3地也多。

大连地区的汉族人和满族人知庄章声母的今读情况引起我们的思考。烟台的知庄章甲类字，大连的汉族人都读甲类[ts]组声母，对应整齐；烟台的知庄章乙类字，汉族人今读[tɕ]组、[ts]组、[tʂ]组声母的都有，今读音值多样，具有很强的地域差别。与之相反，烟台的知庄章乙类字，大连的满族人都读乙类[tʂ]组声母，对应整齐；烟台的知庄章甲类字，满族人今读[ts]组、[tʂ]组声母的都有，今读音值不一，4地有一定的差异。我们认为，大连汉族和满族知庄章声母的读音情况，当是汉族汉语和满族汉语的语言接触导致。大连的汉族汉语具有浓重的胶辽官话色彩，其知庄章组读音原本很可能和烟台相同，属于[ts tɕ]二分型，后来和满族汉语接触，满族的[tʂ]类声母取代或部分取代汉族原读[tɕ]类声母（部分字后来变读[ts]类声母）的那些字，并在普市、亮甲店等地取得统一。满族人祖籍长白山，祖上从长白山或北京来到此地，其知庄章声母原本只读一类[tʂ]组声母，和北京官话相同，后来由于和汉族接触，汉族甲类[ts]组声母的读音也渗透到满族汉语中，导致满族部分知庄章组字也读[ts]组声母。满族和汉族互相接触，满族汉语和汉族汉语彼此混杂，形成今日大连满族汉语和汉族汉语知庄章组声母今读的不同情况。

汉族的知庄章甲类字4个满族发音人读音不一，这是因为几个满族发音人的情况不同。三台发音人的语言环境相对单纯，受到汉族汉语的影响较少，故知庄章组读[ts]类声母的字也较少；营城子发音人长期在汉族人群中生活，安波满发音人母亲是汉族人，两个发音人和汉族接触较多，[ts]类声母的读音也较多。那么，七顶山的发音人祖上与汉族人没有通婚，语言面貌和三台发音人为什么有差异？我们认为，这是由于两位发音人祖上迁来大连时间长短不同。七顶山发音人祖上于雍正年间从北京草帽胡同迁来，在大连已繁衍十多辈，居住时间长，受汉族影响较大；三台发音人祖上四辈前从吉林迁来，居住时间短，受汉族影响小。表现在知庄章声母的今读上，三台发音人比七顶山发音人读[tʂ]组声母多，读[ts]组声母少。

（三）大长山和獐子岛的知庄章组声母今读

大长山和獐子岛的知庄章组今读甲类 [ts tsh s] 声母，乙类 [tʃ tʃh ʃ] 声母，丙类 [t th s] 声母。为了更好地考察三类声母分化的条件，我们将相近的山东长岛方言的读音情况也一并列出。

表 3-2-5 长岛、大长山、獐子岛知庄章今读甲乙丙类声母的语音分化条件

	知开二		庄开二开三		庄合二合三		章开口止摄		知章合口遇摄、山臻摄入声、通摄入声以外	
	茶		捎		锄		是		追	
	读音	归类	读音	归类	读音	归类	读音	归类	读音	归类
长岛	tsha	甲类	sɔ	甲类	tshu	甲类	sɿ	甲类	tsuei	甲类
大长山、獐子岛	tsha	甲类	sau	甲类	thu	丙类	sɿ	甲类	tuei	丙类

	知章合口山臻入声		知章合口遇摄		知开三止摄		知章开三假蟹摄		知章开三咸深山臻曾梗摄入声	
	出		猪		知		车		织	
	读音	归类	读音	归类	读音	归类	读音	归类	读音	归类
长岛	tʃhu	乙类	tʃu	乙类	tʃɿ	乙类	tʃhə	乙类	tʃɿ	乙类
大长山、獐子岛	tʃhu	乙类	tʃu	乙类	tʃɿ	乙类	tʃhə	乙类	tʃɿ	乙类

	知章开三效流摄		知章开三咸深山臻曾梗摄舒声		知章开三宕摄舒入声		知章合口通摄入声			
	烧		针		张		竹		叔	
	读音	归类	读音	归类	读音	归类	读音	归类	读音	归类
长岛	ʃɔ	乙类	tʃən	乙类	tʃaŋ	乙类	tsu	甲类	ʃu	乙类
大长山、獐子岛	ʃau	乙类	tʃən	乙类	tʃaŋ	乙类	tu	丙类	ʃu	乙类

对比发现，长岛今读乙类 [tʃ] 组声母的字，大长山和獐子岛也读乙类 [tʃ] 组声母；长岛今读甲类 [ts] 组声母的字，大长山和獐子岛根据开口呼和合口呼的不同分为两类：开口呼字读甲类 [ts] 组声母，合口呼字读丙类 [t th s] 声母，例如："茶"长岛读 [≤tsha]，大长山读 [tshaᵌ]，獐子岛读 [≤tsha]；"锄"长岛读 [≤tshu]，大长山读 [thuᵌ]，獐子岛读 [≤thu]；"竹"长岛读 [ᶜtsu]，大长山和獐子岛读 [ᶜtu]。

大长山和獐子岛的甲类 [ts] 组声母、丙类 [t th s] 声母和韵母的拼合关系是互补的，甲类只拼开口呼，丙类只拼合口呼，而乙类 [tʃ] 组声母既可

第三章　大连方言声母研究

以拼开口呼，也可以拼合口呼，甲丙类声母和乙类声母具有区别词的语音形式的作用，即是对立关系，如：大长山"罩"[tsɑuˀ] ≠ "赵"[tʃɑuˀ]，"锄"[thuˀ] ≠ "除"[tʃhuˀ]。故甲丙类和乙类是两种不同层次的读音类型，丙类是甲类在 [u] 介音或 [u] 韵母的作用下产生的变体。

如果把大长山、獐子岛的甲丙类声母看作同一个层次，把乙类声母看作另一个层次，那么大长山、獐子岛与长岛知庄章声母的分化条件是非常一致的。据此可以推断，大长山、獐子岛的知庄章组很可能原读 [ts] [tʃ] 两组声母，与长岛相同，后来 [u] 介音或 [u] 韵母前的 [ts tsh] 声母归入端组，读 [t th] 声母。由于端组声母没有擦音，[s] 声母仍读 [s] 声母，故 [s] 声母既可以与开口呼韵母相拼，又可以与合口呼韵母相拼。产生原理可能是后高元音 [u] 对 [ts tsh] 声母发音部位的同化造成。另外，大长山和獐子岛的知章山臻合口舒声字今读丙类 [t th s] 声母，如"转~弯"[˜tuan]、"春"[˜thuən]，深层形式上归甲类，其读音类型和钱曾怡（2010）的说法"归乙类"不同。

于志培（1985）提到长海县知庄章今读三类声母的情况。《长海县志》（P1132）也记录大长山岛镇、小长山乡等地"抓读 duā""状读 duàng""准读 dǔn"，可见丙类 [t th s] 声母的产生已经有一段历史。

如果不计声调的话，丙类声母构成的音节有 [tuo thuo suo][tu thu su][tuai thuai suai][tuei thuei suei][tuan thuan suan][tuən thuən suən][tuaŋ thuaŋ suaŋ][tua]8 组，其中 [tuai thuai suai][tuaŋ thuaŋ suaŋ][tua]3 组音节只来自知庄章声母字，端系字不读此类音节。

在将大连的杏树屯、大长山等方言点与山东的烟台、长岛对比之后，我们发现大连和烟台、长岛方言有着很深的渊源关系。这种渊源关系一方面体现在音值的接近上，如杏树屯和烟台知庄章组今读 [ts tɕ] 两组声母、大长山和獐子岛虽然今读 [ts tʃ t] 三分型，但深层次上也是长岛的 [ts tʃ] 二分型，且都是知庄章甲类＝精组洪音，知庄章乙类＝精组细音；另一方面，在知庄章今读甲乙两类的语音分化条件上，大连和烟台、长岛也极其相似，即使像一些无规律的语音分化条件，如通摄入声字今读无条件的分化为甲乙两类，"竹烛"归甲类，"轴叔"归乙类，几地方言也是完全相同的。这种音值和音类的一致性都表明大连方言与胶东方言尤其是与烟台、

57

长岛等地方言具有无法割舍的关系。

大长山和獐子岛的知庄章甲类字读 [ts] 组声母，丙类字读 [t th s] 声母，从语音走向上看是知庄章甲类字归入精组声母，丙类字归入精、端组声母，故部分知庄章甲类字和精组字读音相同，丙类字和精、端组字读音相同，例如："捎＝骚"[⁻sau]、"是＝四"[sʅ⁼]、"桌＝左＝躲"[⁻tuo]。在演变的时间上，知庄章组先归入精组声母，后来合口呼字在 [u] 介音或 [u] 韵母的作用下又和精组字一起归入端组声母。两地蟹止山臻合口知章组字读 [t th s] 声母拼合口呼，有 [u] 介音，精、端组字读 [t th s] 声母拼开口呼，没有 [u] 介音，例如："追"[⁻tuei]、"转~弯"[⁻tuan]、"春"[⁻thuən]、"罪"[tsei⁼]、"短"[⁻tan]。四摄合口知庄章与精、端组字今读声母相同，韵母不同。据此推断，蟹止山臻四摄合口精、端组字的 [u] 介音消失在前，知庄章声母并入精、端组声母在后。

（四）大连方言知庄章和精组声母读音的分合关系

大连的知庄章组和精组声母今读存在三种分合关系。

1. 知庄章组完全并入精组声母

这类方言有杏树屯等 4 点、大长山和獐子岛 2 点。杏树屯知庄章甲类并入精组洪音 [ts] 组声母，知庄章乙类并入精组细音 [tɕ] 组声母；大长山和獐子岛知庄章甲类并入精组 [ts] 组声母，知庄章乙类并入精组 [tʃ] 组声母，知庄章丙类并入精组、后与精组一起并入端组 [t th] 声母。

2. 知庄章组部分并入精组声母

这类方言有普市等 10 地和蓉花山。普市知庄章甲类并入精组洪音 [ts] 组声母，知庄章乙类读 [tʂ tʂh ʂ] 声母，读音独立；蓉花山知庄章甲类并入精组洪音 [ts] 组声母，知庄章乙类并入精组细音 [tɕ] 组声母，知庄章丙类读 [tʂ tʂh ʂ] 声母，读音独立。

3. 精组洪音声母并入知庄章

这类方言只有万家岭。万家岭精组洪音字今读 [tʂ tʂh ʂ] 声母，和知庄章组声母相同，考虑到中古精组的拟音是舌尖前的 [ts] 组声母，今精组洪音声母读音应是并入知庄章声母。

二 日母

日母字在大连方言中无论满汉，读音非常一致。

笔者共调查27个日母字，不论声调的话，有25个日母字在大连18点的声母和韵母读音相同，且和莱州、烟台、长岛等地一致。这25个日母字的读音如下：

表 3-2-6 大连方言读音一致的日母字

例字	儿耳二	惹热	扰饶	揉肉	染	软	人仁	闰
读音	ɚ	iə	iɑu	iəu	iɛn	yen	in	yn
例字	瓤嚷	仍扔	绒茸	日	弱	入褥	辱	
读音	iɑn	ləŋ	yoŋ	i	yə	y	lu	

日母字多读零声母，其中止摄开口字读零声母 [ɚ] 音节，例如："二" [ɚ]；其他日母字读零声母的齐齿呼或撮口呼音节，规则是：古开口字读齐齿呼，古合口字读撮口呼，例如："扰" [ᶜiɑu]、"闰" [yn]。少数日母字读 [l] 声母，例如："仍" [ᶜləŋ]、"扔" [₌ləŋ]、"辱" [₌lu/ ᶜlu]，声母读音与来母相同。

个别日母字在大连各方言点读音不同，如"乳蕊"二字。"乳"大连16个方言点读 [ᶜy]，读音和莱州、烟台、长岛等地相同，亮甲店读 [ᶜlu]，万家岭 [ᶜy][ᶜlu] 两读；"蕊"大连17个方言点读 [ᶜlei]，读音和莱州、烟台、长岛等地相同，三台读 [ᶜluei]，和他处不同，但和该点止摄端系合口字有 [u] 介音的特点一致。

今北京话中读 [z] 声母的还有少数非日母字，例如"瑞容"等。"容"字大连读 [yoŋ₌]/[₌yoŋ]，和莱州、烟台、长岛相同；"瑞"长岛白读 [suei⁼]，文读 [lei⁼]，前一种读音分布在大连杏树屯、皮口、獐子岛3点，跟莱州也相同，后一种读音分布在大连其余15点。

总体而言，日母字在大连方言中读音差别不大，内部一致性很强。

第三节　见晓组

大连方言见晓组声母的读音有两类情况。

大长山、獐子岛 2 点见晓组洪音字读 [k kh x] 声母，细音字读 [c ch ç] 声母，例如："狗" [ᶜkou]、"九" [ᶜciou] 等。精组三四等字和见晓组三四等字读音不同，例如："笑" [ʃauᵓ] ≠ "孝" [çiauᵓ]，"酒" [ᶜtʃou] ≠ "九" [ᶜciou]。

大连其他 16 点见晓组洪音字读 [k kh x] 声母，细音字读 [tɕ tɕh ɕ] 声母，例如："狗" [ᶜkou]、"九" [ᶜtɕiou] 等。精组细音字和见晓组细音字读音相同，即不分尖团，例如："笑 = 孝" [ɕiauᵓ]，"酒 = 九" [ᶜtɕiou]。

大连方言中，见晓组声母今读最具胶辽官话色彩的是大长山和獐子岛的读音，除此之外，部分见晓组字在是否腭化、是否送气等方面也具有一定的差异，各点读音不完全一致。

一　大长山和獐子岛的读音

大长山和獐子岛见晓组细音字读 [c ch ç] 声母，这种读音在辽东半岛只见于这两点，在胶东半岛则分布较广。据钱曾怡（2001）研究，山东方言东莱片的全部（长岛、蓬莱、龙口、福山、招远、栖霞、莱阳、莱西、烟台、威海、牟平、文登、荣成、乳山、海阳等地）、东潍片的部分（平度、即墨、高密、莒县等地）见晓组细音字读 [c ch ç] 声母。对 [c ch ç] 声母音值的描写有："发音部位是舌面中，刚刚从舌根音 [k kh x] 往前移动了一点"（钱曾怡 2001），"好像刚刚从舌根音 [k kh x] 分离出来"（罗福腾 1998），远未达到 [tɕ tɕh ɕ] 舌面前的发音部位，故 [c ch ç] 声母反映见晓组细音字声母读音的早期阶段。

关于精组三四等字的读音，据《汉语官话方言研究》（P50），山东省见晓组细音字读 [c ch ç] 声母的方言精组三四等字的读音有三种：荣成型，

读 [ts tsh s] 声母；烟台型，读 [tɕ tɕh ɕ] 声母；龙口型，读 [tʃ tʃh ʃ] 声母。大长山和獐子岛的精组和见晓组读音与龙口型完全相同，具有此种读音的方言点还有长岛、蓬莱、招远、莱西等地。

二 大连各点读音不一致的情况

（一）腭化与否不一致

大连方言中，多数见晓组字腭化情况相同，少数字腭化情况不同，这些字有开口二等的"秸街解~开客更三耕虹"7字、开口一等的"刚~~"、开口三等的"繮"、合口三等的"去"字，共10字。

上述10字中，"秸街解~开去繮"5字大连多数点腭化读 [tɕ tɕh ɕ] 声母（大长山和獐子岛读 [c ch ç] 声母），少数点未腭化读 [k kh x] 声母，例如：复州、革镇堡、营城子、七顶山、三台、万家岭6点"秸"读 [ˉkai]；革镇堡、营城子、七顶山、三台、万家岭5点"街"读 [ˉkai]、"解~开"读 [ˇkai]；革镇堡、营城子、七顶山、三台4点"去"读 [khəˋ]。除皮口之外的17点"繮"读 [ˉkaŋ]，其他4字 [k]组声母的读法多见于满族汉语，汉族汉语较少。

"客刚~~更三耕虹"5字，大连部分方言点未腭化读 [k kh x] 声母，部分方言点腭化读 [tɕ tɕh ɕ] 声母（大长山和獐子岛读 [c ch ç] 声母），后一种读音例如：七顶山"客"读 [ˇtɕhiə]；杏树屯、皮口、广鹿、庄河市、蓉花山、安波汉、复州、革镇堡、安波满、万家岭10点"刚~~"读 [ˉtɕiaŋ]，大长山和獐子岛读 [ˉciaŋ]；16个方言点"更三~"读 [ˉtɕiŋ]，大长山和獐子岛读 [ˉciŋ]；除三台外的17点"耕"读 [ˉtɕiŋ] 或 [ˉciŋ]；普市、大魏家、革镇堡、营城子、七顶山、三台、万家岭7点"虹"读 [kaŋˋ]，大长山和獐子岛读 [tʃaŋˋ]，读音和精组声母相同，属于残留的白读层，其他9点读 [tɕiaŋˋ]。

《汉语官话方言研究》（P69）列出北京官话各点"街解虹繮耕更打~客"等字的读音，此处我们将其与大连语音作一对比。

表 3-3-1　部分见晓组字在北京官话和大连方言中读音对照

	街_{开口二等}	解_{开口二等}	虹_{开口二等}	耕_{开口二等}	更_{打~,开口二等}	客_{开口二等}	缰_{开口三等}
北京	₌tɕie	ˆtɕie	tɕiaŋ˧	₌tɕiŋ	₌tɕiŋ	ˆtɕʰie	₌kaŋ
承德	₌tɕiE	ˆtɕiE	tɕiaŋ˧	₌tɕiŋ	₌tɕiŋ	ˆtɕʰiE	₌kaŋ
兴城	₌kai	ˆkai	kaŋ˧	₌tɕiŋ	₌tɕiŋ	ˆtɕʰie	₌kaŋ
沈阳	₌kai	ˆkai	kaŋ˧	₌tɕiŋ	₌tɕiŋ	ˆtɕʰie	₌kaŋ
吉林	₌kai	ˆkai	kaŋ˧	₌tɕiŋ	₌tɕiŋ	ˆtɕʰiɛ	₌tɕiaŋ
巴彦	₌kai	ˆkai	kaŋ˧	₌tɕiŋ	₌tɕiŋ	ˆtɕʰiɛ	₌kaŋ
讷河	₌kai	ˆkai	kaŋ˧	₌tɕiŋ	₌tɕiŋ	ˆtɕʰie	₌kaŋ
七顶山	₌kai	ˆkai	kaŋ˧	₌tɕiŋ	₌tɕiŋ	ˆtɕʰiə	₌kaŋ
革镇堡、营城子、万家岭	₌kai	ˆkai	kaŋ˧	₌tɕiŋ	₌tɕiŋ	ˆkʰə	₌kaŋ
三台	₌kai	ˆkai	kaŋ˧	₌kəŋ	₌tɕiŋ	ˆkʰə	₌kaŋ
普市、大魏家	₌tɕiə	ˆtɕiə	kaŋ˧	₌tɕiŋ	₌tɕiŋ	ˆkʰə	₌kaŋ
其他 9 点	₌tɕiə	ˆtɕiə 其他 8 点 ₌tɕiEi 杏树屯	tɕiaŋ˧	₌tɕiŋ	₌tɕiŋ	ˆkʰə	₌kaŋ ₌tɕiaŋ 皮口
大长山、獐子岛	₌ciə 大长山 ₌ciai 獐子岛	ˆciə	tʃaŋ˧	₌ciŋ	₌ciŋ	ˆkʰə	₌kaŋ

我们发现，北京官话的 7 个方言点中，"耕更_{打~}客" 3 字全读 [tɕ] 组声母，"缰"字多数读 [k] 声母，"街解虹" 3 字北京、承德读 [tɕ] 声母，兴城、沈阳等 5 点读 [k] 声母。与北京官话相比，大连的"耕更_{打~}"多读 [tɕ] 声母，"缰"也读 [k] 声母，七顶山"客"读 [tɕʰ] 声母，与北京官话读音相同；"街解虹" 3 字革镇堡、七顶山、营城子、万家岭、三台等地读 [k] 声母，读音和东北的兴城、沈阳等地相同，和北京、承德不同。也就是说，7 个字中，北京官话内部读音一致的"耕更_{打~}客缰"等字，大连各点读音也比较一致，北京官话内部读音不一致的"街解虹"等字，革镇堡、七顶山、营城子、三台等点今读声母与北京、承德等地不同，与兴城、沈阳等地相同，由此可见七顶山、三台等点在见晓组声母字腭化与否更接近东北地区的北京官话。

（二）送气与否不一致

大连各点送气情况不一致的字有"渠~道搛刮给"。

"渠~道"读送气[tɕʰy]音节的有杏树屯、亮甲店、大魏家、七顶山4点，前两点读[tɕʰy˧]，大魏家读[˧tɕʰy]，七顶山读[˨˩tɕʰy]，其他14点读不送气的[tɕy˧]或[cy˧]。"渠~道"是群母平声字，声母不送气的读法是胶辽官话部分方言点"部分古浊塞音、塞擦音平声字不送气"的体现，如山东烟台读[cy˧]，荣成、牟平读[˨˩cy]，威海读[ky˧]等。

"搛"表示"夹（菜）"意义，是极具胶辽官话色彩的一个词语，革镇堡、七顶山和三台说"夹"。其他15点中，杏树屯、亮甲店、大魏家、营城子4点读不送气的[˨˩tɕiɛn]，其他11点读送气的[˨˩tɕʰiɛn]或者[˨˩cʰiɛn]。"搛"是咸摄开口三等平声见母字，在山东胶辽官话中使用甚广，如威海读[˨˩kian]、长岛读[˨˩cʰiɑn]，牟平读[˨˩cian]，今读音送气不送气的都有。

除普市和安波满，其他16点的"刮"字表示"刮（风）"和"刮（胡子）"两个意义时读音不同，表示前一意义读[˧kua]，表示后一意义读[˧kʰua]。"刮"[˧kua][˧kʰua]两种读音也出现在山东省的威海、烟台、长岛、荣成、牟平、平度等地。考究本字，"刮"[˧kʰua]很可能是"擖"字，"擖"是山摄开口二等入声黠韵溪母字，"用刀刮"的意思，与"刮（胡子）"意义也吻合。

"给"多读[˧kʰei]，读不送气[˧kei]的只有革镇堡、营城子、安波满、三台4点。"给"[˧kei][˧kʰei]读音也出现在烟台、威海、长岛、荣成、牟平等地，后4点方言中"给"也有[˧chi]的读音，此时读音与"乞"字相同。"给"是见母字，《广韵》中注居立切，《集韵》中注讫立切，属古全清声母，按理应读不送气声母。在注音和释义上，威海"给~交"读[˧kei]、"给~粮"读[˧kʰei]、"给~他"读[˧kʰi]；长岛"给"读[˧kei][˧kʰei]，"给~你"又读[˧chi]；荣成"给"读[˧chi]，又读[˧kei][˧kʰei]；平度"给"文读音[˧kei]，白读音[˧chi]。考虑注音和释义，几点方言[˧kei][˧kʰei][˧chi]三个音中，[˧chi]是白读音，因此我们怀疑"给"[˧chi]的本字是"乞"，这与"乞"古溪母的音韵地位也是一致的。

（三）其他

大连各点读音不一致的字还有"核吃"二字。

"核臻合一入匣"表示"桃核"时多读 [ku²] 或 [₋ku]，三台读 [₋khə]，[ku²]/[₋ku] 的读音与烟台、牟平、长岛等地相同，属于胶辽官话的读音。

"吃"在杏树屯、皮口、广鹿、庄河市 4 点读 [˚tɕhi]，在大长山和獐子岛读 [˚tʃʅ]，在其他点读 [˚tʂʅ] 或 [₋tʂʅ]（革镇堡、营城子、七顶山）或 [₋tʂʅ]（三台）。"吃"是梗摄开口四等入声溪母字，在大连多数方言点中读上声调，与清入字归调相同，按照语音演变的规律应该读 [˚tɕhi] 或 [˚chi]，但大长山和獐子岛读 [˚tʃʅ]，普市等方言点读 [˚tʂʅ]，与知庄章乙类字声母读音相同。据此推断，"吃"在声母由塞音（[kh]）变为塞擦音以前，已经与开口三等入声的彻、昌母字合并，声母读音与其一致。故"吃"读 [tɕh] 声母的方言开口三等入声的彻、昌母字读 [tɕh] 声母（杏树屯等 4 地），"吃"读 [tʃh] 声母的方言开口三等入声的彻、昌母字读 [tʃh] 声母（大长山和獐子岛），"吃"读 [tʂh] 声母的方言开口三等入声的彻、昌母字读 [tʂh] 声母（大连其他 12 点）。

第四节　与山东胶辽官话的比较

位于辽东半岛南部的大连和山东省胶东半岛（实际范围略大）的方言同属于胶辽官话，为了观察大连和山东胶辽官话的关系，本节就声母的四个专题——精组、知庄章组、日母和见晓组将大连和山东胶辽官话作一比较，以期揭示两地方言的亲疏关系。

关于山东省的胶辽官话，目前已出版或发表的论著主要有以下数种。

（1）《山东省志·方言志》（山东省地方史志编纂委员会，山东人民出版社，1993）

（2）《青岛市志·方言志》（青岛市市志办公室，新华出版社，1997）

（3）《胶辽官话研究》（罗福腾，山东大学博士学位论文，1998）

（4）《山东方言研究》（钱曾怡、张树铮、罗福腾，齐鲁书社，2001）

(5)《烟台方言报告》(钱曾怡等，齐鲁书社，1982)

(6)《即墨方言志》(赵日新、沈明、扈长举，语文出版社，1991)

(7)《牟平方言志》(罗福腾，语文出版社，1992)

(8)《平度方言志》(于克仁，语文出版社，1992)

(9)《潍坊方言志》(钱曾怡、罗福腾，潍坊市新闻出版局，1992)

(10)《荣成方言志》(王淑霞，语文出版社，1995)

(11)《沂水方言志》(张廷兴，语文出版社，1999)

(12)《诸城方言志》(钱曾怡、曹志耘、罗福腾，吉林人民出版社，2002)

(13)《莱州方言志》(钱曾怡、太田斋、陈洪昕、杨秋泽，齐鲁书社，2005)

(14)《荣成方言音系》(陈舜政，台湾三人行出版社，1974)

(15)《威海方言志》(徐明轩、朴炯春，韩国学古房，1997)

(16)《龙口方言调查报告》(一杉刚弘，山东大学硕士学位论文，1999)

(17)《蓬莱方言语音研究》(洪小熙，山东大学硕士学位论文，2005)

(18)《长岛方言音系》，(《钱曾怡汉语方言研究文选》，山东大学出版社，2008)

(19)《文登方言语音研究》(孙彦，北京语言大学硕士学位论文，2015)

论著(1)至(4)是综合性的研究材料，(5)至(19)是单点研究材料，其中(1)(2)(4)至(15)是专著，(3)(16)至(19)是论文。

在进行方言对比时，我们主要采用单点方言的研究论著，同时参考综合性的研究著作《山东方言研究》。考虑到材料的全面性，我们将凡是有同音字汇的方言点全部纳入考察范围，故山东省选取烟台、威海、荣成、牟平、文登、长岛、蓬莱、龙口、莱州、平度、即墨、诸城、沂水13点的材料。青岛的地理位置比较重要，但《青岛市志·方言志》中只列音系，没有同音字汇，故只选取青岛市辖即墨、平度两点的材料。《潍坊方言志》中也没有同音字汇，故没有选入。13点方言中，烟台、威海、荣成、牟平、文登5点属登连片烟威小片，长岛、蓬莱、龙口3点属登连片蓬龙小片，莱州、平度、即墨、诸城、沂水 5 点属青莱片。以下我们就声母的四个专题，将大连 18 点方言与山东 13 点对照。

一　精组

精组声母读音类型如表 3-4-1。

表 3-4-1　大连与山东胶辽官话 13 点的精组声母今读音类型

	今读类型	方言点
1	[ts tsh s]_洪[tɕ tɕh ɕ]_细	荣成、威海、文登、莱州
2	[ts tsh s]_洪[tɕ tɕh ɕ]_细	烟台、牟平、大连_{广鹿等15点}
3	[ts tsh s][tʃ tʃh ʃ]	长岛、蓬莱、龙口
4	[tθ tθh θ]_洪[ts tsh s]_细	平度、即墨
5	[tθ tθh θ]_洪[tɕ tɕh ɕ]_细	诸城
6	[ð tθh θ]_洪[z tsh s]_细	沂水
7	[ts tsh s]_{开口呼}[t th t]_{合口呼}[tʃ tʃh ʃ]_{开口呼、合口呼}	大连_{大长山、獐子岛2点}
8	[tʂ tʂh ʂ]_洪[tɕ tɕh ɕ]_细	大连_{万家岭1点}

说明：长岛、蓬莱、龙口的精组读 [ts tsh s] 和 [tʃ tʃh ʃ] 两组声母。长岛的 [ts tsh s][tʃ tʃh ʃ] 声母都拼洪音；"蓬莱方言语音研究"（P8）注明蓬莱方言"韵母逢 tʃ tʃh ʃ 声母，带有细音色彩"；龙口的 [tʃ tʃh ʃ] 拼细音，例如："酒" [⁻tʃiou]、"清" [⁻tʃhiŋ] 等。大连的大长山和獐子岛 [tʃ tʃh ʃ] 拼洪音，与长岛相同。

山东胶辽官话 13 点的精组声母今读类型是 1-6，其中 1-3 属登连片方言点和青莱片莱州的读音类型；4-6 属青莱片方言点的读音类型。大连 18 点的精组声母今读有 3 种类型：广鹿等 15 点跟烟台相同，可以称为烟台型；大长山、獐子岛精组今读三类声母，属于类型 7，与其他类型都不同，其他类型都是今读两类声母。（根据前文分析，大长山、獐子岛精组的 [t th] 读音是由于 [u] 介音或 [u] 韵母的作用产生的，精组读音原是 [ts tsh s][tʃ tʃh ʃ] 二分的长岛型；万家岭 1 点由于临近盖州，受盖州影响，精组洪音字读 [tʂ tʂh ʂ] 声母，与其他点不同。大连除了万家岭外，其他 17 点或者与烟台型相同，或者前身是长岛型），总之是与登连片的烟台、长岛等地更为接近。

我们列举例字说明精组字的读音。

表 3-4-2　大连与山东胶辽官话 13 点的精组字今读音对照表

	走精	仓清	四心	组精	搓清	锁心	酒精	清清	须心
荣成	ꞌtsou	₌tshaŋ	sʅꞌ	₌tsu	₌tsho	ꞌso	ꞌtsiou	₌tshiŋ	₌sy
文登	ꞌtsou	₌tshaŋ	sʅꞌ	₌tsu	₌tshoɔ	ꞌsoɔ	ꞌtsiou	₌tshiŋ	₌sy
威海	ꞌtsəu	₌tshaŋ	sʅꞌ	₌tsu	₌tsho	ꞌso	ꞌtsiəu	₌tshiŋ	₌sy
莱州	ꞌtsəu	₌tshaŋ	ꞌsʅ	₌tsu	₌tshuə	ꞌsuə	ꞌtsiəu	₌tshiŋ	₌sy / ꞌsy
烟台	ꞌtsou	₌tshaŋ	sʅꞌ	₌tsu	₌tshuo	ꞌsuo	ꞌtɕiu	₌tɕhiŋ	₌ɕy
牟平	ꞌtsou	₌tshaŋ	sʅꞌ	₌tsu	₌tshuo	ꞌsuo	ꞌtɕiou	₌tɕhiŋ	₌ɕy
大连_{广鹿等15点}	ꞌtsou	₌tshaŋ	sʅꞌ	₌tsu / ₌tsu	₌tshuo	ꞌsuo	ꞌtɕiou	₌tɕhiŋ	₌ɕy
长岛	ꞌtsou	₌tshaŋ	sʅꞌ	₌tsu	₌tshuo	ꞌsuo	ꞌtʃou	₌tʃhəŋ	₌ʃu
蓬莱	ꞌtsou	₌tshaŋ	sʅꞌ	₌tsu	₌tshuə	ꞌsuə	ꞌtʃoɿ	₌tʃhəŋ	₌ʃy
龙口	ꞌtsou	₌tshaŋ	sʅꞌ	₌tsu	₌tshuə	ꞌsuə	ꞌtʃiou	₌tʃhiŋ	₌ʃy
大连_{大长山、獐子岛2点}	ꞌtsou	₌tshaŋ	sʅꞌ	₌tu	₌thuo	ꞌsuo	ꞌtʃou	₌tʃhəŋ	₌ʃu
平度	ꞌtθou	₌tθhaŋ	₌θɿ	₌tθu	₌tθhuə	ꞌθuə	ꞌtsiou	₌tshiŋ	₌sy_{胡~} / ꞌsy
即墨	ꞌtθou	₌tθhaŋ	₌θɿ又 / ꞌθɿ又	₌tθu	₌tθhuə	ꞌθuə	ꞌtsiou	₌tshioŋ	₌sy
诸城	ꞌtθou	₌tθhaŋ	θɿꞌ	₌tθu	₌tθhuə	ꞌθuə	ꞌtiou	₌thiŋ	₌ɕy
沂水	ꞌðou	₌tθhaŋ	θɿꞌ	₌ðu	₌tθhuə	ꞌθuə	ꞌziou	₌tshiŋ	₌sy_{~子} / ₌sy_{必~}
大连_{万家岭1点}	ꞌtʂou	₌tʂhaŋ	ʂʅꞌ	₌tʂu	₌tʂhuo	ꞌʂuo	ꞌtɕiou	₌tɕhiŋ	₌ɕy

67

二 知庄章组

知庄章组可以从今读音类型及与精组、见晓组声母的分合关系两方面来探讨。

（一）知庄章组今读音类型

知庄章组声母的读音类型如表 3-4-3。

表 3-4-3 大连与山东胶辽官话 13 点的知庄章组声母今读音类型

	今读类型	方言点
1	[tʂ tʂh ʂ][tʃ tʃh ʃ]	荣成、文登、平度、即墨、诸城
2	[ts tsh s][tɕ tɕh ɕ]	烟台、牟平、大连_{杏树屯、皮口、广鹿、庄河市4点}
3	[ts tsh s][tʃ tʃh ʃ]	长岛、蓬莱、龙口、威海
4	[ts tsh s][tʂ tʂh ʂ]	莱州、大连_{亮甲店、普市等10点}
5	[tʂ tʂh ʂ][z ts s]	沂水
6	[ts tsh s][tɕ tɕh ɕ][tʂ tʂh ʂ]	大连_{蓉花山1点}
7	[ts tsh s][tʃ tʃh ʃ][t th s]	大连_{大长山、獐子岛2点}
8	[tʂ tʂh ʂ]	大连_{万家岭1点}

山东 13 点知庄章组声母的今读类型是 1-5，其中类型 1 登连片和青莱片都有，类型 2、3 属登连片，类型 4、5 属青莱片。类型 1、5 知庄章甲类字读 [tʂ tʂh ʂ] 声母，读音独立；类型 2、3、4 知庄章甲类字读 [ts tsh s] 声母，归入精组洪音声母。大连除万家岭 1 点外，知庄章甲类字也读 [ts tsh s] 声母，归入精组洪音声母，在这一点上与类型 2、3、4 相同，与类型 1、5 不同。在实际音值上，杏树屯、皮口、广鹿、庄河市 4 点属于烟台 [ts tɕ] 型，亮甲店、普市等 10 点属于 [ts tʂ] 型，蓉花山 1 点知庄章今读 [ts tɕ tʂ] 三组声母，属于前两种类型中间的过渡型。大长山和獐子岛 2 点知庄章今读 [ts tsh s][tʃ tʃh ʃ][t th s] 甲乙丙三类声母，[t th] 声母只出现在合口呼前，是原甲类 [ts tsh] 声母在 [u] 介音或 [u] 韵母的作用下产生的变体，其前身应该是长岛 [ts tsh s][tʃ tʃh ʃ] 型。万家岭临近盖州，知庄章今读一类 [tʂ tʂh ʂ] 声母，和北部盖桓片相同，和登连片、青莱片不同。

大连多数方言点或者与烟台型相同，或者与莱州型相同，或者前身是长岛型。但据前文，大连亮甲店等地虽然今读 [tʂ][tʂ] 两组声母，音值与莱州相同，但知章组山臻摄合口舒声字归入甲类声母，与登连片相同，与莱州不同。我们认为，大连乙类 [tʂ tʂh ʂ] 声母的读音很可能来自满族，是满族汉语知庄章声母原 [tʂ tʂh ʂ] 读音对汉族胶辽官话的渗透，蓉花山今读 [ts tsh s][tɕ tɕh ɕ][tʂ tʂh ʂ] 三类声母是这一接触过程的反映。整体来看，大连知庄章组今读声母与登连片的烟台、长岛等地更为接近，与登连片的荣成、文登等地及青莱片距离较远。

表 3-4-4　大连与山东胶辽官话 13 点的知庄章组字今读音对照表

	争 梗开二庄	茶 假开二澄	是 止开三禅	桌 江开二知	锄 遇合三崇	睡 止合三禅
荣成	₌tʂəŋ	₌tʂɑ	ʂʅ⁼	⁼tʂɔ	资料缺	ʂuei⁼
文登	₌tʂəŋ	₌tʂɑ	ʂʅ⁼	⁼tsɔ	₌tʂhu	ʂuei⁼
平度	₌tʂəŋ	₌tʂɑ	₌ʂʅ	⁼tʂuɔ	₌tʂhu	₌ʂuei ₌ʂuei
即墨	₌tʂəŋ	₌tʂɑ	₌ʂʅ	⁼tʂuɔ	₌tʂhu	₌ʂuei
诸城	₌tʂəŋ	₌tʂɑ	ʂʅ⁼	⁼tʂuɔ	₌tʂhu	ʂuei⁼
沂水	₌tʂəŋ	₌tʂɑ	₌ʂʅ	⁼tʂuɑ	₌tʂhu	ʂuei⁼
烟台	₌tsəŋ	tsɑ⁼	sʅ⁼	⁼tsuo	tshu⁼	sui⁼
牟平	₌tsəŋ	₌tsɑ	₌sʅ/sʅ⁼	资料缺	₌tshu	sui⁼
杏树屯 4点	₌tsəŋ	tsɑ⁼	sʅ⁼	⁼tsuo	tshu⁼	suei⁼
蓉花山	₌tʂəŋ	tʂɑ⁼	ʂʅ⁼	⁼tʂuo	tʂhu⁼	ʂuei⁼
莱州	₌tsəŋ	₌tsɑ	₌sʅ	⁼tsuɑ	₌tshu	₌suei
亮甲店 10点	₌tʂəŋ	tʂhɑ⁼ ₌tʂɑ	ʂʅ⁼ ①	⁼tʂuo ₌tʂuo ②	tʂhu⁼ ₌tʂhu ③	ʂuei⁼
威海	₌tʂəŋ	tʂhɑ⁼	资料缺	⁼tʂo	tʂhu⁼	ʃyei⁼
长岛	₌tʂəŋ	₌tʂɑ	ʂʅ⁼	⁼tʂuo	₌tʂhu	ʂuei⁼
蓬莱	₌tʂəŋ	₌tʂɑ	ʂʅ⁼	⁼tʂuə	₌tʂhu	ʂuei⁼
龙口	₌tʂəŋ	₌tʂɑ	ʂʅ⁼	⁼tuə	₌tʂhu	ʂuei⁼
大长山	₌tsəŋ	tsɑ⁼	sʅ⁼	⁼tuo	thu⁼	suei⁼
獐子岛	₌tsəŋ	₌tsɑ	sʅ⁼	⁼tuo	₌thu	suei⁼
万家岭	₌tʂəŋ	₌tʂɑ	ʂʅ⁼	⁼tʂuo	₌tʂhu	ʂuei⁼

续表

	蒸 曾开三章	陈 臻开三澄	受 流开三禅	直 曾开三入澄	除 遇合三澄	室 臻开三入书
荣成	₋tʃəŋ	t͟ʃən~粮 t͇ʃhən	ʃou²	tʃʅ²	₋tʃhu	ʃʅ²
文登	₋tʃəŋ	t͟ʃən~粮 t͇ʃhən	ʃou²	tʃi²	₋tʃy ₋tʃhy	ʃi²
平度	₋tʃoŋ	₋tʃhɔ̃	₋ʃou ʃou²	₋tʃʅ	₋tʃhu	ʃʅ²
即墨	₋tʃoŋ	₋tʃhɔ̃	₋ʃou 又 ʃou²又	₋tʃʅ	₋tʃhu~夕 ₋tʃhu	ʃʅ²
诸城	₋tʃəŋ	₋tʃhɔ̃	ʃou²	₋tʃʅ	₋tʃhu	ʃʅ²
沂水	₋zəŋ	₋tshɔ̃	sou²	₋zʅ	₋tshʅ	sʅ²
烟台	₋tɕiŋ	tɕhin²	ɕiu²	tɕi²	tɕhy²	ɕi² ɕi²
牟平	₋tɕin	₋tɕhin	ɕiou²	tɕi²	₋tɕhy	ɕi²
杏树屯 4点	₋tsəŋ	tshən²	sou²	tɕi²	tɕhy²	ɕi²
蓉花山	₋tʂəŋ	tʂhən²	ʂou²	tʂʅ²	tɕhy²	ʂʅ²
莱州	₋tʂəŋ	₋tʂhē	₋ʂou	₋tʂʅ	₋tʂhu	₋ʂʅ
亮甲店 10点	₋tʂəŋ ④	tʂhən² tʂhən	ʂou²	tʂʅ² ₋tʂʅ	tʂhu² ₋tʂhu	ʂʅ² ₋ʂʅ ₋ʂʅ
威海	₋tʃiŋ	₋tʃhin	ʃiəu²	tʃi²	tʃhy²	ʃi²
长岛	₋tʃəŋ	₋tʃhən	ʃou²	tʃʅ²	₋tʃhu	ʃʅ²
蓬莱	₋tʃəŋ	₋tʃhən	ʃou²	tʃʅ²	₋tʃhʅ	ʃʅ²
龙口	₋tʃin	₋tʃhin	sou²	tʃi²	₋tʃhʅ	ʃi²
大长山	₋tʃəŋ	tʃhəŋ²	ʃou²	tʃʅ²	tʃhu²	ʃʅ²
獐子岛	₋tʃəŋ	₋tʃhən	ʃou²	tʃʅ²	₋tʃhu	ʃʅ²
万家岭	₋tsəŋ	₋tshən	sou²	tsʅ²	tshu²	sʅ²

说明：①"是"安波满和三台读 [ʂʅ²]。②"桌"七顶山读 [₋tsuo]。③"锄"三台读 [₋tʃhu]。④"蒸"安波汉读 [₋tsəŋ]。⑤音标加单下划线表示白读，音标加双下划线表示文读。表中的文白读与相应论著中的同音字汇完全一致，不作改动，以下同。

"是桌锄"在亮甲店等多数汉族方言点读甲类 [ts] 组声母，符合规律；但安波满、七顶山和三台等满族汉语调查点读 [tʂ] 组声母，即在知庄章组声母的今读上，大连满族发音人读 [tʂ tʂh ʂ] 声母的不光有登连片的乙类字，还有登连片的部分甲类字，我们认为这是因为大连的满族汉语原属于北京官话语音层次，其知庄章组原读一类 [tʂ] 组声母，今 [ts] 组声母读音是受到当地汉族汉语即胶辽官话的影响产生的，登连片的部分甲类字满族发音人读 [tʂ] 组声母是其原北京官话读音的遗留。

"蒸"是知庄章乙类字，亮甲店等多数方言点读乙类声母 [tʂ]，安波（汉）读声母 [ts]，读音与亮甲店等地不同，但与杏树屯等 4 地相同。我们认为，大连亮甲店等地乙类字的 [tʂ tʂh ʂ] 声母读音是满族汉语知庄章组原 [tʂ tʂh ʂ] 读音对汉族胶辽官话的渗透，汉族知庄章乙类字的读音原来很可能与杏树屯类型相同。由于满族汉语的渗透，亮甲店等地"蒸"读 [˗tʂəŋ]，安波（汉）读 [˗tsən]，读音与杏树屯等地相同，这是其原来读音的反映。

（二）知庄章组与精组、见晓组声母的分合关系

钱曾怡（2004）对山东方言的知庄章组与精组、见晓组声母的交叉关系进行过分析，此处我们将大连方言一并考虑（参见表 3-4-5）。

表 3-4-5　大连与山东胶辽官话 13 点的知庄章组与精组、见晓组的分合关系

读音组数	五类分合情况	要点	分布地
5	精洪≠知甲≠精细≠知乙≠见细	五类独立	荣成 文登 即墨 平度 沂水
4	精洪≠知甲≠精细≠知乙＝见细	知乙、见细合并	诸城
4	精洪＝知甲≠精细≠知乙≠见细	精洪、知甲合并	威海 莱州
4	精洪＝知甲≠精细＝知乙≠见细	精洪知甲合并、精细知乙合并	牟平 烟台 长岛 蓬莱 龙口
4	精开＝知甲≠精开合＝知乙≠见细≠知丙＝精合	精洪知甲合并、精洪知乙合并	大连（大长山、獐子岛 2 点）
3	精洪＝知甲≠知乙＝精细＝见细≠知丙	精洪知甲合并、精细知乙合并、知丙独立、不分尖团	大连（蓍花山 1 点）
3	精洪＝知甲≠知乙≠精细＝见细	精洪知甲合并、知乙独立、不分尖团	大连（亮甲店、普市等 10 点）
2	精洪＝知甲≠精细＝知乙＝见细	精洪知甲合并、精细知乙合并、不分尖团	大连（杏树屯、皮口、广鹿、庄河市 4 点）
2	精洪＝知系≠精细＝见细	精洪知系合并、不分尖团	大连（万家岭 1 点）

说明：
①知甲、知乙、知丙分别指知庄章甲类、乙类和丙类声母；精洪、精细、见细分别指精组洪音、细音声母和见组细音声母；精开、精合分别指今开口呼、合口呼前的精组声母。
②依照钱曾怡（2004）研究，精组的洪音和细音声母都是 [ts] 组的，按两类记。
③长岛、蓬莱、大连（大长山、獐子岛 2 点）精细的实际音值是 [tʃ] 组拼开口呼。

大连和山东胶辽官话13点知庄章和精组、见晓组的分合关系共有三种。

1. 知庄章和精组、见晓组都没有合并关系

荣成、文登等地，精洪≠知甲≠精细≠知乙≠见细，五类读音独立。

2. 知庄章和精组有合并关系

又分两种类型：知庄章和精组完全合并，知庄章和精组部分合并。

（1）知庄章和精组完全合并

牟平、烟台、长岛、大连_{大长山、獐子岛2点}、大连_{杏树屯、皮口、广鹿、庄河市4点}等地，精洪知甲合并、精细知乙合并。

在精组和见晓组三四等的读音上，五地读音有两种：牟平、烟台、长岛、大连_{大长山、獐子岛2点}读音不同；大连_{杏树屯、皮口、广鹿、庄河市4点}读音相同。

在知庄章和精组今读音值上，五地读音有三种：牟平、烟台、大连_{杏树屯、皮口、广鹿、庄河市4点}精洪 = 知甲 [ts]组≠精细 = 知乙 [tɕ]组；长岛精洪 = 知甲 [ts]组≠精细 = 知乙 [tʃ]组；大连_{大长山、獐子岛2点}精开 = 知甲 [ts]组≠精开合 = 知乙 [tʃ]组≠知丙 = 精合 [t]组。

（2）知庄章和精组部分合并

威海、莱州等地，精洪 = 知甲 [ts]组≠精细 [tsi]组≠知乙 [tʃ]/[tʂ]组≠见细 [c]组，只有知庄章甲类和精组洪音合并，共四类读音。

大连_{蓉花山1点}精洪 = 知甲 [ts]组≠知乙 = 精细 = 见细 [tɕ]组≠知丙 [tʂ]组，精洪和知甲合并，精细、见系和知乙合并，知丙独立，共三类读音。

大连_{亮甲店、普市等10点}精洪 = 知甲 [ts]组≠知乙 [tʂ]组≠精细 = 见细 [tɕ]组，精洪和知甲合并，知乙独立，不分尖团，共三类读音。

大连_{万家岭1点}精洪 = 知系 [tʂ]组≠精细 = 见细 [tɕ]组，精洪合并入知系，不分尖团，共两类读音。

3. 知庄章和见晓组有合并关系

诸城知庄章乙类和见晓组细音合并，精洪 [tθ]组≠知甲 [tʂ]组≠精细 [ɬ]组≠知乙 = 见细 [tʃ]组，共四类读音。

在知庄章和精组的合并关系上，大连_{杏树屯、皮口、广鹿、庄河市4点}与牟平、烟台等地相同，大连_{大长山、獐子岛2点}与长岛、蓬莱等地相近，这些点知庄章与精组读音都是完全合并的；大连_{亮甲店、普市等10点}知甲精洪合并，知乙读 [tʂ]组声

母独立；大连_{蓉花山1点}知甲精洪、知乙精细合并，知丙独立，处于杏树屯类与亮甲店类的过渡阶段；大连_{万家岭1点}知庄章读一类 [tʂ] 组声母，与精组洪音读音相同，当是精洪归入知庄章。

大连 18 点知庄章今读声母的不同实是不同时间阶段读音的反映：大连_{杏树屯、皮口、广鹿、庄河市4点}是登连片烟威小片的核心区域，处于黄海沿岸，知庄章今读甲类 [ts] 组、乙类 [tɕ] 组，与牟平、烟台相同，这是大连知庄章组声母读音的早期阶段；满族和汉族接触，满族汉语原知庄章读一类 [tʂ] 组声母的北京官话语音对杏树屯类型的读音进行渗透，从而产生蓉花山甲类 [ts] 组、乙类 [tɕ] 组、丙类 [tʂ] 组的读音类型，这是中间阶段；满族汉语作用进一步加强，知庄章乙类 [tɕ] 组声母读音不再，亮甲店知庄章甲类 [ts] 组、乙类 [tʂ] 组的读音类型出现，这是后期阶段。大连 18 点中，唯有万家岭和其他点读音不同，这是因为万家岭临近盖州，其精组洪音归入知庄章读 [tʂ] 组声母的读音实是盖州读音的扩散。在知庄章的今读上，万家岭与北部盖桓片相同，与大连其他点不同。我们认为，万家岭（或者说盖桓片）与大连多数点知庄章今读的不同实是两地方言主体层不同的反映：大连多数点的主体层是胶辽官话层，故知庄章读两类（或三类）声母；万家岭或者说盖桓片的主体层是北京官话层，故知庄章今读一类声母。大连地区的满族汉语原属北京官话，其对大连胶辽官话不同地域的影响大小不同，这是造成今日大连知庄章组读音如此歧异的根本原因。

三　日母

大连日母字多数读零声母，其中止摄开口字读零声母的 [ɚ] 音节，其他日母字读零声母的齐齿呼或撮口呼音节，个别字读 [l] 声母，例如"仍扔辱"等，山东省的 11 点也是如此。沂水止摄开口字读 [ə] 音节，即墨有零声母的 [ɚ] 音节和 [lə] 音节两读，这两点读音与其他 11 点不同。以下我们列举部分例字进行对比（详见表 3-4-6）。

73

表 3-4-6　大连与山东胶辽官话 13 点的日母字今读音对照表

	二	惹	扰	染	闰	绒	日	弱	肉	扔
荣成	ɚ˧	⁼iɛ	⁼iau	⁼ian	yn˧	₌yoŋ	⁼i	₌yo	iou˧	₌əŋ
文登	ɚ˧	⁼iɛ ①	⁼iau	⁼iɛn	yn˧	₌yoŋ	⁼i	₌yoŋ	iou˧	₌əŋ
威海	ɚ˧	⁼ie	⁼iau	⁼ian	yn˧	yŋ˧	⁼i ~子 ⁼i ~期	₌yo	iəu˧	₌əŋ
牟平	ɚ˧	⁼iə	⁼iɑu	⁼ian	yn˧	₌ioŋ ₌ioŋ	⁼i	₌yuo ⁼yuo	iou˧	₌əŋ
烟台	ɚ˧	⁼ie	⁼iɑu	⁼ian	yn˧	yŋ˧	⁼i	₌yø	iu˧	₌əŋ
长岛	ɚ˧	⁼ie	⁼iɔ	⁼ian	yn˧	₌yŋ	⁼i	₌yo	iou˧	₌əŋ
蓬莱	ɚ˧	⁼iə	⁼iɔ	⁼ian	yn˧	₌ioŋ	⁼i	₌yə 身体~ yə 不禁风	iou˧	₌əŋ
龙口	ɚ˧	⁼ei	⁼iau	⁼ian	yn˧	₌ioŋ	⁼i	₌yo	iou˧	₌əŋ
莱州	₌ɚr	⁼iə	⁼iɔ	⁼iã	₌yẽ	₌yŋ	⁼i	₌yə	₌iɐu	₌əŋ
平度	₌ɚr ₌ɹ̩r	⁼iə	⁼ei	⁼iã	₌yɔ̃ ₌yɔ̃	₌iŋ	⁼i	₌yə	nou˧	ŋ˧
即墨	₌ɚr ₌lə 又 ₌ɹ̩r ₌lə 又	⁼iə	⁼iə	⁼iã	₌yə	yŋ	⁼i	₌yø	iu˧	ŋ˧
诸城	ɚ˧	⁼ie	⁼iɑo	⁼ian	yn˧	₌ioŋ	⁼i 又 ⁼i 又	₌yə ~小 ⁼yə	iou˧ 又 iou˧ 又	₌əŋ
沂水	lə˧	资料缺	⁼iɔ	⁼iã	yə̃˧	资料缺	⁼i ~色儿 i ~头	₌yə	iou˧	资料缺
大连	ɚ˧	⁼iə	⁼iau	⁼iɛn	yn˧	yoŋ˧ ₌yoŋ	⁼i i˧	₌yə˧	iou˧	₌əŋ

说明：文登 [iɛ] 的实际音值是 [iːɛ]。

表 3-4-6 显示，除"二、扔"外，胶辽官话多数日母字读零声母的齐齿呼或撮口呼音节，例如：扰 [⁼iau]/[⁼iɑo]/[⁼iə]、绒 [yoŋ˧]/[₌yoŋ]/[₌ioŋ] 等。"二"是止摄开口字，在胶辽官话中有两种读音：一种是零声母的 [ɚ] 音节，一种是 [lə] 音节。前一种读音主要分布在胶辽官话的登连片和青莱片的少数点如莱州、平度、诸城等；后一种读音在青莱片的即墨、沂水等地广有分布，此外还分布于山东省及河北临近地区的冀鲁官话区、中原官话区等。"扔"在多数方言点读 [₌əŋ]，平度、即墨等地的曾梗摄与通摄字

74

韵母合并，故读[ˌloŋ]。上述日母字大连读音和登连片相同，没有例外。

四 见晓组

大连与山东胶辽官话13点见晓组声母的读音类型可以归结如表3-4-7。

表3-4-7 大连与山东胶辽官话13点的见晓组声母今读音类型

	今读类型	方言点
1	[k kh x]洪[c ch ç]细	烟台、威海、荣成、牟平、文登、长岛、蓬莱、龙口、平度、大连 大长山、獐子岛2点
2	[k kh x]洪[tɕ tɕh ɕ]细	即墨、莱州、沂水、大连其他16点
3	[k kh x]洪[tʃ tʃh ʃ]洪	诸城

说明：《威海方言志》中见晓组声母今读标为[k kh x]，由于语音的同化原理，细音前的[k kh x]声母实际音值是[c ch ç]，表中标注后一音值。

山东胶辽官话13点的见晓组今读有三种类型，登连片和青莱片的平度读[k kh x][c ch ç]声母，青莱片的即墨、莱州、沂水读[k kh x][tɕ tɕh ɕ]声母，诸城读[k kh x][tʃ tʃh ʃ]声母。总体来看，山东胶辽官话登连片读类型1，青莱片读类型1、2、3。大连的大长山、獐子岛2点读类型1，与山东胶辽官话登连片相同；其他16点读类型2，与莱州、沂水等地相同（参见表3-4-8）。

表3-4-8 大连与山东胶辽官话13点的见晓组今读音对照表

	高见	开溪	灰晓	九见	轻溪	虚晓
荣成	ˬkɑu	ˬkhai	ˬxuei	ˇciou	ˬchiŋ	ˬçy
文登	ˬkɑu	ˬkhai	ˬxuei	ˇciou	ˬchiŋ	ˬçy
牟平	ˬkɑo	ˬkhai	ˬxuei	ˇciou	ˬchiŋ	ˬçy
威海	ˬkau	ˬkhai	ˬxuei	ˇkiəu	ˬkhiŋ	ˬxy
烟台	ˬkɑo	ˬkhaɛ	ˬxui	ˇciu	ˬchiŋ	ˬçy
龙口	ˬkau	ˬkhai	ˬxuei	ˇciou	ˬchiŋ	ˬçy
蓬莱	ˬkɔ	ˬkhɛ	ˬxuei	ˇciou	ˬchiŋ	ˬçy

75

续表

	高见	开溪	灰晓	九见	轻溪	虚晓
长岛	₋kɔ	₋khe	₋xuei	ᶜciou	₋chiŋ	₋çy
大长山 2点	₋kɑu	₋khai	₋xuei	ᶜciou	₋chiŋ	₋çy
平度	₋kɔ	₋khe	₋xuei	ᶜciou	₋chiŋ	₋çy
即墨	₋kɔ	₋khe	₋xuei	ᶜtɕiou	₋tɕhioŋ	₋çy
莱州	₋kɔ	₋khe	₋xuei	ᶜtɕiəu	₋tɕhiŋ	₋çy
沂水	₋kɔ	₋khe	₋xuei	ᶜtɕiou	₋tɕhiŋ	₋çy
大连 其他16点	₋kɑu	₋khai	₋xuei	ᶜtɕiou	₋tɕhiŋ	₋çy
诸城	₋kɔ	₋khe	₋xuei	ᶜtʃou	₋tʃhən	₋ʃu

五 小结

本节就4个声母专题——精组、知庄章组、日母和见晓组将大连18点与山东胶辽官话13点进行比较，整体来看，大连18点与胶辽官话登连片较为接近，与青莱片距离较远。

在精组声母的今读上，大连方言的读音分3种类型：（1）广鹿等15点读 [ts tsh s][tɕ tɕh ɕ] 两组声母，与烟台、牟平等地相同；（2）大长山、獐子岛2点读 [ts tsh s][t th s][tʃ tʃh ʃ] 三组声母，与长岛、蓬莱、龙口接近；（3）万家岭读 [tʂ tʂh ʂ][tɕ tɕh ɕ] 两组声母，与山东胶辽官话不同，与北部盖州相同。

在知庄章声母的今读上，大连方言的读音分5种类型：（1）杏树屯、皮口、广鹿、庄河市4点读 [ts tsh s][tɕ tɕh ɕ] 两组声母，与烟台、牟平相同；（2）大长山、獐子岛2点读 [ts tsh s][tʃ tʃh ʃ][t th s] 三组声母，与长岛、蓬莱、龙口、威海相近；（3）蓉花山1点读 [ts tsh s][tɕ tɕh ɕ][tʂ tʂh ʂ] 三组声母；（4）亮甲店、普市等10点读 [ts tsh s][tʂ tʂh ʂ] 声母；（5）万家岭读 [tʂ tʂh ʂ] 一组声母。类型（3）（4）（5）在山东方言中找不到读音相同或相近的方言点。

在日母字的今读上，大连18点较一致，读零声母，与山东胶辽官话登连片相同。

第三章 大连方言声母研究

在见晓组字的今读上，大连方言的读音分两种类型：(1) 大长山、獐子岛2点读 [k kh x][c ch ç] 两组声母，与烟台、长岛等9点相同；(2) 其他16点读 [k kh x][tɕ tɕh ç] 两组声母，与即墨、莱州、沂水相同。

我们将上述内容列成表3-4-9。

表3-4-9　大连精组、知庄章组、日母和见晓组声母读音及相近的山东方言点

声母专题	大连读音类型	大连方言点	相近的山东方言点
精组	(1) [ts tsh s]洪[tɕ tɕh ç]细	广鹿等15点	烟台、牟平
	(2) [ts tsh s]开口呼[t th s]合口呼[tʃ tʃh ʃ]开口呼、合口呼	大长山、獐子岛2点	长岛、蓬莱、龙口
	(3) [tʂ tʂh ʂ]洪[tɕ tɕh ç]细	万家岭1点	
知庄章组	(1) [ts tsh s]甲[tɕ tɕh ç]乙	杏树屯、皮口、广鹿、庄河市4点	烟台、牟平
	(2) [ts tsh s]甲[tʃ tʃh ʃ]乙[t th s]丙	大长山、獐子岛2点	长岛、蓬莱、龙口、威海
	(3) [ts tsh s]甲[tɕ tɕh ç]乙[tʂ tʂh ʂ]丙	蓉花山1点	
	(4) [ts tsh s]甲[tʂ tʂh ʂ]乙	亮甲店、普市等10点	
	(5) [tʂ tʂh ʂ]	万家岭1点	
日母	零声母	18点	除沂水、即墨外
见晓组	(1) [k kh x]洪[c ch ç]细	大长山、獐子岛2点	烟台、长岛等9点
	(2) [k kh x]洪[tɕ tɕh ç]细	其他16点	即墨、莱州、沂水

我们发现，4个声母专题中，大连方言日母、见晓组声母的读音在山东胶辽官话能够找到对应的方言点，精组、知庄章声母的部分读音在山东胶辽官话中能找到对应的方言点，部分读音找不到对应的方言点，后者如：精组声母读音类型(3)、知庄章声母读音类型(3)(4)(5)。这说明大连方言的声母读音既与山东胶辽官话登连片具有一致性，又有自身的独特性，体现在精组、知庄章组声母的今读上，大连方言有 [tʂ tʂh ʂ] 声母的读音，这种读音显然是受到北京官话的影响而产生的。

77

第四章　大连方言韵母研究

除"蟹摄开口二等见系字是否有[iai]类读音""来母蟹止摄开口三四等深臻曾梗摄开口三四等入声字是否读[lei]音节"外，大连方言的韵母在汉族和满族那里多数界限分明，汉族是一类，满族是一类，和声母的情况截然相反。以下我们对大连方言的韵母特点逐一分析。

第一节　果摄见系一等

据《汉语官话方言研究》(P114)，"果摄见系开口一等歌韵、合口一等戈韵的字，登连片、青莱片不论开口合口字，今天基本都读合口呼uo、uə或者圆唇的ɔ（荣成）。青莱片处于由uo、uə向北京靠拢的过渡地区，读合口呼的字逐渐减少，营通片（即盖桓片，笔者注）各点基本跟北京话相同"，果摄见系一等字读合口呼韵母是胶辽官话的一个特点。本次我们共调查23个果摄见系一等字，其中开口字有12个，有"哥歌个蛾鹅俄饿荷~荷~包河贺~龙贺~祝"，合口字11个，有"锅果棵课卧火和~气禾祸和~面窝"。

这23个字在大连方言中的读音情况如下：都读开口呼的有"哥歌个课"4字；都读合口呼的有"锅果火祸和~窝"6字；另外13个字即9个开口字"蛾鹅俄饿荷~花荷~包河贺~龙贺~祝"和4个合口字"棵卧和~气禾"在大连各点今读开、合口呼情况不一。以下我们首先考察这13个字在大连各点的读音情况，再考察23个字今读音的不同。

第四章 大连方言韵母研究

一 大连方言果摄见系一等字今读音的不同

首先，我们将13个字在大连各点的读音情况列成表4-1-1。

表4-1-1 13个果摄见系一等字在大连方言中的读音和方言点对照表

	例字	读音	方言点
果摄见系开口字	蛾	uo	杏树屯、皮口、广鹿、庄河市、蓉花山、亮甲店、普市、安波汉、复州、安波满、大长山、獐子岛12点
		ə	大魏家、革镇堡、营城子、七顶山、三台6点、万家岭
	鹅	uo	杏树屯、皮口、广鹿、庄河市、蓉花山、亮甲店、普市、安波汉、复州、安波满、万家岭、大长山、獐子岛13点
		ə	大魏家、革镇堡、营城子、七顶山、三台5点
	俄	uo	杏树屯、皮口、广鹿、庄河市、蓉花山、亮甲店、普市、安波汉、复州、安波满、三台、万家岭、大长山、獐子岛14点
		ə	大魏家、革镇堡、营城子、七顶山4点
	饿	uo	杏树屯、皮口、广鹿、庄河市、蓉花山、亮甲店、普市、安波汉、大魏家、复州、革镇堡、安波满、万家岭、大长山、獐子岛15点
		ə	营城子、七顶山、三台3点
	荷₋花	xuo	广鹿、庄河市、獐子岛3点
		xə	杏树屯、皮口、蓉花山、亮甲店、普市、安波汉、大魏家、复州、革镇堡、营城子、安波满、七顶山、三台、万家岭、大长山15点
	荷₋包	xuo	皮口、广鹿、庄河市、大长山、獐子岛5点
		xə	杏树屯、蓉花山、亮甲店、普市、安波汉、大魏家、复、革镇堡、营城子、安波满、七顶山、三台、万家岭13点
	河	xuo	杏树屯、广鹿、庄河市、蓉花山、安波汉、复州、大长山、獐子岛8点
		xə	皮口、亮甲店、普市、大魏家、革镇堡、营城子、安波满、七顶山、三台、万家岭10点
	贺₋龙	xuo	杏树屯、皮口、广鹿、庄河市、蓉花山、亮甲店、普市、复州、安波满、三台、万家岭、大长山、獐子岛13点
		xə	安波汉、大魏家、革镇堡、营城子、七顶山5点
	贺₋祝₋	xuo	杏树屯、皮口、广鹿、庄河市、亮甲店、普市、复州、安波满、三台、万家岭、大长山、獐子岛12点
		xə	蓉花山、安波汉、大魏家、革镇堡、营城子、七顶山6点

续表

例字		读音	方言点
果摄见系合口字	棵	khuo	杏树屯、皮口、广鹿、庄河市、大长山、獐子岛 6 点
		khə	蓉花山、亮甲店、普市、安波汉、大魏家、复州、革镇堡、营城子、安波满、七顶山、三台、万家岭 12 点
	卧	uo	杏树屯、皮口、庄河市、蓉花山、亮甲店、普市、安波汉、复州、营城子、安波满、七顶山、大长山、獐子岛 13 点
		ə	广鹿、大魏家、革镇堡、三台、万家岭 5 点
	和~气	xuo	皮口、庄河市 2 点
		xə	杏树屯、广鹿、蓉花山、亮甲店、普市、安波汉、大魏家、复州、革镇堡、营城子、安波满、七顶山、三台、万家岭、大长山、獐子岛 16 点
	禾	xuo	广鹿、庄河市、普市、三台、万家岭 5 点
		xə	杏树屯、皮口、蓉花山、亮甲店、安波汉、大魏家、复州、革镇堡、营城子、安波满、七顶山、大长山、獐子岛 13 点

根据表 4-1-1 和前文，大连 23 个果摄见系字今读合口呼的方言点数和比例可以统计如表 4-1-2。

表 4-1-2　大连 23 个果摄见系一等字今读合口呼的方言点数和比例对照表

	例字	今读合口呼的方言点数	占方言点总数（18）的比例
果摄见系开口字	饿	15	83%
	俄	14	78%
	鹅	13	72%
	贺~龙	13	72%
	贺祝~	12	67%
	蛾	12	67%
	河	8	44%
	荷~包	5	28%
	荷~花	3	17%
	哥歌个	0	0%
果摄见系合口字	锅果火祸和~面窝	18	100%

第四章 大连方言韵母研究

续表

	例字	今读合口呼的方言点数	占方言点总数（18）的比例
果摄见系合口字	卧	13	72%
	棵	6	33%
	禾	5	28%
	和~气	2	11%
	课	0	0%

12个果摄开口一等见系字，大连不读合口呼的字有"哥歌个"3个，其余9个读音不一的字中，今读合口呼比例在50%以上的有"饿俄鹅贺~龙贺~祝蛾"6个，今读合口呼比例在50%以下的有"河荷~包荷~花"3个。

11个果摄合口一等见系字，大连全读合口呼的字有"锅果火祸和~面窝"6个，全不读合口呼的字有"课"1个，其余4个读音不一的字中，今读合口呼比例在50%以上的有"卧"1个，今读合口呼比例在50%以下的有"棵和~气禾"3个。

二　大连不同方言点的读音情况

23个果摄见系一等字在大连各点今读音不同，反之，大连各方言点今读合口呼的字数和比例也不同，以下我们分别进行统计，详见表4-1-3。

表4-1-3　23个果摄见系一等字在大连各点今读合口呼的字数、比例对照

方言点	今读合口呼的字	字数	比例
庄河市	蛾鹅俄饿荷~花荷~包河贺~龙贺~祝锅果棵卧火禾祸和~面窝	19	83%
广鹿	蛾鹅俄饿荷~荷~包河贺~龙贺~祝锅果棵火禾祸和~窝	17	74%
獐子岛	蛾鹅俄饿荷~包河贺~龙贺~祝锅果棵卧火祸和~面窝	17	74%
皮口	蛾鹅俄饿荷~包贺~龙贺~祝锅果棵卧火祸和~气和~面窝	16	70%
大长山	蛾鹅俄饿荷~包河贺~龙贺~祝锅果棵卧火祸和~窝	16	70%
杏树屯	蛾鹅俄饿河贺~龙贺~祝锅果棵卧火祸和~面窝	15	65%
普市	蛾鹅俄饿贺~龙贺~祝锅果卧火禾祸和~窝	14	61%
复州	蛾鹅俄饿河贺~龙贺~祝锅果卧火祸和~面窝	14	61%

81

续表

方言点	今读合口呼的字	字数	比例
蓉花山	蛾鹅俄饿河贺~龙锅果卧火祸和~窝	13	57%
亮甲店	蛾鹅俄饿贺~龙贺~祝锅果卧火祸和~窝	13	57%
安波满	蛾鹅俄饿贺~龙贺~祝锅果卧火祸和~窝	13	57%
万家岭	鹅俄饿贺~龙贺~祝锅果火禾祸和~窝	12	52%
安波汉	蛾鹅俄饿河锅果卧火祸和~窝	12	52%
三台	俄贺~龙贺~祝锅果火禾祸和~窝	10	43%
大魏家	饿锅果火祸和~窝	7	30%
革镇堡	饿锅果火祸和~窝	7	30%
营城子	锅果卧火祸和~窝	7	30%
七顶山	锅果卧火祸和~窝	7	30%

说明：表格中的"字数"和"比例"指各方言点果摄见系一等字今读合口呼的字数和占调查字总数（23）的比例。

18个方言点按照今读合口呼的字数由多到少排序，依次是：庄河市、广鹿、獐子岛、皮口、大长山、杏树屯、普市、复州、蓉花山、亮甲店、安波满、万家岭、安波汉、三台、大魏家、革镇堡、营城子、七顶山。

从今读合口呼的比例上看，80%以上的有庄河市1点，70%以上的有广鹿、獐子岛、皮口、大长山4点，60%以上的有杏树屯、普市、复州3点，50%以上的有蓉花山、亮甲店、安波满、万家岭、安波汉5点，50%以下的有三台、大魏家、革镇堡、营城子、七顶山5点。

果摄见系一等字今读合口呼比例在60%以上的有8个方言点，即庄河市、皮口、广鹿、大长山、獐子岛、杏树屯、普市、复州，其余10点今读合口呼比例在60%以下。4个满族方言点即安波满、三台、营城子、七顶山今读合口呼的比例都很低。

大致说来，大连烟威、蓬龙小片的方言点今读合口呼的比例较高，大岫小片和盖桓片的方言点今读合口呼的比例较低，满族发音人今读合口呼的比例比汉族低。

第二节　蟹摄开口二等见系

据《山东方言研究》(P.67)，古蟹摄见系开口二等皆、佳两个小韵的字"到了《中原音韵》，都属于皆来韵，与 ai uai 韵母相配套，还没有跟车遮韵的字同音"，"山东话除了菏泽一些地区以外，韵母的读音跟《中原音韵》完全一致，跟普通话的读音有差异。各县市蟹摄皆、佳小韵的字，几乎都读 iai（iɛi、iɛ）韵母，跟 ai（ɛ 或 ɛi）、uai（uɛ 或 uɛi）相配套。但是，东莱小片的牟平有个别字读成 iei 韵母，荣成和文登有个别字读 ei 韵母"。

虽然蟹摄开口二等见系字今读 [iai]（[iɛi][iɛ][iei]）类韵母的特点在山东分布甚广，并不限于胶辽官话，但大连的蟹摄开口二等见系字今读情况复杂，有 [iai][iei][i][iə][ai] 五种读音，有助于我们了解语音的层次性和方言间的亲疏关系，因此列入我们的讨论范围。

此次我们共调查 11 个口语常用字，即"秸届戒械街解~开挨~着捱~楼鞋蟹矮"。这 11 个字在大连方言读音多样，以下将每个字的读音情况和方言点列成表 4-2-1。

表 4-2-1　11 个蟹摄开口二等见系字在大连方言中的读音和方言点对照

例字	读音	大连方言点
秸街	iai	獐子岛 1 点
	iɛi	杏树屯 1 点
	iə	皮口、广鹿、庄河市、蓉花山、亮甲店、普市、安波汉、大魏家、安波满、大长山 10 点
	ai	复州、革镇堡、营城子、三台、七顶山、万家岭 6 点
届械	iai	獐子岛 1 点
	iə	其他 17 点
戒蟹	iai	獐子岛 1 点
	iɛi	杏树屯 1 点

续表

例字	读音	大连方言点
戒蟹	iə	其他16点
解~开	iə	其他13点
	ai	革镇堡、营城子、三台、七顶山、万家岭5点
挨~着	iai	杏树屯、广鹿、庄河市、大长山、獐子岛5点
	ai	其他13点
捱~揍	iai	杏树屯、广鹿、庄河市、蓉花山、大长山5点
	ai	其他13点
鞋	iɛi	杏树屯1点
	i	复州、大长山、獐子岛3点
	iə	其他14点
矮	iai	杏树屯、皮口、广鹿、庄河市、蓉花山、大长山、獐子岛7点
	ai	其他11点

一 蟹摄开口二等见系字在大连的读音类型

表4-2-1显示：11个字大连今读 [iai][iɛi][i][iə][ai]5种读音，5种读音可以分成2类：[iai] 类读音，包括 [iai][iɛi][i] 韵母；非 [iai] 类读音，包括 [iə][ai] 韵母。下面分别说明。

（一）[iai] 类读音

各点都没有 [iai] 类读音的只有"解~开"字，其他10字在部分方言点有 [iai] 类读音，每个字 [iai] 类读音的分布范围不同。

[iai] 韵母："矮"有7点读 [iai] 韵母，分别是杏树屯、皮口、广鹿、庄河市、蓉花山、大长山、獐子岛；"挨~着""捱~揍"分别有5点读 [iai] 韵母，有杏树屯、广鹿、庄河市、蓉花山、大长山（獐子岛除外）；"秸街届械戒蟹"6字只有獐子岛1点读 [iai] 韵母。

[iɛi] 韵母：此类韵母只存在于杏树屯1点，有"秸街戒蟹鞋"5字。

[i] 韵母："鞋"在复州、大长山、獐子岛3点读 [i] 韵母。

（二）非 [iai] 类读音

大连18点全读非 [iai] 类读音即 [iə][ai] 韵母的有"解~开"字，其他10

字的非 [iai] 类读音存在于不同的方言点中。

[iə] 韵母：8个见、匣母字即"秸届戒械街解~开鞋蟹"都有此类读法，按照分布方言点数从多到少的顺序排列，依次是"届械戒蟹鞋解~开秸街"。8字全读 [iə] 韵母的有皮口、广鹿、庄河市、蓉花山、亮甲店、普市、安波汉、大魏家、安波满9点。

[ai] 韵母：3个影、疑母字即"挨~着捱~揍矮"都有此类读法，3字全读 [ai] 韵母的有亮甲店、普市、安波汉、大魏家、安波满、复州、革镇堡、营城子、三台、七顶山、万家岭 11点。

"秸街解~开"3字在部分方言点中读 [kai] 音节，与其他读音性质不同：一是韵母读音不同；二是 [kai] 音节中，3字的声母——见母读音没有腭化为 [tɕ]，仍读 [k] 声母，与中古相同，因此和 [tɕiai][tɕiɛi][ciai][tɕiə] 类读音属于不同的层次。3字 [kai] 的读音主要分布在复州、革镇堡、营城子、三台、七顶山、万家岭等地，其中营城子、三台、七顶山3个点是满族汉语方言点。3字 [kai] 的读法在大连的烟威小片没有，在山东省的胶辽官话中也未见记载，不过在北京官话中有。据《汉语官话方言研究》(P69)，"街解~开"二字在兴城、沈阳、吉林、巴彦、讷河等地分别读 [˨kai][˧kai]，北京读 [˨tɕie][˧tɕie]，承德读 [˨tɕiɛ][˧tɕiɛ]，可见"秸街解~开"的 [kai] 类音主要分布在东北话中，大连的此类读音与之相同。此类读音在大连可能有两个来源：一是受到辽宁西部、北部东北话的影响，二是清朝前中期（或晚些时候）从北京或吉林迁徙而至的满族人带来。不过，大连方言的主体是胶辽官话，因此 [kai] 类音的分布地域很小，和东北话不同。

总的看来，蟹摄开口二等见系字 [iai] 类韵母的读音主要分布在烟威小片和蓬龙小片，大岫小片和盖桓片的此类读音较少。

二 果摄一等见系字、蟹摄开口二等见系字今读韵母与声母的关系

11个蟹摄开口二等见系字 [iai] 类音的保留程度有所不同：见、匣母的"解~开鞋"2字没有此类读音，"秸届戒械街蟹"6字有此类读音，分布的方言点较少；影、疑母即读零声母的"挨~着捱~揍矮"3字有此类读音，

分布的方言点略多。无独有偶，果摄见系一等字中影、疑母字即零声母字今读合口呼 [uo] 韵母的比例最高，晓匣母字次之，见溪母字比例最低。罗福腾《胶辽官话研究》（P101、P103）也体现出这种语音特点，"（果摄见系一等字）长海、普兰店、庄河、大连四地的老派读音，[k kh x] 声母后，部分读开口，部分读合口，零声母之后都读合口韵"，"（蟹摄开口二等见系字）长海一点完全跟胶东一样，读 [iai] 韵母；庄河一点，有声母的字，读 [iɛi] 还是读 [iə] 不稳定，零声母的字都读 [iɛi]；普兰店和大连，有声母的字读 [iə]……零声母的字则读 [iɛi]"。

果摄一等见系字、蟹摄开口二等见系字的上述读音中，[uo] 韵母、[iai] 类韵母的读法是胶辽官话的典型读法，此类读音多分布在烟威、蓬龙小片的大长山、杏树屯、庄河市、獐子岛等地。上述方言点中，影疑母字的此类读法较多，见溪群晓匣母字的此类读法较少，这说明，[uo] 韵母、[iai] 类韵母的读法在见溪群晓匣母字中最先失去，在影疑母字中后失去。

第三节　来母蟹止摄开口三四等、深臻曾梗摄开口三四等入声

来母蟹止摄开口三四等、深臻曾梗摄开口三四等入声字在今北京话读 [li] 音节，大连部分方言点今读跟北京话相同，读 [lei] 音节，读音与蟹止摄合口字合流，例如："丽 = 累_劳_" [lei²]，"李 = 磊" [˚lei] 等。此类字我们共调查 14 个，依次是"例厉犁礼丽离荔梨利李立栗力历"，前 10 个是蟹止摄开口三四等字，后 4 个是深臻曾梗摄开口三四等入声字。以下我们分析此类字在大连的读音情况（见表 4-3-1）。

表 4-3-1　14 个来母蟹止摄开口三四等、深臻曾梗摄开口三四等入声字在大连的读音类型及方言点

例字	今读	方言点
例	lei	皮口、广鹿、蓉花山、普市、安波_满_、七顶山 6 点

续表

例字	今读	方言点
例	li	复州、大长山、万家岭3点
	liə	杏树屯、庄河市、亮甲店、安波汉、大魏家、革镇堡、营城子、三台、獐子岛9点
厉	lei	杏树屯、皮口、广鹿、蓉花山、亮甲店、普市、安波汉、大魏家、革镇堡、安波满、七顶山、大长山12点
	li	复州、营城子、三台、万家岭、獐子岛5点
	liə	庄河市1点
犁丽离荔利李立栗力历	lei	杏树屯、皮口、广鹿、庄河市、蓉花山、亮甲店、普市、安波汉、大魏家、革镇堡、安波满、七顶山12点
	li	复州、营城子、三台、万家岭、大长山、獐子岛6点
礼	lei	杏树屯、皮口、广鹿、庄河市、蓉花山、亮甲店、普市、安波汉、大魏家、革镇堡、安波满、七顶山、三台、大长山14点
	li	复州、营城子、万家岭、獐子岛4点
梨	lei	杏树屯、皮口、广鹿、庄河市、蓉花山、亮甲店、普市、安波汉、大魏家、革镇堡、营城子、安波满、七顶山13点
	li	复州、三台、万家岭、大长山、獐子岛5点

除"例"字外，其他13个字今读音多分为[lei][li]两类，[li]音主要分布在复州、营城子、三台、万家岭、大长山、獐子岛6点，[lei]音主要分布在其他12点。个别字读音有出入，例如：营城子"梨"读[₌lei]，三台和大长山"礼"读[˚lei]，应是[lei]音以词汇的形式扩散的结果。

"例"[liə]读音的产生很可能是受到偏旁"列"的影响，这一读音在烟台、长岛等方言的论著中未见记载。

山东[lei]类音在《长岛方言音系》中有记载（《钱曾怡汉语方言研究文选》P141），"下岛l母拼i韵母的音节，上岛读为ei韵母"，例字有"梨犁李里理利丽力"等。上岛指长岛县北部的砣矶岛、大钦岛、小钦岛、南隍城岛和北隍城岛，下岛指南部的南长山岛、北长山岛、庙岛、大黑山岛和小黑山岛。大连多数地点和长岛县北部的岛屿读音相同，读[lei]音节，长岛县南部的岛屿读[li]音节，和北部的岛屿读音不同，由北向南，读音由[lei]到[li]，呈现一种渐变状态。正如《山东方言研究》(P.9)所说，

"就现代方言的特点说，辽宁的大连、长海、庄河等地的方言跟胶东方言同是一个体系，都是属于胶辽官话三个次方言中的登连片。虽然主要特点相同，但是也存在某些不同，其间的庙岛列岛处于一个过渡的地位。庙岛列岛有大小不等的30多个岛屿，有居民的是10个岛。这10个岛的方言，大体以砣矶岛为界，砣矶岛以南的南北长山岛、大小黑山岛、庙岛等跟胶东的蓬莱话相同，以北的大小钦岛、南北隍城岛等比较接近辽东的大连话，砣矶岛则有的特点跟大连相同，有的特点跟蓬莱相同……"

大连读 [li] 音节的有复州、营城子、三台、万家岭、大长山、獐子岛6点。营城子、三台2点是满族汉语方言点，读 [li] 音节属于原北京官话的读音。复州、万家岭属于登连片大岫小片，[li] 音节的读法当是受到满族汉语的影响，上述字在北京官话中读 [li] 音节，不读 [lei] 音节。大长山和獐子岛都是海岛，隶属长海县，居民多自山东省的蓬莱迁入，上述字蓬莱读 [li] 音节，大长山和獐子岛与之相同。

值得注意的是，蟹止摄开口三四等、深臻曾梗摄开口三四等入声字 [ei] 韵母的读音多保留在来母字中，其他声母字多不读 [ei]，例如：地 [ti˧]、笔 [ˇpi]。不过，止摄开口三等帮组字既有读 [ei] 韵母，也有读 [i] 韵母的，例如：披 [˧phei]、美 [ˇmei]、比 [ˇpi] 等，相对来说，帮组字读 [ei] 韵母的字多，读 [i] 韵母的字少。中古蟹止摄开口三四等、深臻曾梗摄开口三四等入声字的读音都不同，王力《汉语语音史》为隋—中唐音系蟹摄开口三、四等祭、齐韵拟音为 [iæi]、止摄开口三等脂韵拟音为 [i]、深摄开口三等入声缉韵拟音为 [ip]、臻摄开口三等入声质韵拟音为 [it]、曾摄开口三等入声职韵拟音为 [iək]、梗摄开口四等入声锡韵拟音为 [ik]。到了近代，据张玉来、耿军《中原音韵校本》，蟹止摄开口三四等（精组、庄组字除外）和深臻曾梗摄开口三四等入声（庄组字除外）"地笔比非肥披美"等字在《中原音韵》中都归入齐微韵，语音应当是相同或相近的。

第四节 蟹止山臻端系合口

蟹止山臻四摄端系合口字指蟹摄合口一三等、止摄合口三等、山摄合口一等、臻摄合口一三等的端系字，这些字在山东胶辽官话登连片中没有 [u] 介音。此类字我们共调查 30 个，即：蟹摄合口一等的"对推腿队蜕雷崔罪碎"字，合口三等的"岁"字，止摄合口三等的"嘴醉穗"字，山摄合口一等的"酸蒜短端团暖乱掇~盆（端盆）脱夺"字，臻摄合口一等的"顿屯~儿嫩寸蹲孙"字，合口三等的"轮车~"字。这些字在大连多数方言点没有 [u] 介音，少数方言点有 [u] 介音，不同的字情况也不同。以下列表说明四摄端系合口字在大连各点读音的不同，由于字数较多，表中只举例字说明。

表 4-4-1　蟹止山臻端系合口字在大连的读音类型及方言点

		例字	读音	大连方言点
蟹摄合口一等	端组	对	tei	其他 16 点
			tuei	安波满、三台 2 点
	泥组	雷	lei	全部
	精组	崔	tshei	其他 13 点
			tshuei	革镇堡、营城子、安波满、七顶山、三台 5 点
止摄合三	精组	醉	tsei	其他 13 点
			tsuei	革镇堡、营城子、安波满、七顶山、三台 5 点
山摄合口一等	端组	短	tan	其他 14 点
			tuan	革镇堡、营城子、安波满、三台 4 点
	泥组	乱	lan	其他 17 点
			luan	三台 1 点
	精组	酸	san	其他 13 点
			suan	革镇堡、营城子、安波满、七顶山、三台 5 点
	端组入	掇~盆（端盆）	tə	17 点（三台不说）
		脱	thə	其他 14 点
			thuo	营城子、安波满、七顶山、三台 4 点
		夺	tə	其他 17 点
			tuo	三台 1 点
臻摄合口一等	端组	屯~儿	tən	其他 17 点
			tuən	三台 1 点
	泥组	轮车~	lən	其他 17 点
			luən	三台 1 点
	精组	孙	sən	其他 14 点
			suən	营城子、安波满、七顶山、三台 4 点

端系包括端、泥、精组，根据表 4-4-1，我们可以归纳出端、泥、精组蟹止山臻四摄合口字 [u] 介音的有无情况。

（1）端组字

端组蟹摄合口字只安波~满~、三台 2 点有 [u] 介音，山摄合口字营城子、安波~满~、三台等点有 [u] 介音，臻摄合口字三台 1 点有 [u] 介音。山摄合口入声"掇~盆（端盆）~脱夺"字多数方言点没有 [u] 介音，同舒声相同。

（2）泥组字

泥组蟹止摄合口字 18 点都没有 [u] 介音，山臻摄合口字只有三台 1 点有 [u] 介音。

（3）精组字

精组四摄合口字革镇堡、营城子、安波~满~、七顶山、三台 5 点常常有 [u] 介音。

这样看来，端、泥、精组字 [u] 介音的有无存在程度上的不同：泥组字没有 [u] 介音的程度最高，其次是端组字，精组字没有 [u] 介音的程度最低。合口字在中古是有 [u] 介音的，蟹止山臻合口字也是这样，因此也可以说，泥组字的 [u] 介音最容易失去，其次是端组字，再次是精组字。大连方言 [u] 介音消失的声母次序与其他汉语方言也是一致的。张光宇（2006）曾经比较汉语方言中蟹止摄合口 [u] 介音的有无情况，发现"合口韵的开口化运动（即 [u] 介音的失去，笔者注）起于唇音声母，然后循 n> l> t th> ts tsh s 的方向推展"。究其原因，他认为"在成阻部位之后，t 的舌体是下垂走平，s 的舌体是微扬走平……由于 s 音舌体的微扬，含有 s 的 ts 组较 t 组近于舌根发音"，因此，精组比端组更利于保存合口 [u] 介音。

上文有言，大连除大长山、獐子岛之外的 16 个方言点知庄章甲类声母合流入精组洪音 [ts] 组声母，蟹止山臻合口精、端组字没有 [u] 介音，知庄章组字有 [u] 介音，故四摄精、端组字 [u] 介音的失去早于知庄章声母并入精组。对于大长山、獐子岛来说，知庄章甲类归入精组洪音 [ts] 组声母，知庄章丙类归入精、端组 [t th] 声母，蟹止山臻合口精、端组字没有 [u] 介音，知庄章组字有 [u] 介音，故四摄精、端组字 [u] 介音的失去也早于知庄章声母并入精、端组。

四摄端系合口字在大连的多数方言点今读没有 [u] 介音，既然没有 [u]

介音的读法是胶辽官话登连片的典型特点，那么大连此类读法属于胶辽官话特点的体现。大连今读有[u]介音的有革镇堡、营城子、安波_满、七顶山、三台5点，后4点的被调查人是满族发音人，满族人原本所说的汉语属于北京官话，北京官话的四摄端系合口字是有[u]介音的，故4点有[u]介音的读法是其原本北京官话读音的体现，没有[u]介音的读法是受当地汉族的影响产生的。革镇堡的情况刚好相反，革镇堡的发音人是清代自登州府迁徙而来的汉族人，故没有[u]介音的读法是其原本胶辽官话读音的体现，有[u]介音的读法是受当地满族人的影响产生的。

大连有[u]介音读法的5个方言点都属于登连片大岫小片，该小片的其他2点即复州、大魏家是没有[u]介音的。张树铮（2007）提到，"古'蟹止山臻'四摄合口一、三等韵的端系字多数没有[u-]介音。这些字烟威小片、蓬龙小片全部没有[u-]介音……而大岫小片不太整齐，有些字有，有些字没有……"以上所言"大岫小片不太整齐，有些字有，有些字没有"对汉族方言点来说（因为以往的调查对象都是汉族人）是不太确切的。大连的大岫小片有3个汉族方言点，其中2点（复州和大魏家）都没有[u]介音，唯革镇堡符合[u]介音"有些字有，有些字没有"的情况。

第五节　入声字的韵母

大连的三种入声韵，即咸山摄开口一等、宕江摄、曾摄开口一等和梗摄开口二等入声韵今读最有特点，以下分别展开。

一　咸山摄开口一等入声韵

咸山摄开口一等入声字读[a]韵母是胶辽官话的语音特点之一。据《方言调查字表》，咸摄开口一等合韵的常用字有端系的"答搭踏纳拉杂"，见系的"蛤鸽喝合盒"，盍韵有端系的"塔榻塌腊蜡"、见系的"磕"，山摄开口一等曷韵的常用字有端系的"达捺辣擦撒"、见系的"割葛渴"等字。本次共调查21个常用字，即咸摄的"答搭塌纳拉腊蜡杂蛤_蛳鸽喝_水

合盒磕~倒磕~头"15字和山摄的"擦辣瞎割~苞米(玉米)葛~姓渴"6字。

21个字的读音不同:"鸽"都读[kə]韵母,"合盒"读[xə]或[xuo]韵母,其余字大连多数方言点读[a]韵母,少数方言点读[ə]韵母,以下列出21字的读音类型和方言点(见表4-5-1)。

表4-5-1　21个咸山摄开口一等入声字在大连的读音类型及方言点

		例字	读音	大连方言点
咸开一入	端系	答	ta	全部
		搭	ta	其他17点
			tha	獐子岛1点
		塌	tha	全部17点(三台不说)
		纳	na	全部
		拉腊蜡	la	全部
		杂	tsa	全部
	见系	蛤~蜊	ka	16点(大魏家、七顶山不说)
		磕~倒	kha	全部
		磕~头	kha	其他13点
			khə	普市、营城子、安波满、七顶山、三台5点
		喝~水	xa	其他13点
			xə	营城子、安波满、七顶山、三台、万家岭5点
		鸽	kə	全部
		合盒	xə	其他17点
			xuo	獐子岛1点
山开一入	端系	辣	la	全部
		擦	tsha	全部
	见系	割~苞米葛~姓	ka	全部
		瞎	kha	全部
			kha	其他13点
		渴	khə	革镇堡、营城子、安波满、七顶山、三台5点

说明:① 表示"房子塌了"三台发音人不说"塌",只说"□"[₋xa]。
② "蛤"越接近沿海,用的越多,且有一定的构词能力,例如"花蛤""毛蛤"等。大魏家、七顶山发音人只说"蚬子",不说"蛤~蜊"。
③ "磕"在"磕~倒""磕~头"两词中发音不同,表中分别列出,统计时算作两个字。

21个字在大连方言的读音类型有三种：

全部读 [a] 韵母的，有"答搭塌纳拉腊蜡杂蛤~蜊磕~倒擦辣瞌割~苞米葛~姓"15个字，其中端系字10个，见系字5个，这些字大连各点今读韵母相同。

各点读 [a] 或 [ə] 不一致的，有"磕~头喝~水渴"3字，都是见系字。这些字大连多数方言点读 [a] 韵母，少数方言点如营城子、安波~满、七顶山、三台等读 [ə] 韵母。

全部读 [ə] 或 [uo] 韵母的，有"鸽合盒"3字，都是见系字。"鸽"全部读 [kə] 韵母，"合盒"只獐子岛1点读 [xuo]，其他点都读 [xə] 韵母。

由此看来，咸山摄开口一等入声字除"鸽合盒"外大连多读 [a] 韵母，与山东省的胶辽官话读音相同。与山东胶辽官话相比，大连方言今读具有以下两个特点。

其一，大连部分方言点少数字 [a] 韵母的读音只出现在特殊的语境中，例如"磕"字在"磕倒"词中全部读 [kha]，在"磕头"词中只有13点读 [kha]；"割葛"二字也是这样，只在"割苞米"和作姓氏时读 [˳ka] 音，可见部分方言点 [a] 韵母的使用有词汇条件的限制。

其二，大连的满族方言点即营城子、安波~满、七顶山、三台4点多数字也读 [a] 韵母，少数字（"磕~头喝~水渴"）读 [ə] 韵母。据《汉语官话方言研究》附录"官话方言8区42片1026个音系基础字字音对照表"，北京官话的北京、兴城、沈阳、长春、巴彦5地"磕"读 [˰khɤ]、"喝~水"读 [˰xɤ]、"渴"读 [˳khɤ]。我们认为，这3字大连的满族发音人读 [ə] 韵母属于北京官话的读音。既然咸山摄开口一等入声字今读 [a] 韵母是胶辽官话的特点，那么大连地区的满族人读 [a] 韵母是受到当地汉族胶辽官话的影响，读 [ə] 韵母则是不受影响，保留原本北京官话的读音。

二 宕江摄入声韵

宕江摄入声韵是指宕摄开合口一、三等和江摄开口二等入声韵。据《山东方言研究》（P73），宕摄开口一等入声字"整个东莱片和东潍片如烟台、威海、潍坊、青岛，帮系声母后一般读开口的 ə 或 ɔ，端系和见系后

93

一般读合口呼韵母 uo 或者 uə"；又据第 72 页，宕江摄开口二三等入声字，"在山东多数地区大体跟北京相同，读为 yə（ye），西区靠河北的德州等地部分字白读为 iɔ 韵母"。也就是说，山东省的胶辽官话宕江摄多读 [ə] 类韵母，即 [ə][iə][uo][yə] 韵母。

本次调查的常用字有宕摄开口一等铎韵"薄膜摸托落烙乐_{快~}错凿各搁胳_{~膊}郝_姓鹤恶_{~善}"15 字，开口三等药韵"略掠雀_{~麻}嚼削勺脚虐约药钥_{~匙}"11 字，合口一等铎韵"郭"字，合口三等"镬_{~头}"字，江摄开口二等觉韵"桌戳捉觉_{知~}岳学握"7 字，共计 35 字。这些字在大连多数方言点读 [ə] 类韵母，少数方言点读 [ɑu] 类韵母，即 [ɑu][iɑu] 韵母。我们把这些字在大连方言中的读音类型及方言点列成表格 4-5-2。

表 4-5-2　35 个宕江摄入声字在大连的读音类型及方言点

		例字	读音	大连方言点
宕开一入	帮系	薄_{厚~}	ə	其他 14 点
			ɑu	安波_满、七顶山、三台、万家岭 4 点
		膜摸	ə	全部
	端系	托落错	uo	全部
		烙_{~饼}	uo	其他 14 点
			ɑu	营城子、七顶山、三台、万家岭 4 点
		乐_{快~}	ə/uo	全部 / 杏树屯、皮口、庄河市、营城子、万家岭、獐子岛 6 点又读
		凿	uo	其他 16 点
			ɑu	三台、万家岭 2 点
	见系	各胳_{~膊}	ə	全部
		搁_放	ə	亮甲店 1 点，杏树屯_{又读}、七顶山_{又读}
			ɑu	其他 17 点
		郝_姓①	uo/ə	其他 13 点 / 三台 1 点
			ɑu	蓉花山、营城子、七顶山 3 点
		鹤	ə	杏树屯、亮甲店、普市、复州、安波_满、獐子岛 6 点
			ɑu	其他 12 点
		恶_{善~}	ə/uo	其他 17 点 / 獐子岛 1 点

续表

		例字	读音	大连方言点
宕开三入	端系	略	yə/iə	其他17点 / 安波汉1点
		掠	yə	全部
		雀家~儿	yə/uo	其他11点 / 皮口、大长山、獐子岛3点
			iɑu	安波满、七顶山、三台、万家岭4点
		嚼	yə/uo	其他13点 / 大长山、獐子岛2点
			iɑu	营城子、七顶山、三台3点
		削	yə/uo	其他16点 / 大长山、獐子岛2点
	知系	勺	uo	其他16点
			ɑu	七顶山、万家岭2点
	见系	脚	yə	其他15点
			iɑu	七顶山、三台、万家岭3点
		虐	yə	全部
		约	yə	其他17点
			iɑu	三台1点
		药	yə	其他15点
			iɑu	七顶山、三台、万家岭3点
宕开三入	见系	钥~匙	yə	其他14点
			iɑu	营城子、七顶山、三台、万家岭4点
宕合一入	见系	郭	uo	全部
宕合三入	见系	镬~头	yə	全部
江开二入	知系	桌戳捉	uo	全部
	见系	觉知~学	yə	其他16点
			iɑu	三台、万家岭2点
		岳	yə	全部
		握	ə/uo	革镇堡、营城子2点 / 其他16点

说明：① "郝姓"大魏家发音人不说此字。

35字在大连的读音有两种类型：一种是全部方言点都读[ə]类韵母（[ə][iə][uo][yə]）的，有"膜摸托落乐快~错各胳~膊恶善~郭略掠削虐镬~头桌戳捉岳握"20字；一种是多数方言点读[ə]类韵母（[ə][iə][uo][yə]），少数方言点读[au]类（[au][iau]）韵母的，有"薄_厚_烙_饼_凿搁_放_郝_姓_鹤雀_家~儿_嚼勺脚约药钥_匙_觉_知_学"15字，以下我们对[ə][au]类读音分别进行分析。

（一）[ə] 类韵母

35个字都有[ə]类韵母的读法。在具体音值上，"薄_厚_膜摸各搁_放_胳_膊_郝_姓_鹤"8字读[ə]韵母，"托落烙_饼_凿错勺郭桌戳捉"10字读[uo]韵母，"掠虐岳钁_头_脚约药钥_匙_觉_知_学"10字读[yə]韵母；7字有两种读法："乐_快~_恶_善~_握"3字读[ə]或[uo]韵母，"略"读[iə]或[yə]韵母，"削雀_家~儿_嚼"3字读[yə]或[uo]韵母。

今读[ə][uo][yə]韵母的规律大致是：宕摄开口一等帮、端、见系字读[ə]韵母；宕摄开口一等端、见系和合口一等见系、知系字读[uo]韵母；宕摄开口三等端、见系、合口三等见系、江摄开口二等见系字读[yə][uo]韵母。

大连宕摄开口一等端、见系字部分方言点读[uo]韵母，部分方言点读[ə]韵母，例如："乐_快~_"[lə˚]（18点）[luo˚]（杏树屯、皮口、庄河市、营城子、万家岭、獐子岛又读），"恶_善_"[uo]（獐子岛）[ə]（其他17点），"郝_姓_"[xuo]（杏树屯、皮口、广鹿等13点）[xə]（三台）。[ə][uo]两类读音中，[uo]类读音多是杏树屯、庄河市等黄海沿岸方言具有的，最具胶辽官话特点，[ə]类读音的分布不限于黄海沿岸方言，属于新起的文读层。

（二）[au] 类韵母

宕江摄部分字在部分方言点有[au]类韵母的读法，例如："薄_厚_"[₌pau]（安波_满_、七顶山、三台、万家岭），"烙_饼_"[lau˚]（营城子、七顶山、三台、万家岭），"凿"[₌tsau]（三台）[₌tʂau]（万家岭），"搁_放_"[˚kau]或[₌kau]（除亮甲店之外的17点），"郝_姓_"[˚xau]（蓉花山、营城子、七顶山3点），"鹤"[xau˚]或[₌xau]（杏树屯、亮甲店、普市、复州、安波_满_、獐子岛之外的12点），"雀_家~儿_"[˚tɕhiau]（安波_满_、七顶山、三台、万家岭），"嚼"[₌tɕiau]（营城子、七顶山、三台、万家岭），"勺"[₌ʂau]（七顶山、万家岭），"脚"[˚tɕiau]（七顶山、三台、万家岭），"约"[₌iau]（三台），"药钥~匙~"[iau˨]（七顶山、三台、万家岭），"觉~知~"[ᶜtɕiau]（三台、万家岭），"学"[₌ɕiau]（三台、万家岭）。

上述字中，"搁~放~鹤"两字读[ɑu]类韵母的方言点较多，其余字今读[ɑu]类韵母的方言点较少，主要有三台、七顶山、万家岭、营城子、安波~满~等。

既然山东省的胶辽官话宕江摄入声字读[ə]类韵母，那么大连部分方言点[ɑu]类韵母的读法不属于胶辽官话的本来读音。据《北京官话语音研究》（P111），北京官话宕江摄入声字韵母白读[ɑu]韵，文读[ɣ]韵。北京话只有白读的字有"烙酪郝着~睡~焯勺芍脚药钥雹饺"等，北京话只有文读的字有"博莫膜幕寞摸托讬踱铎诺洛乐~欢~作错昨柞索各搁胳鄂恶略掠酌却若弱虐约郭廓扩霍攉驳桌卓琢啄涿戳浊捉镯朔确岳乐~音~握"等，北京话有文白异读的字有"薄落骆络凿鹤雀鹊爵嚼削绰痄跃觉角学"等。大连读[ɑu]类韵母的字15个，其中有14个字在北京话中有[ɑu]类韵母的读法，即"薄~厚~烙~饼~凿郝~姓~鹤雀~家~儿~嚼勺脚约药钥~匙~觉~知~学"。"搁"字北京话不读[ɑu]类韵母，但据《北京官话语音研究》（P112），北京官话的定兴、昌黎、承德、兴城、长春、吉林、巴彦、讷河等地读[ɑu]类韵母，故大连的[ɑu]类韵母属于北京官话的读法，这与[ɑu]类读音主要分布在三台、七顶山、营城子、安波~满~等满族汉语方言点的语言事实也是一致的。

三 曾摄开口一等、梗摄开口二等入声韵

曾摄开口一等入声德韵和梗摄开口二等入声陌、麦韵，北京话读[o][ai][ɣ][ei]四个韵母。据《山东方言研究》（P74），"东莱片荣成等地读ɛ或ɣ（唇音为o）；西部地区德州、东明等地曾摄一般读ei韵母，梗摄多读ɛ（eə）；其余地区两摄都读ei（个别e）"，即山东胶辽官话登连片读[ɛ]或[ə]韵母，青莱片读[ei]韵母，两片的交界处如莱州等地[ə][ei]韵母两读。

本次我们共调查26字，包括曾摄开口一等入声德韵"北墨得~你~去~德特肋~巴~勒~死~贼塞~住~刻~用刀~黑"11字，梗摄开口二等入声陌韵"百伯~大~拍拆~包裹~择~菜~窄客"7字，麦韵"脉~把~责摘擘麦革隔核~审~"8字。这些字在大连多数方言点读[ə]韵母，少数方言点读[ei]或[ai]韵母，现把大连的读

97

音类型和方言点列成表格 4-5-3。

表 4-5-3　26 个曾摄开口一等、梗摄开口二等入声字在大连的读音类型及方言点

	例字	读音	大连方言点
曾开一入	北	ə	其他 15 点
		ei	安波_满、七顶山、三台 3 点
	墨得_{你~去}德特刻_{用刀~}黑	ə	全部
	肋_{~巴}	ə	其他 17 点
		ei	三台 1 点
	勒_{~死}①	ə	其他 16 点
		ei	安波_满 1 点
	贼	ə	其他 11 点
		ei	亮甲店、革镇堡、营城子、安波_满、七顶山、三台、万家岭 7 点
	塞_{~住}	ə	其他 17 点
		ai	三台 1 点
梗开二入	百麦	ə	其他 15 点
		ai	安波_满、七顶山、三台 3 点
	擘	ə	其他 13 点
		ai	革镇堡、营城子、安波_满、七顶山、三台 5 点
	伯_{大~}责革隔核_{审~}	ə	全部
	拍脉_{把~}	ə	其他 14 点
		ai	安波_满、七顶山、三台、万家岭 4 点
	摘择_{~菜}窄	ə	其他 17 点
		ai	三台 1 点
	拆_{~包裹}	ə	其他 16 点、七顶山_{又读}
		ai	七顶山、三台 2 点
	客	ə	其他 17 点
		iə	七顶山 1 点

说明：①七顶山发音人不说"勒_{~死}"。

七顶山"客"读 [ˋtɕiə]，与大连其他方言点 [ˋkhə] 读音不同，属于北京官话的读法，具体分析详见本文第三章第四节。

第四章 大连方言韵母研究

其他 25 字在大连的读音有两种情况：

一种是全部方言点读 [ə] 韵母的，有"墨得~你~去德特刻~用刀~黑伯~大~责革隔核~审~"11 字；

一种是多数方言点读[ə]韵母，少数方言点读[ei]或[ai]韵母的，有"北肋~巴~勒~死~贼塞~住~百擘拍麦脉~把~摘择~菜~窄拆~包裹~"14 字。其中，"北肋~巴~勒~死~贼"4 字属于曾摄开口一等字，在部分方言点有 [ei] 韵母读法，例如："北"[˚pei]（安波满、七顶山、三台），"勒~死~"[˛lei]（安波满）；曾摄开口一等的"塞~住~"和梗摄开口二等的"百擘拍麦脉~把~摘择~菜~窄拆~包裹~"等 10 字在部分方言点有 [ai] 韵母读法，例如：百 [˚pai]（安波满、七顶山、三台），"麦"[maiˀ]（安波满、七顶山、三台）。这 14 字三台读 [ei] 或 [ai] 韵母最多，其次是安波满、七顶山、营城子、革镇堡、万家岭等地。

既然曾摄开口一等、梗摄开口二等入声字在山东胶辽官话登连片读 [ɛ]（荣成等地）或 [ə] 韵母，那么大连部分方言点的 [ei] 或 [ai] 韵母读音不是胶辽官话的固有读音。《北京官话语音研究》（P112、P113）列举北京官话曾摄开口一等、梗摄开口二等入声字的今读情况，大致是曾摄开口一等入声字白读 [ei] 韵母，文读 [ɣ] 韵母；梗摄开口二等入声字白读 [ai] 韵母，文读 [ɣ] 韵母，北京官话内部差别不大。以北京话为例，曾摄开口一等的"北肋贼黑"4 字只有白读音，"墨默德特则刻~用刀~刻~时~克"8 字只有文读音，"得忒勒塞"4 字有文白异读。大连部分方言点"北肋~巴~勒~死~贼"字读 [ei] 韵母，这与北京话中 4 字有 [ei] 韵母的读法是一致的。北京话梗摄开口二等的"白拆宅窄擘麦摘责"8 字只有白读音，"魄陌泽格额赫吓~恐~策革核~审~扼"11 字只有文读音，"百柏伯迫择客脉册隔"9 字有文白异读，大连部分方言点"百擘拍麦脉~把~摘择~菜~窄拆~包裹~"9 字读 [ai] 韵母，其中"百擘麦脉~把~摘择~菜~窄拆~包裹~"8 字北京话有 [ai] 韵母的读法，可见大连部分方言点与北京话也是一致的。

曾摄开口一等入声"塞~住~"在大连部分方言点读 [ai] 韵母，与北京话读 [ei] 韵母不同。但据《北京官话语音研究》（P113），同属北京官话的东北兴城、长春、吉林、巴彦等地"塞"读 [ai] 韵母，与大连部分方言点的读音相同。联系古代韵书，"'塞'《广韵》就有两读，一为曾开一入声字，苏则切；一为蟹开一去声字，先代切。《中原音韵》有皆来韵和支思韵两读。兴城等方言的 [ai] 与《中原音韵》是一致的"。

大连 [ei] 或 [ai] 韵母的读法与北京官话一致，且主要分布在三台、安波₍满₎、七顶山、营城子等满族汉语方言点，故此类读音应是其原本北京官话的读音。

第六节　与山东胶辽官话的比较

本节就韵母专题将大连方言与山东胶辽官话13点进行比较，涉及的专题有：果摄见系一等、蟹摄开口二等见系、来母蟹止摄开口三四等和深臻曾梗摄开口三四等入声字、蟹止山臻端系合口、入声字（包括咸山摄开口一等、宕江摄、曾摄开口一等和梗摄开口二等字）。

一　果摄见系一等

果摄见系一等字荣成等地读 [ɔ] 韵母，其他多数读合口呼韵母，以下我们将大连的今读情况与山东胶辽官话13点作一比较（详见表4-6-1）。

表 4-6-1　大连与山东胶辽官话13点的果摄见系一等字读音对照

	哥开一	锅合一	课合一	棵合一	河开一	禾合一	祸合一	饿开一	窝合一
荣成	₌kɔ	₌kuɔ	资料缺	₌khuɔ	₌xɔ ₌xuɔ	₌xɔ	xuɔ⁼	uɔ⁼	₌uɔ
文登	₌koɔ	₌kuoɔ	khoɔ⁼	₌khuoɔ	₌xuoɔ	₌xoɔ	xuoɔ⁼	uoɔ⁼	₌uoɔ
牟平	₌kuo	₌kuo	khuo⁼	khuo⁼	₌xuo	₌xuo	xuo⁼	uo⁼	₌uo
威海	₌ko	₌kuo	kho⁼	₌kho ₌khuo	xuo⁼	xo⁼	xuo⁼	o⁼ uo⁼	₌uo
烟台	₌kuo	₌kuo	khuo⁼	₌khuo	xuo⁼	xuo⁼	xuo⁼	uo⁼	₌uo
龙口	₌kuə	₌kuə	khuə⁼	₌khuə	₌xuə	xuə⁼	xuə⁼	uə⁼	₌uə
蓬莱	₌kə ₌kuə	₌kuə	khuə⁼	₌khuə	₌xə	₌xuə	xuə⁼	uə⁼	₌uə

第四章　大连方言韵母研究

续表

	哥开一	锅合一	课合一	棵合一	河开一	禾合一	祸合一	饿开一	窝合一
长岛	₌kuo ₌kə 新	₌kuo	khuoᵌ	₌khuo	₌xuo	₌xuo	xuoᵌ	uoᵌ	₌uo
大连	₌kə	₌kuo	khəᵌ	₌khuo ₌khə ①	xuoᵌ oux ₌xuo xə ₌xə ②	xuoᵌ xəᵌ ₌xə ③	xuoᵌ	uoᵌ əᵌ ④	₌ou
莱州	₌kə	₌kuə	₌khə	₌khuə ₌khə	₌xuə ₌xə	₌xuə 荣~ ₌xəᵌ	xuəᵌ	uəᵌ 挨~ ᵌə	₌uə
平度	₌kuə ₌kə	₌kuə	₌khuə ₌khuə ₌khə	₌khuə ₌khə	₌xuə ₌xə	₌xuə	xuəᵌ	uəᵌ əᵌ	₌uə
即墨	₌kuə	₌kuə	₌khuə ₌khə	₌khuə	₌xuə	₌xuə	xuəᵌ	uəᵌ	₌uə
诸城	₌kuə 老 ₌kə 新	₌kuə	khuəᵌ 老 khəᵌ 新	₌khuə	₌xuə	₌xuə	xuəᵌ	vəᵌ	₌və 鸟~ ₌və ~头
沂水	₌kuə 旧 ₌kə 新	₌kuə	资料缺	₌khuə	₌xuə ₌xə	资料缺	xuəᵌ	uəᵌ	₌uə

说明：

①大连"棵"读[₌khuo]的有杏树屯、皮口、广鹿、庄河市、大长山、獐子岛6点，读[₌khə]的有蓉花山等12点。

②大连"河"读[₌xuo]/[ouxᵌ]/[₌xuo]的有安波汉、杏树屯、广鹿、庄河市、蓉花山、大长山、复州、獐子岛8点，读[xəᵌ]/[₌xə]的有皮口、亮甲店、普市、大魏家、革镇堡、营城子、安波满、七顶山、三台、万家岭10点。

③大连"禾"读[xuoᵌ]的有广鹿、庄河市、普市、三台4点，读[xəᵌ]/[₌xə]的有杏树屯、皮口、亮甲店、安波汉、营城子、七顶山、万家岭、大长山、蓉花山、大魏家、复州、革镇堡、安波满、獐子岛14点。

④大连"饿"读[uoᵌ]的有杏树屯、皮口、广鹿、庄河市、蓉花山、亮甲店、普市、安波汉、大魏家、复州、革镇堡、安波满、万家岭、大长山、獐子岛15点，读[əᵌ]的有营城子、七顶山、三台3点。

表4-6-1显示，9个果摄见系一等字在山东省13点今读开、合口呼的情况并不完全一致。全读合口呼，没有例外的方言点有牟平、烟台、长岛、龙口、平度、即墨、诸城7点，其他6点都有读开口呼的情况。总体来看，读合口呼较多。大连古开口"哥"字今读开口呼，"河饿"读开口呼、合口呼的都有；古合口字"锅祸窝"今读合口呼，"课"今读开口呼，

101

"棵禾"今读合口呼、开口呼的都有。与山东省相比,大连今读合口呼的字数较少,今读合口呼的方言点多是黄海沿岸方言。

大连和山东胶辽官话 13 点 9 个果摄见系一等字的读音类型可以归结如表 4-6-2。

表 4-6-2 大连和山东胶辽官话 13 点 9 个果摄见系一等字的今读音类型

类型	锅合 祸合 窝合	棵合 河开 饿开	哥开 课合 禾合	方言点
1	cou			牟平
	uo			烟台、长岛
	uə			龙口、蓬莱、平度、即墨、诸城、沂水
2	uə		uə ə	莱州
	cu		ɔ	荣成
	uɔu		ɔɔ	文登
	ou		o	威海
3	ou		ou ə	大连

9 个果摄见系一等字在大连和山东胶辽官话 13 点中的读音类型如下。

第一种,例字全读合口呼。

例字全读合口呼韵母的有登连片烟威小片的牟平、烟台,蓬龙小片的长岛、龙口、蓬莱,青莱片的平度、即墨、诸城和沂水。

第二种,多数字读合口呼,少数字读开口呼或者开口呼、合口呼两读。

多数字读合口呼韵母,少数字如"哥课禾"等读开口呼或者有开口呼、合口呼两读,方言点有青莱片的莱州,烟威小片的荣成、文登、威海等。

第三种,少数字读合口呼,多数字读开口呼或者有开口呼、合口呼两读。有大连 18 点。

从烟台、长岛等地到莱州、荣成等地,再到大连,9 个果摄见系一等字呈现全部读合口呼—多数读合口呼—少数读合口呼的变化,合口呼读音呈现出一种递减的态势。大连地区果摄见系一等字读合口呼的字数不仅比

102

山东胶辽官话登连片要少，比青莱片也要少。

二 蟹摄开口二等见系

蟹摄开口二等见系字在胶辽官话多读 [iai] 类韵母，和假摄开口三等麻韵字今读韵母不同，以下我们比较大连和山东胶辽官话 13 点的读音情况。

表 4-6-3　大连与山东胶辽官话 13 点 7 个蟹摄开口二等见系字和假摄字读音对照

	蟹开二							假开三	
	秸见	街见	解~开,见	戒见	鞋匣	蟹匣	矮影	姐精	斜邪
荣成①	₌tsei ₌ciei	₌tsei ₌ciei	ˉciei	cieiˀ	₌çiei	çieiˀ	ˉiei	ˉtsiɛ	₌siɛ
文登②	₌tsei麦~ ₌ciei麦~②	₌tsei ₌ciei	ˉtsiɛ	ciei˅	₌çiei	çieiˀ	ˉiei	ˉtsiɛ	₌siɛ
牟平	₌ciei ₌ciai	₌ciei	ˉciai	ciaiˀ	₌çiei	çiaiˀ	ˉiai	ˉtçiə	₌çiə
威海	₌kiei	₌kiei	ˉkiei	kieiˀ	₌xiei	xieiˀ	ˉiai	ˉtsiɛ	siɛ
烟台	₌ciaɛ	₌ciaɛ	ˉciaɛ	ciaɛˀ	₌çiaɛ	çiaɛˀ	ˉiaɛ	ˉtçie	资料缺
龙口	₌ciai	₌ciai	ˉciai	ciaiˀ		çiaiˀ	ˉiai	ˉtʃiə	₌ʃiə
蓬莱	₌ciɛ	₌ciɛ	ˉciɛ	ciɛˀ	₌çiɛ	çiɛˀ	ˀiɛ	ˉtʃə	₌ʃə
长岛	₌ciɛ	₌ciɛ	ˉciɛ	ciɛˀ	₌çi ₌çiɛ又	çiɛˀ	ˉiɛ	ˉtʃə	资料缺
獐子岛	₌ciai	₌ciai	ˉciə	ciaiˀ	₌çi	çiaiˀ	ˉiai	ˉtʃə	₌ʃə
大长山	₌ciə	₌ciə	ˉciə	ciəˀ	₌çi	çiəˀ	ˉiai	ˉtʃə	ʃə
杏树屯	₌tçiei③	₌tçiei	ˉtçiə	tçieiˀ	₌çiei	çieiˀ	ˉiai	ˉtçiə	₌çiə
皮口 4 点④	₌tçiə	₌tçiə	ˉtçiə	tçiəˀ	₌çiə	çiəˀ	ˉiai	ˉtçiə	₌çiə
亮甲店 5 点⑤	₌tçiə	₌tçiə	ˉtçiə	tçiəˀ	çiəˀ ₌çiə	çiəˀ	ˉai	ˉtçiə	₌çiə
复州	₌kai	₌tçiə	ˉtçiə	tçiəˀ	₌çi	çiəˀ	ˉai	ˉtçiə	₌çiə
革镇堡 5 点⑥	₌kai	₌kai	ˉkai	tçiəˀ	₌çiə	çiəˀ	ˉai	ˉtçiə	₌çiə
莱州	₌tçiɛ	₌tçiɛ	ˉtçiɛ	tçiɛˀ	₌çiɛ	₌çiɛ	ˀiɛ	ˉtsiɛ	₌siə

103

续表

	蟹开二							假开三	
	秸见	街见	解~开,见	戒见	鞋匣	蟹匣	矮影	姐精	斜邪
平度	ˬɕiɘ	ˬɕiɘ	ˉɕiɘ	ˬɕiɘ~指儿 ˬɕiɘ~广	˰ɕiɘ	˰ɕiɘ	ˉiɘ	ˉtsiɘ	˰siɘ
即墨	ˬtɕiɘ	ˬtɕiɘ	ˉtɕiɘ	ˬtɕiɘ~指 ˬtɕiɘ~广	˰tɕiɘ	资料缺	ˉiɘ	ˉtsiɘ	˰siɘ
诸城	tʃɘ⑦	ˬtʃɘ	资料缺	ˉtʃɘ	˰ʃɘ	˰ʃɘ	ˉiɘ	ˉtiɘ	˰ɕiɘ
沂水	ˬtɕiɘ	ˬtɕiɘ	ˉtɕiɘ	ˉtɕiɘ	˰ɕiɘ	˰ɕiɘ	ˉiɘ	ˉziɘ	˰siɘ

说明：

①方言材料中荣成、文登的蟹摄开口二等见系字读 [iai] 韵母，但实际音值分别是 [iei][iɛi] 韵母，和龙口的 [iai] 韵母读音不同，为了体现实际读音，此处把荣成、文登两地的读音记作 [iei]。

②《山东文登方言语音研究》中"秸"的白读音记作 [tsiai]，与赵日新《方言调查字表》中所记 [ˬtsei] 音有出入，我们采用后一种。此外，表中文登 [iɘ] 的实际音值是 [i:ɘ]。

③[iei] 在大连杏树屯的实际音值是 [iɛi]。

④皮口 4 点指皮口、广鹿、庄河市、蓉花山。

⑤亮甲店 5 点指亮甲店、普市、安波汉、大魏家和安波满。

⑥革镇堡 5 点指革镇堡、营城子、七顶山、三台和万家岭。

⑦诸城"秸"在"麦秸"一词中读轻声。

山东胶辽官话 13 点蟹摄开口二等见系字和假摄开口三等精组字今读不同，主要体现在两个方面：一是声母今读不同，山东胶辽官话 13 点是分尖团的，见组细音和精组细音今读不同；二是韵母今读不同，蟹摄开口二等字读 [ei][iei][iai][iɛ][ɛ] 韵母，假摄开口三等字读 [iɛ][ie][ɘ] 韵母。假摄读 [iɛ] 韵母时，蟹摄往往读 [ei][iei] 韵母，读音总是不同的，例如：牟平"解"[ˉciai] ≠ "姐"[ˉtɕiɘ]、"鞋"[˰ɕiei] ≠ "斜"[˰ɕiɘ]，蓬莱"解"[ˉciɛ] ≠ "姐"[ˉtʃɘ]、"鞋"[˰ɕiɛ] ≠ "斜"[˰ʃɘ]，莱州"解"[ˉtɕiɛ] ≠ "姐"[ˉtsiɘ]，"鞋"[˰ɕiɛ] ≠ "斜"[˰siɘ]。

与山东胶辽官话相比，大连的蟹摄开口二等见系字韵母的读音有 [iɛi][iai][iɘ][ai][i] 五种，有 [iai] 读音的有 6 点，有 [iɛi][iai] 读音的只有杏树屯一点，常读 [iai] 类音的只有"矮" 1 字，可见大连 [iai] 类读音的特点已经消磨，多数方言点"解 = 姐"[ˉtɕiɘ]，"鞋 = 斜"[˰ɕiɘ]。另外，大连的革镇堡、营城子等 5 点有"秸街"[ˬkai]、"解"[ˉkai] 类音，属于北京官话的读音，这也是大连方言与山东方言不同的地方。

第四章　大连方言韵母研究

根据表 4-6-3，各点蟹摄开口二等见系字的今读音类型可以归结如下表 4-6-4。

表 4-6-4　大连和山东胶辽官话 13 点 7 个蟹摄开口二等见系字的读音类型

类型	秸街解戒蟹鞋	矮	方言点
1	ei iei	iei	荣成、文登
2	iei	iai	威海
3	iei iai	iai	牟平
4	iai	iai	烟台、龙口、蓬莱、平度、莱州、即墨、沂水
	iai i（鞋）	iai	长岛
5	ai	iai	诸城
6	iei iə	iai	大连_{杏树屯}
7	iai i（鞋）iə	iai	大连_{獐子岛}
8	iə i（鞋）	iai	大连_{大长山}
	iə	iai	大连_{皮口、广鹿、庄河市、蓉花山 4 点}
9	iə	ai	大连_{亮甲店、普市、安波波汉、大魏家、安波满 5 点}
	iə ai i（鞋）	ai	大连_{复州}
	iə ai	ai	大连_{革镇堡、营城子、七顶山、三台、万家岭 5 点}

说明：
① [iai] 在烟台的实际音值为 [iaɛ]，在蓬莱、长岛、平度、莱州、即墨、沂水、诸城为 [iɛ]。
② [ai] 在诸城的实际音值为 [ɛ]。

山东胶辽官话 13 点 7 个蟹摄开口二等见系字都读 [iai] 类韵母，与假摄开口三等字读音不同，读音类型是 1~5，有 [iei][ei][iai][i][ai]5 种音值，以下对几种读音分别分析。

荣成、文登 2 地读 [iei][ei] 韵母。2 地多读 [iei] 韵母，构成音节有 [tsiei][ciei][çiei] 和 [iei]，读 [tsiei] 音的只有"疥"1 字，其他字读 [c][ç] 和零声母，与见系声母的一般读法相同，"秸街"2 字除 [ˬciei] 音外，还有 [ˬtsei] 的读音。"秸街" [tsei]、"疥" [tsiei] 是团音读同精组声母，属于白读音，[ciei] 类读音属于文读音。文登、荣成的"矮"等零声母字读 [iei] 韵母，不读 [iai] 韵母。

105

牟平、威海2地读[iei][iai]韵母。如"街"牟平读[ˌciei]，威海读[ˌkiei]，2地"矮"读[ˇiai]。那么，[iei][iai]两类读音的关系是怎样的呢？牟平方言中，"街鞋"2字读[iei]韵母，"秸"有[iei][iai]韵母两读，其他字读[iai]韵母。威海方言中，读[iei]韵母的字有"皆阶秸街解介界芥疥戒诫届蚧蟒蛉~巴子解~解起~谐鞋械解姓懈蟹"，都是见、匣母字，读[k][x]声母；读[iai]韵母的字有"埃挨捱崖涯矮"，都是影、疑母字，读零声母。联系《威海方言志》(P26)"[iei]不能自成音节，只能出现在[k kh x]之后"，说明威海[iei][iai]韵母的出现是以声母为条件的，见、匣母字读[iei]，影、疑母字读[iai]，界限分明，相比之下，牟平的[iei]韵母呈衰落态势，辖字只有"秸街鞋"3个，不过这3字也是见、匣母字。

登连片的烟台、龙口、蓬莱，青莱片的莱州、即墨、沂水等地读[iai]韵母。[iai]是最普遍的读音，与《中原音韵》"(蟹摄开口二等见系字)属于皆来韵，与ai uai韵母相配套，还没有跟车遮韵的字同音"的读音情况相同。

长岛读[iai][i]韵母。长岛的蟹摄开口二等见系字读[ˌçiɛ]，只有"鞋"有[çi][çiɛ]两个读音，和其他字都不同。

诸城读[ai]韵母。诸城[ai]的实际音值是[ɛ]，例如："街"[ˌtʃɛ]，韵母[ɛ]应该有过读[iɛ]韵母的阶段，声母读[tʃ]声母，应该是由[k]腭化为[tɕ]，后又经历去腭化过程读[tʃ]声母，音变过程是：[kiɛ] > [tɕiɛ] > [tʃɛ]。

从烟台、龙口到威海、牟平再到荣成、文登等地，蟹摄开口二等见系字由读[iai]到[iei][iai]的有条件两读再到读[iei]，呈现出一种过渡性。地理上也是这样，龙口、蓬莱、烟台位于西部，往东是牟平、威海，再往东是荣成、文登。我们认为，[iai][iei]两种读音中，[iai]与《中原音韵》一致，应该是较早的读音，[iei]是由于主要元音的高化产生的。今威海方言中影疑母字读[iai]，见匣母字读[iei]，说明[iei]最早是在见匣母字中产生，影疑母字的[iai]属于旧的读音层，这与大连方言的影疑母字读音比较守旧也是一致的。到了山东半岛东端的荣成、文登两地，只有[iei]，没有[iai]，说明这两点方言由[iai]向[iei]语音的演变已经完成。长岛方言中残存的[i]韵母读音即"鞋"[ˌçi]很可能是东部[ˌçiei]读音的讹变。

蟹摄开口二等见系字在大连有[iei][iai][i][iə][ai]5种读音，属于类型6~9，以下分别分析。

[iei][iai][i]韵母的读音体现大连方言与山东胶辽官话的相通性。读[iei]的只有杏树屯1点，此类读音和威海、文登、荣成相同；读[iai]韵母的有獐子岛、杏树屯、大长山、皮口、广鹿、庄河市、蓉花山7点，且多只有影、疑母即零声母字读[iai]韵母，非零声母字读[iai]韵母的只有獐子岛1点，说明7地[iai]韵母的读音属于残存形式；獐子岛、大长山、复州3地"鞋"分别读[ɕi][çi˧][ɕi]，韵母读音和长岛相同。

[iə][ai]韵母的读音说明大连方言语音具有自身的特点。首先，大连18点都有[iə]韵母的读音，只是辖字多少不同，蟹摄开口二等见系字与假摄开口三等字的读音合并，与山东胶辽官话中两类读音不合并是完全不同的；其次，亮甲店、普市等11点零声母字"矮"等读[ai]韵母，不读[iai]韵母，影、疑母即零声母字中的[iai]韵母读音也不存；最后，复州、革镇堡、营城子、七顶山、三台、万家岭6点"秸街解"读[ai]韵母[kai]音，韵母不是细音，声母没有腭化为[tɕ]声母，仍读[k]声母，因此与诸城[tʃɛ]的读音性质完全不同。大连方言中，[iai]韵母的退缩、[iə][ai]韵母的出现，体现了胶辽官话读音的削弱和北京官话读音的渗透。

三 蟹止山臻端系合口

据《汉语官话方言研究》（P114），古蟹止山臻四摄合口一三等韵端系字，如"堆推内雷｜端团暖乱｜遵村孙"等字，北京除声母[n l]以外字都读合口呼。胶辽官话三片有无[u]介音的情况不同：登连片烟威小片、蓬龙小片几乎都没有[u]介音……大岫小片各点有的字有[u]介音，有的没有。青莱片青胊小片、青岛小片的南部地区有[u]介音……青岛小片北部县市部分没有[u]介音。营通片盖桓小片（即《中国语言地图集》中的盖桓片，笔者注）部分保留，部分消失。

以下列举部分例字，比较大连和山东胶辽官话13点今读音的不同（详见表4-6-5）。

表 4-6-5　大连与山东胶辽官话 13 点的 8 个蟹止山臻端系合口字今读音对照

	对蟹	雷蟹	醉止	酸山	脱山	夺山	顿臻	嫩臻	寸臻
荣成	tei⁼	ˍlei ˍlei 地~	tsei⁼	ˬsan	ˤtʰɔ	ˬtɜ ˬtɔ	tən⁼	lən⁼	tsʰən⁼
文登	tei⁼	ˍlei	tsei⁼	ˬsan	ˤtʰɛɛ ~衣 ˤtʰuoɔ 摆~ ①	ˬtɛɛ ˬtuoɔ ②	tən⁼	lən⁼	tsʰən⁼
牟平	tei⁼	ˍlei 打~ ˍlei 地~	tsei⁼	ˬsan	ˤtʰɜ ~衣裳 ˤtʰuo ~不了	ˬtə	tən⁼	lən⁼	tsʰən⁼
威海	tei⁼	ˍlei ~雨 lei⁼ 地~	tsei⁼	ˬsan	ˤtʰɜ	tɜ⁼	tən⁼	lən⁼	tsʰən⁼
烟台	tei⁼	ˍlei⁼	tsei⁼	ˬsan	ˤtʰuo ˤtʰɤ ~又	tɤ⁼	tən⁼	lən⁼	tsʰən⁼
大连 12点	tei⁼	ˍlei ˍlei	tsei⁼	ˬsan	ˤtʰə	tə⁼ ˬtə	tən⁼	lən⁼	tsʰən⁼
大连 革镇堡	tei⁼	ˍlei	tsuei	ˬsan	ˤtʰə	tə⁼	tən⁼	lən⁼	tsʰuən⁼
大连 营城子、七顶山	tei⁼	ˍlei	tsuei	ˬsuan	ˤtʰuo	tə⁼	tən⁼	lən⁼	tsʰuən⁼
大连 安波满	tuei⁼	ˍlei	tsuei	ˬsuan	ˤtʰuo	tə⁼	tuən⁼	lən⁼	tsʰuən⁼
大连 三台	tuei⁼	ˍlei	tsuei	ˬsuan	ˤtʰuo	tuo⁼	tuən⁼	luən⁼	tsʰuən⁼
大连 万家岭	tei⁼	ˍlei	tʂei⁼	ˬʂan	ˤtʰə	ˬtə	tən⁼	lən⁼	tʂʰən⁼
龙口	tei⁼	ˍlei	tsei⁼	ˬsan	ˤtʰuə	ˬtuə	tən⁼	lən⁼	tsʰən⁼
蓬莱	tei⁼	ˍlei	tsei⁼	ˬsan	ˤtʰuə	ˤtuə	tən⁼	lən⁼ 细皮~肉 nən⁼ 菜很~	tsʰən⁼
长岛	tei⁼	ˍlei	tsei⁼	ˬsan	ˤtʰuo	ˬtuo	tən⁼	lən⁼	tsʰən⁼
莱州	ˬtei	ˬlei	ˬtsuei	ˬsuã	ˤtʰuə	ˬtuə	ˬtẽ tuẽ⁼ 往下~	ˬlẽ ˬluẽ	ˬtsʰuẽ 单用 ˬtsʰuẽ
平度	ˬtei	ˬlei	ˬtθei 又 ˬtθei 又	ˬθã	ˤtʰuə	ˬtuə	ˬtõ	ˬlõ	ˬtθʰõ
即墨	ˬtuei 又 ˬtuei 又	ˬluei	ˬtθuei	ˬθuã	ˤtʰuə	ˬtuə	tuẽ⁼ tuẽ⁼	ˬluẽ	ˬtθʰuẽ
诸城	ˬtuei	ˬluei	ˬtθuei	ˬθuã	ˤtʰuə	ˬtuə	tuẽ⁼	luẽ⁼	tθʰuẽ⁼
沂水	ˬtuei	ˬluei	tθuei⁼	ˬθuã	ˤtʰuə	ˬtuə	tuẽ⁼	luẽ⁼	tθʰuẽ⁼

说明：
① 《山东文登方言语音研究》中"脱摆~"记作 [ˤtʰɔɔ]，赵日新《方言调查字表》记作 [ˤtʰuoɔ]，此处依据后一读音。

②《山东文登方言语音研究》中"夺"一音记作[₌toɔ],赵日新《方言调查字表》记作[₌tuoɔ],此处依据后一读音。

根据表4-6-5,我们可以把大连和山东胶辽官话的读音类型归结如表4-6-6。

表4-6-6 大连与山东胶辽官话13点的蟹止山臻端系合口字今读音类型

类型	u介音的情况	雷	嫩	舒声：对醉酸顿寸	入声：夺脱	方言点
1	全无u	ei	ən	ei an ən	ɛ	荣成、文登、威海
		ei	ən	ei an ən	ə	牟平、烟台、大连14点
2	舒声无u	ei	ən	ei an ən	uə	龙口、蓬莱、长岛、平度
3	端泥组无u	ei	ən	ei uei uan ən uən	uə ə	大连营城子、七顶山
		ei	ən	ei uei uan ne uən	uə	莱州
4	泥组无u	ei	ən	uei uan uən	uə ə	大连安波满
5	"雷"无u	ei	uən	uei uan uən	uə	大连三台
6	全有u	uei	uən	uei uan uən	uə	即墨、诸城、沂水

说明：
① [ɛ]在文登的音值为[ɛɛ],在威海的音值为[ɛ]。荣成除[ɛ],也有[ɔ]的读音。
② [an][ən]在平度、诸城的实际音值为[ã][ə̃],在莱州的实际音值为[ã][ə̃],在即墨的实际音值是[ã][ə̃]。
③ [ə][ɤ][o]统一处理为[ə]。

蟹止山臻端系合口字在山东胶辽官话13点的读音情况大致是：登连片烟威小片的荣成、文登、威海、牟平、烟台5点舒、入声字都读开口呼,没有[u]介音;蓬龙小片的龙口、蓬莱、长岛和青莱片的平度只有舒声字读开口呼,入声字读合口呼;青莱片的莱州只舒声端泥组字没有[u]介音;青莱片的即墨、诸城、沂水3点舒、入声字都有[u]介音。

相比之下,大连的读音有一定的民族差异性：14个汉族方言点的读音类型和烟威小片相同,舒、入声字都没有[u]介音;满族发音人没有全读开口呼的,也没有全读合口呼的。从营城子、七顶山到安波满再到三台,没有[u]介音的字从端泥组减少到泥组,再减少到"雷"字,总之没有[u]介音的字越来越少,有[u]介音的字越来越多,但与青莱片的即墨、诸城、沂水全都有[u]介音的读音不同,我们认为这是满族汉语原北京官话读音

109

受到大连汉族的胶辽官话影响的结果。在汉族人那里，蟹止山臻端系合口字没有 [u] 介音的特点并没有磨蚀。

除了胶辽官话，蟹止山臻端系合口字今没有 [u] 介音的语音现象还出现在其他方言中。据侯精一（2002）研究，古蟹止山臻端系合口字在西南官话中有不同程度的读开口呼的现象，其中武汉方言四摄端系合口字都没有 [u] 介音，与胶辽官话登连片相同。据张光宇（2006）研究，此类读音还见于湖北的襄樊、十堰、丹江口、老河口、随州、襄阳、南漳、谷城、枣阳、宜城、保康、郧县、郧西、房县、钟祥、潜江、武昌、汉阳、京山、天门、沔阳、汉川、洪湖、临湘等地，都是西南官话区。

张光宇（2006）曾经比较蟹止山臻合口端系和宕江摄庄组（北京话读 [uaŋ] 韵母）字韵母合口 [u] 介音的有无情况，并将之分为四种类型：

（1）信阳型，读音 [ei][an][ən][aŋ]，全部没有 [u] 介音；

（2）武汉型，读音 [ei][an][ən][uaŋ]，蟹止山臻端系合口字没有 [u] 介音，庄组字有 [u] 介音；

（3）镇远型，读音 [ei][uan][ən][uaŋ]，蟹止摄端组合口字没有 [u] 介音，臻摄端精组合口字没有 [u] 介音，山摄端系合口、宕江摄庄组字有 [u] 介音；

（4）成都型，读音 [uei][uan][ən][uaŋ]，只有臻摄端精组合口没有 [u] 介音。

四种类型，后三种类型都分布在西南官话区，信阳属于中原官话，但也与西南官话紧邻。除此之外，据钱曾怡（2010）研究，江淮官话绝大部分方言点也没有 [u] 介音，但江淮官话山摄合口一等字多读 [õ][on] 类韵母，属于吴语类型的读音。因此可以说，蟹止山摄端系合口 [ei][an][ən] 类读音主要分布在西南官话和胶辽官话中。

据黄灵燕（2008）说，此类语音特点早在清末鲍康宁编纂的《汉英分解字典》（An Analytical Chinese-English Dictionary，1900）中就有记载，"臻摄合口一等的'尊存寸村'、臻摄合口三等的'遵'，标准语读合口韵母 -uen，而西部官话读开口韵母 -en"，"山摄合口一等的'乱峦鸾卵'，标准语读合口韵母 -uan，而西部官话读开口韵母 -an"。她所言"西部官话"指在中国西部省份和中原西部省份通行的一种官话，其读音是由来自云南的潘乐德牧师和四川成都的韦尔先生提供的。这说明西南官话 [u] 介音的

第四章 大连方言韵母研究

消失是由来已久的。那么，胶辽官话 [u] 介音消失的历史如何，与西南官话有没有关联，这些都需要我们的深入研究。

四 入声字的韵母

（一）咸山摄开口一等见系

据《汉语官话方言研究》(P118)，古咸山摄开口一等入声字，北京端系字读 [a] 韵母，见系字读 [ɤ] 韵母。登连片和青莱片的许多地区，一般不论什么条件统一读为 [a] 韵母，只有少数例外。以下首先列出例字读音对照表（见表 4-6-7）。

表 4-6-7 大连和山东胶辽官话 13 点咸山摄开口一等入声见系字读音对照

	鸽 咸	盒 咸	喝 ~水,咸	磕	瞌 ~睡,山	割 山	葛 姓,山	渴 山
荣成	⁻ka ⁻kɔ	⊂xɔ	⁻xa ⊂xɔ	⁻kha ⁻khɔ	⊂kha	⁻ka	⁻ka ~家,地名	⁻kha ⁻khɔ
文登	⁻kɔ	⊂xɔ	⁻xa ⊂xɔ	⁻kha	⁻kha	⁻ka	⁻ka	⁻kha 口 ⁻khɔ ~望
牟平	kə	⊂oux	⊂xa	⁻khɑ	⁻khɑ	⁻kɑ	⁻kɑ	⁻khɑ
威海	⁻ka 鸦~	xɔ⊃	⁻xa ⊂xɔ	⁻khɑ⊃	⁻khɑ⊃	⁻ka	⁻ka	⁻kha ⁻khɔ
烟台	kɤ⊃	xuɔ⊃ 烟~ xɤ⊃ 又读	⁻xa	⁻kha	资料缺	⁻ka	⁻ka	⁻kha ⁻khɤ 又读
龙口	⊂kə	⊂xuə	⁻xa	⁻kha	⁻kha	⁻ka	⁻ka	⁻kha
蓬莱	资料缺	⊂xə	⁻xa	kha⊃	资料缺	⊂ka	⁻ka	⁻kha
长岛	⁻kə	⊂xuə	⁻xɑ	⁻khɑ	⁻khɑ	⁻kɑ	⁻kɑ	⁻kha
大连 獐子岛	⁻kə	⊂xuɔ	⁻xa	⁻kha	⁻kha	⁻ka	⁻ka	⁻kha
大连 皮口等10点	⁻kə ⊂kə ⊂kə	⊂xə ⊂xə	⁻xa	⁻kha	⁻kha	⁻ka	⁻ka	⁻kha
大连 普市	⁻kə	xə⊃	⁻xə	⁻kha	⁻kha	⁻ka	⁻ka	⁻kha
大连 万家岭	⊂kə	⊂xə	⁻xə	⁻kha	⁻kha	⁻ka	⁻ka	⁻kha
大连 革镇堡	⁻kə	⊂xə	⁻xa	⁻kha	⁻kha	⁻ka	⁻ka	⁻khə

111

续表

	鸽咸	盒咸	喝~水,咸	磕咸	瞌~睡,山	割山	葛姓,山	渴山
大连营城子、安波满、七顶山、三台	₋kə	₌xə	xə昔 xə普 安、七、三	ʿkha	ʿkha	ʿka	ʿka	ʿkhə
莱州	ka布~ kə	₌xə	ʿxɑ	ʿkha	ʿkha	ʿka kə	ʿkha khə
平度	ʿka	₌xuə ₌xə	ʿxɑ	ʿkha	ʿkha	ʿka	ʿka	ʿkha
即墨	₋ka	₌xuə		ʿxɑ	ʿkha	ʿkha	₋ka ₋kuə	ʿkha
诸城	ʿka	₌xuə	ʿxɑ ʿxə又	ʿkha 老 ʿkhə 新	资料缺	ʿka	ʿka	ʿkha
沂水	₋ka	₌xuə		ʿxɑ	ʿkha	ʿka	ʿka	ʿkha

说明：①牟平"鸽"[kə]标为轻声。
②《龙口方言研究报告》(1999)中，"渴"标音为[ʿkhə]，但据《山东方言研究》(P72)，龙口"渴"读[ʿkha]，此处以后一材料为准。

根据表4-6-7，大连和山东胶辽官话13点的读音类型可以归纳如下表4-6-8。

表4-6-8 大连与山东胶辽官话13点8个咸山摄开口一等入声见系字的读音类型

类型	读[a]字数	磕瞌割葛	喝	渴	鸽	盒	方言点
1	7	kha ka	xa	kha	ka	xɔ	荣成
						xə	莱州
						xuə	平度、即墨、诸城、沂水
2	6	kha ka	xa	kha	kɔ ko	xɔ xo	文登、威海
					kə kɣ	xuo	牟平、烟台、长岛、龙口、大连獐子岛
					kə	xə	蓬莱、大连皮口10点
3	5	kha ka	xa	khə	kə	xuə	大连革镇堡
			xə	kha	kə	xə	大连普市、万家岭
4	4	kha ka	xə	khə	kə	xə	大连营城子、安波满、七顶山、三台

说明：威海"喝、渴"韵母有[a][o]两种，后者属于文读音，表中未列。

112

第四章 大连方言韵母研究

8个咸山摄开口一等入声见系字在山东的读音类型有两种：

第一种，登连片的荣成，青莱片的莱州、平度、即墨、诸城、沂水共6点"磕瞌割葛喝渴鸽"7字读 [a] 韵母，只"盒"1字不读 [a] 韵母。

第二种，登连片除荣成外"磕瞌割葛喝渴"6字读 [a] 韵母，"鸽盒"2字不读 [a] 韵母。

上述字在大连方言中读音有差异，具体来说獐子岛、皮口等11点"鸽盒"2字不读 [a] 韵母，和登连片多数点的读音相同；革镇堡、普市、万家岭3点"渴鸽盒"3字不读 [a] 韵母，和龙口的读音相同；营城子、安波[满]、七顶山、三台4点"喝渴鸽盒"4字不读 [a] 韵母，读 [a] 韵母的字数比汉族方言点少。大连汉族方言点的咸山摄开口一等入声见系字今多读 [a] 韵母，满族汉语方言点读 [a] 韵母的略少。

（二）山臻、宕江摄

山臻摄和宕江摄涉及两个问题：山臻摄合口三四等和宕摄开口三等、江摄开口二等入声字今读韵母的交叉关系，以及宕摄开合口一三等、江摄开口二等入声字的今读韵母，以下我们将大连与山东胶辽官话13点的山、宕、江摄入声字读音作一对比。臻摄合口三等入声字"掘倔~强"不是口语常用字，本表没有列入，只举山摄合口三等入声字为例（详见表 4-6-9）。

表 4-6-9　大连和山东胶辽官话 13 点山摄和宕江摄例字读音对照

	绝_{山合三}	月_{山合三}	薄_{宕开一}	烙_{宕开一}	凿_{宕开一}	鹤_{宕开一}	嚼_{宕开三}	药_{宕开三}	觉_{知~、江开二}	学_{江开二}
荣成	资料缺	ˉyɛ	poˀ	ˉlɔ	₌tsɔ	xɔˀ	₌tsyɔ	ˉyɔ	ˉɕyɔ	₌ɕyɔ
文登	₌siɛ	ˉyɛ	poɔˀ	ˉloɔ	₌tsoɔ	xoɔˀ	₌tsyoɔ	ˉyoɔ	ˉɕyoɔ	₌ɕyoɔ
牟平	₌tsuo / ₌tɕyuo	ˉyə	poˀ	ˉluo	₌tsuo	xuoˀ	₌tsuo / ₌tɕyuo	ˉyuo	ˉɕyuo	₌ɕyuo
威海	tsyɛˀ	ˉyɛ_{满~} / ˉyɛ_{~亮}	poˀ	ˉlo	tsoˀ	xoˀ	tsyoˀ	ˉyo	ˉkyo	xyoˀ
烟台	ɕyøˀ	ˉyø	poˀ	ˉluo	tsuoˀ	资料缺	tɕyøˀ	ˉyø	ˉɕyø	ɕyøˀ
龙口	₌tʃiə	ˉyə	₌pə	ˉluə	₌tsuə	əux	₌tsuə	ˉyo	ˉɕyo	₌ɕyo

113

续表

	绝 山合三	月 山合三	薄 宕开一	烙 宕开一	凿 宕开一	鹤 宕开一	嚼 宕开三	药 宕开三	觉 知~,江开二	学 江开二
蓬莱	₌tʃuə	₌yə ~亮 ₌yə 坐~ yə ~一	₌pə	⁼luə	⁼tsɔ	⁼xuə	₌tʃuə	yə⁼	⁼cyə	₌çyə
长岛	₌tʃə	ye⁼	₌pə	⁼luo	₌tsuo	⁼xɔ ⁼xuo 少	₌tʃou	yo⁼	⁼cyo	₌çyo
莱州	₌tsyə	资料缺	₌pə	⁼luə	₌tsuə	⁼xə ⁼cxə 少	₌tsyə	yə⁼	⁼tçyə	₌çyə
平度	₌tsyə	⁼yə 又 ⁼yə 铁	₌pə	⁼luə ~铁	₌tθuə	⁼xuə	₌tsyə	⁼yə 又 yə⁼	⁼cyə	₌çyə
即墨	₌tsyə	⁼yə ₌yə 正~	₌pə	⁼luə	₌tθuə	⁼xuə	₌tsyə	⁼yə 吃~ yə⁼ 买~	⁼tçyə	₌çyə
诸城	₌tyə	yə⁼	₌pə	luə⁼	₌tθuə	⁼xuə	₌tyə	yə⁼	⁼tʃuə	₌ʃuə
沂水	₌zyə	yə⁼	₌pə	⁼luə ~人 luə⁼ ~铁	₌ðuə	⁼xə 新	₌zyə	yə⁼	⁼tçyə	₌çyə
大连13点	cyə⁼ tçyə⁼ ₌cyə ₌tçyə	⁼yə yə⁼	pə⁼ pə⁼	⁼luo ⁼luo	tuo⁼ tsuo⁼ ₌tsuo	xə⁼ xau⁼ xɑu⁼	tçyə⁼ ₌tçyə tʃuo⁼ ₌tʃuo	⁼yə yə⁼	⁼cyə ⁼tçyə	çyə⁼ çyə⁼ ₌çyə ₌çyə
安波满	₌tçyə	yə⁼	₌pau	⁼luo	₌tsuo	xə⁼	₌tçyə	yə⁼	⁼tçyə	₌çyə
营城子	₌tçyə	yə⁼	₌pə	lau⁼	₌tsuo	⁼xau	₌tçiau	⁼yə	⁼tçyə	₌çyə
七顶山	₌tçyə	yə⁼	₌pau	lau⁼	₌tsuo	⁼xau	₌tçiau	iau⁼	⁼tçyə	₌çyə
万家岭	₌tçyə	yə⁼	₌pau	lau⁼	₌tʂau	⁼xau	₌tçyə	iau⁼	⁼tçiau	₌çiau
三台	₌tçyə	yə⁼	₌pau	lau⁼	₌tsau	⁼xau	₌tçiau	iau⁼	⁼tçiau	₌çiau

说明：

①文登 [iɛ][yɛ] 的实际音值分别是 [i:ɛ][y:ɛ]。

②《沂水方言志》中"鹤"只注新读 [⁼xə] 音，没有注老读。

③大连13点指的是大长山、獐子岛、杏树屯、皮口、广鹿、庄河市、蓉花山、亮甲店、普市、安波家、大魏家、复州、革镇堡。

④"鹤"读 [xə⁼] 的有杏树屯、亮甲店、普市、复州、獐子岛、安波满6点，读 [xau⁼] 的有皮口、广鹿、庄河市、大长山4点，读 [⁼xɑu] 的有蓉花山、安波汉、大魏家、革镇堡4点。

山东胶辽官话13点的山臻摄合口三四等和宕摄开口三等、江摄开口二等入声字今读韵母有两种类型：

114

第一种：山臻摄≠宕江摄。

有登连片的荣成、文登、牟平、威海、龙口、长岛6点，例如："月≠药"荣成 [˚yɛ] ≠ [˚yɔ]，牟平 [˚yə] ≠ [˚yuo]，长岛 [˚ye] ≠ [˚yo]。山臻摄主要元音的舌位靠前，宕江摄主要元音的舌位靠后，这应该与古山臻摄入声字收 [t]尾，古宕江摄入声字收 [k]尾有关。

第二种：山臻摄＝宕江摄。

有烟台、蓬莱、莱州、平度、即墨、诸城、沂水7点，例如："月＝药"烟台读 [˚yø]，平度读 [₌yə/ ₌yə]，诸城读 [yəˀ]。

大连除万家岭外的13个汉族方言点的读音属于第二种类型，例如：大长山、獐子岛"月＝药" [˚yə]，大魏家和安波_满"月＝药" [yəˀ]。就大连的多数汉族方言点来说，山臻摄和宕江摄都读 [ə iə uo yə] 韵母，即 [ə] 类韵母。

大连的少数方言点，山臻摄读音和部分宕江摄字不同，例如：七顶山、三台、万家岭"月" [yəˀ] ≠ "药" [iau]，营城子、七顶山、三台"绝" [₌tɕyə] ≠ "嚼" [₌tɕiau]，从音类上看，与山东的第一种类型"山臻摄≠宕江摄"相同，但在音值上，大连三台、万家岭等地与山东胶辽官话13点宕江摄入声字韵母的读音都不同，具体见表4-6-10。

表4-6-10 大连和山东胶辽官话13点宕江摄入声字的读音类型

	读音类型	宕开一	宕开三江开二	方言点	山臻摄和宕江摄
1	ɔ 类	ɔ	yɔ	荣成	山臻摄≠宕江摄
2	o 类	oo	yoo	文登	
		o u / uo ou	uo yuo	牟平	
		o	yo	威海	
3	ə o 类	ə uə	uə yo	龙口	
		ə uo	uo yo	长岛	
4	o ø 类	o uo	ɕyø	烟台	山臻摄＝宕江摄
5	ə 类	ə uə	uə yə	蓬莱	
		ə uə	yə	莱州、平度、即墨、沂水	
		ə uə	uə	诸城	
		ə uo	uo yə	大连_{13点}	
6	ə au 类	ə uo au	yə iau	大连_{安波满、营城子、七顶山3点}	
7	au 类	au	iau	大连_{万家岭、三台2点}	

说明：长岛"鹤"读 [ˀxɔ]，蓬莱"凿"读 [ˀtsɔ]，二地宕摄开口三等入声字读 [ə] 韵母各只有 1 字，表中暂不列入。

山东胶辽官话 13 点宕江摄入声字的韵母今读可以分为 5 种类型，即 [ɔ] 类、[o] 类、[ə o] 类、[o ø] 类和 [ə] 类，前 3 类属于"山臻摄≠宕江摄"读音类型的方言点，后 2 类属于"山臻摄＝宕江摄"读音类型的方言点。

大连多数汉族方言点宕江摄入声字读 [ə] 类韵母，属于第 5 种读音类型，和蓬莱相同；万家岭和 4 个满族汉语方言点有 [au] 类韵母读音，其中万家岭和三台 2 点读 [au] 类韵母，例如："烙"[lauˀ]、"觉_知~"[ˀtɕiau]、"学"[ˀɕiau] 等，读音和北京官话相同，安波_满、营城子、七顶山 3 点读 [ə][au] 类音的都有，处于 [ə] 类读音和 [au] 类读音的中间阶段。

从音值上看，荣成宕江摄入声的 [ɔ] 类韵母与万家岭、三台等地的 [au] 类韵母读音比较接近，但性质完全不同。荣成除了 [ɔ] 类韵母，还有 [au] 类韵母，读 [ɔ] 类韵母是果摄字和入声字，读 [au] 类韵母是效摄字，例如：烙 [ˀlɔ]≠老 [ˀlau]、药 [ˀyɔ]≠咬 [ˀiau]、觉 [ˀcyɔ]≠搅 [ˀciau]。万家岭、三台等地只有 [au] 类韵母，没有 [ɔ] 类韵母，荣成读音不同的字万家岭读音往往相同，例如：烙＝涝 [lauˀ]、药＝要 [iauˀ]、觉＝搅 [ˀtɕiau]。实际上，山东胶辽官话宕江摄入声字不论读 [ɔ][o][ø][ə] 哪类韵母，与效摄的 [au] 类韵母读音都是对立的，属于不同的韵类，这与万家岭、三台等地宕江摄入声字与效摄合流，都读 [au] 一类韵母不同。

根据前文，万家岭、三台等地宕江摄入声归入效摄 [au] 类韵母的读音属于北京官话的读音，语音上的归并最早可以追溯到宋代。宋代邵雍的《皇极经世书·声音唱和图》中把宕江摄入声的"岳霍"与效摄的"刀早效""毛宝报"相配。雅洪托夫（1986：190）认为《皇极经世书·声音唱和图》的音系反映的是邵雍家乡范阳一带的语音，即宋初幽燕地区的音系。沈钟伟（2006）对辽代契丹小字（一种标音文字）材料中汉语借词的研究也显示，辽代"北方汉语方言"（即幽燕方言，今北京官话的前身，笔者注）的宕江摄入声字已经读 [au] 类韵母，例如：洛 [law]、药 [jɛw]、略 [ljɛw] 等。

第四章　大连方言韵母研究

（三）曾摄开口一等、梗摄开口二等

曾摄开口一等、梗摄开口二等入声字在大连和山东胶辽官话 13 点的今读音不同，以下列举例字比较大连方言与山东胶辽官话 13 点的读音（见表 4-6-11）。

表 4-6-11　大连和山东胶辽官话曾开一、梗开二入声字今读音对照表

	北_{曾开一}	墨_{曾开一}	刻_{~东西，曾开一}	黑_{曾开一}	百_{梗开二}	麦_{梗开二}	窄_{梗开二}	革_{梗开二}	客_{梗开二}
荣成	ˉpɛ	ˉmɛ	ˉkhɛ	ˉxɛ	ˉpɛ	ˉmɛ	ˉtʂɛ	ˉkɛ	ˉkhɛ
文登	ˉpeɛ	ˉmeɛ	ˉkheɛ	ˉxeɛ	ˉpeɛ	ˉmeɛ	ˉtʂeɛ	ˉkeɛ	ˉkheɛ
牟平	ˉpo	ˉmo	ˉkhə	ˉxə	ˉpo	ˉmo	ˉtsə	ˉkə	ˉkhə
威海	ˉpɛ	ˉmɛ ~黑 ˉmɛ ~水	ˉkhɛ	ˉxɛ	ˉpɛ	ˉmɛ	ˉtsɛ	ˉkɛ	ˉkhɛ
烟台	ˉpo	ˉmo	ˉkhy	ˉxy	ˉpo	ˉmo	ˉtsy	ˉky	ˉkhy
龙口	ˉpə	ˉmə	ˉkhə	ˉxə	ˉpə	ˉmə	ˉtsə	ˉkə	ˉkhə
蓬莱	ˉpə	ˉmə	ˉkhə	ˉxə	ˉpə	ˉmə	ˉtsə	ˉkə	ˉkhə
长岛	ˉpə	ˉmə	ˉkhə	ˉxə	ˉpə	ˉmə	ˉtsə	ˉkə	ˉkhə
大连_{15点}	ˉpə ˷pə	mə˞ mə˥ ˷mə	ˉkhə ˷khə	ˉxə ˷xə	ˉpə	ˉmə mə˥	ˉtsə ˷tʂə	ˉkə	ˉkhə
安波_满	ˉpei	ˉmə	ˉkhə	ˉxə	ˉpai	mai˥	ˉtsə	ˉkə	ˉkhə
七顶山	ˉpei	ˉmə	˷khə	ˉxə	ˉpai	mai˥	ˉtsə	ˉkə	ˉtɕhiə
三台	ˉpei	mə˥	˷khə	ˉxə	ˉpai	mai˥	ˉtsai	ˉkə	ˉkhə
莱州	ˉpei	˷mei	ˉkhei ˉkhə	ˉxei	ˉpei	ˉmei ~收 ˉmei ~子	ˉtsei	ˉkə	ˉkhei ˉkhə ~人
平度	ˉpei	˷mei	ˉkhei ˉkhə	ˉxei	ˉpei	ˉmei	ˉtʂei	ˉkei ˉkə	ˉkhei ˉkhə
即墨	ˉpei	˷mei 又 ˷mə 又	ˉkhei	ˉxei	ˉpei	ˉmei 又 ˷mei 又	ˉtʂei	ˉkei ˉkə	ˉkhei ˷khə
诸城	ˉpei	mei˥	ˉkhei	ˉxei	ˉpei	ˉmei	ˉtʂei	ˉkei 老 ˉkə 新	ˉkhei 老 ˉkhə 新
沂水	ˉpei	mei˥	ˉkhei ˉkhə 文	ˉxei	ˉpei	ˉmei	ˉtʂei	ˉkei 白 ˉkə	ˉkhei ˉkhə

说明：威海"墨"[˷mɛ] 在"墨黑"一词中指漆黑。

117

根据表 4-6-11，我们可以总结出大连和山东胶辽官话 13 点的读音类型（详见表 4-6-12）。

表 4-6-12　大连和山东胶辽官话 13 点曾摄开口一等、梗摄开口二等入声字读音类型

	读音类型	方言点
1	ɛ	荣成、威海
	ɜɜ	文登
2	o ə/ɤ	牟平、烟台
3	ə	龙口、蓬莱、长岛、大连 15点
4	ei	莱州、平度、即墨、诸城、沂水
5	ə ei ai	大连 安波满、七顶山、三台

山东胶辽官话 13 点的读音是前四种类型：

第一种读 [ɛ] 类音，有登连片的荣成、威海、文登 3 地。

第二种读 [o ə] 类音，即帮组字读 [o] 韵母，端、知、见系字读 [ə/ɤ] 韵母，有登连片的牟平、烟台 2 地。

第三种读 [ə] 类音，有登连片的龙口、蓬莱、长岛 3 地。

第四种读 [ei] 类音，有青莱片的莱州等 5 地，此类读音应该是受到西部冀鲁官话和中原官话的影响。

大连 18 点的读音类型有两种：汉族方言点和满族汉语营城子 1 点读 [ə] 类音，读音和龙口、蓬莱等地相同，和荣成、威海、文登等地不同；安波满、七顶山、三台 3 点满族发音人读 [ə][ei][ai] 类音，不同的字读音不同，3 点读音也不完全相同，我们认为这种读音是语言接触导致的，其中既有满族汉语原北京官话的读音，又有汉族胶辽官话的读音。

五　小结

本节就 4 个韵母专题将大连方言与山东胶辽官话 13 点进行了对比，4 个韵母专题分别是果摄见系一等、蟹摄开口二等见系、蟹止山臻端系合口、入声字的韵母（包括咸山摄开口一等见系、山臻摄和宕江摄、曾摄开口一等和梗摄开口二等）。

第四章 大连方言韵母研究

果摄见系一等字，山东胶辽官话登连片的荣成、文登、威海多数读合口呼韵母，少数读开口呼韵母，牟平、烟台、长岛、龙口、蓬莱等地全部读合口呼韵母。与山东胶辽官话相比，大连方言读合口呼[uo]韵母的字数少，且读音存在一定的地域差异，三台、大魏家、革镇堡、营城子、七顶山5点今读合口呼[uo]韵母的比例较低，占统计字数的50%以下，其他13点今读合口呼[uo]韵母的比例较高，占统计字数的50%以上。

蟹摄开口二等见系字，山东胶辽官话13点读[iai]类韵母，具体音值有[iei][ei][iai][i][ɛ]5种，韵母读音与假摄开口三等字不同。大连有[iei][iai][i][iə][ai]5种读音：[iei][iai][i]读音分布在杏树屯、獐子岛、大长山、皮口、广鹿、庄河市、蓉花山、复州8点，且多属于影、疑母字，[iai]类韵母的读音属于残存形式；[iə][ai]零声母读音在大连18点都有，只是辖字多少不同，此时与假摄开口三等字读音合并，与山东胶辽官话存在明显差异；复州、革镇堡、营城子、七顶山、三台、万家岭6点"秸街解"读[kai]音节，属于北京官话性质的读音。

蟹止山臻端系合口字，山东胶辽官话登连片多没有[u]介音，大连14个汉族方言点与之相同，营城子、七顶山、安波满、三台4个满族汉语方言点部分字有[u]介音，部分字没有[u]介音，汉族汉语和满族汉语存在差异。

咸山摄开口一等见系入声字，大连的汉族方言点读[a]韵母，与山东胶辽官话相同，满族方言点即营城子、安波满、七顶山、三台4点多数字也读[a]韵母，少数字（如"磕头喝水渴"）读[ə]韵母。宕江摄入声字，大连的汉族13点读[ə]类韵母，与山东省蓬莱相同，安波满、营城子、七顶山、三台、万家岭5点读[ə][ɑu]类韵母，[ɑu]类音属于北京官话性质的读音。曾摄开口一等和梗摄开口二等入声字，大连15点读[ə]韵母，与山东省龙口、蓬莱、长岛相同，安波满、七顶山、三台3点读[ə][ei][ai]韵母不定，[ei][ai]属于北京官话性质的读音。

韵母专题中，果摄见系一等字、蟹摄开口二等见系字的[uo]、[iai]类韵母读音主要分布在大连的烟威、蓬龙小片，且这两个小片读[uo]、[iai]类韵母的字比山东胶辽官话要少，部分字读[ə]、[iə][ai]韵母，即同一韵摄的字读音多样；蟹止山臻端系合口字和入声字的读音存在民族差异，汉族方言点的读音与山东胶辽官话尤其是登连片的部分方言点相同，满族方言

119

点部分字的读音与登连片相同，部分字的读音与北京官话相同，读音没有系统性，体现了胶辽官话与北京官话的接触，具体见表 4-6-13。

表 4-6-13 大连韵母专题读音及相近的山东方言点

韵母专题	大连读音类型	大连方言点	相近的山东方言点
果摄一见	（1）读 [uo] 较多	其他 13 点	
	（2）读 [uo] 较少	三台、大魏家、革镇堡、营城子、七顶山 5 点	
蟹开二见	（1）[iei][iai][i]/[iə][ai]零声母	杏树屯、獐子岛等 8 点	
	（2）[iə][ai]零声母	亮甲店、普市、安波汉/满4 点	
	（3）[i]/[iə][ai]零声母/[kai]牯街解	复州 1 点	
	（4）[iə][ai]零声母/[kai]牯街解	革镇堡、营城子、七顶山、三台、万家岭 5 点	
蟹止山臻端合	（1）没有 [u] 介音	14 个汉族方言点	荣成、文登、威海牟平、烟台 5 点
	（2）[u] 介音有无参半	营城子、七顶山、安波满、三台 4 点	
咸山开一见入	（1）[a]	14 个汉族方言点	山东省 13 点
	（2）[a][ə] 参半	营城子、七顶山、安波满、三台 4 点	
宕江摄入	（1）[ə] 类	汉族 13 点	蓬莱
	（2）[ə][ɑu] 类	安波满、营城子、七顶山、三台、万家岭 5 点	
曾梗开一二入	（1）[ə]	大连 15 点	龙口、蓬莱、长岛
	（2）[ə][ei][ai] 不定	安波满、七顶山、三台 3 点	

第五章 大连方言声调研究

第一节 调类和调值

大连方言的调类和调值有一定差异，就调类来说，有三调方言、四调方言及过渡型方言；就调值来说，也有一定差异。以下首先说明调类的不同及其演变规律，再来比较18点方言的调值。

一 三调方言

三调方言有杏树屯、皮口、广鹿、庄河市、大长山、亮甲店、普市7点，都属于烟威小片。三调分别是平声、上声和去声，古今声调的演变规律如下。

（一）古平声字读平声或去声

古清声母的平声字读平声，全浊声母的平声字读去声，次浊声母的平声字部分读平声，部分读去声，例如：开 [ˌkhai]、团 [thanˀ]、雄 [ˌɕyoŋ]、聋 [ˌloŋ]、龙 [loŋˀ]。

（二）古全浊上声字读去声

古清声母和次浊声母的上声字读上声，全浊声母的上声字读去声，例如：草 [ˀtshɑu]、老 [ˀlɑu]、动 [toŋˀ]。

（三）古去声字读去声

古去声不论清浊，仍然读去声，例如：半 [panˀ]、路 [luˀ]、洞 [toŋˀ]。

（四）古入声字二分

古全浊声母的入声字读去声，清声母的入声字读上声，次浊声母的入声字部分读上声，部分读去声，例如：熟 [ɕyˀ] 或 [ʂuˀ]（大长山 [ʃuˀ]）、鳖 [ˬpiə]、入 [ˬy]、月 [ˬyə]、褥 [yˀ]、岳 [yəˀ]。

二 四调方言

四调方言有獐子岛、大魏家、复州、革镇堡、营城子、安波满、七顶山、三台和万家岭 9 点，分别属于蓬龙小片、大岫小片、盖桓片，四调有阴平、阳平、上声和去声，四调方言的声调演变规律如下。

（一）平分阴阳

古平声字按照声母的清浊分为阴平和阳平两类，清声母的平声字读阴平，浊声母的平声字读阳平，少数次浊声母字归阴平，例如：开 [˗khai]、团 [˗than]（獐子岛、复州、大魏家、万家岭）或 [˗thuan]（安波满、革镇堡、营城子、七顶山、三台）、雄 [˗ɕyoŋ]、聋龙 [˗loŋ]。

（二）古全浊上声字读去声

古清声母和次浊声母的上声字读上声，全浊声母的上声字读去声，例如：草 [ˬtshɑu]（万家岭 [ˬtʂhɑu]）、老 [ˬlɑu]、动 [toŋˀ]。

（三）古去声字读去声

古去声字不论清浊，仍然读去声，例如：半 [panˀ]、路 [luˀ]、洞 [toŋˀ]。

（四）古入声字三分

多数方言点的全浊入声字读阳平，清入字读上声，次浊入声字多数读去声，少数读上声，例如：熟 [₌ʂu]（七顶山 [₌ʂou]，獐子岛 [₌ʃu]）、鳖 [⁻piə]、入 [⁻y]、褥 [yˀ]、岳月 [yəˀ]。有几个方言点略有不同：革镇堡、七顶山、营城子清入字归上声和阳平，三台清入字归上声、阴平和阳平；獐子岛次浊入声字多数归上声，少数归去声。

三调方言与四调方言相比，有两个不同：

（1）三调方言全浊声母的平、上、入声字、全部去声字和部分次浊声母的平、入声字归去声，即全浊声母字高度合并，都读去声。

（2）三调方言的次浊平声字部分读平声，部分读去声，次浊入声字部分读上声，部分读去声；四调方言的次浊平声字多归阳平，次浊入声字多归去声（獐子岛多归上声，属唯一例外）。换句话说，三调方言的部分次浊平、入声字归调随清声母走，在这一点上，三调方言和四调方言不同。

三 三调向四调过渡的方言

蓉花山和安波₍汉₎有阴平、阳平、上声和去声四个调类，其阳平调类很不稳定，有些字读阳平或去声不定，这些字有全浊声母的平、入声字和少数次浊声母的平声字，在普兰店等三调方言中读去声，在革镇堡等四调方言中读阳平，故蓉花山和安波₍汉₎两地的阳平调是新的读法，两地方言处于三调向四调的过渡阶段。考虑到实际读音，音系处理为四个调类，今读去声和阳平不定的全浊声母的平、入声字暂时处理为阳平。蓉花山和安波₍汉₎古今声调的演变规律有下列几条。

（一）古平声字

古清声母的平声字读阴平，全浊声母的平声字读去声或阳平，次浊声母的平声字部分读阴平，部分读去声或阳平，例如：开 [₋khai]、团 [thanˀ]（口语说 [₌than]）、雄 [₋ɕyoŋ]、聋 [₌loŋ]、郎 [lɑŋˀ]、龙 [₌loŋ]。

（二）古全浊上声字读去声

古清声母和次浊声母的上声字读上声，全浊声母的上声字读去声，例如：草 [ʿtsʰɑu]、老 [ʿlɑu]、动 [toŋʾ]。

（三）古去声字读去声

古去声不论清浊，仍然读去声，例如：半 [panʾ]、路 [luʾ]、洞 [toŋʾ]。

（四）古入声字三分

古全浊入声字读去声或阳平，清入字读上声，次浊入声字部分读上声，部分读去声，例如："熟"蓉花山读 [ɕyʾ]（口语说 [˯ɕy]）、安波汉读 [ʂuʾ]（口语说 [˯ʂu]）、鳖 [ʿpiə]、入 [ʿy]、月 [ʿyə]、褥 [yʾ]、岳 [yəʾ]。

蓉花山和安波汉次浊声母的平声字部分读阴平，部分读去声或阳平，次浊声母的入声字部分读上声，部分读去声，次浊声母的平、入声字今读和三调方言一致；全浊声母的上声字、全部去声字和部分次浊声母的入声字读去声，全浊声母的平、入声字读去声或阳平，换句话说，三调方言和四调方言都读去声的字，蓉花山和安波汉也读去声；三调方言读去声，四调方言读阳平的字，蓉花山和安波汉读去声或阳平不定，由此推断蓉花山和安波汉的阳平调是后起的，前身应该是三调方言。此外，从声母和韵母的演变规律上看，蓉花山和安波汉与三调方言更加一致。

为了更好地观察大连18点方言的声调演变规律，我们做了古今声调比较表5-1-1。

表5-1-1 大连18点方言的古今声调比较

古调	平声				上声		
清浊	清	次浊		全浊	清	次浊	全浊
例字	开	雄	狼聋	郎龙	团	草	老	动
杏树屯	平声	平声	去声	去声	上声	去声
皮口	平声	平声	去声	去声	上声	去声

续表

古调	平声				上声		
清浊	清	次浊		全浊	清	次浊	全浊
例字	开	雄	狼聋	郎龙	团	草	老	动
广鹿	平声	平声		去声	去声	上声		去声
庄河市	平声	平声		去声	去声	上声		去声
大长山	平声	平声		去声	去声	上声		去声
亮甲店	平声	平声		去声	去声	上声		去声
普市	平声	平声		去声	去声	上声		去声
蓉花山	阴平	阴平		去声或阳平	去声或阳平	上声		去声
安波汉	阴平	阴平		去声或阳平	去声或阳平	上声		去声
獐子岛	阴平	阴平		阳平	阳平	上声		去声
复州	阴平	阴平		阳平	阳平	上声		去声
大魏家	阴平	阴平		阳平	阳平	上声		去声
安波满	阴平	阴平		阳平	阳平	上声		去声
万家岭	阴平	阴平		阳平	阳平	上声		去声
革镇堡	阴平	阴平		阳平	阳平	上声		去声
七顶山	阴平	阴平		阳平	阳平	上声		去声
营城子	阴平	阴平		阳平	阳平	上声		去声
三台	阴平	阴平		阳平	阳平	上声		去声

古调	去声			入声					
清浊	清	次浊	全浊	清			次浊		全浊
例字	半	路	洞	鳖觉感	尺客	滴	八	入	月	岳褥	熟
杏树屯	去声			上声			上声		去声	去声
皮口	去声			上声			上声		去声	去声
广鹿	去声			上声			上声		去声	去声
庄河市	去声			上声			上声		去声	去声
大长山	去声			上声			上声		去声	去声
亮甲店	去声			上声			上声		去声	去声

续表

古调	去声			入声					
清浊	清	次浊	全浊	清			次浊		全浊
例字	半	路	洞	鳖觉_{感~}	尺客	滴	八	入	月	岳褥	熟
普市	去声			上声			上声		去声	去声
蓉花山	去声			上声			上声		去声	去声或阳平
安波_汉	去声			上声			上声		去声	去声或阳平
獐子岛	去声			上声			上声		去声	阳平
复州	去声			上声			上声		去声	阳平
大魏家	去声			上声			上声		去声	阳平
安波_满	去声			上声			上声		去声	阳平
万家岭	去声			上声			上声		去声	阳平
革镇堡	去声	上声	阳平	上声			上声		去声	阳平
七顶山	去声	上声	阳平	上声			上声		去声	阳平
营城子	去声	上声	阳平	上声			上声		去声	阳平
三台	去声	上声	阳平	阴平			上声		去声	阳平

四　大连方言的调值

大连 18 点方言的调值可以分为 4 种类型，具体参见表 5-1-2。

表 5-1-2　大连 18 点方言调值比较

	阴平（平声）	阳平	上声	去声
杏树屯等 7 点	312	归入去声	213	53
大魏家等 7 点	312	445	213	53
安波_满、七顶山、万家岭 3 点	312	35	213	53
三台 1 点	31	35	213	53

说明：杏树屯等 7 点指三调方言的杏树屯、皮口、广鹿、庄河市、大长山、亮甲店、普市 7 点。大魏家等 7 点指四调方言的獐子岛、大魏家、复州、革镇堡、营城子 5 点及蓉花山、安波_汉 2 点方言。

126

第五章　大连方言声调研究

大连方言的上声是 213 曲折调、去声是 53 高降调，上声和去声的调值非常一致。阴平的调值多数方言点是 312 曲折调，只有三台不同，三台发音人的阴平只降不升，是 31 调。阳平调值有一定差异：大魏家等 7 点的调值较平，只在收尾时略高，我们记作 445 调；安波_满、七顶山、三台、万家岭 4 点的阳平调上升较明显，上升幅度较大，与大魏家等 7 点的阳平调在听感上不同，记作 35 调更合适。

阳平调 35 调值，显然更接近北京官话，也多为满族发音人所使用，万家岭的发音人虽是汉族人，但祖上自盖州迁来，万家岭也与盖州毗邻，故阳平调值与大连当地的汉族人不同。蓉花山和安波_汉的阳平调是后起的，其阳平调值和其他汉族汉语的阳平调值相同，都是 445 调。故此，我们或许可以作一个假设，大连的四调方言中，满族人的阳平调是在使用满族双语及转用汉语时就有的，大连的汉族方言（指烟威、大岫小片）原本与杏树屯等地相同，都是三调方言，有平声、上声和去声 3 个调类，后来由于和满族接触受满族汉语的影响产生了阳平调。因为原本的三个调类或者是降调（去声），或者是曲折调（平声和上声），发音习惯导致后产生的阳平调上升幅度"不到位"，即调值上升幅度低、整体较平。

三台发音人祖上 4 辈前从吉林长白山迁来，祖上迁来之初是说北京官话的，阴平调值原是平调 55 或 44 调。在大连居住日久，其阴平调值受到当地汉族人的影响而作降调 31，但又与汉族人的阴平调值 312 不同，这是因为汉族人的 312 调值只出现在读单字时，语流中往往是只降不升的 31 调，故三台发音人"习得"的阴平调值也是 31 调。另据《钱曾怡汉语方言研究文选》（P145），同为胶辽官话的长岛方言"阴平 313、31 两值，单字慢读是 313，快读和连读的前一音节多数为 31"，大连多数方言点与之相同。

第二节　清入

清入字归上声调是胶辽官话区别于其他 7 个官话区的特点，也是《中国语言地图集》为官话大区分区的主要依据。《方言调查字表》中收录的清入字有 300 个左右。本次调查清入字 135 个，即：答搭塌掐_{用指甲~}掐_{~死}

127

甲鸭压褶跌贴夹法汁~墨~急吸八杀瞎鳖揭蝎憋撒结洁泼刮~风~刮~胡子~发决笔毕必质室吉一不骨橘郭扒~苞米,~皮戳逼鲫织尺适劈滴吃秃哭屋福宿~舍~菊插涩湿虱~人刷拙说虱失出桌捉色~什么~摘竹叔拆窄接擦薛节雪七息惜雀~家~削蛤喝~水~磕~倒瞌割~苞米葛~姓渴托各搁胳郝~姓恶~善塞~牛镢缺血屈脱脚约觉~感~角~桌子~,牛~北得德客~来~了刻~用刀~黑百拍给扑掰革隔握折率~领责缩烛错~杂伯歇抠匹鸽撅~断。调查发现，大连18点清入字今读上声的比例有一定差别。

表5-2-1 大连18点清入字在各调的分布

方言点	阴平（平声）	阳平	上声	去声	总字数
广鹿	4	（归入去声）	116	15	135
亮甲店	6	（归入去声）	115	14	135
大长山	7	（归入去声）	114	14	135
杏树屯	7	（归入去声）	113	15	135
庄河市	10	（归入去声）	112	13	135
皮口	8	（归入去声）	111	16	135
獐子岛	5	13	111	6	135
普市	10	（归入去声）	110	15	135
蓉花山	10	2	110	13	135
安波~议	11	4	107	13	135
大魏家	9	16	105	4	134
安波~满	11	11	105	8	135
复州	6	22	101	6	135
万家岭	8	20	96	11	135
革镇堡	5	63	60	7	135
七顶山	12	59	56	7	134
三台	41	28	54	11	134
营城子	7	74	50	4	135

说明：
① "塌"三台发音人不说。
② "蛤"大魏家、七顶山不说。

一　大连清入字今读声调的不同

大连 18 点清入字今归上声的字数由多到少依次是：广鹿、亮甲店、大长山、杏树屯、庄河市、皮口、獐子岛、普市、蓉花山、安波(汉)、大魏家、安波(满)、复州、万家岭、革镇堡、七顶山、三台、营城子。前 14 个点清入字今读上声的比例都在 70% 以上，后 4 个点即革镇堡、七顶山、三台、营城子今读上声的比例都在 50% 以下，对比明显。大连清入字今读上声比例较低的以满族发音人为主，汉族发音人清入字今多读上声，只有革镇堡一点例外，聊举例字说明（见表 5-2-2）。

表 5-2-2　大连 18 点清入字今读音例字

方言点	割	八	滴	菊	急	福	渴	法	客	色
大长山	꜀ka	꜀pa	꜀ti	꜀tɕy	꜀ci	꜀fu	꜀kha	꜀fa	꜀khə	꜀sə
獐子岛	꜀ka	꜀pa	꜀ti	꜀tɕy	꜌ci	꜀fu	꜀kha	꜀fa	꜀khə	꜀sə
杏树屯₈点	꜀ka	꜀pa	꜀ti	꜀tɕy	꜀tɕi	꜀fu	꜀kha	꜀fa	꜀khə	꜀sə
安波满	꜀ka	꜀pa	꜀ti	꜀tɕy	꜀tɕi	꜀fu	꜀kha	꜀fa	꜀khə	꜀sə
大魏家₃点	꜀ka	꜀pa	꜀ti	꜀tɕy	꜌tɕi	꜀fu	꜀kha	꜀fa	꜀khə	꜀sə
七顶山	꜀ka	꜌pa	꜌ti	꜌tɕy	꜌tɕi	꜀fu	꜀khə	꜀fa	꜀tɕhiə	꜀sə
革镇堡	꜀ka	꜌pa	꜌ti	꜌tɕy	꜌tɕi	꜀fu	꜀khə	꜀fa	꜀khə	꜌sə
营城子	꜀ka	꜌pa	꜌ti	꜌tɕy	꜌tɕi	꜌fu	꜀khə	꜀fa	꜀khə	꜀sə
三台	꜀ka	꜌pa	꜌ti	꜌tɕy	꜌tɕi	꜌fu	꜀khə	꜀fa	꜀khə	sə꜇

说明：
①杏树屯 8 点指杏树屯、皮口、广鹿、庄河市、蓉花山、亮甲店、普市、安波(汉)。
②大魏家 3 点指大魏家、复州、万家岭。

10 个清入字，革镇堡、七顶山、营城子、三台 4 点读上声调的有五六个字，大魏家、复州、万家岭 3 点读上声调的有 9 个字，其他 11 点 10 个字全读上声调。

革镇堡、七顶山、营城子、三台 4 点清入字今读上声的字数比其他点少。4 点比较，革镇堡、七顶山、营城子 3 点清入字归阳平的字略多于归上声的字，三台清入字今归上声、阴平和阳平。从革镇堡、七顶山到营城子，清入字归上声的字数越来越少，归阳平的字数越来越多，以营城子为甚。三台的清入字除归入上声外，还归入阴平和阳平。尽管如此，清入字在4点都有三分之一强二分之一弱的字归入上声，其余半数字左右在七顶山、革镇堡和营城子归入阳平，在三台归入阴平和阳平。

我们把革镇堡、七顶山、营城子、三台4地清入字今读四声的比例和北京官话作一对比（参见表5-2-3）。

表5-2-3 革镇堡、七顶山、营城子、三台与北京官话清入字在各调的分布及比例对比

	阴平		阳平		上声		去声		总字数
	字数	比例%	字数	比例%	字数	比例%	字数	比例%	
革镇堡	5	3.7	63	46.7	60	44.4	7	5.2	135
七顶山	12	9.0	59	44.0	56	41.8	7	5.2	134
营城子	7	5.2	74	54.8	50	37.0	4	3.0	135
三台	41	30.6	28	20.9	54	40.3	11	8.2	134
北京官话	65	37.1	27	15.4	40	22.9	43	24.6	175

说明：北京官话的数据依据张世方《北京官话语音研究》（P.172）北京官话"各点归调一致的清入字在各调的分布及比例表"。

表5-2-3显示，大连4点清入字归调和北京官话最接近的是三台，三台清入字归阴平、阳平调的比例和北京官话很接近，归上声的比例比北京官话高，归去声的比例比北京官话低，我们认为三台归上声比例较高是受到当地汉族胶辽官话影响的结果。革镇堡、七顶山和营城子今读上声的比例与三台差不多，但今读阳平的比例远高于三台和北京官话。三台今读阴平和阳平的字在革镇堡、七顶山和营城子那里多数读阳平调，兹举部分例字（见表5-2-4）。

表5-2-4 革镇堡、七顶山、营城子、三台归调不同的清入字例字

	三台	革镇堡	七顶山	营城子
跌贴八刷说拆擦七杀瞎一吃蜇_人胳	阴平	阳平	阳平	阳平
滴菊竹刻	阳平	阳平	阳平	阳平

二 大连清入字今读音的不同层次

大连方言清入字今读声调存在一定的差异性，除此之外，清入字今读声、韵母也有不同，声调和声、韵母之间有不同的搭配关系，以下举例说明（详见表 5-2-5）。

表 5-2-5　大连清入字今读声调和声、韵母的搭配关系

例字	读音	方言点
织	⁻tɕi　⁻tʃʅ	杏树屯、皮口、庄河市、广鹿、大长山、獐子岛
	⁻tʂʅ	其他 11 点
	₌tʂʅ	七顶山
吃	⁻tɕhi　⁻tʃhʅ	杏树屯、皮口、庄河市、广鹿、大长山、獐子岛
	⁻tʂhʅ	其他 8 点
	₌tʂhʅ	革镇堡、营城子、七顶山
	₌tʂhʅ	三台
蜇~人	⁻tɕiə　⁻tʃʅ	杏树屯、皮口、庄河市、广鹿、大长山、獐子岛
	⁻tʂə	其他 5 点
	₌tʂə	革镇堡、营城子、大魏家、七顶山、复州
	₌tʂə	三台、万家岭
说	⁻ɕyə　⁻ʃuo	杏树屯、皮口、庄河市、广鹿、蓉花山、大长山、獐子岛
	⁻ʂuo	其他 7 点
	₌ʂuo	革镇堡、营城子、七顶山
	₌ʂuo	三台
失	⁻ɕi　⁻ʃʅ	杏树屯、皮口、庄河市、广鹿、大长山、獐子岛
	⁻ʂʅ	其他 9 点
	₌ʂʅ	革镇堡、营城子、七顶山
出	⁻tɕhy　⁻tʃhu	杏树屯、皮口、庄河市、广鹿、蓉花山、大长山、獐子岛
	⁻tʂhu	其他 6 点
	₌tʂhu	革镇堡、营城子、七顶山、三台、万家岭

续表

例字	读音	方言点
叔	ˤɕy ˤʃu	杏树屯、皮口、庄河市、广鹿、蓉花山、大长山、獐子岛
	⊆su	革镇堡
	ˤʂu	其他6点
	⊆ʂu	营城子、七顶山、三台、安波调
褶	ˤtɕiə ˤtʃə	杏树屯、广鹿、大长山、獐子岛
	ˤtsə	皮口、庄河市
	ˤtʂə	其他11点
	⊆tʂə	营城子
虱	ˤʂɿ	其他12点
	⊆sə	革镇堡、营城子
	ˤʂɿ	亮甲店、万家岭
	⊆ʂɿ	七顶山、三台

  以上清入字，声调和声、韵母搭配不同，共有四五种读音。以"蜇~人"为例，有[ˤtʃə][ˤtɕiə][ˤtʂə][⊆tʂə][⊆tʂə]5种读音。第一种读音[ˤtʃə]，声调上声，声母是舌叶音[tʃ]，韵母是[ə]，"蜇~人"是山摄开口三等入声薛韵知母字，在大长山、獐子岛属于知庄章乙类字，读[ˤtʃə]与胶辽官话登连片蓬龙小片相同；第二种读音[ˤtɕiə]，声调上声，声母是舌面音[tɕ]声母，韵母是[iə]，在杏树屯等4点属于知庄章乙类字，读[ˤtɕiə]和山东胶辽官话登连片烟威小片的烟台、牟平等地相同；后三种读音[ˤtʂə][⊆tʂə][⊆tʂə]的声、韵母读音相同，在亮甲店等12点属于知庄章乙类字，读[tʂə]属于胶辽官话登连片大岫小片、盖桓片的读音，声调分别是上声、阳平和阴平。从声、韵母的角度分析，5种读音中，前两种[tʃə][tɕiə]类音在山东胶辽官话中也有分布，反映大连6点方言与山东胶辽官话的渊源关系；后三种[tʂə]类音是由于汉族汉语和满族汉语的接触产生，属于满族汉语原北京官话语音对汉族胶辽官话语音施加的影响，此类读音主要分布在登连片大岫小片，与山东胶辽官话不同，属于大连方言自身的特点。从声调的角度分析，前三种读音都读上声，符合胶辽官话清入字读上声的语音特点，后两

132

种读音读阳平和阴平，不符合胶辽官话清入字今读上声的语音特点，反映大连方言自身的特点。"蜇 ~人"5种读音中声调和声、韵母的搭配关系可以用表5-2-6说明。

表5-2-6 "蜇 ~人"5种读音中声调和声、韵母的搭配关系

	声、韵母读音是胶辽官话的固有读音	声调符合胶辽官话清入字读上声特点
˚tʃə	+	+
˚tɕiə	+	+
˚tʂə	-	+
₌tʂə		
₌tʂə		

5种读音中，声、韵母和声调的搭配关系有三种：声、韵母和声调都是胶辽官话的固有读音，有 [˚tʃə][˚tɕiə]；声、韵母和声调都不是胶辽官话的固有读音，有 [₌tʂə][₌tʂə]；声、韵母读音不是胶辽官话的固有读音，声调符合胶辽官话清入字读上声的特点，有 [˚tʂə]。三种类型的读音体现了大连汉族胶辽官话和满族汉语原北京官话两种官话的较量，[˚tʂə] 恰恰反映了这场较量的胶着阶段，即声、韵母受到满族汉语原北京官话的影响，声调仍保持汉族胶辽官话清入字读上声的特点。

第三节 次浊平声

胶辽官话部分方言点的次浊平声字读阳平和阴平调，即部分次浊声母的平声字读如清声母平声字。本次我们调查113个次浊平声字，即：挪箩罗锣骡鹅蛾俄挨 ~打磨 ~刀妈痲手 ~了麻 ~大拿牙芽模 ~子炉驴鱼来埋儿泥离梨媒煤眉 ~眼霉雷违围毛 ~鸡猫挠捞劳熬 ~菜苗饶摇姚留流牛揉邮油游南男蓝篮镰连帘盐棉眠年黏鳞淋邻人仁门轮 ~车蚊闻匀云 ~天上的忙狼郎昂凉 ~水量 ~长短梁 ~房良瓢羊洋蒙 ~瞎蒙 ~着头蒙 ~内明 ~儿个明 ~姓名 ~小仍扔蝇迎盈营赢零灵 ~验灵 ~起铃聋笼龙农浓脓姨 ~单用姨 ~小姨 ~子绒茸 ~鹿雄熊。我们首先列出这些字

133

在大连18点方言中今读声调的字数（见表5-2-7）。

表5-3-1 大连18点次浊平声字在各调的分布

方言点	阴平（平声）	阳平	上声	去声	总字数
庄河市	82	（归入去声）	3	28	113
皮口	81	（归入去声）	3	29	113
杏树屯	80	（归入去声）	3	30	113
广鹿	80	（归入去声）	4	29	113
普市	80	（归入去声）	3	30	113
蓉花山	79	10	3	21	113
大长山	77	（归入去声）	4	32	113
亮甲店	74	（归入去声）	4	35	113
安波汉	72	24	3	18	117
安波满	44	66	3	0	113
大魏家	20	87	5	1	113
革镇堡	12	97	3	1	113
营城子	12	98	3	0	113
万家岭	11	98	3	1	113
獐子岛	11	96	4	2	113
复州	10	100	3	0	113
七顶山	10	100	3	0	113
三台	9	101	3	0	113

说明：安波汉"挠劳煤洋"4个字有阳平和去声两读，统计时分别算两个字。

按照次浊平声字今读阴平字数由多到少排列，18点依次是：庄河市、皮口、杏树屯、广鹿、普市、蓉花山、大长山、亮甲店、安波汉、安波满、大魏家、革镇堡、营城子、万家岭、獐子岛、复州、七顶山、三台。

一 大连次浊平声字的今读音类型

1. 次浊平声字今读阴平字数 > 70

庄河市、皮口、杏树屯、广鹿、普市、蓉花山、大长山、亮甲店、安波_汉9点次浊平声字今读阴平（平声）的字数大于70个，占统计字数的60%以上，其他字多归入去声或阳平。9点方言中，7点是三调方言，蓉花山、安波_汉2点是三调向四调过渡的方言。

2. 70＞次浊平声字今读阴平字数＞40

有安波_满1点，有44字今读阴平，占次浊平声字的38.9%，66字今读阳平，占次浊平声字的58.4%。

3. 次浊平声字今读阴平字数≤20

有大魏家、革镇堡、营城子、万家岭、獐子岛、复州、七顶山、三台8点，次浊平声字今读阴平的字数在20个或20个以下，占统计字数的20%以下，今读阳平的字数在80个以上，占统计字数的70%以上。

三种类型中，第一种类型今读阴平的比例大于60%，第三种类型今读阴平的比例小于20%，对比明显。安波_满今读阴平的比例为38.9%，次浊平声字今读阴平的字数比第一种类型少，比第三种类型多，处于中间的过渡阶段。

在次浊平声字的归调上，今读阴平比例较高的是烟威小片，今读阴平比例较低的是蓬龙小片、大岫小片和盖桓片。大连次浊平声字今读阴平比例的高低跟调类有一定关联：三调方言今读阴平比例大于60%，今读阳平比例小于40%；四调方言今读阴平比例小于40%，今读阳平比例大于60%；蓉花山和安波_汉处于三调向四调的过渡阶段，特点同三调方言。大致说来，三调方言今读阴平比例高，四调方言今读阴平比例低。

二　次浊平声字今读阴平和阳平内部一致的情形

次浊平声字今读阴平和阳平一致的情形我们分类型来说。

1. 次浊平声字今读阴平字数＞70

庄河市、皮口、杏树屯、广鹿、普市、蓉花山、大长山、亮甲店、安波_汉9点今全读阴平（平声）的次浊平声字有64个，即：挪箩蛾俄妈痳_{手~了}拿牙芽炉驴鱼来埋儿泥离梨媒围毛_{鸡~}猫捞熬_{~菜}苗饶摇留牛揉邮油南蓝盐眠年黏鳞淋门轮_{~车}蚊匀忙狼昂凉_{~水}瓢羊扔蝇迎赢零聋脓雄模_{~子}雷蒙_{瞎~}蒙_{~着头}明_{~儿个}名_{姓~}，占统计次浊平声字的56.6%。9点全读去声（阳平）

的字有24个，即：霉煤劳姚流男篮连帘邻仁郎良洋营铃农熊龙绒罗明_姓名_灵_起_姨_小_子_，占21.2%。9点方言中有88个次浊平声字归调相同，占统计字数的77.9%，可见语音的一致性很强。

9点的次浊平声字今读阴平（平声）和去声（阳平）对立，例如：箩 [╵luo] ≠ 罗 [luoᵌ]、媒 [╵mei] ≠ 霉煤 [meiᵌ]、捞 [╵lau] ≠ 劳 [lauᵌ]、摇 [╵iau] ≠姚 [iauᵌ]、留 [╵liou] ≠ 流 [liouᵌ]、南 [╵nan] ≠ 男 [nanᵌ]、篮 [╵lan] ≠ 蓝 [lanᵌ]、鳞淋 [╵lin] ≠ 邻 [linᵌ]、狼 [╵laŋ] ≠ 郎 [laŋᵌ]、凉_水_ [╵liaŋ] ≠ 良 [liaŋᵌ]、羊 [╵iaŋ] ≠ 洋 [iaŋᵌ]、名_小_明_儿个_ [╵miŋ] ≠明_姓名_ [miŋᵌ]、零 [╵liŋ] ≠ 铃灵_起_ [liŋᵌ]、蝇迎赢 [╵iŋ] ≠ 营 [iŋᵌ]、聋 [╵loŋ] ≠ 龙 [loŋᵌ]、雄 [╵ɕyoŋ] ≠熊 [ɕyoŋᵌ]。"≠"前面的字今读平声，不等号后面的字今读去声，前后的两个（或三个）字的音韵地位相同，今声调的分化找不出规律性，这说明9点方言的内部一致性很强。

蓉花山和安波_汉_处于三调向四调的过渡阶段，前文所言9点读去声的24字中，三调的7点方言读去声，蓉花山和安波_汉_或者读去声，或者读阳平，或者两读。24字在9点方言中的今读情况如下（见表5-3-2）。

表5-3-2　24个次浊平声字在9点方言中的归调情况

	其他7点	蓉花山	安波_汉_
罗姚流邻仁郎营农	去声	去声	去声
劳_模_洋_柿子_	去声	去声	去声
劳_动_洋_海_	去声	去声	阳平
男篮连良熊绒	去声	去声	阳平
煤_矿_明_姓名_	去声	阳平	去声
姨_小_子_霉煤_坯_帘铃灵_起_龙	去声	阳平	阳平

24个次浊平声字中，9点全读去声的有8字，其他16字三调方言读去声，蓉花山和安波_汉_或者一点读阳平，或者两点都读阳平。其中，蓉花山有9字读阳平，安波_汉_有14字读阳平，两点都读阳平的有7字。由读去声到读阳平最初可能是从词语的不同语境开始的，例如：安波_汉_"劳_模_"读 [lauᵌ]、"劳_动_"读 [╵lau]，"洋_柿子_"读 [iaŋᵌ]、"洋_海_"读 [╵iaŋ]，"煤_矿_"读 [meiᵌ]、"煤_坯_"读 [╵mei]，次浊入声字由读去声到读阳平由个

别语境中开始，最终整个字音发生变化，全读阳平。

2.次浊平声字今读阴平字数＜20

大魏家、革镇堡、营城子、万家岭、獐子岛、复州、七顶山、三台8点次浊平声字今全读阴平的字只有6个，即：俄捞扔雄蒙~瞎~邮；今全读阳平的字有80个，即：挪箩锣鹅蛾磨~刀~痳~手~了麻~大~拿牙芽炉驴鱼来泥梨媒煤眉~眼~围毛~鸡~挠劳饶摇苗姚牛留油南男蓝篮镰连帘黏盐棉眠鳞邻人仁门轮~车~蚊闻云~天上的~忙狼郎凉~水~梁~房~良瓢羊洋赢营零灵~验~灵~起~铃聋笼龙农脓绒茸熊罗雷明~姓名~名~小~浓姨~小~子~。总计86字，约占次浊平声字的76.1%，8点次浊平声字语音的一致性很强。

前述8点方言中，少数次浊平声字的读音呈二分格局，例如：捞[꜀lau]≠劳[꜁lau]、俄[꜀ə]（大魏家、革镇堡、营城子、七顶山4点）[꜁uo]（其他4点）≠蛾[꜀ə]（其他7点）[꜁uo]（复州）/鹅[꜀ə]（其他6点）[꜁uo]（复州、万家岭）、雄[꜀ɕyoŋ]≠熊[꜁ɕyoŋ]、邮[꜀iou]≠油[꜁iou]；多数次浊平声字的读音不呈二分格局，例如：箩＝锣罗箩[꜁luo]、媒＝煤[꜁mei]、摇＝姚[꜁iau]、鳞＝邻[꜁lin]、名~小~＝明~姓名~[꜁miŋ]、赢＝营[꜁iŋ]、南＝男[꜁nan]、蓝＝篮[꜁lan]、狼＝郎[꜁laŋ]、凉~水~梁~房~＝良[꜁liaŋ]、羊＝洋[꜁iaŋ]、零灵~验~铃灵~起~[꜁liŋ]、聋＝龙[꜁loŋ]。

3.70＞次浊平声字今读阴平字数＞40

有安波~满~1点，庄河市等9点今读阴平和阳平呈二分对立的字，安波~满~部分字今读呈二分对立，部分字今读相同，不对立，今读对立的如：箩[꜀luo]≠罗[꜁luo]、媒[꜀mei]≠霉煤[꜁mei]、捞[꜀lau]≠劳[꜁lau]、摇[꜀iau]≠姚[꜁iau]、留[꜀liou]≠流[꜁liou]、邮[꜀iou]≠油[꜁iou]、鳞淋[꜀lin]≠邻[꜁lin]、名~小~明~儿个~[꜀miŋ]≠明~姓名~[꜁miŋ]、蝇迎赢[꜀iŋ]≠营[꜁iŋ]、雄[꜀ɕyoŋ]≠熊[꜁ɕyoŋ]；今读不对立的如：南＝男[꜁nan]、篮＝蓝[꜁lan]、狼＝郎[꜁laŋ]、凉~水~量~长短~＝良[꜁liaŋ]、羊＝洋[꜁iaŋ]、零＝铃灵~验~灵~起~[꜁liŋ]、聋＝龙[꜁loŋ]。由此可见，安波~满~次浊平声字的今读处于第一种类型和第二种类型的过渡阶段，这与安波~满~的发音人父亲满族，母亲汉族密切相关。

4.18点方言今读声调一致的字

18点全读阴平的次浊平声字有6个，即：俄捞扔雄蒙~瞎~邮；18点全读阳平（去声）的次浊平声字有 19 个，即：劳姚流男篮连帘邻仁轮_车~_郎良洋营铃龙农绒熊，总计 25 字，占次浊平声字总字数的 22.1%。18 点今读呈阴平和阳平（去声）对立的有：捞 [ˉlau] ≠劳 [lau˥]/[ˊlau]、雄 [ˊɕyoŋ] ≠熊 [ɕyoŋ˥]/[ˊɕyoŋ]，可见 18 点今读声调的一致性较小。

三 次浊平声字今读音的不同

大连方言部分次浊平声字的今读既有声调的不同，又有韵母的不同，代表字有"蛾鹅俄埋离梨农脓"等（详见表 5-3-3）。

表 5-3-3 大连 18 点次浊平声字今读音的不同

例字	读音	方言点
蛾	ˊuo	庄河市、杏树屯、广鹿、普市、大长山、皮口、蓉花山、亮甲店、安波_汉_、安波_满_ 10 点
	ˉuo	复州、獐子岛 2 点
	ˊɤ	大魏家、革镇堡、营城子、七顶山、三台、万家岭 6 点
鹅	ˊuo	庄河市、杏树屯、广鹿、普市、大长山、皮口、蓉花山、亮甲店、安波_汉_、安波_满_ 10 点
	ˉuo	复州、万家岭、獐子岛 3 点
	ˊɤ	大魏家、革镇堡、营城子、七顶山、三台 5 点
俄	ˊuo	庄河市、杏树屯、广鹿、普市、大长山、皮口、蓉花山、亮甲店、安波_汉_、复州、安波_满_、三台、万家岭、獐子岛 14 点
	ˊɤ	大魏家、革镇堡、营城子、七顶山 4 点
埋	ˊmai	庄河市、杏树屯、广鹿、普市、大长山、皮口、蓉花山、亮甲店、安波_汉_、大魏家 10 点
	ˉmai	安波_满_、七顶山 2 点
	ˊmei	复州、革镇堡、营城子、三台、万家岭、獐子岛 6 点
离	ˊlei	庄河市、杏树屯、广鹿、普市、皮口、蓉花山、亮甲店、安波_汉_、革镇堡、安波_满_ 10 点
	ˊli	大长山 1 点
	ˉlei	大魏家、七顶山 2 点
	ˉli	复州、营城子、三台、万家岭、獐子岛 5 点

续表

例字	读音	方言点
梨	₌lei	庄河市、杏树屯、广鹿、普市、大长山、皮口、蓉花山、亮甲店、安波汉 9 点
	₌lei	大魏家、革镇堡、营城子、安波满、七顶山 5 点
	₌li	复州、三台、万家岭、獐子岛 4 点
农	nu⁼	庄河市、杏树屯、普市、皮口、蓉花山、亮甲店、安波汉 7 点
	nou⁼	广鹿、大长山 2 点
	₌nu	复州、七顶山、獐子岛 3 点
	₌noŋ	大魏家、革镇堡、营城子、安波满、三台 5 点
	₌nəŋ	万家岭 1 点
脓	₌nu	亮甲店 1 点
	₌nou	杏树屯、皮口、广鹿、大长山 4 点
	₌noŋ	庄河市、普市、安波汉 3 点
	₌nəŋ	蓉花山 1 点
	₌nu	复州 1 点
	₌noŋ	革镇堡、营城子、安波满、獐子岛 4 点
	₌nəŋ	大魏家、七顶山、三台、万家岭 4 点

  这些字多数有三四种读音，个别字如"脓"有 7 种读音之多。以"鹅"为例，有 [₌uo][₌uo][₌ə] 三种读音：第一种读音 [₌uo]，声调阴平（平声），韵母是合口呼 [uo]，符合次浊平声字读阴平和果摄一等字读合口呼的特点；第二种读音 [₌uo]，声调阳平，韵母是合口呼 [uo]，符合果摄一等字读合口呼的特点；第三种读音 [₌ə]，声调阳平，韵母是开口呼 [ə]。从声调上看，第一种读音和后两种读音是不同的层次；从韵母上看，前两种读音和最后一种读音是不同的层次。又如"埋"字，有 [₌mai][₌mai][₌mei] 三种读音：第一种读音 [₌mai]，声调阴平（平声），韵母 [ai]，与一般的蟹摄开口二等字读音相同，声调符合次浊平声字读阴平的特点；第二种读音 [₌mai]，声调阳平，韵母 [ai]；第三种读音 [₌mei]，声调阳平，韵母 [ei]，和一般的蟹摄开口二等字读音不同，但和山东省的长岛等地方言读音相同。从声调上看，第一种读音和后两种读音是不同的层次；从韵母上看，前两种读音和最后一种读音是不同的层次。这些字声调和韵母的不同搭配反映了语音的过渡性。

第四节　次浊入声

胶辽官话登连片部分方言点次浊入声字今读去声和上声，据《汉语官话方言研究》（P.116），这种现象出现在荣成、牟平、烟台、莱阳、长海、庄河市等方言点中。本次我们调查的次浊入声字有54个，即：纳~鞋底纳~出拉~车拉~屎辣腊蜡叶页业裂猎捏~他一下抹~涂袜密~秘蜜脉~把鹿绿陆入热日弱肉辱褥木~手发目立~着栗掠略摸落~思想~后烙乐劣月虐药钥岳墨肋麦抹~桌子密~太~了穆力膜勒~挡勒~死，这些字在大连18点今读声调的情况如表5-4-1。

表5-4-1　大连18点次浊入声字在各调的分布表

方言点	阴平（平声）	阳平	上声	去声	总字数
广鹿	4	（归入去声）	31	19	54
獐子岛	4	2	30	18	54
庄河市	4	（归入去声）	30	20	54
杏树屯	5	（归入去声）	29	20	54
皮口	5	（归入去声）	29	20	54
大长山	5	（归入去声）	29	20	54
亮甲店	3	（归入去声）	28	23	54
复州	4	2	23	25	54
蓉花山	5	4	23	22	54
普市	4	（归入去声）	22	28	54
安波汉	5	1	15	33	54
安波满	4	3	12	35	54
大魏家	4	4	12	34	54
营城子	2	14	11	27	54
革镇堡	4	15	9	26	54
万家岭	4	1	8	40	53
七顶山	3	2	8	40	53
三台	3	1	8	42	54

说明：
①万家岭不说"勒~挡"。
②七顶山不说"勒~死"。

大连18点按照次浊入声字今读上声的字数由多到少依次是：广鹿、獐子岛、庄河市、杏树屯、皮口、大长山、亮甲店、复州、蓉花山、普市、安波_汉、安波_满、大魏家、营城子、革镇堡、万家岭、七顶山、三台。

一　大连18点次浊入声字的今读音类型

1. 次浊入声字今读上声字数＞20

有广鹿、獐子岛、庄河市、杏树屯、皮口、大长山、亮甲店、复州、蓉花山、普市10点，今读上声字数大于20个，今读去声字数小于30个。

2. 次浊入声字今读上声字数＜20

有安波_汉、安波_满、大魏家、营城子、革镇堡、万家岭、七顶山、三台8点，今读上声字数小于20个，今读去声字数大于20个。

我们发现，次浊入声字今读上声字数较多的既有三调方言，也有四调方言，以三调方言为主。整体而言，登连片烟威小片、蓬龙小片比大岫小片、盖桓片今读上声字多，汉族发音人比满族发音人今读上声字多。

二　次浊入声字今读上声和去声内部一致的情形

18点方言今读上声和去声的情形不一，我们分别进行介绍。

1. 次浊入声字今读上声字数＞20

广鹿、獐子岛、庄河市、杏树屯、皮口、大长山、亮甲店、复州、蓉花山、普市10点方言，今全读上声的字有17个，即：纳_{~鞋底}拉_{~车}蜡页抹_{涂~}脉鹿绿入掠烙月药墨麦抹_{~桌子}勒_挡；今全读去声的有15个，即：业猎蜜陆弱肉褥目栗略乐虐岳穆力。次浊入声字的今读存在上声和去声的对立格局，例如：页 [˚iə]≠业 [iə˚]、月药 [˚yə]≠岳弱 [yə˚]、勒_挡 [˚lə]≠乐 [lə˚]/[luo˚]、鹿 [˚lu]≠陆 [lu˚]、木 [˚mu]≠目 [mu˚]、入 [˚y]≠褥 [y˚]。10点今读上声、去声相同的字32个，占总字数的59.3%，一致性比较强。

2. 次浊入声字今读上声字数＜20

有安波_汉、安波_满、大魏家、营城子、革镇堡、万家岭、七顶山、三台

8点，今全读上声的字有"拉~车~抹~涂~人"3个，今全读去声的字有20个，即：叶业裂猎密~秘~蜜陆热日弱肉褥目立栗乐岳密~太~了穆力，次浊入声字今读存在上声和去声对立的有：入[˙y]≠褥[y˙]，其他多数不对立，杏树屯等地今读上声的次浊入声字在8点读音不统一，部分方言点读上声，部分方言点读去声。

大连方言次浊入声字今读上声、去声的现象主要分布在前10点中，这一特点在后8点方言中表现不明显。此处，我们把大连18点方言的次浊平声字和次浊入声字今读调类的情况作一比较（详见表5-4-2）。

表5-4-2 大连18点次浊平声字和次浊入声字今读调类

1.部分次浊平声字读阴平	2.部分次浊入声字读上声	方言点	所属方言小片或片（点数）
+	+	庄河市、皮口、杏树屯、广鹿、普市、蓉花山、大长山、亮甲店8点	烟威（8）
+	-	安波汉1点	烟威（1）
-	+	獐子岛、复州2点	蓬龙（1）、大岫（1）
-	-	安波满、大魏家、革镇堡、营城子、万家岭、七顶山、三台7点	大岫（6）、盖桓（1）

说明："部分次浊平声字读阴平""部分次浊入声字读上声"指次浊平声字读阴平、次浊入声字读上声字数较多的情况。

大连18点方言中，特征1和特征2都符合的方言点有8个，即：庄河市、皮口、杏树屯、广鹿、普市、蓉花山、大长山、亮甲店，都属于烟威小片；特征1和特征2都不符合的方言点有7个，即：安波满、大魏家、革镇堡、营城子、万家岭、七顶山、三台，分别属于大岫小片和盖桓片；符合特征1、不符合特征2的方言点有安波汉1点，属于烟威小片；符合特征2、不符合特征1的方言点有獐子岛、复州2点，分别属于蓬龙小片和大岫小片。

由此可知，大连各小片（片）的今读情况大致是：烟威小片多符合特征1和特征2，安波汉次浊入声字今读上声的字数比杏树屯等地少，比安波满等地多，属于过渡阶段；大岫小片（除复州外）和盖桓片不符合特征1和特征2；蓬龙小片不符合特征1，只符合特征2。在特征1和特征2是否具备上，大连 18 点方言大致呈现出这样三种类型：烟威小片具备特征 1、2；蓬龙小片只具备特征 2，不具备特征 1；大岫小片、盖桓片特征 1、2 都不具备。

第五节　与山东胶辽官话的比较

本节就声调的 4 个专题将大连的大长山、杏树屯和革镇堡 3 点与山东胶辽官话的荣成、烟台、龙口、长岛、莱州、诸城、沂水 7 点作一比较，依次是调类与调值、清入字、次浊平声字和次浊入声字。

一　调类与调值

（一）三调与四调

大连 3 点和山东省 7 点方言中，三调方言有大长山、杏树屯、烟台、莱州 4 点，四调方言有革镇堡、荣成、龙口、长岛、诸城、沂水 6 点。

为了更好地观察 10 点方言的声调演变规律，我们做出古今声调比较具体表。

表 5-5-1　大连 3 点与山东胶辽官话 7 点方言的古今声调比较

古调	平声			上声		
清浊	清	次浊	全浊	清	次浊	全浊
例字	开	羊	洋	团	草	老	动
荣成	阴平		阳平		上声		去声
烟台	平声		去声		上声		去声
杏树屯	平声		去声		上声		去声
大长山	平声		去声		上声		去声
长岛	阴平		阳平		上声		去声
龙口	阴平		阳平		上声		去声
革镇堡	阴平		阳平		上声		去声

续表

古调	平声			上声		
清浊	清	次浊	全浊	清	次浊	全浊
例字	开	羊	洋	团	草	老	动
莱州	阴平	阳平		上声	阴平/阳平	
诸城	阴平	阳平		上声	去声	
沂水	阴平	阳平		上声	去声	

古调	去声			入声		
清浊	清	次浊	全浊	清	次浊	全浊
例字	半	路	洞	福八滴	叶	业	独
荣成	去声			上声	去声	阳平
烟台	去声			上声	去声	去声
杏树屯	去声			上声	去声	去声
大长山	去声			上声	去声	去声
长岛	去声			上声	去声	阳平
龙口	去声			上声	去声	去声
革镇堡	去声	上声/阳平	去声		阳平
莱州	阴平/阳平		上声	阴平/阳平	阳平
诸城	去声			上声	去声	阳平
沂水	去声			上声	去声	阳平

1.10 点方言声调的古今演变规律

10点方言古今声调的演变规律有同有异。

相同点：古平声的清声母字读阴平，古平声、入声的全浊声母字读阳平；古上声的清声母、次浊声母字和古入声的清声母字读上声；古上声的全浊声母字和古去声字读去声。

不同点：主要在古平、入声次浊声母字的归调上。古平声的次浊声母字有读阳平（没有阳平调的归入去声）和阴平（即部分次浊平声字读阴平）、读阳平两种情况，古入声的次浊声母字有读上声和去声（即部分次浊入声字读上声）、读去声两种情况。在古平、入声次浊声母字的今读上，10

点方言可以归纳为以下类型（见表 5-5-2）。

表 5-5-2　胶辽官话 10 点方言古平、入声的次浊声母字今读

部分次浊平声字读阴平	部分次浊入声字读上声	方言点
+	+	荣成、烟台、杏树屯、大长山 4 点
+	-	
-	+	长岛、龙口 2 点
-	-	革镇堡、莱州、诸城、沂水 4 点

说明：表中"部分次浊平声字读阴平"即"次浊平声字读阳平（或去声）和阴平"，"部分次浊入声字读上声"即"次浊入声字读上声和去声"；不符合"部分次浊平声字读阴平"即符合"次浊平声字读阳平（或去声）"，不符合"部分次浊入声字读上声"即符合"次浊入声字读去声"。

表 5-5-2 显示：符合"部分次浊平声字读阴平"特点的方言，一定符合"部分次浊入声字读上声"的特点；符合"部分次浊入声字读上声"特点的方言，可能符合"部分次浊平声字读阴平"特点，也可能不符合；反之，不符合"部分次浊平声字读阴平"特点的方言，可能符合"部分次浊入声字读上声"的特点，也可能不符合；不符合"部分次浊入声字读上声"特点的方言，一定不符合"部分次浊平声字读阴平"的特点。

因此，"部分次浊平声字读阴平"和"部分次浊入声字读上声"两个特点存在蕴含关系："部分次浊平声字读阴平"蕴含"部分次浊入声字读上声"，或者说，"次浊平声字读阳平和阴平"蕴含"次浊入声字读上声和去声"。

胶辽官话清声母的平声字读阴平，部分次浊平声字读阴平意味着古平声的部分次浊声母字随清声母走；胶辽官话清声母的入声字读上声，部分次浊入声字读上声意味着古入声的部分次浊声母字随清声母走。故此，"部分次浊平声字读阴平"蕴含"部分次浊入声字读上声"，也就是说，"古平声的次浊声母字随清声母走"蕴含"古入声的次浊声母字随清声母走"。在次浊声母字随清声母走的趋向上，古入声字在前，古平声字在后。

2. 三调方言

10 点方言中有 4 个三调方言，即：烟台、杏树屯、大长山、莱州，可以分为两种类型。

（1）烟台型

此种类型还有杏树屯和大长山 2 点，有平声、上声和去声三个调类，特点是：没有阳平调，全浊声母的平、上、入声字、全部去声字和部分次浊声母的平、入声字归去声，例如烟台：河_全浊平 = 祸_全浊上 = 货_清去 = 贺_全浊去 = 活_全浊入[xuo²]，余_次浊平 = 预_次浊去 = 玉_次浊入[y²]。此类方言中，全浊声母字高度合并，都读去声。此类型的三调方言还有山东的福山、栖霞、威海，大连的皮口、广鹿、庄河市、亮甲店、普市等地，都属于登连片烟威小片。

（2）莱州型

有阴平、阳平和上声三个调类，特点是：古全浊上声、去声和次浊入声字无条件地分化为阴平和阳平两类，且不少字有阴平、阳平两读，读阴平、阳平找不出明显的规律，例如：祸_全浊上[₋xuə] ≠ 货_清去[₋xuə][₌xuə]_又 ≠ 贺_全浊去[₋xə] ≠ 活_全浊入[₌xuə]，预_次浊去[₋y] ≠ 玉_次浊入[₋y]。此类型的三调方言主要分布在山东的平度、城阳、莱西、即墨一线，都属于青莱片。

大连的三调方言共有 7 点，即：杏树屯、大长山、皮口、广鹿、庄河市、亮甲店和普市。这 7 点都属于烟威小片，在单字调的数量和次浊平、入声字的归调上与烟台等地非常接近，与莱州不同。

3. 四调方言

10 点方言中，有 6 个四调方言，即：荣成、长岛、龙口、革镇堡、诸城和沂水。前 4 点属于登连片，后 2 点属于青莱片，其中荣成属于烟威小片，长岛、龙口属于蓬龙小片，革镇堡属于大岫小片。

大连的四调方言还有万家岭、獐子岛、大魏家、复州、营城子、安波_满、七顶山、三台 8 点。万家岭属于盖桓片，獐子岛属于登连片蓬龙小片，后 6 点属于登连片大岫小片。獐子岛的次浊入声字读上声和去声、次浊平声字读阳平，与长岛、龙口相同。大连大岫小片的 7 点次浊入声字读去声、次浊平声字读阳平，与莱州相同。

（二）调值

鉴于上文已说明 10 点方言声调的古今演变规律，此处只做四声的调值比较，具体参见表 5-5-3.

第五章 大连方言声调研究

表 5-5-3　胶辽官话 10 点调值比较

	阴平	阳平	上声	去声
烟台	31	归入去声	214	55
杏树屯	312	归入去声	213	53
大长山	312	归入去声	213	53
荣成	42	35	214	44
长岛	313～31	55	213	42
龙口	313	55	214	53
革镇堡	312	445	213	53
莱州	213	42	55	归入阴平、阳平
诸城	214	53	55	31
沂水	213	53	44	21

10 点方言的阴平、阳平、上声、去声的调值类型主要有以下几种。

阴平，有 42、31、312、313、213、214 共 6 种调值，可以分为 3 种类型：降调 42 和 31、曲折调 312 和 313、曲折调 213 和 214。后两种虽然同为曲折调，但听感上差异很大，且杏树屯、大长山、长岛、龙口、革镇堡两种曲折调都有，属于不同的调位，故分成不同的调值类型。

阳平，有归入去声和阳平独立两种情况，阳平独立的有 35、55、445、53、42 共 5 种调值，可以分为 3 种类型：升调 35 和 445、平调 55、降调 53 和 42。

上声，有 213、214、55、44 共 4 种调值，可以分成两种类型：曲折调 213 和 214、平调 55 和 44。

去声，有 44、55、53、42、213、31、21 共 7 种调值，可以分成 4 种类型：平调 44 和 55、高降调 53 和 42、曲折调 213、低降调 31 和 21。高降调和低降调虽然调型相同，但在长岛方言中属于不同的调位，故应分成不同的类型。

从阴平和上声的调值分析，登连片 7 点更具一致性，与青莱片 3 点的阴平 213（214）调、上声 55（44）调明显不同。从阳平分析，登连片有 3 点归入去声，其余 4 点或者是升调 35 和 445（荣成、革镇堡 2 点），或者是平调 55（长岛、龙口、革镇堡 3 点）。青莱片莱州、诸城、沂水 3 点的阳平读降调42或53，与登连片不同。从去声的调值分析，登连片或者是平调44或55，或者是降调53或42，与青莱片的低降调31或21存在明显不同。

以下比较登连片7点的调值差别（详见表5-5-4）。

阴平，调值上有降调和曲折调两种类型，但实际可归结为一种类型。据《长岛方言音系》（P.145）"阴平313、31两值，单字慢读是313，快读和连读的前一音节多数为31"，故42、31都可看做是313、312的变体。

阳平，有归入去声、独立（升调和平调）两种情况。升调有35、445两种调值，平调有55，升调445和平调55可以归结为一种类型。据《烟台方言报告》（PP.15~16）："（55）有时收尾略上扬，可记445，但是起音比上声的收尾要高"，这跟革镇堡的阳平发音是相同的，即声调的前半部分是平调，只在收尾时略升，如果注重前半部分可以记作平调，如果注重整体的调型，也可以记作升调，故记作平调或升调只是处理的不同，为了与荣成的35区别开，此处我们暂时处理为平调55。

上声，非常一致。

去声，有平调和降调两种调型。平调的有烟台、荣成2点，其他5点都是降调。

表5-5-4　胶辽官话登连片7点调值类型比较

	阴平	阳平	上声	去声
荣成	曲折调1	升调	曲折调2	平调
烟台	曲折调1	归入去声	曲折调2	平调
长岛	曲折调1	平调	曲折调2	降调
龙口	曲折调1	平调	曲折调2	降调
革镇堡	曲折调1	平调	曲折调2	降调
杏树屯	曲折调1	归入去声	曲折调2	降调
大长山	曲折调1	归入去声	曲折调2	降调

从调型上看，大连革镇堡和山东省的长岛、龙口两地相同。杏树屯、大长山的调类与烟台相同，但在去声调值上与烟台不同，杏树屯、大长山的去声是降调，烟台的去声是平调，但在说话或连读调中，杏树屯、大长山的去声又常常作平调，与单念时不同。

二 清入

清入字读上声调是胶辽官话内部比较一致的特点，读上声调的比例有一定差别。大连 3 点我们共统计 248 个口语常用字，即：答搭踏蛤鸽喝~水~塔榻塌溻磕~倒~扎眨插夹恰掐用指甲掐~死甲胛鸭押压接折~叠褶劫怯胁跌帖贴法习袭涩执汁~墨湿急级给~你泣吸揖獭~擦撒割葛~姓渴八察杀轧瞎鳖薛泄哲蜇~人彻撤设揭歇蝎憋撒铁节切~开楔~子结洁噎钵~子拨泼掇脱撮括~包阔豁~嘴挖刷刮~风雪拙说发决缺血笔毕必匹七漆悉膝虱~量失室吉乙一乞不骨窟率~领蟀出桔屈托错~杂各阁搁胳郝~姓恶~善雀~家鹊~喜削酌脚却约~人郭廓扩霍镯扒~皮朴桌卓啄戳捉觉~感角饺壳握北得德则塞~住刻用刀克黑逼鲫息熄媳测色~什么织职识式饰忆亿抑百迫拍魄拆~包裹窄格客~来~了赫掰摘责策册栅革隔扼碧戟璧僻积迹惜昔只~~赤斥尺适~合释益壁劈滴踢剔锡析击吃~亏扑仆~倒秃速谷哭屋笃督酷沃福复肃宿~舍竹筑缩祝粥叔菊掬郁足促烛嘱触束镯曲~折,歌~。

《汉语官话方言研究》（P.102）列出山东胶辽官话的荣成、烟台、龙口、长岛、莱州、诸城、沂水 7 点清入字今读四声的比例，统计的清入字在 250 个左右。以下列出大连的大长山、杏树屯和革镇堡 3 点的清入字今读四声的比例，并与山东省 7 点比较（详见表 5-5-5）。

表 5-5-5 胶辽官话 10 点清入字今读声调

方言点	阴平（平声）字数	比例%	阳平 字数	比例%	上声 字数	比例%	去声 字数	比例%	总字数
烟台	16	6.4	归入去声		189	75.6	45	18.0	250
荣成	12	4.8	31	12.4	188	75.2	19	7.6	250
大连 大长山	14	5.6	归入去声		177	71.4	57	23.0	248
大连 杏树屯	18	7.3	归入去声		172	69.4	58	23.4	248
大连 革镇堡	16	6.5	77	31.0	103	41.5	52	21.0	248
龙口	17	6.8	33	13.3	170	68.3	29	11.6	249
长岛	13	5.2	44	17.6	168	67.2	25	10.0	250
诸城	16	6.5	10	4.0	205	82.7	17	6.8	248

续表

方言点	阴平（平声）		阳平		上声		去声		总字数
	字数	比例%	字数	比例%	字数	比例%	字数	比例%	
莱州	42	10.9	62	16.1	280	72.9	归入阴平、阳平		384
沂水	54	14.0	34	8.9	257	67.3	37	9.7	382

（一）胶辽官话 10 点清入字的今读

10 点方言清入字读上声的比例有两种情况。

（1）读上声的比例在 60% 以上

除革镇堡外的 9 点都是这样。按照读上声比例由高到低，依次是诸城（80% 以上）、烟台、荣成、大连_{大长山}、莱州（4 点都是 70% 以上）、大连_{杏树屯}、龙口、长岛、沂水（4 点都是 60% 以上）。从清入字读上声的比例来看，大连的大长山和杏树屯与山东胶辽官话相差不大，但两地读去声的清入字比山东胶辽官话要多。

（2）读上声的比例在 60% 以下

大连_{革镇堡}今读上声的比例为 41.5%，在 60% 以下。

革镇堡的清入字归调与其他 9 点有同有异。革镇堡清入字读上声的字数和比例虽然比其他点少，但仍然高过其他调类，这是相同点；革镇堡除归入上声外，归入阳平和去声的字也不少，这是不同点。在大连 3 点中，大长山和杏树屯读上声的字革镇堡部分读上声，部分读阳平，例如："哭笔德"大长山和杏树屯读 [˚khu][˚pi][˚tə]，革镇堡读 [˚khu][˳pi][˳tə]。

与其他 9 点相比较，革镇堡的清入字归调比例较低。如果把清入字读上声看做是胶辽官话的固有读音，那么，清入字读阳平这一现象又是怎么产生的呢？我们认为，清入字读阳平来源于北京官话。

除革镇堡外，大连清入字读阳平的还有七顶山和营城子，七顶山读阳平的字数和革镇堡基本持平，营城子读阳平的字数比革镇堡更多，详见本章第二节。营城子和七顶山发音人都是满族人，祖籍吉林，祖上清朝初年由北京迁徙而来，所说的满族汉语和当地汉族汉语有所不同。有清一代，满族是统治民族，满族汉语比汉族汉语的地位高，革镇堡清入字读阳平极有可能是受到满族汉语原北京官话语音的影响。

北京官话不等于北京话,满族汉语发源于东北,在北京官话中应该更接近东北话。关于东北话早期的语音材料不多,清代裕恩《音韵逢源》(1840)就是其中之一。据耿振生(1992),《音韵逢源》:"入声字派入四声……在《逢源》中有异读的字多为阳平与非阳平的对立",耿振生认为该书带有东北话的特点,由此可见清代的东北话清入字普遍有阳平的读音,革镇堡等地的阳平读音很可能是受到东北话的影响。

实际上,大连18点清入字的归调情况有一定的地域差异和民族差异,详情请见本章第二节。

下面我们列出10个点22个清入字的读音,其中"割贴八鳖发一胳滴扑哭"10个字北京话读阴平,"夹得格福"4个字北京话读阳平,"渴甲法笔"4个字北京话读上声,"客促壁触"4个字北京话读去声(具体见表5-5-6)。

表 5-5-6 胶辽官话 10 点清入字今读声调例字表

例字	荣成①	烟台	大长山	杏树屯	革镇堡②	龙口	长岛	莱州	诸城	沂水
割	ˉka	ˉka	ˉka	ˉka	₌ka	ˉka	ˉkɑ ˉkə	ˉkɑ	ˉkɑ	ˉkɑ
贴	ˉthie	ˉthie	ˉthiə	ˉthiə	₌thiə	ˉthie	ˉthie	ˉthiə	ˉthiə	ˉthiə
八	ˉpa	ˉpa	ˉpa	ˉpa	₌pa	ˉpa	ˉpa	ˉpɑ	ˉpɑ	ˉpɑ
鳖	资料缺	ˉpie	ˉpiə	ˉpiə	₌piə	ˉpie	ˉpie	ˉpiə	ˉpiə	ˉpiə
发	ˉfa	ˉfa	ˉfa	ˉfa	₌fa	ˉfa	ˉfa	ˉfa	ˉfa	ˉfa
一	ˉi	ˉi	ˉi	ˉi	₌i	ˉi	ˉi	ˉi	ˉi	ˉi
胳	ˉkɛ	资料缺	ˉkə	ˉkə	₌kə	ˉkə	资料缺	ˉkə	ˉkə	ˉkuə
滴	ˉti	ˉti	ˉti	ˉti	₌ti	ˉti	ˉti	ˉti	ˉti	ˉti
扑	ˉphu	ˉphu	ˉphu	ˉphu	资料缺	ˉphu	ˉphu	ˉphu	ˉphu	ˉphu
哭	ˉkhu	ˉkhu	ˉkhu	ˉkhu	ˉkhu	ˉkhu	ˉkhu	ˉkhu	ˉkhu	ˉkhu
夹	ˉtsia ˉcia	ˉcia	ˉcia	ˉtɕia	₌tɕia	ˉcia	ˉcia	ˉtɕia	ˉtʃa	ˉtɕia
得	ˉtɛ	ˉtɤ	ˉtə	ˉtə	₌tə	ˉtə	ˉtə	ˉtei	ˉtei	ˉtei
格	ˉkɛ	ˉkɤ	ˉkə	ˉkə	₌kə	ˉkə	ˉkə	ˉkei ˉkə	ˉkei	ˉkei

151

续表

例字	荣成	烟台	大长山	杏树屯	革镇堡	龙口	长岛	莱州	诸城	沂水
福	ꞌfu	ꞌfu	ꞌfu	ꞌfu	ꞌfu	ꞌfu	ꞌfu	ꞌfu	ꞌfu	ꞌfu
渴	ꞌkhɑ ꞌkhɔ	ꞌkha ꞌkhy	ꞌkha	ꞌkha	ꞌkhə	ꞌkhə	ꞌkha	ꞌkha ꞌkhə	ꞌkhə	ꞌkha
甲	ꞌtsiɑ ꞌciɑ	ꞌcia	ꞌcia	ꞌtɕia	ꞌtɕia	ꞌcia	ꞌcia	ꞌtɕia	ꞌtʃa	ꞌtɕia
法	ꞌfɑ	ꞌfa	ꞌfa	ꞌfa	ꞌfa	ꞌfa	ꞌfɑ	ꞌfɑ	ꞌfɑ	ꞌfɑ
笔	ꞌpi	ꞌpi	ꞌpi	ꞌpi	ꞌpi	ꞌpi	ꞌpi	ꞌpi	ꞌpi	ꞌpei
客	ꞌkhɛ	ꞌkhy	ꞌkhə	ꞌkhə	ꞌkhə	ꞌkhə	ꞌkhə	ꞌkhei ꞌkhə	ꞌkhə	ꞌkhei khə
促	ꞌtshu	资料缺	ꞌthu	ꞌtshu	ꞌtshu	ꞌtshu	ꞌtshu	ꞌtshu	ꞌtθhu	ꞌtθhu
壁	piꞌ	ꞌpi	ꞌpi	ꞌpi	piꞌ	ꞌpi	ꞌpi	ꞌpi	ꞌpi	ꞌpi
触	ꞌtʂhu	ꞌtshu	ꞌthu	ꞌtshu	ꞌtshu	ꞌtshu	ꞌtshu	ꞌtshu	ꞌtʂhu	ꞌtʂhu

22个字除革镇堡外的方言点多读上声调，革镇堡"割鳖发扑哭福渴甲法客促触"等字读上声调，"贴八一胳滴夹得格笔"等字读阳平调，读上声和读阳平没有发现明显的规律。

（二）胶辽官话清入字归调现象的思考

除去满族汉语方言点，清入字归上声是胶辽官话内部比较一致的语音特点。清入归上声的现象最早出现于周德清的《中原音韵》。《中原音韵》记"入声作平声""入声作上声""入声作去声"，其中"入声作上声"的字为清声母字，即清入字。陈舜政、罗福腾两人将《中原音韵》的入声字归调与胶辽官话的荣成、牟平两地做过比较，发现《中原音韵》中清入字的归调与今胶辽官话的一致性非常强。陈舜政在《荣成方言音系》（1974：64~65）中列出"荣成话与中原音韵入声作平、上、去声字比较表"，结论是："在我们所取用的四千字左右的材料中，荣成话的声调与中原音韵比较，不同的不到一百二十个字，其中还包括了中原音韵里所谓入声作平、上或去声的在内。这说明了荣成话与中原音韵（早期官话）在声调上有着极为密切的关系。尤其是，中原音韵派入各声调中的入声字，绝大多数在荣成话里也是那么读。在中原音韵里，中古时期的入声字派入平、上、去之声中的，约五百字，比较荣成话里的这些字，只有七十六个字是例外的。"罗福腾（2010：104）将《中原音韵》"入声作上声"的258个清声母字与牟平方言中的归调情况做比较，发现牟平方言读上声调的有200字，占《中原音韵》中读上声的清入字的77.5%。

我们认为，胶辽官话与《中原音韵》在清入字归调上如此一致不是偶然的，说明两者存在密切的关联。目前学界一般认为《中原音韵》反映的是元大都附近的幽燕方言（今北京官话的前身）的语音特点，但北京官话的清入字今派入四声（阴平、阳平、上声和去声），与《中原音韵》不同。不过，根据高晓虹（2000，2003）、张世方（2010）、王洪君（2014）等人的研究，北京话清入字归上声是固有层次，归阴平是受到周围冀鲁官话、中原官话的影响，归去声是明代吸收南京官话的文读音造成。那么，为什么清入字归上声在胶辽官话中能够保留下来？这很可能与胶辽官话的地理位置有关，胶辽官话分布在山东半岛和辽东半岛，位置偏远，数百年来不容易受到外界方言的影响，这与北京话的情形正好相反。

三 次浊平声

据《汉语官话方言研究》（PP.115，119），古次浊平声字在登连片读阴平和阳平（三调类的方言点读平声和去声）；次浊平声字读阴平的字数，从胶辽官话的核心地带荣成、牟平等地，到丹东、大连等方言点，在数量上呈递减趋势。

我们选取155个口语常用的次浊平声字进行分析，即：挪罗锣箩蛾鹅俄磨~刀骡啰~嚓麻~大痲~手了妈拿牙芽爷模~子模~范炉吴庐驴鱼余巫诬娱榆愉来埋挨~打泥犁梅媒煤雷离儿仪移眉霉梨姨饴维微违围毛劳捞牢唠~叨熬猫挠苗描饶摇谣窑姚聊辽撩楼搂~取矛流刘留柔揉牛邮油游南男蓝篮黏镰帘盐阎严林淋难~易兰拦棉连然燃延眠年怜瞒圆园邻鳞人仁银门轮匀文蚊闻云忙郎狼娘良凉量~长短粮梁瓢羊洋杨王能仍扔迎名盈赢灵零铃荣蒙笼聋农脓绒熊雄龙茸~参，以下首先考察大连3点和山东胶辽官话7点的今读情况（参见表5-5-7），再来分析此类现象的产生缘起。

表 5-5-7　胶辽官话 10 点次浊平声字今读调类对照

方言点	阴平 字数	阴平 比例 %	阳平 字数	阳平 比例 %	上声 字数	上声 比例 %	去声 字数	去声 比例 %	总字数
荣成	107	69.0	41	26.5	5	3.2	2	1.3	155
烟台	78	50.3	（归入去声）		6	3.9	69	44.5	155
大连_{杏树屯}	85	52.5	（归入去声）		6	3.7	69	42.6	162
大连_{大长山}	82	50.9	（归入去声）		6	3.7	71	44.1	161
大连_{革镇堡}	14	8.8	136	85.0	5	3.1	5	3.1	160
长岛	7	4.7	135	90.6	4	2.7	3	2.0	149
龙口	14	9.4	126	84.6	2	1.3	7	4.7	149
莱州	14	9.0	132	85.2	9	5.8	（归入阴平、阳平）		155
诸城	15	9.3	141	87.0	3	1.9	3	1.9	162
沂水	9	6.1	132	89.2	3	2.0	4	2.7	148

说明：各方言志收录的次浊平声字字数不同，释义也不同，我们尽量忠实于方言志，反映方言志中的读音情况，故各点的字数不完全相同。

（一）胶辽官话 10 点次浊平声字今读调类

10 点方言次浊平声字的今读情况可以分为两类。

1. 次浊平声字读阴平调的比例在 50% 以上

有荣成、烟台、大连的杏树屯和大长山 4 点，今读阴平调的比例在 50% 以上，另据《汉语官话方言研究》（P.120），牟平也是如此。大连此类型的方言点还有庄河市、广鹿、普市、皮口、蓉花山、亮甲店、安波_汉 7 点。

2. 次浊平声字读阴平调的比例在 10% 以下

有大连的革镇堡、长岛、龙口、莱州、诸城和沂水 6 点，今读阴平调的比例在 10% 以下，今读阳平调的比例在 80% 以上，据《汉语官话方言研究》（P.120），丹东也是如此。大连此类型的方言点还有安波_满、大魏家、万家岭、獐子岛、营城子、七顶山、复州、三台 8 点。

次浊平声字今多读阴平的有大连的杏树屯、大长山等 9 地以及山东的荣成、烟台等地，这些方言属于登连片的烟威小片；次浊平声字今多读阳平的有大连的革镇堡等 9 地及山东的长岛、龙口、莱州、诸城和沂水等地，这些方言属于登连片的大岫小片、蓬龙小片和青莱片。这和张树铮（2007）

所说"烟威小片古次浊平声字分读阳平和阴平两类"是一致的，登连片的蓬龙小片、大岫小片和青莱片、盖桓片都不具备该特点（具体参见表5-5-8）。以下列出部分例字。

表5-5-8　胶辽官话10点次浊平声字例字读音对照

例字	荣成	烟台	大长山	杏树屯	革镇堡	龙口	长岛	莱州	诸城	沂水
媒	ˍmei	ˍmei	ˍmei	ˍmei	ˍmei	资料缺	ˍmei	ˍmei	ˍmei	ˍmei
梅	ˍmei	meiˀ	meiˀ	meiˀ	ˍmei	ˍmei	ˍmei	ˍmei	ˍmei	ˍmei
摇	ˍiau	ˍoɑ	ˍiau	ˍiau	ˍiau	ˍiau	ˍciɔ	ˍciɔ	ˍciɔ	ˍciɔ
姚	资料缺	iaoˀ	iauˀ	iauˀ	ˍiau	ˍiau	ˍciɔ	ˍciɔ	ˍciɔ	资料缺
留	ˍliou	ˍliu	ˍliou	ˍliou	ˍliou	ˍliou	ˍuəu	ˍliou	ˍliou	ˍliou
流	liouˀ	liuˀ	liouˀ	liouˀ	ˍliou	ˍliou	ˍuəu	ˍliou	ˍliou	ˍliou
南	ˍnan	ˍnan	ˍnan	ˍnan	ˍnan	ˍnan	ˍnan	ˍnã	ˍnã	ˍnã
男	ˍnan	nanˀ	nanˀ	nanˀ	ˍnan	ˍnan	ˍnan	ˍnã	ˍnã	ˍnã
鳞	ˍlin	ˍlin	ˍlin	ˍlin	ˍlin	ˍlin	ˍlin	ˍliẽ	ˍlɤ̃	ˍlɤ̃
邻	ˍlin	linˀ	linˀ	linˀ	ˍlin	ˍlin	ˍlin	ˍliẽ	ˍlɤ̃	资料缺
狼	ˍlaŋ	ˍlaŋ	ˍlaŋ	ˍlaŋ	ˍlaŋ	ˍlaŋ	ˍlaŋ	ˍlaŋ	ˍlaŋ	ˍlaŋ
郎	ˍlaŋ	laŋˀ	laŋˀ	laŋˀ	资料缺	ˍlaŋ	ˍlaŋ	ˍlaŋ	ˍlaŋ	ˍlaŋ
聋	ˍloŋ	ˍluŋ	ˍloŋ	ˍloŋ	ˍloŋ	ˍloŋ	ˍloŋ	ˍluŋ	ˍloŋ	ˍloŋ
龙	ˍloŋ	luŋˀ	loŋˀ	loŋˀ	ˍloŋ	ˍloŋ	ˍloŋ	ˍluŋ	ˍloŋ	ˍloŋ

14个例字中，荣成、烟台、大长山、杏树屯4地的读音非常一致，即"媒≠梅""摇≠姚""留≠流""南≠男""鳞≠邻""狼≠郎""聋≠龙"，不等号前面的字读阴平，不等号后面的字读阳平或去声，次浊平声字在四调方言里无规律地分化为阴平、阳平，在三调方言里无规律地分化为平声和去声；革镇堡、龙口、长岛、莱州、诸城、沂水6地的读音也非常一致，全部读阳平。前4点与后6点方言的今读情况截然相反。

（二）登连片烟威小片次浊平声字今读阴平、阳平现象的产生缘起

如上所言，登连片烟威小片的次浊平声字今读阴平、阳平，代表方言

155

点有山东省的荣成、牟平、文登、烟台、威海，大连的大长山、杏树屯、皮口、庄河市等。三调方言的次浊平声字归入平声、去声，是因为其阳平调归入去声调导致，不再赘述。登连片蓬龙小片、大岫小片、青莱片和盖桓片的次浊平声字读阳平，换言之，胶辽官话除烟威小片外次浊平声字都只读阳平。

那么，烟威小片次浊平声字今读阴平、阳平的一致性如何呢？以下我们对荣成、烟台、杏树屯、大长山 4 地的归调情况作一比较。

在我们所统计的次浊平声字中，荣成、烟台、杏树屯、大长山 4 地全部读阴平的有 62 个字，即：挪箩蛾俄磨麻妈拿牙芽模炉驴鱼巫来埋泥媒离儿移眉梨围毛捞熬猫挠苗摇留揉牛邮油南蓝黏盐淋棉年鳞人门匀蚊闻忙狼瓢羊扔迎赢铃蒙聋脓雄，分别占四地读阴平的次浊平声字总字数的 57.9%、79.5%、72.9%、75.6%；4 地全部读阳平（后三点是去声）的字有 33 个，即：罗麻余梅霉劳聊辽楼矛男篮帘林兰然圆园邻仁银轮文郎洋王能荣农绒熊龙茸。四地归阴平、阳平调类完全相同的字有 95 个，分别占荣成、烟台、杏树屯、大长山次浊平声字总数的 61.3%、61.3%、58.6%、59.0%，可见四地次浊平声字今读阴平、阳平的一致性很强。四地方言的次浊平声字今读呈现阴平、阳平对立的有"箩≠罗""麻≠麻""鱼≠余""媒眉≠梅霉""捞≠劳""猫≠矛""南≠男""蓝≠篮""淋鳞≠林邻""人≠仁""蚊≠文""狼≠郎""羊≠洋""聋≠龙""雄≠熊"，不等号前面的字读阴平，不等号后面的字读阳平（或去声），总共 34 个字。

烟威小片次浊平声字今读阴平、阳平现象的性质和产生缘起如何呢？

次浊平声字读阴平、阳平的语音现象在上述方言的相关研究论著中均有分析，兹举一二。据《荣成方言志》（PP.15~18），"次浊平声字分归阴阳两类，无规律可循。通过对文登、荣成两县的 37 个乡镇 257 个常用字的调查了解到，次浊平声字在文登、荣成的分化是一致的。257 个常用字的单字调的归属是：读阴平的 137 个，读阳平的 75 个，读上声和去声的 35 个，另外还有'尼戎茸粮茅箩菱弥谚犹'10 个字，在不同的人口中，或读阴平，或读阳平，情况不一致"，"在 137 个读阴平的常用字中，'芽来毛南延门雷名爷'9 个字的单字调虽是阴平，而在部分词或短语中，却又读成了阳平"，"在 75 个单字调固定为阳平的字中，有

19个字在口语词中有阴平的读法，它们是："鸣营凌能龙灵围银杨轮愚魔洋聊由娘林连麻"。又据《烟台方言报告》(PP.16~17)，"中古次浊声母的平声字，烟台读为平声或去声。两类的分读没有什么规律，但有一种情况很值得注意，就是有若干字是平声跟去声两读的……一些单字音固定为平声或去声的字，在某一个词中则读为另一声……还有一些字单字音也是固定读平声或去声的，在某些词里则可以平声或去声随便读而意思不变"。

上述材料显示烟威小片次浊平声字读阴平、阳平有几个特点：(1)没有语音上的规律性。像我们上文提到的95个字在四地方言中读阴平、阳平一致，找不到语音上的分化条件。(2)部分字构词或语境不同，调类不同。这一点也体现在大连方言中，以杏树屯和大长山为例，两地的"梁扬明鸣名营灵"等字在不同的语境中，读音也不同，例如："梁$_房$~≠梁$_姓$~""扬$_{~场}$≠扬$_{表~}$""明$_{~儿个}$≠明$_{小~}$""鸣$_{鸡打~}$≠鸣$_{~笛}$""名$_{小~}$≠名$_{~有}$""营$_{~城子(地名)}$≠营$_{军~}$""灵$_{算命~起~}$≠灵$_{~巧}$"，不等号前面的字读阴平，不等号后面的字读去声。从语境上看，显然读阴平调的字口语化色彩更强。(3)部分字存在阴平、阳平的又读现象，或者部分人读阴平、部分人读阳平。

语音的演变具有条件性，烟威小片次浊平声字今读阴平、阳平现象从语音上看是无规律的，找不出这种条件性，故应是语言接触的结果。从部分有阴平、阳平两种读音的次浊平声字来看，阴平调常常出现在单用或较口语化的词中，阳平调出现在较书面化的词中，两种读音相比较，阴平调应是方言的固有读音，阳平调是外方言渗透的结果。其过程正如王淑霞(1995：17)所言，"我们推测中古平声字按声母清浊分化为阴平和阳平时，荣成一带的次浊平声是同清声母字一起读阴平的，后来这一部分字又逐渐向阳平转化。目前不规则分化是一种过渡状态，说明这种转化尚未完成。从同一个字在不同词语中存在不同读音来看，可以看出这一带方言一些次浊平声从阴平向阳平转化是由这些字组成的一个个具体的词语开始的，由词语的一步步扩散，完成整个字音的演变；而同一个字在不同的词语中的转化又首先是从它们作为书面语或通行区域较广的语素开始的。这也可以说明共同语和周围方言的影响是促使这一带方言次浊平声由阴平向阳平转化的一个重要原因"。

从地理位置上看，山东胶辽官话登连片烟威小片分布在胶东半岛的最东端，往北、往西依次是蓬龙小片和青莱片，它们的次浊平声字读阳平，故而阻止了此类语音特点的继续传播，使得次浊平声字的阴平读音只保留在胶东半岛东部。蓬莱自唐神龙三年（707）到1913年一直是登州（府）治所在地，方言地位较高，烟台、荣成等地次浊平声字的阳平读音很可能是受蓬莱影响，烟台读阳平的次浊平声字比荣成多，很可能与距离蓬莱更近、受蓬莱影响更大有关。

大连的杏树屯、大长山等地次浊平声字读阴平、阳平可能有两种来源：一是阴平是方言的固有读音，阳平是外来影响，这种影响来自于杏树屯等地以西的大岫小片；二是杏树屯等地方言是胶东移民在清朝前中期带过去的，次浊平声字读阴平、阳平的语音特点当时即有。我们认为，第二种可能性更大。

依据有关韵书材料，胶东方言次浊平声读阴平、阳平的语音现象很可能在明末清初已经存在。据张玉来《韵略易通研究》（P.45），"（《韵略易通》）全书有阴阳对立的小韵178组，其中明显为阴平、阳平之分的有168组，只有10组情况特别"，这10组中，涉及次浊声母的有3组，即"农脓侬（冬一）○浓秾醲哝（钟三）、龙隆癃瘲（钟三）○聋笼拢胧（冬一）、囊（唐开一）○哝（江开二）"。对此，张玉来指出，"在吴允中刻本里有多个○是其他各本没有的，也许这10组里的有些○是误刻的"。赵荫堂（1936：57）指出，"吴允中刻本，时在万历己酉（明万历三十七年，即1609年，笔者注），较高本（指高举本，笔者注）为早，惟鱼鲁豕亥，舛误甚多。此本仅题'东鲁后学'吴允中百含（百含是吴允中的字，笔者注）校"。吴允中是山东人，其刻本与其他刻本的不同很可能不是"舛误"，恰恰反映了当时山东方言的次浊平声字已经有读阴平、阳平的现象。今荣成、烟台等地方言"龙隆≠聋"，与吴允中刻本是一致的。

烟威小片次浊平声字今读阴平、阳平，与全浊平声字今读阳平归调不同，这实际上是一种全次浊分调现象，即"古全浊声母字与次浊声母字声调相分的现象"（王莉宁，2012）。北京话中，次浊上归清上，全浊上读去声以及次浊入声读去声，全浊入声读阳平的现象就是上、入声的一种全次浊分调现象。据曹志耘（2014）研究，汉语方言古平、上、去、入四声都不同程度地存在着全次浊分调现象,可以分为系统分化和部分分化,前者指全浊字与次浊字较为整齐的分化为不同的调类,后者指部分次浊字与全浊字归调不同。与古上、入声相比,汉语方言古平、去声的全次浊分调现象非常少见。烟威小片古平声的全次浊分化属于荣成型的部分分化,即全浊平读阳平,次浊平归阳平的多是书面语字,次浊平归阴平的多是口语字,此类型是在"清次浊-全浊"二分的基础上,受到强势方言的影响,部分次浊平书面语字归入阳平所致。从地理分布上看,连片的古平声全次浊分调现象主要集中在苏浙皖三省交界处的吴语区、湖南西部的老湘语和乡话区,属于东南方言的一种自变型音变。从音变方式上看,次浊平归阴平占优势,因古全浊声母字从古平声调类中分化出来,而次浊声母字未发生分化,仍与相应的清声母字同调即"全浊成调"所致。

四 次浊入声

胶辽官话部分方言点次浊入声字今读去声和上声,据《汉语官话方言研究》(P.116),这种现象也出现在荣成、牟平、烟台、莱阳、长海、庄河等方言点中。

我们选取84个口语常用的次浊入声字进行考察,即:纳~鞋底纳~出~拉~车拉~屎腊蜡猎叶页业立粒入捋辣抹~桌灭列烈裂热捏末抹~涂劣悦阅袜月越密~太了密~保蜜栗日逸律物膜幕摸落~思想~后烙骆络乐~快略掠弱虐药钥跃岳乐~音墨默肋勒挡勒~死匿力域麦脉译易~交液觅历木鹿目穆牧六陆肉育绿辱褥玉狱。以下考察这些字在大连和山东胶辽官话中的今读情况,并分析其产生缘起。

(一)胶辽官话10点次浊入声字今读声调

表5-5-9 胶辽官话10点次浊入声字今读调类对照

方言点	阴平		阳平		上声		去声		总字数
	字数	比例%	字数	比例%	字数	比例%	字数	比例%	
荣成	5	6.2	15	18.5	38	46.9	23	28.4	81
烟台	3	4.1	(归入去声)		27	36.5	44	59.5	74

续表

方言点	阴平 字数	阴平 比例%	阳平 字数	阳平 比例%	上声 字数	上声 比例%	去声 字数	去声 比例%	总字数
大连 大长山	5	6.0	（归入去声）		30	35.7	49	58.3	84
大连 杏树屯	5	6.0	（归入去声）		30	35.7	49	58.3	84
龙口	3	4.2	9	12.5	30	41.7	30	41.7	72
长岛	3	3.6	7	8.8	36	45	34	42.5	80
大连 革镇堡	3	3.6	16	19.0	9	10.7	56	66.7	84
沂水	6	7.1	3	3.5	11	12.9	65	76.5	85
诸城	1	1.2	1	1.2	8	9.9	71	87.7	81
莱州	49	54.4	34	37.8	7	7.8	（归入阴平、阳平）		90

说明：《莱州方言志》中字的又读现象很多，统计时分别算作不同的字，因此总字数较多。

在次浊入声字今读上声的比例上，10点方言有以下类型。

1. 今读上声的比例＞30%

有荣成、长岛、龙口、烟台、大长山和杏树屯6点。前三点次浊入声字读上声的比例在40%以上，后三点的比例在30%以上，前三点的比例略高于后三点。前三点次浊入声字读去声的比例在50%以下，后三点的比例在50%以上，后3点今读去声的比例更高。

2. 今读上声的比例≈10%

有大连的革镇堡、沂水、诸城和莱州4点，次浊入声字今读上声的字数在10个左右，比例在10%上下，今读去声的比例在60%以上，准确地说，这4点的次浊入声字今读去声。莱州一点虽然没有去声，但据《莱州方言志》（P.9）"（莱州）中古全浊上声、去声、次浊入声分归阴平、阳平两类"，莱州读阴平、阳平的次浊入声字对应着四调方言的去声字，故莱州方言的次浊入声字今读阴平和阴平可以看作今读去声。

根据前文，次浊入声字今读上声、去声的现象主要分布在胶辽官话登连片的烟威、蓬龙小片，青莱片、盖桓片和登连片的大岫小片此特点不明显。关于烟威、蓬龙小片今读上声和去声的比例，我们基本认同《汉语官话方言研究》（P.116）的观点，"古次浊入声字，登连片多数归去声，但也

第五章 大连方言声调研究

有不少字是归上声的"。这是因为我们未调查的次浊入声字（如"聂镊镴篾挤日粤没~沉~、~有杌勿莫寞酪洛鄂若疟翼陌额逆亦疫役禄碌率~速~孽沫诺腋溺欲浴笠"等）多数不是口语常用字，如果把上述字也考虑进来，次浊入声字今读去声的比例还会提高一些。

尽管如此，我们认为这些口语常用字的读音更具有代表性。据《汉语官话方言研究》（P.116），"《烟台方言报告》'同音字表'收次浊入声字101个，其中读去声的60字，读上声的37字，另有4字读阴平"，据此统计，烟台次浊入声字读上声和去声的比例分别是36.6%和59.4%，和我们的统计比例36.5%、59.5%极其接近，因此选取口语常用字统计是完全可行的。以下列出10点例字对照（详见表5-5-10）。

表5-5-10　胶辽官话10点次浊入声字例字读音对照

例字	荣成	烟台	大长山	杏树屯	龙口	长岛	革镇堡	莱州	诸城	沂水
日	⁻i	⁻i	⁻i	⁻i	⁻i	i⁼	i⁼	ˌi	⁻i ~色儿	i⁼ ~头
译	i⁼	i⁼	i⁼	i⁼	资料缺	ˌi	i⁼	ˌi	i⁼	ˌi
裂	⁻liɛ	⁻lie	⁻liə	⁻liə	⁻liə	⁻lie	liə⁼	liə⁼ ~开了 liə⁼ ~了	liə⁼	liə⁼ ~开（撕开） liə⁼ ~缝
猎	liɛ⁼	lie⁼	liə⁼	liə⁼	liə⁼	lie⁼	ˌliə	liə⁼	liə⁼	
叶	⁻iɛ	⁻ie	⁻iə	⁻iə	⁻iə	⁻ie	iə⁼	ˌiə	iə⁼	⁻iə
业	iɛ⁼	ie⁼	iə⁼	iə⁼	iə⁼	ie⁼	iə⁼	ˌiə	iə⁼	iə⁼
鹿	⁻lu	⁻lu	⁻lu	⁻lu	⁻lu	⁻lu	ˌlu	ˌlu	lu⁼	lu⁼
陆	lu⁼	lu⁼	lu⁼	lu⁼	lu⁼	lu⁼	ˌlu	lu⁼	lu⁼	
入	⁻y	⁻y	⁻y	⁻y	⁻y	⁻y	ˌy	⁻y	y⁼	
褥	y⁼	y⁼	y⁼	y⁼	y⁼	y⁼	ˌy	y⁼	y⁼	

以上10个字，荣成、烟台、大长山、杏树屯、龙口、长岛6点读音比较一致，即"日≠译""裂≠猎""叶≠业""鹿≠陆""入≠褥"，不等号前面的字读上声，不等号后面的字读去声，读音两两对立。革镇堡、诸城、沂水多读去声调，读上声调极少；莱州或读阴平，或读阳平；后4点没有归入上声、去声的对立。

161

（二）登连片烟威、蓬龙小片次浊入声字今读上声、去声现象的产生缘起

胶辽官话烟威、蓬龙小片的次浊入声字今读上声、去声，各点的一致性如何呢？以下我们对荣成、烟台、大长山、杏树屯、龙口、长岛6地的归调情况作一比较。

在我们所统计的次浊入声字中，6地全读上声的字有19个，即：拉~车腊叶页入辣裂热袜月日烙掠药墨麦脉鹿绿；6地全读去声的字有14个，即：猎业列物幕力域目牧肉育褥玉狱。6地读音呈现出两两对立的有"叶页热≠业""入≠褥玉狱""裂≠猎列""日≠译"，共13个字。6地归入上声、去声相同的有33字，占统计字数的39.3%，归调的一致性比较强。

烟威、蓬龙小片次浊入声字今读上声、去声现象的性质和产生缘起如何呢？

与次浊平声字读阴平、阳平相似，一方面，次浊入声字读上声、去声也找不出语音上的规律性；另一方面，部分字语境不同，声调不同，例如大长山和杏树屯的"纳密月"等字，"纳~鞋底≠纳出""密种得太≠密保""月做~子,闰~亮,~饼≠月"，不等号前面的字读上声调，不等号后面的字读去声调。从同一个字的构词上看，显然读上声的用法更口语化，读去声的用法更书面化。由此，次浊入声字的上声、去声读音中，上声的读音应是本地的固有读音，去声的读音是受外方言影响产生的新的读音层。次浊平声、入声字声调的演变历程正如钱曾怡（2012）所言，"东莱片（指山东省的胶辽官话登连片，笔者注）方言的古次浊声母字，可能曾经是全部随清声母走的。后来平声由阴平转为阳平；上声随清声母仍是上声；去声没有分化；入声随清入归上声，后来受权威方言影响转为去声"。目前次浊平声字读阴平、阳平，次浊入声字读上声、去声，说明次浊声母字的读音正处于这一转变过程中。

据李荣（1985）研究，官话方言古入声字的今读有三种情况。第一种情况，古入声字今读一类声调，如西南官话古入声今读阳平，江淮官话古入声今读入声；第二种情况，古入声字今读两类声调，如中原官话的次浊入和清入读阴平，全浊入读阳平，兰银官话的次浊入和清入读去声，全浊入读阳平；第三种情况，古入声字今读三类声调，如冀鲁官话

清入读阴平，次浊入读去声，全浊入读阳平。北京官话原本也应为"清入—次浊入—全浊入"三分型，清入归四声是后来演变的结果。据王莉宁（2015）研究，后两种读音情况都属于入声的"全次浊分调"，即全浊入和次浊入归调不同，但在次浊入的归向上不同：前一种属于"清入次浊入—全浊入"的二分型，采取这种类型的多是"西部方言"，即中原官话、兰银官话_{吴银片除外}以及晋语的部分区域，此类型的全次浊分调现象还向南扩散到长江流域和东南方言中；后一种属于"清入—次浊入—全浊入"的三分型，采取这种类型的多是"东部方言"，即北京官话、冀鲁官话和胶辽官话（实际不包括烟威、蓬龙小片，笔者注）。两种类型的次浊入声字声调去向不同：西部方言的次浊入归入清入；东部方言的次浊入最初归入全浊入，后在"清—浊"对立二分的基础上，全浊入发生了二次分化，另成一调。根据前文分析，胶辽官话登连片烟威、蓬龙小片的次浊入原本是读上声的，归调与清入相同，故原本属于"清入次浊入—全浊入"的二分型，与西部方言相同。

五 小结

本节就4个声调专题，即调类与调值、清入、次浊平声、次浊入声将大连方言与山东胶辽官话的荣成、烟台、龙口、长岛、莱州、诸城、沂水7点的读音作了比较。

调类与调值分三调与四调、调值两个部分。大连杏树屯、大长山、皮口、广鹿、庄河市、亮甲店和普市7点有平声、上声和去声三个调类，与烟台相同，四调方言与荣成、长岛、龙口相同；在调值上，大连的阴平、阳平调值有内部差异，上声、去声调值一致。大连除三台外的17点阴平调值312，与长岛、龙口相同，14个方言点阳平调值445，与长岛、龙口接近，满族部分方言点的阴平、阳平调值与汉族有差异，尤其阳平调值35，更接近北京官话。上声调值213，与山东胶辽官话登连片相同，去声调值53，与长岛、龙口相同。

清入字，大连14点读上声，与山东胶辽官话相同，革镇堡、营城子、七顶山3点读上声和阳平，三台读上声、阴平和阳平，后4点与其他14

点的清入字归调不同。

次浊平声字，大连的杏树屯等9点即烟威小片读阴平和去声（或阳平），其他9点即蓬龙小片、大岫小片和盖桓片读阳平。次浊平声字读阴平、阳平是胶辽官话登连片烟威小片的特点，山东和大连均如此。

次浊入声字，大连的杏树屯等10点即烟威、蓬龙小片读上声和去声，其他8点即大岫小片和盖桓片读去声。次浊入声字读上声、去声在山东省分布于胶辽官话登连片，在大连分布于烟威、蓬龙小片。复州属于大岫小片，但次浊入声字也读上声、去声，与烟威小片相同（具体见表5-5-11）。

表5-5-11 大连声调专题读音及相近的山东方言点

声调专题	大连读音类型	大连方言点	相近的山东方言点
三调与四调	（1）三调	杏树屯等7点	烟台
	（2）四调	革镇堡等9点	荣成、长岛、龙口等
	（3）三调向四调过渡	蓉花山、安波汉2点	
四声调值	（1）阴平312	17点	长岛、龙口
	（2）阴平31	三台1点	
	（1）阳平445（四调方言）	革镇堡等7点	长岛、龙口
	（2）阳平35（四调方言）	七顶山、安波满、三台、万家岭4点	荣成
	上声213	18点	登连片全部
	去声53	18点	长岛、龙口
清入字	（1）读上声	14点	全部
	（2）读上声、阳平	革镇堡、营城子、七顶山3点	
	（3）读上声、阴平、阳平	三台1点	
次浊平声字	（1）读阴平、去声（阳平）	杏树屯等9点	登连片烟威小片
	（2）读阳平	其他9点	登连片蓬龙小片
次浊入声字	（1）读上声、去声	杏树屯等10点	登连片
	（2）读去声	其他8点	青莱片

在声调专题上，大连与山东胶辽官话（主要是登连片）既存在对应关系，又有不同。在调类、调值（除三台外的阴平及阳平、上声、去声）、汉族方言点（革镇堡除外）的清入字、次浊平声字、次浊入声字的今读上，均与山东胶辽官话的方言点、方言片或小片存在对应关系，系统性比较强；另一方面，革镇堡、营城子、七顶山、三台4点的清入字今读在山东胶辽官话方言点中找不到对应，这种读音更接近北京官话，是由于和北京官话的接触导致。

第六章　语言接触视角下的大连方言

第一节　大连方言形成和发展的历史

　　大连方言形成的历史可上溯到元代，发展于明代。据《大连通史·古代卷》，元初，由于蒙古与金的连年征战，金复两州人口大批逃亡，大连地区已成一片人烟稀少的荒漠之地。元废金复二州，将其并入盖州路，后又并入辽阳路。其时，整个辽阳路仅有3780户、13231人，大连地区人口不足千人。元初曾四次向金复州派遣屯田军户，总数达3640户，加之眷属，总人口达3万余人。这些移民的后裔成为明代大连地区的世居居民。元至元二十一年（1284），元在大连地区置金复州屯田万户府，上统于辽阳行省辽阳路，府治所设在金州城。大连地区人口迅速增加到20余万人，社会经济得到长足发展。明洪武二十八年（1395）起沿袭屯田制，辽东21卫的军士屯田自食，复州、金州两卫军兵改为屯田军，辟给耕地，屯田自养。至明朝中叶，复州卫有屯田军1019名，金州卫有屯田军2022名（为在册军士，如含军人眷属，可达2万人），屯田20余万亩，出现了"岁有羡余，数千里内，屯堡相望"的景象。大连地区出现自汉代以来又一个繁荣时期。时复州卫人口达到4万余人，金州卫人口达到5.7万余人，耕地数十万亩。据《瓦房店市志》（P90），（瓦房店市）境内户籍记载始见于明代，嘉靖十六年（1537），复州卫有1942户、12988人，这与《大连通史·古代卷》的记载大致相符。

　　明代大连地区的语言面貌很可能与现在已经很接近了，例如：大连金州区的"大黑山"明嘉靖六年（1527）重修观音阁碑志时书"大赫山"，说明当时"黑、赫"同音，与今"黑"[ˉxə]的读音一致，同时也说明大连曾摄开口一等入声德韵字读[ə]韵母的语音特点最早可以追溯到明代。

清代是大连方言发展的重要历史时期，清代大连方言的发展，离不开本地原住民、胶东移民与满族等少数民族的交互作用。

一 本地原住民和胶东移民带来的胶辽官话语音层次

据《大连通史·古代卷》（P.35），明熹宗天启元年（1621）三至五月，后金兵攻占了辽南的海盖复金各卫。部分居民逃往山东。《复县志略》（P.45）也记载，"海盖金复4卫人，望风奔窜，多航海走山东，其不能达者则栖止各岛间"。时明将毛文龙率部游击于皮岛（今朝鲜椴岛）至南巳诸岛（长山列岛，又称长岛，笔者注）间，对后金等诸卫起到一定威胁和牵制作用，百姓多归附之。1623年，后金军再次攻占复州和金州。为防明军毛文龙部的袭击，后金军将金州居民强行驱至复州境内，金州一时间几乎成为无人区。

明末辽东居民的逃亡和灾难在《大连通史·古代卷》（P.515）中有详实记载：因明末长期战乱，民人（指汉族居民，与满族"旗人"相对，笔者注）无以生计，原居民大约30万人，大部分由海路逃往山东或金州卫所辖长山、广鹿诸岛。仅山东登州、莱州就曾接纳渡海之金、复、海、盖民人34000多人，逃入皮岛（今朝鲜椴岛）达10万人之多，逃往朝鲜境内流民亦不少于2万人。……努尔哈赤命大王、三王领兵2000，移金州民于复州，金州一时成为空城和无人区。明天启三年（1623），建州人发兵3万人围攻复州，屠复州民人万余，空其城，并驱永宁、盖州民人北去，弃南卫金、复、盖州沃土400里。崇祯六年（1633）七月，岳托率领后金大军万余人进攻旅顺城，明军或战死或逃亡，余者当了俘虏。城内居民6000余人，强迁北去为奴。由于明清间长期战争的严重破坏，辽南广大地区真可谓"诸城军民尽窜，数百里无人迹"。除数百人滞留海岛外，居民多由海路先后逃往山东。随之数十万八旗劲旅及眷属，结毂连骑，从龙入关……一时野无农夫，路无商贾。以富庶著称的辽南地区，"亦土旷人稀，生计凋敝","城堡虽多,皆成荒土"。

清政府鉴于清初奉天地区土地荒芜,无人耕种,采取积极的招徕政策。顺治六年(1649)谕令,"山海关外荒地甚多,民人愿出关垦地者,另山海道造册报部,分地居住";顺治十年(1653),朝廷颁布辽东招民开垦令,即《辽东招民开垦则例》,"是年定例,辽东招民开垦至百名者,文授知县,武授守备,六十名以上,文授州同、州判,武授千总。五十名以上,文授县丞主簿,武授百总。招民数多者,每百名加一级。所招民每名口给月粮一斗。每地一晌给六升。每百名给牛二十支"。此后续颁,叠加优典,以补充原令之效力。于是有一些关内人即领招农民出关垦荒……然而内地人出关开垦者并不踊跃。尔后,在奉天知府张尚贤大力招民垦荒的推动下,关内农民迟迟不愿来关外的状况有所改变。据乾隆元年版《盛京通志》记载,顺治十八年(1661),金州增长229丁,土地增长7165亩。按1丁5口计算,即1145人。康熙元年(1662),金州新增50丁,约250人。康熙三年(1664),金州和辽阳两地新增人丁165丁,约七八百人。

由此,学界认为大连(辽东半岛)方言是胶东半岛地区的移民带来的,"辽东的胶辽官话是胶东地区的胶辽官话跨海北渡的结果"(张树铮2007)。在这之前,罗福腾认为大连(辽东半岛)方言的形成年代当是清朝前中期,"辽东半岛的移民主要来自山东登州府和莱州府,迁入时间集中于清代早期和中期。胶东移民的方言奠定了大连、丹东、营口方言的基础面貌"。学者们的看法有一定道理,但是不够全面。主要原因有两点。

其一,尽管大连方言来自于胶东半岛的移民,但是这些移民中有很多是明末逃亡至山东的大连原住民。这在大连的史书和地方志书中都有记载:《大连通史·古代卷》(P.611),"原来为躲避战乱而逃亡登州、广鹿、长山诸岛的汉民纷纷返回辽东,仅返回金州原籍者就有七百余口,并'准其任意开垦'";《金县志》(P.13),"(清)顺治十二年(1655年),明末逃亡广鹿、长山等岛屿之流民700余人,按清之《辽东招民开垦定例》回金州原籍";又据《瓦房店市志》(P.10),"清顺治十年(1653年),清政府颁布辽东招民垦荒奖励条例,由山东省登、莱2府招民来辽东地区垦耕,流民也逐渐归来"。三书所言"回金州原籍"和"流民归来"表明明末逃亡

第六章　语言接触视角下的大连方言

至胶东半岛及其他地区的大连原住民又回到大连。另"顺治十二年，清政府准许辽东寄居登州海岛居民回乡开荒"，证明明末逃亡至山东海岛的居民也陆续返回家乡。以上记载均言"辽东"，故不止大连，辽东半岛的清初移民中很多也是明代原住民。

之所以肯定清朝归来的这些原住民语言没有太多变化，一是由于原住民从逃离到返回时间间隔短。金复州明天启元年（1621）城陷，原住民逃离的时间当在天启元年前后，之后清顺治十年（1653）颁布《辽东招民开垦则例》，原住民开始陆续返回故地，中间只隔几十年，我们有理由认为，这些原住民说的话仍然是明时的大连话；二是明代的大连方言和今天很可能是比较接近的，上文"大黑山"明代书"大赫山"即是一例。

既然移民中有很多是明代原住民，那么大连（或者说辽东半岛）方言就不能认为单纯是胶东方言后续的发展体，而是具有自身方言的延续成分。否则，无法解释大连方言与胶东方言的一些不同。来母蟹止摄开口三四等、深臻曾梗摄开口三四等入声字在大连和长岛北部岛屿读 [lei] 音节，在长岛南部岛屿和烟台读 [li] 音节，语音上的过渡性是单纯的"胶东移民说"所解释不了的，恰恰说明大连方言具有本地原住民的语音成分。

在清代大连方言的发展历史上，本地原住民和胶东移民的作用都是不可忽略的。对于胶东移民，前人已有诸多研究，此处补充 1 点。据《大连通史·古代卷》（P.611），"清政府收复台湾完成中国的统一后，康熙二十三年（1684年）宣布开放海禁。之后，与奉天（今辽宁）仅一海之隔的山东农民开辟了一条前往关外垦荒的捷径，'奉天南滨大海，金（州）、复（州）、盖（平）与登（州）、莱（州）对岸，故各属皆为山东人所据'。故此，进入东北的流民以山东省为最多，其中登州、莱州、青州更占多数。这些流民的一部分就定居在复州、金州等南部沿海地区"。雍正十一年（1733），清政府在奉天沿海南部增设复州，第二年又增设宁海县（今大连南部地区），这是渡海的山东民人在此定居者迅速增加的体现。

除此之外，还有一个因素也要考虑，那就是，以满族为主体的少数民族带来的北京官话语音层次对大连汉族居民为主体的胶辽官话语音层次的冲击。

二 以满族为主体的少数民族带来的北京官话语音层次

据《大连市情》(P.74)，1982 年，大连地区有满族人口 166295 人，占少数民族人口的 90%。这些满族人口的祖先多系清朝迁来，来源主要有二：戍边的旗兵和自行迁徙的满族人。

（一）戍边的旗兵

清朝实行屯兵实边的政策。据《大连通史·古代卷》，康熙二十年（1681），金州就地编成的 576 名丁的八旗满洲的后裔多分布于金州以北地区。康熙二十六年（1687），清廷又从北京拨回一批满洲居民到盛京，并就地编成一批旗兵驻于"内城十五、路九、边门十六"合计四十处。其"十五城"为盛京、兴京、辽阳、开原、熊岳、复州、金州、岫岩、凤凰城、牛庄、锦州、广宁、义州、抚顺、铁岭等。分设城守尉、协领、防守尉等统辖之。其中复州驻兵丁 599 名（满旗、蒙旗、巴尔虎旗），金州驻兵丁 830 名（满旗、蒙旗、巴尔虎旗、汉军旗），岫岩（含庄河市）驻兵丁 547 名（满旗、蒙旗、巴尔虎旗）。

雍正年间（1723~1735），清政府将熊岳、锦州两处原设城守尉改设副都统，又扩大了旗兵的编制。其中复州、金州扩大后的旗兵编制无记载，岫岩（含庄河市）有较详细记载。据《清朝文献通考》所载：康熙以前岫岩常驻的八旗兵只有 205 名，至康熙二十六年（1687）岫岩常驻的八旗增至 1205 名。其后驻防旗兵逐年减少，康熙三十年（1691）为 905 名，三十三年（1694）为 844 名，三十七年（1698）为 612 名，四十五年（1706）为 606 名。熊岳今虽不在大连地区境内，但大连地区的满族人为数不少是从熊岳城迁徙而来。乾隆二十九年（1764）又从凤凰城拨来金州九十名满洲兵。

据《大连市志·民族志》记载，康熙年间迁来大连地区的满族兵，多系"随龙入关"又"随龙出关"分来此地的。如瓦房店胜利乡药庙下村的满旗老人赵昌智，自称满姓伊尔根觉罗，祖籍长白山一带人。于顺治初年"随龙入关"，于康熙二十六年（1687）又"随龙出关"到盛京，被调来复州西蓝旗驻防。赵家于道光二十四年（1844）因河患迁来药庙

第六章 语言接触视角下的大连方言

下屯定居。

此外，还有未曾"随龙入关"，直接从长白山迁居辽南的。如瓦房店市三台满族乡西蓝旗村的满族马家，自言祖籍长白山七道沟人，顺治年间直接从长白山老家拨来复州开荒的。他们家族分别驻于驼山乡、马房身、西蓝旗、北海等地，至今已传十六世矣。

普市安波镇的被调查人张宝峰，父亲是满族，母亲是汉族。11辈祖上在光绪年间从北京保定府被派驻熊岳城，8辈祖上迁到安波。原姓爱新觉罗，改汉姓张，正黄旗人。安波镇内的大屯、孤山子和张屯三地满族人比较多，都姓张。

在戍边的旗兵中，汉军旗比较特殊。据《大连通史·古代卷》（PP.532~533），康熙十九年（1680）在原驻防军的基础上，又从金州地区招徕576丁，从中选募100人（骑兵、步兵各50名）编成驻防军，设金州营，置守备，千总等官统领。康熙二十年（1681），清廷按其"南卫政策"，在金州地区实行编民入旗，即以招徕民丁（汉人，笔者注）编制满洲八旗军，同时将原金州营驻军也改成八旗编制驻防金州。康熙五十三年（1714），以金州城西（今甘井子区、大连市区、旅顺口区）招徕移民编制汉军三旗：镶黄旗包括毛营子、南关岭、大连湾、革镇堡、辛寨子一带民人；正黄旗包括老虎滩、青泥洼、小平岛、营城子一带的民人；正白旗包括旅顺口区长城、龙头、水师营、旅顺市街、双岛、老铁山一带民人。各旗置汉军佐领1员，骁骑校1员。今大连地区满族人习惯称三个汉军旗为"汉三旗"，或简称为"三旗人"。这些汉军旗人享受满洲旗人在税赋等方面的优惠待遇。

这些民人主要是顺治十年（1653）从山东登州、莱州、青州等府先后迁来的汉族居民，至此全部编入"上三旗"，成为后世满族人口的一大来源。如金州七顶山满族乡大莲花泡村的满族周家，为正白旗汉军之裔，祖籍云南，后几经辗转迁至山东登州府大水泊（今文登县治），尔后又由大水泊迁来旅顺，于康熙五十三年被编入汉军正白旗，今其族人仍多居旅顺。编入旗籍的汉人由于享受满洲旗人的优惠待遇，比较亲近满族人，加之部分人与满族人通婚，后代改为满族，故语言也深受满族汉语的影响，与其原本所说的胶辽官话渐行渐远。

（二）自行迁徙的满族人

部分满族人是自行迁徙的，如庄河市蓉花山金家屯及太平岭满族乡耿屯金家均为清康熙帝辅助大臣鳌拜的后人。鳌拜在政坛败落后，在京的眷属全家被没官，其一孙名"尔坠"者，原在顺天府任领催，时在岫岩供职得免。后康熙帝得知此事，念鳌拜前功，命免问尔坠，只由镶黄旗（上三旗）籍降入镶白旗籍，并免去领催职务。尔坠遂领家眷来到仙人洞南二十里处占荒落户。其地前临庄河市，后倚小山，后乃名之曰金家屯。其家族以鳌拜为一世祖，尔坠为三世，自六世始改汉姓为金。本文的被调查人之一——甘井子区营城子街道金长盛，就是鳌拜后人。

我们的被调查人中，自行迁徙的满族人还有：瓦房店市三台满族自治乡夹河心村陶成民，4辈前从吉林长白山迁来，祖上正黄旗人；大连市金州区七顶山满族自治乡老虎山村满永江，祖上正黄旗，曾"随龙入关"，驻于北京草帽胡同，雍正年间概因朝廷间的政治斗争被遣散。迁来时有查汉口、查汉代兄弟二人，传世字"廷玉连治永，德明继世忠，运兴增宏业，文士复元成"。后改汉姓，现传到第十辈"忠"字辈。老虎山村的满族四大姓——"满、文、付、白"，都是当年从草帽胡同自行迁来的正黄旗人。由此看来，大连地区自行迁徙的满族人应该为数不少。

汉族和以满族为主体的少数民族人口的加入使大连的人口越到后期增加越迅速，据《瓦房店市志》（P.90），至乾隆四十六年（1781），复州人口已达40525人；至光绪二十五年（1899），复州人口为289579人；清朝末年已达453060人。

故此，大连地区清朝前中期的人口主要由本地原住民、胶东移民和满族移民三部分构成，胶东移民和本地原住民说的是胶辽官话，满族来到大连初期说的是北京官话。前文有言，满族人口并不纯粹，大连今部分满族人的祖先是汉军旗人，即编入旗籍的汉人，后来满化加入满族籍，这些人的语言面貌与满军旗人并不完全相同；加之满族和汉族的通婚、杂居等，造成大连地区满族汉语带有较强的胶辽官话特征。反过来说，满族汉语对汉族汉语也有一定的影响，大连地区与胶东半岛相比，胶辽官话色彩没有那么强，且呈现出一定的地域差异，这与满族人带来的北京官话的语音层次也有关系。

第二节 大连各小片（片）方言的语音特点及语言接触

本文第二章曾分析大连（汉族和满族）方言的共同点和差异，本节回顾前文，立足语言接触的视角，探讨大连方言的地域差异、民族差异及二者之间的关系。

一 大连18点方言的不同

第二章第三节曾经分析大连（汉族和满族）方言的语音特点，本处着眼于汉族汉语和满族汉语语言接触的视角，将满、汉族汉语分开，就上文的语音特点重新作出表格并进行分析。

18点的不同主要有以下几点。

（一）声母

1. 知庄章组

表6-2-1 大连知庄章组今读声母的地域差异和民族差异

满族	两类	[ts tsh s/tʂ tʂh ʂ]	营城子、安波_满、七顶山、三台4点
汉族	两类	[ts tsh s/tʂ tʂh ʂ]	亮甲店、普市、安波_汉、大魏家、复州、革镇堡6点
		[ts tsh s/tɕ tɕh ɕ]	杏树屯、皮口、广鹿、庄河市4点
	三类	[ts tsh s/tʃ tʃh ʃ/t th s]	大长山、獐子岛2点
		[ts tsh s/tɕ tɕh ɕ/tʂ tʂh ʂ]	蓉花山1点
	一类	[tʂ tʂh ʂ]	万家岭1点

173

2. 精组

表 6-2-2　大连精组今读声母的地域差异和民族差异

满族	两类		营城子、安波满、七顶山、三台 4 点
汉族	两类	[ts tsh s/tɕ tɕh ɕ]	杏树屯、皮口、广鹿、庄河市、蓉花山、亮甲店、普市、安波汉、大魏家、复州、革镇堡 11 点
		[tʂ tʂh ʂ/tɕ tɕh ɕ]	万家岭 1 点
	三类	[ts tsh s/tʃ tʃh ʃ/t th s]	大长山、獐子岛 2 点

3. 见晓组

表 6-2-3　大连见晓组今读声母的地域差异和民族差异

满族		营城子、安波满、七顶山、三台 4 点
汉族	[k kh x/tɕ tɕh ɕ]	杏树屯、皮口、广鹿、庄河市、蓉花山、亮甲店、普市、安波汉、大魏家、复州、革镇堡、万家岭 12 点
	[k kh x/c ch ɕ]	大长山、獐子岛 2 点

（二）韵母

1. 果摄见系一等

表 6-2-4　大连果摄见系一等字今读韵母的地域差异和民族差异

满族	[ə][uo] 参半或 [ə] 多	安波满、三台、营城子、七顶山 4 点
汉族	读 [uo] 多	杏树屯、皮口、广鹿、庄河市、蓉花山、大长山、獐子岛、亮甲店、普市、安波汉、大魏家、复州、革镇堡、万家岭 14 点

2. 蟹摄开口二等见系

表 6-2-5　大连蟹摄开口二等见系字今读韵母的地域差异和民族差异

满族	无 [iai] 或 [iɛi]	安波满、三台、营城子、七顶山 4 点
汉族		亮甲店、普市、安波汉、大魏家、复州、革镇堡、万家岭 7 点
	有 [iai] 或 [iɛi]	杏树屯、皮口、广鹿、庄河市、蓉花山、大长山、獐子岛 7 点

第六章 语言接触视角下的大连方言

3. 来母蟹止摄开口三四等、深臻曾梗摄开口三四等入声

表 6-2-6 大连来母蟹止摄开口三四等、深臻曾梗摄开口三四等
入声字今读韵母的地域差异和民族差异

满族	[lei]	安波满、七顶山 2 点
汉族		革镇堡、杏树屯、皮口、广鹿、庄河市、蓉花山、亮甲店、普市、安波汉、大魏家 10 点
满族	[li]	营城子、三台 2 点
汉族		大长山、獐子岛、复州、万家岭 4 点

4. 蟹止山臻端系合口

表 6-2-7 大连蟹止山臻端系合口字今读韵母的地域差异和民族差异

满族	[u] 有无参半或多有	营城子、安波满、七顶山、三台 4 点
汉族	多无 [u] 介音	杏树屯、皮口、广鹿、庄河市、蓉花山、大长山、獐子岛、亮甲店、普市、安波汉、大魏家、复州、革镇堡、万家岭 14 点

5. 咸山摄开口一等见系入声

表 6-2-8 大连咸山摄开口一等见系入声字今读韵母的地域差异和民族差异

满族	[ə][a] 参半	营城子、安波满、七顶山、三台 4 点
汉族	多读 [a]	杏树屯、皮口、广鹿、庄河市、蓉花山、大长山、獐子岛、亮甲店、普市、安波汉、大魏家、复州、革镇堡、万家岭 14 点

6. 宕江摄入声

表 6-2-9 大连宕江摄入声字今读韵母的地域差异和民族差异

满族	[ə][ɑu] 类音	营城子、安波满、七顶山、三台 4 点
汉族	[ə] 类音	杏树屯、皮口、广鹿、庄河市、蓉花山、大长山、獐子岛、亮甲店、普市、安波汉、大魏家、复州、革镇堡、万家岭 14 点

7. 曾摄开口一等入声、梗摄开口二等入声

表 6-2-10　大连曾摄开口一等入声、梗摄开口二等入声字今读韵母的地域差异和民族差异

满族	[ə][ei][ai] 不定	营城子、安波_满、七顶山、三台 4 点
汉族	[ə] 类音	杏树屯、皮口、广鹿、庄河市、蓉花山、大长山、獐子岛、亮甲店、普市、安波_汉、大魏家、复州、革镇堡、万家岭 14 点

（三）声调

1. 三调与四调

表 6-2-11　大连声调的地域差异和民族差异

满族	四调	阴阳上去	营城子、安波_满、七顶山、三台 4 点
汉族			獐子岛、大魏家、复州、革镇堡、万家岭 5 点
	过渡型		安波_汉、蓉花山 2 点
	三调	平上去	杏树屯、皮口、广鹿、庄河市、大长山、亮甲店、普市 7 点

2. 清入字

表 6-2-12　大连清入字今读声调的地域差异和民族差异

满族	读上声较少	营城子、七顶山、三台 3 点
汉族		革镇堡 1 点
满族	读上声较多	安波_满 1 点
汉族		杏树屯、皮口、广鹿、庄河市、蓉花山、大长山、獐子岛、亮甲店、普市、安波_汉、大魏家、复州、万家岭 13 点

3. 次浊平声字

表 6-2-13　大连次浊平声字今读声调的地域差异和民族差异

满族	读阳平	营城子、安波_满、七顶山、三台 4 点
汉族		獐子岛、大魏家、复州、革镇堡、万家岭 5 点
	读阴平和阳平（去声）	杏树屯、皮口、广鹿、庄河市、蓉花山、大长山、亮甲店、普市、安波_汉 9 点

4.次浊入声字

表 6-2-14 大连次浊入声字今读声调的地域差异和民族差异

满族	读去声	营城子、安波_满、七顶山、三台 4 点
汉族	读上声和去声	安波_汉、大魏家、革镇堡、万家岭 4 点
		杏树屯、皮口、广鹿、庄河市、蓉花山、大长山、亮甲店、普市、獐子岛、复州 10 点

二 大连方言的民族差异及各小片（片）的语音特点

以上涉及大连声母特点 3 条、韵母特点 7 条和声调特点 4 条，总共 14 条。14 条特点中，4 个满族点一类，14 个汉族点一类的涉及：（1）果摄见系一等，（2）蟹止山臻端系合口，（3）咸山摄开口一等见系入声，（4）宕江摄入声，（5）曾摄开口一等入声、梗摄开口二等入声，共 5 条。这 5 条语音特征满族内部相同，汉族内部相同，或者说，具有民族差异。

其他 9 条，满族点和一部分汉族点（主要是大岫小片和烟威小片部分点）相同，和另一部分汉族点（主要是烟威小片的中心地带和蓬龙小片）不同，汉族内部具有地域差异，满汉没有民族的差异。这 9 条分别涉及：（1）知庄章组，（2）精组，（3）见晓组，（4）蟹摄开口二等见系，（5）来母蟹止摄开口三四等、深臻曾梗摄开口三四等入声，（6）三调与四调，（7）清入字，（8）次浊平声字，（9）次浊入声字。这 9 个专题在大连方言中的今读可以归纳成表 6-2-15。

表 6-2-15 大连各小片（片）方言 9 个语音特点的内部差异

	大岫_满汉	烟威_边缘	烟威小片_中心	烟威小片_大长山	蓬龙小片_獐子岛	盖桓片_万家岭
知庄章组	ts tsh s/ tʂ tʂh ʂ	过渡	ts tsh s/tɕ tɕh ɕ	ts tsh s/tʃ tʃh ʃ/t th s		tʂ tʂh ʂ
精组			ts tsh s/tɕ tɕh ɕ	ts tsh s/tʃ tʃh ʃ/t th s		tʂ tʂh ʂ/tɕ tɕh ɕ
见晓组			k kh x/tɕ tɕh ɕ	k kh x/c ch ç		k kh x/tɕ tɕh ɕ
蟹开二见	无 iai 类音		有 iai 类音			无 iai 类音
来母蟹止摄开口等	lei li		lei		li	

续表

	大岫_{满汉}	烟威_{边缘}	烟威小片_{中心}	烟威小片_{大长山}	蓬龙小片_{獐子岛}	盖桓片_{万家岭}
三调与四调	四调	过渡	三调		四调	
清入字	少		上声多			
次浊平	阳平		阴平和阳平（去声）		阳平	
次浊入	去声		上声和去声		去声	

说明：杏树屯、皮口、广鹿、庄河市4地属于烟威小片的中心地带。亮甲店、普市、蓉花山和安波_汉4地9个语音特点不定，有时与烟威小片的中心地带相同，有时与烟威小片的中心地带不同，呈现出语音上的过渡性，可以看作烟威小片的边缘地带。

在9个语音特点上，各小片（片）具有差异性。

声母专题，大长山、獐子岛自成一类，与山东省蓬龙小片的龙口、长岛等接近，见晓组细音读 [c ch ç] 声母，知庄章组今读归入精组；烟威小片的杏树屯、皮口、广鹿、庄河市4地知庄章组今读 [ts tsh s/tɕ tɕh ç] 声母，也归入精组；烟威小片的亮甲店、普市、安波_汉读 [ts tsh s/tʂ tʂh ʂ] 声母，和大岫小片读音相同；烟威小片的蓉花山1点今读 [ts tsh s/tɕ tɕh ç/tʂ tʂh ʂ] 声母，处于两种类型的过渡阶段；盖桓片与北京话相同，读一类 [tʂ tʂh ʂ] 声母。

韵母专题，蟹摄开口二等见系字 [iai] 类音分布在烟威小片的中心地带和蓬龙小片，盖桓片、大岫小片和烟威小片少数点没有此类读音；来母蟹止摄开口三四等、深臻曾梗摄开口三四等入声字的 [lei] 类读音分布在烟威小片及大岫小片的革镇堡、大魏家、安波_满、七顶山4点，大岫小片的其他点、蓬龙小片、盖桓片及大长山没有此类读音。

声调专题，三调分布在烟威小片，四调分布在大岫小片、蓬龙小片和盖桓片；清入字今读上声较少的有大岫小片的革镇堡、营城子、七顶山、三台4点，其他点今多读上声；次浊平声字今读阴平和阳平分布在烟威小片，大岫小片、蓬龙小片和盖桓片读阳平；次浊入声字今读上声和去声分布在烟威小片和蓬龙小片，大岫小片和盖桓片读去声。

9个语音特点中，有3个特点——来母蟹止摄开口三四等和深臻曾梗摄开口三四等入声今读 [lei] 音、三调、次浊平声字，今读阴平和阳平分布在烟威小片；有3个特点——知庄章组今读归入精组、蟹摄开口二等见系字有[iai]类音、次浊入声字，读上声和去声分布在烟威小片和蓬龙小片。可见在大连方言中，最具胶辽官话特色的是烟威小片和蓬龙小片。

大长山在三调、次浊平声字今读阴平和阳平的特点上与烟威小片相同，与蓬龙小片的獐子岛不同；在知庄章组、精组、见晓组、来母蟹止摄开口三四等和深臻曾梗摄开口三四等入声字的今读上，与獐子岛相同，与烟威小片不同，呈现出一种过渡性。

大岫小片在知庄章组、蟹摄开口二等见系字的今读上，与烟威小片的部分点相同；在四调、次浊平声字和次浊入声字的今读上，与烟威小片不同，与盖桓片相同，其胶辽官话的特点比烟威小片弱，比盖桓片强，处于中间阶段。

在胶辽官话语音特征的强弱上，大连方言各小片（片）的关系大致如下：

烟威小片中心地带　＞烟威小片边缘地带 ＞大岫小片 ＞盖桓片
　　　｜
蓬龙小片

从烟威小片的中心地带、边缘地带到大岫小片再到盖桓片，大连方言胶辽官话的语音特征越来越弱，越来越趋向于北京官话。我们认为，在这一过程中，原属北京官话的满族汉语的加入应该是其中一个很大的催化因素。

三　大连方言的地域差异与满汉两族汉语的接触

大连的汉族方言具有一定地域差异，这种差异与地理有关，但并不是单纯地理方面的原因，而是与汉满两族的人口分布、汉族汉语和满族汉语的接触有关系。

据《长海县志》（P119），长海县新中国成立前没有满族人，县境内近代以来至新中国成立，仅有汉族居住。除了长海这一海岛县，大连沿黄海地区的满族人也很少，在此居住的多是汉族人，这一现象始自清代。大连蓬龙小片在长海县的獐子岛，烟威小片的中心地带在长海县的大长山、广鹿乡以及黄海沿岸的杏树屯、皮口、庄河市等地，其胶辽官话的色彩最重，这与清代部分山东移民"定居在复州、金州等南部沿海地区"有密切的关系，与满族人未分布在此地也有一定的关系。

满族在大连地区的分布并不均衡，据《大连市情》（P.74），满族人口主要分布在瓦房店市、金县（今大连市金州区）、庄河县（今庄河市）、新金县（今普兰店市）。这4个县（市）的满族人口占大连全市满族人口总数的91.1%，其中，瓦房店市占41.6%。满族人主要从事种植业和副业生产。本市满族来源有六：（1）渤海国后裔。（2）长白山老户，于顺治年间直接从老家迁到本地。（3）长白山的老户，于顺治年间"随龙入关"，又于康熙年间"随龙出关"到盛京（今沈阳），又分拨来此地驻防的。以上三种主要是女真血统。（4）汉旗军拨来辽南驻防或投领旗地来辽南的。（5）民人（汉人）随旗或投旗出关靠旗人为生报了满旗的，他们都混有女真血缘，但主要是汉满血缘。（6）其他原因，如满化了的巴尔虎旗人和满族通婚的母系满人。另外，也有因工作调动等情况来此地的。

瓦房店市清代属复州，时治所在今瓦房店市复州城镇。据《大连通史·古代卷》（P.523），顺治十八年（1661），设复州巡检司（以征税为主监管政务，从九品），隶属辽阳府海城县。雍正五年（1727），设复州通判（正六品），辖金、复州之境，同年设金州巡检司，隶复州通判。雍正十二年（1734），升复州通判为复州，撤金州巡检司设宁海县（治所仍在金州城）。至此，大连地区分属复州、宁海县和岫岩通判（下辖今庄河市部分地区）。有清一代，复州是大连地区的行政中心，今满族人口约半数分布在瓦房店也就不奇怪了。

大连地区今满族人口相当一部分是清代驻防旗兵的后代，康熙年间驻防复州、金州和岫岩（含今庄河市）等地。据《大连通史·古代卷》（P.527、P.533），复州九旗（满洲八旗和蒙古巴尔虎旗）旗所在复州城内，金州十二旗（满洲八旗、蒙古巴尔虎旗和汉军三旗）旗所在金州城内。普兰店原名新金县，抗战胜利后从金州划出建治。大连地区有多个满族乡（镇），如：大连市金州区的七顶山满族乡、石河满族镇，瓦房店市的三台、杨家满族乡，普兰店市的乐甲满族乡，庄河市的太平岭、三架山、桂云花满族乡等。在地理分布上，这些满族乡（镇）都偏内陆，距东部黄海沿岸地区较远。

满族的地理分布与大连方言的地域差异有密切关联。大岫小片共7点，包括4个满族点——安波~满~、营城子、七顶山和三台，3个汉族点——大魏家、复州、革镇堡。汉族点距离满族点较近，如大魏家毗邻七顶山，复州毗邻三台，革镇堡毗邻营城子，这些满汉方言的部分语音特征也相同，例如：都是四调方言、次浊平声读阳平、次浊入声读去声等，而"秸街解"3字复州、革镇堡读[kai]，与北京官话一致，与七顶山、营城子、三台相同，明显是受到满族汉语的影响。

除了大岫小片的3点外，烟威小片的部分点也受到满族汉语的影响。烟威小片的亮甲店、普市、安波~汉~和蓉花山4点距离黄海较远，距离大岫小片较近，部分语音特征或者和大岫小片相同，或者处于从烟威小片的中心地带（杏树屯、皮口等地）向大岫小片的过渡阶段，例如：亮甲店、普市和安波~汉~的知庄章组今读[ts tsh s][tʂ tʂh ʂ]两组声母，与大岫小片相同；蓉花山读[ts tsh s][tɕ tɕh ɕ][tʂ tʂh ʂ]三组声母，处于烟威小片的中心地带向边缘地带（亮甲店、普市、安波~汉~）及大岫小片的过渡阶段；在蟹摄开口二等见系字的今读上，亮甲店、普市、安波~汉~3点无[iai]类读音，与大岫小片相同。

今大连地区由黄海沿岸地区的杏树屯、皮口、庄河市等地到蓉花山、亮甲店、普市、安波~汉~等地，到革镇堡、大魏家、复州等地，到满族的营城子、七顶山、三台等地，或者说，从烟威小片的中心地带到边缘地带，到大岫小片的汉族点，再到满族点，胶辽官话的语音特征是逐渐弱化的，这种弱化与满族和汉族的接触、满族汉语对汉族汉语的影响是密不可分的。汉族与满族的距离越近，受到满族汉语的影响越大。

当然，满族汉语和汉族汉语的影响是相互的。西部、北部的汉族汉语胶辽官话的特征逐渐变弱的同时，汉族汉语也让满族汉语"改头换面"，例如：营城子、安波~满~、七顶山、三台4地满族发音人的知庄章组今读[ts tsh s][tʂ tʂh ʂ]两类声母；安波~满~、七顶山2点的来母蟹止摄开口三四等、深臻曾梗摄开口三四等入声字读[lei]音节；安波~满~的清入字多读上声，营城子、七顶山、三台3点的清入字今读上声的比例在40%左右，比北京官

181

话多数方言点的比例高出很多。满族汉语的上述语音特征都是受到当地汉族胶辽官话长期性的影响、渗透所致。

四 大连地区满族的语言变迁

大连地区4个满族发音人的语言面貌较为一致，在果摄见系一等、蟹止山臻端系合口、入声字的韵母、阳平读35调值、部分清入字归阴平、阳平等特点上，与汉族的胶辽官话不同，与北京官话更近。这种一致性不是偶然的，来源于满族在清朝前中期转用的汉语。

学界一般认为，满族在入关前是说满语的，入关后开始使用满汉双语，后转用汉语。联系大连满族发音人的语言面貌，我们认为满族使用满汉双语或转用汉语的时间应当在来大连之前，否则无以解释其与大连汉族汉语语音上的差别；另外，从满族发音人的语音特征上看，满族最初所转用的汉语应当属于北京官话。

据季永海（2004）研究，1644年清军入关之后，满族开始全面地学习汉语汉文，学习汉文化，在一段时期内满族使用满汉双语，并逐渐向使用单语汉语转化，他认为满族从学习汉语、到满汉语兼用、最终转用汉语，各地是不平衡的，大体可分为几个层次：最先转用汉语的，主要是除东北三省、内蒙古、北京以外的全国各地的八旗驻防人员。其次转用汉语的是京旗人员。第三转用汉语的是东北、内蒙古等地的八旗满洲驻防人员。在转用汉语的时间上，季永海认为，"京旗满洲人员从康熙朝中后期即18世纪初期，已经普遍进入满汉双语阶段。之后又经过百年大约在18世纪末19世纪初，从整体说京旗满洲人员已放弃满语，完成了汉语的转用"，"辽宁的满族大约在清代中后期陆续转用汉语"，"吉林省的满族应在清中后期始用满汉双语，大约在清末民初完成汉语的转用"，但"居住在城镇中的满族、蒙古、汉军要早一些"。据侯精一（2001）认为，"汉语作为满族的通用语言既不是在满清入关时，更不在满族形成阶段，而是在清康熙、雍正、乾隆三朝"。

从大连满族发音人的情况看来，满族使用满汉双语或转用汉语早在康熙初年已经开始。营城子发音人金长盛是鳌拜后人，因避祸迁到营城子，史载鳌拜是康熙六年（1667）被囚禁，金长盛祖上也应是此间从北京迁至大连的；七顶山发音人满永江祖上是雍正年间从北京草帽胡同迁来；安波满发音人张宝峰父亲是满族，母亲是汉族，祖上在光绪年间从北京保定府被派驻熊岳城，后迁到安波；三台发音人陶成民，祖上4辈前从吉林长白山迁来。营城子和七顶山发音人的语音面貌与三台较近，与汉族较远，故应当是来大连之前已经使用满汉双语或转用汉语，据此推断，康熙年间北京地区的满族人已经使用满汉双语或转用汉语。安波满和三台发音人祖上到大连较晚，在清朝后期，当时满族改用汉语已是确定无疑。三台满族是最晚迁至大连的，受当地汉族汉语的影响最小，故其保留的北京官话的语音成分最多，胶辽官话的语音成分最少。安波满发音人母亲是汉族，故其部分语音面貌与当地汉族人即安波汉非常接近，在4个满族发音人中是最接近汉族的。

　　满族最初转用的汉语虽然属于北京官话，但根据前文第三章第四节、第四章第五节"街解虹""搁""塞~住"等字读音的分析，这种汉语距离北京官话区的东北话更近，距离北京话更远。三台发音人祖上从吉林长白山迁来，其汉语原本属于东北话。营城子、七顶山发音人祖上在清康熙、雍正年间从北京迁来，语音特征距离东北话更近，可能有两种原因：一是最初转用的汉语接近东北话，二是到大连后才接近东北话。我们认为前一种可能性更大，这是因为入关前满族曾长期在东北地区生活，且与汉族居民及汉军旗士兵长期杂处，满族本就是一个"以女真族为主体，有汉、蒙古、朝鲜等民族成员参加的新的民族共同体"（季永海2004），此时的东北地区已经存在今东北话的前身（幽燕方言）。1644年，清顺治帝迁都北京，满人入关，八旗士兵居住在北京内城，这些八旗士兵中绝大多数是汉族人。据林焘（1987）研究，"顺治五年（1648年）八旗男丁共有346931人，其中满人55330人，蒙古人28785人，汉人262816人"，汉族人占八旗男丁总人数的76%，占绝对优势，由此，"这些在旗汉人中的大多数原来都是世代居住在东北的汉族人……在清军攻占北京后，这种方言随着八旗兵进入北京"。康熙年间北京的满族人使用的汉语当然是这些汉军旗所操的东北话，这就是大连地区满族汉语距离东北话更近，距离北京话更远的原因。

第三节 大连6地方言和山东胶辽官话的亲疏关系

前文讲到，大连方言具有地域差异和民族差异，从烟威、蓬龙小片到大岫小片，再到盖桓片，大连胶辽官话的语音特征越来越弱，北京官话的色彩越来越强。大连最具胶辽官话特征的主要是烟威小片的中心地带与蓬龙小片，即杏树屯、皮口、广鹿、庄河市、大长山、獐子岛6地。本节我们将6地方言的语音特征与山东胶辽官话作一对比，并结合广鹿、大长山、獐子岛三地移民的祖籍情况，分析6地方言和山东胶辽官话的远近亲疏关系。

一 大连6地方言与山东胶辽官话语音特征的对比

本书第三章、第四章和第五章的最后一节分别将大连方言的声母、韵母和声调与山东胶辽官话作过对比，此处我们将大连6地的语音特征列出，并将与之相同或相近的山东胶辽官话的方言点列出（具体见表6-3-1）。

表6-3-1 大连6地的语音特征及与之接近的山东胶辽官话方言点

专题	大连读音类型	大连方言点	山东方言点
1.精组	（1）[ts tsh s]$_洪$[tɕ tɕh ɕ]$_细$	4点	烟台、牟平
	（2）[ts tsh s]$_{开口呼}$[t th s]$_{合口呼}$ [tʃ tʃh ʃ]$_{开口呼、合口呼}$	大长山、獐子岛	长岛、蓬莱、龙口
2.知庄章	（1）[ts tsh s]$_甲$[tɕ tɕh ɕ]$_乙$	4点	烟台、牟平
	（2）[ts tsh s]$_甲$[tʃ tʃh ʃ]$_乙$[t th s]$_丙$	大长山、獐子岛	长岛、蓬莱、龙口、威海
3.日母	零声母	6点	登连片
4.见晓组	（1）[k kh x]$_洪$[c ch ç]$_细$	大长山、獐子岛	烟台、长岛等
	（2）[k kh x]$_洪$[tɕ tɕh ɕ]$_细$	4点	即墨、莱州、沂水
5.果摄一见	多数读[uo]，少数读[ə]	6点	
6.蟹开二见	[iei][iai][i][iə][ai]$_{零声母}$	6点	

续表

专题	大连读音类型	大连方言点	山东方言点
7. 来母蟹止摄、深臻曾梗摄入声三四等	（1）[lei]	4点	长岛县北部岛屿
	（2）[li]	大长山、獐子岛	长岛县南部岛屿、蓬莱、烟台等
8. 蟹止山臻端合	没有[u]介音	6点	荣成、文登、威海、牟平、烟台5点
9. 咸山开一见入	[a]	6点	山东省13点
10. 宕江摄入	[ə]类	6点	蓬莱
11. 曾梗开一二入	[ə]	6点	龙口、蓬莱、长岛
12. 三调与四调	（1）三调	4点、大长山	烟台
	（2）四调	獐子岛	荣成、长岛、龙口等
13. 四声调值	阴平312	6点	长岛、龙口
	阳平445（四调方言）	獐子岛	长岛、龙口
	上声213	6点	登连片全部
	去声53	6点	长岛、龙口
14. 清入字	读上声	6点	全部
15. 次浊平声字	（1）读平声、去声	4点、大长山	登连片烟威小片
	（2）读阳平	獐子岛	登连片蓬龙小片
16. 次浊入声字	读上声、去声	6点	登连片

说明：表中若无特别说明，4点指杏树屯、皮口、广鹿、庄河市4点。

大连的16个语音专题，今读一类的有10个专题，分别是：日母，果摄一等见系，蟹摄开口二等见系，蟹止山臻端系合口，咸山摄开口一等见系入声，宕江摄入声，曾梗摄开口一二等入声，四声调值，清入字和次浊入声字。这些专题的语音特征多和山东的烟台、长岛、龙口等地相同。

大连今读两类的有6个专题，分别是：精组，知庄章组，见晓组，来母蟹止摄开口三四等和深臻曾梗摄三四等入声，三调与四调，次浊平声字。这些专题的语音特征多是杏树屯、皮口、广鹿、庄河市一类，獐子岛一类，大长山有些专题与杏树屯等4地一类，有些专题与獐子岛一类。在语音特征的同异上，杏树屯等多与烟台、牟平等地相同，獐子岛多与长岛、龙口等地相同，大长山部分语音特征与烟台等地相同，部分语音特征与长岛、龙口等地相同，体现出一种过渡性。

从多数语音专题来看，大连6地与胶东的烟台、牟平、长岛、龙口等地有密切联系。大连的杏树屯、皮口、广鹿、庄河市、大长山5地与烟台、牟平同为烟威小片，大连的獐子岛与长岛、龙口同为蓬龙小片，这与几地语音特征的同异也是对应的。

二 大连6地与烟台、牟平、长岛、龙口等地方言关系密切的渊源——清代胶东移民

大连6地志书中，收录各村居民祖籍情况最详细的属《獐子岛镇志》《大长山岛镇志》《广鹿乡志》，根据三部志书的记载，我们可以把獐子岛、大长山、广鹿三地下辖各村姓氏祖籍及移居代数情况列成表6-3-2、表6-3-3、表6-3-4。

表6-3-2 《獐子岛镇志》中各村姓氏祖籍及移居代数情况

属村	姓氏	祖籍	移居代数
东獐子村	张、孙、李（大大滩屯）	山东蓬莱	14、7、7
	刘	山东长岛县	13
	石	由小云南迁至浙江石臼所，原籍山东荣成石家泊乡	10
	薛、李	山东	11、7
	许	山东青州府临朐县卸甲营庄	7
	邵	山东威海北邵家，原籍皮口邵家屯	7
沙包子村	石	小云南，原籍山东长岛县	15
	张、邹、马、丛	山东蓬莱	9、10、9、7
	佟	山东蓬莱，原籍普兰店皮口镇佟家疃	9
	万	山东龙口市	8
	文	山东寿光	11
	李、袁、王、邹（南洋屯）、钟	山东	9、7、8、6、6
	毕	山东威海	7

第六章　语言接触视角下的大连方言

续表

属村	姓氏	祖籍	移居代数
西獐子村	王、徐、孙	山东蓬莱	11、15、9
	王（南帮屯）	山东蓬莱东北沙河口，原籍普兰店皮口镇	8
	林	山东长岛县北长山岛	10
	张、梁、孙（北船坞屯）、于、刘、姜	山东	10、7、8、8、7、8
	赵	山东登州府东磨石口	11
	葛	山东蓬莱西南葛家疃（应是莱西市店埠镇葛家疃村，笔者注）	13
	韩	小云南移到山东，原籍普兰店皮口镇	7
	周	山东，原籍普兰店皮口镇	8
大耗子村	王	小云南，原籍山东长岛县砣矶岛	10
	邵	山东威海，原籍长岛县砣矶岛	9
	吴	祖籍山东蓬莱，原籍长岛县砣矶岛	9
小耗子村	杨	小云南移至山东登州府蓬莱县，原籍长岛县南长山岛鹊嘴村	11
	王	山东登州府，原籍山东长岛县砣矶岛	9
	范	小云南移至山东登州府，原籍山东长岛县砣矶岛	9
	赵	山东蓬莱朱家庄	8
	李	山东蓬莱李家屯	9
	赵（后洋屯）	山东蓬莱磨石口	9
褡裢村	王	山东登州府，原籍盖平	8
	蔡	山东蓬莱大蔡家	11
	柳	山东掖县	4

表6-3-3　《大长山岛镇志》中各村姓氏祖籍及移居代数情况

属村	姓氏	祖籍	移居代数
杨家村	杨	山东蓬莱大吉家疃山后杨家庄	9
	穆、齐、孙	山东蓬莱	8、7、6
	梁	山东蓬莱黄皇营	8
	胡	山东蓬莱胡家大疃	8

续表

属村	姓氏	祖籍	移居代数
杨家村	刘	山东蓬莱大刘家	7
	于	山东文登大水泊，原籍张家埠	10
三观庙村	周	山东蓬莱栾家口	11
	姜	山东蓬莱八角井	12
	赵	山东蓬莱	10
	孔	山东福山戏山庄	13
	顾	山东蓬莱山后顾家庄	10
	肖、王	山东长岛县	9、11
	王	山东烟台光山	10
	任	山东牟平葛布村	8
	朱	山东诸城	8
小泡子村	宋	山东蓬莱，原籍普兰店皮口镇宋家屯	6
	王、张	山东乳山	8、8
	李	山东蓬莱	8
小盐场村	傅	山东乳山	13
	孙、温	山东蓬莱	13、7
	张	山东蓬莱西张家埠村	10
	董	山东蓬莱西湾子口	9
	刘	山东莱阳	12
城岭村	谢	山东烟台	8
	阎	山东文登	9
	隋	山东乳山	7
	尹	山东烟台市牟平城东尹家疃	11
	邹、岳	山东蓬莱	8、7
	黄	山东荣成俚岛大黄家营屯	8
	李	山东莱州李家疃	6
	徐	山东海阳县	8
塞里村	李	山东荣成	13
	杨	山东蓬莱刘家洼大纪家村	11
	王	山东蓬莱	8

第六章 语言接触视角下的大连方言

续表

属村	姓氏	祖籍	移居代数
塞里村	赵	山东烟台刘家夼	5
	朱	山东诸城	6
哈仙村	王	山东荣成沂山	12
	刘	山东荣成沂山刘家疃	14
	苗	山东威海	10
	丛	山东荣成丛家大疃	8
	谷	山东威海谷家疃	8
	李	山东烟台李家疃	8
四块石社区	王	山东胶南县	7
三盘碾社区	张	山东文登	8
	宋	山东蓬莱	10

表 6-3-4 《广鹿乡志》中各村姓氏祖籍及移居代数情况

属村	姓氏	祖籍	移居代数
沙尖村	刘、刘、牟、衣	山东	13、10、6、9
	刘（河东）、张、刘（南崖）	山东蓬莱	10、8、13
	郭	山东登州府郭家疃	7
	张（张屯）	由小云南（今山西）移至山东牟平小寨子	11
	张（张屯东山）	山东莱阳，原籍大连金州区	5
	吕	山东即墨	17
	王、周	山东文登	12、6
	刘（刘屯）	山东招远南乡北果集，原籍大连金州区大刘家	9
	于	山东牟平大水泊	11
	杨	大连普兰店桃园	8
	栾	山东登州府	12
	刘（炉子）	山东石岛，原籍大连金州区马屯	5
	王（南台上、下屯、湖石）	山东牟平	12
	阮	山东，原籍大连金州区杏树屯阮屯	5

189

续表

属村	姓氏	祖籍	移居代数
沙尖村	刘（南小圈）	山东蓬莱刘家沟	6
	张（小张屯）	山东乳山	10
塘洼村	王	山东文登	11
	阎、孙（孙屯）、程、邹、李、徐	山东	8、10、8、10、9、12
	张	山东威海皂板	9
	刘	山东福山县八角口下刘家疃，原籍大连金州区小河口北孙家屯	10
	孙	山东福山县湾子口赵孙家	7
	王（北小圈）	山东威海凤连集，原籍长海县小长山乡房身村	4
	周	山东荣成，原籍金州三十里堡周家堡	7
	王（盐场）	山东威海	11
	丛	山东威海丛家大疃	11
	王（坷垃房）	山东，原籍普市唐房	11
	张	山东蓬莱张家疃，原籍普市清水河	7
	邵	山东威海，原籍大连皮口邵家屯	4
	潘	山东蓬莱	11
	彭	山东登州府	9
	朱	山东蓬莱朱家庄，原籍长海县塞里岛	7
	王（北庙）	山东龙口大王庄	7
	于	山东文登西街	5
	孙（多落母）	山东蓬莱大赵孙家	10
	杨	长海县塞里岛	6
	姜	山东文登姜家疃	10
	徐（西北屯）	山东诸城徐家沟	6
	宋	山东乳山小南红	10
	黄	山东福山县八角口，原籍长海县哈仙岛	7
	苗	金州区杏树屯旗杆底	10
柳条村	李	山东俚岛	11
	王	山东荣成	10
	杨	山东，原籍大连市金州区侯石洼甸	11

第六章 语言接触视角下的大连方言

续表

属村	姓氏	祖籍	移居代数
柳条村	战、战（洪子东）	山东蓬莱	9、11
	王（西崖）	山东，原籍金州区登沙河阿尔滨村	8
	鞠	山东禹城	7
	邹	小云南（山西境内），后移居山东威海邹家大院	10
	王（洪子东）	山东即墨王大疃	9
瓜皮村	宁、孙	山东蓬莱	8、14
	宁（东海）、王、乔	山东	9、10、8
	刘	山东登州府	6
格仙村	于	山东牟平大水泊	9
	李	山东龙须岛	8
	王	山东荣成	7
	尹	长海县大长山岛菜园子村	公元1800年前后移居

根据上面三个表格，我们可以把三地姓氏祖籍及数量情况列成表6-3-5、表6-5-6、表6-5-7。

表6-3-5 獐子岛镇姓氏祖籍及数量

祖籍	姓氏数量	姓氏总数
山东蓬莱	17	50
山东	14	
小云南	6	
山东威海	3	
山东登州府	3	
山东长岛县	2	
山东临朐、龙口、寿光、莱西、莱州	各1	

说明：同一乡镇中来自不同村的相同姓氏表中统计时算不同姓氏。

191

表 6-3-6　大长山岛镇姓氏祖籍及数量

祖籍	姓氏数量	姓氏总数
山东蓬莱	22	
山东荣成	5	
山东烟台	4	
山东乳山	4	
山东文登	3	51
山东长岛	2	
山东威海	2	
山东牟平	2	
山东诸城	2	
山东福山、莱阳、莱州、海阳、胶南	各1	

说明：同一乡镇中来自不同村的相同姓氏表中统计时算不同姓氏。

表 6-3-7　广鹿乡姓氏祖籍及数量

祖籍	姓氏数量	姓氏总数
山东	17	
山东蓬莱	12	
山东威海	6	
山东文登	5	
山东荣成	5	
山东登州府	4	
山东牟平	3	70
山东福山	3	
小云南	2	
山东乳山	2	
山东即墨	2	
山东莱阳、招远、龙口、诸城、禹城、大连普市桃园、金州杏树屯、长海县塞里岛、大长山岛	各1	

说明：同一乡镇中来自不同村的相同姓氏表中统计时算不同姓氏。

根据志书记载，獐子岛镇、大长山岛镇和广鹿乡三地居民祖籍除宽泛的山东之外，最多的便是蓬莱，这在一定程度上可以解释獐子岛镇、大长山岛镇的语音特点。另据《獐子岛镇志》(P.605)，"獐子岛镇居民语音系统与山东长岛地区基本相同。大、小耗岛尤近于砣矶岛和南、北隍城岛特点"，长岛和蓬莱方言都属于胶辽官话登连片蓬龙小片，语音上非常接近。据《大长山岛镇志》(P.744)，"大长山区域方言具有山东蓬莱一带（烟台、长岛、蓬莱等地）方言的特征"。獐子岛镇和大长山岛镇语音特点的接近尤其体现在精组和知庄章组今读 [ts][t][tʃ] 三组声母、见晓组今读 [k][c] 两组声母等方面，和广鹿、杏树屯等地方言明显不同。

虽然广鹿乡居民祖籍也是以蓬莱为主，但广鹿方言和獐子岛、大长山岛方言有所不同，反而和杏树屯、皮口、庄河市 3 地更为接近，如精组和知庄章组今读 [ts][tɕ] 两组声母、见晓组今读 [k][tɕ] 两组声母、都是三调方言等。我们认为这与广鹿乡和皮口、杏树屯两地地理位置上的接近有关，据《广鹿乡志》(P.755)，"由于广鹿诸岛毗邻大连、庄河、金州、皮口，与大陆一衣带水，自古陆岛两地相互交融，从而形成了既带有山东方言特征，又具有大连地区汉语北方话的本土语言特点"。

大连 6 地方言从蓬龙小片到烟威小片，从獐子岛到大长山，再到广鹿、皮口、杏树屯、庄河市 4 地，呈现出海岛型方言和半岛型方言的不同，这与山东的蓬莱、长岛与烟台、牟平方言的不同遥相呼应，体现出大连 6 地方言与山东蓬莱、长岛、烟台、牟平等地方言深厚的渊源关系。

余 论

　　胶辽官话主要分布于胶东半岛和辽东半岛，从南往北辽东半岛胶辽官话的特征越来越弱是人所共知的，但这一现象并没有得到足够的解释。罗福腾（1998）在这一方面做了一定的工作，从"山东人口移居东北的历史层次与方言层次"的角度进行解释，认为大连、丹东、营口等南部地区移民迁入时间较早（清代早期和中期），移民来源较为集中（清代登州府和莱州府），因此这些地方的方言跟胶东话最接近；桓仁、宽甸等北部地区移民迁入时间较晚（清代后期和民国年间），移民来源较为分散（登州府、莱州府、青州府和辽东半岛二次搬迁的人口），因此这些地方的方言语音、词汇、语法更具有综合特征。

　　根据本书的研究，我们发现，即使在辽东半岛的最南部地区——大连，其不同地域胶辽官话的特征也呈现出强弱的区别。与辽东半岛自南而北的弱化方向不同，大连方言是东部地区胶辽官话的特征最强，越往西部，胶辽官话的特征越弱。这一现象与胶东移民、满族人口移民都有关系。康熙二十三年（1684）开放海禁为山东农民开辟了一条前往关外垦荒的捷径，"奉天南滨大海，金（州）、复（州）、盖（平）与登（州）对岸，故各属皆为山东人所据"，这些流民的一部分（主要来自登州、莱州、青州等地）就定居在复州、金州等南部沿海地区。满族等少数民族人口部分是从长白山老家迁到本地，部分是从北京分拨来此地驻防的旗兵后裔，主要从事种植业和副业生产，多集中于大连中、西部地区，东部地区极少。大连汉、满两族人口的地理分布与方言的地域差异密切相关：自海岛至半岛，自东而西，胶辽官话的蓬龙小片、烟威小片和大岫小片依次分布，胶

余 论

辽官话的特征愈来愈弱,北京官话的色彩愈来愈强。

以知庄章组声母的今读为例,大连的知庄章组声母有:(1) [ts tsh s]甲 [tʃ tʃh ʃ]乙 [t th s]丙,(2) [ts tsh s]甲 [tɕ tɕh ɕ]乙,(3) [ts tsh s]甲 [tɕ tɕh ɕ]乙 [tʂ tʂh ʂ]丙,(4) [ts tsh s]甲 [tʂ tʂh ʂ]乙,(5) [tʂ tʂh ʂ],共5种读音类型。类型(1)的前身是 [ts tsh s]甲 [tʃ tʃh ʃ]乙 型,与龙口、长岛等地相同,属于蓬龙小片的读音;类型(2)与烟台方言相同,属于烟台型;类型(3)(4),[tʂ]组声母的读音开始出现,辖字越来越多,并逐渐替代 [tɕ] 组声母读音;万家岭1点读 [tʂ] 组声母,与北部盖桓片相同。

上述读音类型(3)(4)(5)在胶东方言中都是没有的。莱州读音虽然与类型(4)音值相同,但知章组山臻摄合口舒声字读乙类声母,与大连读甲类声母是不同的,故不看做相同。那么,3种类型中的 [tʂ] 类声母读音从何而来? 万家岭的 [tʂ] 类读音是北部盖州带过来的,没有疑问。类型(3)(4)中的 [tʂ] 类读音呢? 考察满族汉语的情况,这类读音应当是满族最初使用满汉双语及后来转用汉族汉语即北京官话的 [tʂ] 类声母读音的影响所致。这样看来,读音类型(3)(4)实则是读音类型(2)和类型(5)发生接触后产生的中间类型。

结合满族汉语的原北京官话语音层次,我们可以解释大连方言的地域差异。而所谓的大连方言的民族差异,实际上也可以说是汉族的胶辽官话与满族的原北京官话读音层次造成的差异。之所以说"原北京官话",是因为大连的人口以胶东移民占多数,大连方言以胶辽官话为主体层,满族人口来到此地,所带来的北京官话语音层次不可避免地受到胶辽官话的冲击、染色,满族汉语知庄章组读 [ts/tʂ] 两组声母即是一例。当然,语言的影响是相互的,汉族的胶辽官话在满族汉语的影响下,也变得不那么纯粹,类型(1)至(5)都是汉族的读音类型。

由此引出一个更大的问题——今北京话与东北话的关系如何? 这个问题,历来是仁者见仁、智者见智,一时间,彼此谁也说服不了谁。如果结合本文的研究,我们无法否认,清初北京话的直接源头是东北话,这东北话应该是自辽至明从内地移居东北的汉族人(绝大多数是战争中被掳去的)所带过去的幽燕方言的发展,即如林焘(1987)所说"内城八旗人说的是从东北带来的汉语方言,源头是辽金时期以燕京话为中心的幽燕方言"。唯此，才能解释为什么大连的满族汉语与东北话的关系比与北京话更加密切，为什么广大的东北地区所说的方言与几千里外的北京、河北部分地区同属于北京官话？的确，东北地区充斥着数百万乃至上千万清代以后的山东和河北移民，但移民多是19世纪中期以后发生的，"大量移民不过是近百年的事，时间还比较短，而且移民来源不止一地，又分散居住在东北各地，因此，除辽宁旅大至桓仁一带以及黑龙江东部虎林、抚远两地当初可能是山东移民聚居地区因而至今方言接近山东话以外，东北其余绝大部分地区的方言近百年来估计并没有因大量移民而发生重大变化"（林焘1987）。在这些移民迁徙到来之前，当地已有数百万的汉族人口在此居住，其语言绝不像一张白纸一样，而是已经有了一种通行范围较大、内部比较一致的汉语方言。据柯蔚南（2014：P.183）所说，罗杰瑞认为"从辽代开始，就有证据显示东北地区出现了另外一种方言，而这种方言逐渐向南和向西扩展，最终成为标准汉语的原型"，"旧的东北官话很可能是在金朝从满洲里向华北平原传播的"。这些话虽然在细节上有待推敲，但仍道出了部分事实。

附录一 大连方言代表点音系

本附录所列 8 个方言点音系均为笔者实地调查所得，分别为獐子岛、大长山、杏树屯、蓉花山、亮甲店、大魏家、三台、万家岭。杏树屯方言音系与皮口、广鹿、庄河市 3 地接近，亮甲店方言音系与普市、安波汉 2 地接近，大魏家方言音系与营城子、革镇堡、七顶山、复州、安波满 5 地接近。

一 獐子岛方言音系

1. 声母（21 个）

p 八病	ph 派爬	m 米麦	f 飞饭
t 多毒租桌	th 天甜错锄	n 脑年	l 老连
ts 早字争	tsh 草辞齿		s 三四挷
tʃ 酒主蒸	tʃh 清除耻		ʃ 想书烧
c 九举	ch 轻区		ç 响权
k 高共	kh 开狂		x 灰后
∅ 安用王云热			

说明：

（1）[n] 声母在细音前实际发音为 [n̠]，以下 7 点同。

（2）[ts tsh s] 声母带有齿间音色彩，实际音值为 [tθ tθh θ]。

2. 韵母（36个）

ɿ 师丝

ɚ 二儿	i 鞋米日	u 苦出	y 褥
a 茶渴	ia 牙鸭	ua 瓦刮	
ɔ 破写黑	iɔ 贴惹	uo 鹅活	yɔ 靴药弱
ai 开麦新	iai 街矮	uai 快摔	
ei 赔对嘴		uei 贵吹	
ɑu 抱笑	iɑu 孝饶		
ou 走酒瘦	iou 扭九揉		
an 南箭馋短	iɛn 年剑染	uan 全穿官	yɛn 权远软
ən 秦针顿孙	in 勤人	uən 春困	yn 军闰
aŋ 忙抗箱	iaŋ 两香让	uaŋ 光王	
əŋ 疼坑清扔	iŋ 停轻		
oŋ 东功			yoŋ 穷绒

说明：

（1）[ɿ] 和 [tʃ tʃh ʃ] 声母相拼时，实际发音部位是舌叶。

（2）[u] 在舌叶音 [tʃ tʃh ʃ] 声母后的实际发音是 [ʮ]。

（3）[ɔ] 的实际音值是 [ɣ]，[iɔ][yɔ] 的实际音值是 [iɛ][yɛ]。

3. 声调（4个）

阴平 312 东该灯风 通开天春

阳平 445 门龙牛油 铜皮糖红 急毒白盒罚

上声 213 懂古鬼九 统苦讨草 买老五有 谷百搭节哭拍塔切刻 麦叶月

去声 53 动罪近后 冻怪半四 痛快寸去 卖路硬乱 洞地饭树 六

说明：阳平调整体调型较平，只在收尾时略有上扬，听感上与 [35] 调存在不同。

二 大长山方言音系

1. 声母（21个）

p 八病　　　　ph 派爬　　　　m 米麦　　　　f 飞饭
t 多毒租桌　　th 天甜错锄　　n 脑年　　　　　　　　　l 老连
ts 早字争　　 tsh 草辞齿　　　　　　　　　　s 三四捎
tʃ 酒主蒸　　 tʃh 清除耻　　　　　　　　　　ʃ 想书烧
c 九举　　　　ch 轻区　　　　　　　　　　　ç 响权
k 高共　　　　kh 开狂　　　　　　　　　　　x 灰后
ø 安用王云热

说明：[ts tsh s] 声母带有齿间音色彩，实际音值为 [tθ tθh θ]。

2. 韵母（37个）

ɿ 师丝
ɚ 二儿　　　　i 鞋米日　　　u 需苦出　　　y 虚绿褥
a 茶渴　　　　ia 牙鸭　　　　ua 瓦刮
ə 破写黑　　　iə 街贴惹　　　uo 鹅活　　　yə 靴药弱
ai 开　　　　 iai 矮
ei 赔对嘴　　　　　　　　　　uai 快摔
　　　　　　　　　　　　　　 uei 贵吹
ɑu 抱笑　　　 iɑu 孝饶
ou 走酒瘦　　 iou 扭九揉
an 南箭馋短　 iɛn 年剑染　　uan 全穿官　yɛn 权远软
ən 秦针顿孙　 in 勤人　　　 uən 春困　　 yn 军闰
ɑŋ 忙抗箱　　 iɑŋ 两香让　　uɑŋ 光王
əŋ 疼坑清扔　 iŋ 停轻
oŋ 东功　　　　　　　　　　　　　　　　　yoŋ 穷绒
m̩ 墓木

说明：

（1）[ɿ] 和 [tʃ tʃh ʃ] 声母相拼时，实际发音部位是舌叶。

（2）[u] 和 [tʃ tʃh ʃ] 声母相拼时，实际发音是 [ʯ]。

（3）[ə] 的实际音值是 [ɤ]，[iə][yə] 的实际音值是 [iɛ][yɛ]。

3. 声调（3个）

平声 312 东该灯风 通开天春 门牛油

上声 213 懂古鬼九 统苦讨草 买老五有 谷百搭节急 哭拍塔切刻 麦叶月

去声 53 龙铜皮糖红 毒白盒罚 动罪近后 冻怪半四 痛快寸去 卖路硬乱 洞地饭树 六

说明：去声字赵广臣常常读 44 调。

三 杏树屯方言音系

1. 声母（18个）

p 八病	ph 派爬	m 满麦	f 飞副
t 多毒	th 讨甜	n 脑年	l 老连
ts 早字争蒸	tsh 草辞齿超		s 三四捎烧
tɕ 酒九知主	tɕh 清轻车耻		ɕ 想响石书
k 高共	kh 开狂		x 灰活
ø 安用王云热			

2. 韵母（38个）

ɿ 丝师

ɚ 二儿	i 米戏十日	u 苦骨	y 雨褥叔
a 茶塔	ia 牙鸭	ua 瓦刮	
ə 破黑	iə 茄节舌热	uo 坐国	yə 靴药弱
ai 开买	iai 矮	uai 快率	

ei 对梨力	iEi 秸谢	uei 鬼吹	
ɑu 饱搁	iɑu 桥饺饶		
ou 走粥	iou 油肉		
an 南短	iɛn 年染	uan 官船	yɛn 权软
ən 深寸	in 心人	uən 春混	yn 云闰
ɑŋ 糖张	iɑŋ 响让	uɑŋ 床光	
əŋ 灯横	iŋ 硬病		
oŋ 东翁			yoŋ 用荣
m̩ 墓木			

说明：
[ə] 的实际音值是 [ɤ]，[iə][yə] 的实际音值是 [iɛ][yɛ]。

3. 声调（3个）

平声 312 东该灯风 通开天春 门牛油
上声 213 懂古鬼九 统苦讨草 买老五有 谷百搭节急 哭拍塔切刻 麦叶月
去声 53 龙 铜皮糖红 毒白盒罚 动罪近后 冻怪半四 痛快寸去 卖路硬乱 洞地饭树 六

四　蓉花山方言音系

1. 声母（21个）

p 八病	pʰ 派爬	m 满麦	f 飞副
t 多毒	tʰ 讨甜	n 脑年	l 老连
ts 早字争	tsʰ 草辞齿		s 三四捎
tɕ 酒九主	tɕʰ 清轻除		ɕ 想响书
tʂ 知蒸	tʂʰ 车耻		ʂ 烧石
k 高共	kʰ 开狂		x 灰活
∅ 安用王云热			

201

2. 韵母（37个）

ɿ 丝师

ʅ 知迟十

ɚ 二儿	i 米戏日	u 苦骨	y 雨褥叔
a 茶塔	ia 牙鸭	ua 瓦刮	
ə 破黑舌	iə 茄节热	uo 坐国	yə 靴药弱
ai 开买	iai 矮	uai 快率	
ei 对梨力		uei 鬼吹	
ɑu 饱搁	iɑu 桥饺饶		
ou 走粥	iou 油肉		
an 南短	iɛn 年染	uan 官船	yɛn 权软
ən 针蹲孙	in 心人	uən 春混	yn 云闰
ɑŋ 糖张	iɑŋ 响让	uɑŋ 床光	
əŋ 灯横	iŋ 硬病		
oŋ 东翁			yoŋ 用荣

说明：[ə] 的实际音值是 [ɤ]，[iə][yə] 的实际音值是 [iɛ][yɛ]。

3. 声调（4个）

阴平 312 东该灯风 通开天春 门牛油
阳平 445 龙 铜皮糖红 毒白盒罚
上声 213 懂古鬼九 统苦讨草 买老五有 谷百搭节急 哭拍塔切刻 麦月
去声 53 动罪近后 冻怪半四 痛快寸去 卖路硬乱 洞地饭树 六叶

说明：

（1）阳平调整体调型较平，只在收尾时略有上扬，听感上与万家岭和三台两地的阳平 [35] 调存在不同。

（2）部分全浊声母的平声、入声字读阳平和去声不定，音系中处理为阳平。

五　亮甲店方言音系

1. 声母（21个）

p 八病	pʰ 派爬	m 米麦	f 飞饭
t 多毒	tʰ 天甜	n 脑年	l 老连
ts 早字争	tsʰ 草辞齿		s 三四捎
tɕ 酒九	tɕʰ 清轻		ɕ 想响
tʂ 蒸知	tʂʰ 除耻		ʂ 书烧
k 高共	kʰ 开狂		x 灰后
∅ 安用王云热			

2. 韵母（36个）

ɿ 丝枝

ʅ 知迟

ɚ 二儿	i 米日	u 苦出	y 需虚褥
a 茶磕	ia 牙鸭	ua 瓦刮	
ə 破黑	iə 鞋贴惹	uo 饿活	yə 靴弱
ai 开买		uai 快摔	
ei 对梨力		uei 贵吹	
ɑu 抱超	iɑu 笑孝药饶		
ou 走瘦	iou 酒九揉		
an 南馋乱	iɛn 箭剑染	uan 穿官	yɛn 全权软
ən 针蹲孙	in 秦勤人	uən 春困	yn 军闰
aŋ 忙抗	iaŋ 箱香让	uaŋ 光王	
əŋ 疼坑扔	iŋ 清轻停		
oŋ 东功			yoŋ 穷绒

说明：[ə] 的实际音值是 [ɤ]，[iə][yə] 的实际音值是 [iɛ][yɛ]。

3. 声调（3个）

平声 312 东该灯风 通开天春 门牛油

上声 213 懂古鬼九 统苦讨草 买老五有 谷百搭节急 哭拍塔切刻 麦月

去声 53 龙 铜皮糖红 毒白盒罚 动罪近后 冻怪半四 痛快寸去 卖路硬乱 洞地饭树 六叶

六　大魏家方言音系

1. 声母（21个）

p 八病	pʰ 派爬	m 米麦	f 飞饭
t 多毒	tʰ 天甜	n 脑年	l 老连
ts 早字争	tsʰ 草辞齿		s 三四捎
tɕ 酒九	tɕʰ 清轻		ɕ 想响
tʂ 蒸知	tʂʰ 除耻		ʂ 书烧
k 高共	kʰ 开狂		x 灰后
∅ 安用王云热			

说明：零声母合口呼（韵母 [uo][u] 除外）的实际发音略带唇齿色彩，摩擦不明显。

2. 韵母（36个）

ɿ 丝枝

ʅ 知迟

ɚ 二儿	i 米日梨	u 苦出	y 需虚褥
a 茶磕	ia 牙鸭	ua 瓦刮	
ə 破黑	iə 鞋贴惹	uo 饿活	yə 靴弱
ai 开买		uai 快摔	
ei 赔对		uei 贵吹	

ɑu 抱超　　　　iɑu 笑孝药饶
ou 走瘦　　　　iou 酒九揉
an 南馋乱　　　iɛn 箭剑染　　　uan 穿官　　　yɛn 全权软
ən 针蹲孙　　　in 秦勤人　　　　uən 春困　　　yn 军闰
aŋ 忙抗　　　　iaŋ 箱香让　　　uaŋ 光王
əŋ 疼坑扔　　　iŋ 清轻停
oŋ 东功　　　　　　　　　　　　　　　　　　yoŋ 穷绒

说明：[ə] 的实际音值是 [ɤ]，[iə][yə] 的实际音值是 [iɛ][yɛ]。

3. 声调（4个）

阴平 312 东该灯风 通开天春 拍
阳平 445 门龙牛油 铜皮糖红 急 毒白盒罚
上声 213 懂古鬼九 统苦讨草 买老五有 谷百搭节哭塔切刻 麦
去声 53 动罪近后 冻怪半四 痛快寸去 卖路硬乱 洞地饭树 六叶月

说明：阳平调整体调型较平，只在收尾时略有上扬，听感上与 [35] 调存在不同。

七　三台方言音系

1. 声母（21个）

p 八病　　　　ph 派爬　　　m 米麦　　　f 飞饭
t 多毒　　　　th 天甜　　　n 脑年　　　　　　　l 老连
ts 早字　　　　tsh 草辞拆　　　　　　　　s 三四顺
tɕ 酒九　　　　tɕh 清轻　　　　　　　　　ɕ 想响
tʂ 争蒸纸　　　tʂh 除耻齿　　　　　　　　ʂ 书烧捎
k 高共　　　　kh 开狂　　　　　　　　　x 灰后
∅ 安用王云热

2. 韵母（37个）

ɿ 丝

ʅ 知迟枝

ɚ 二儿	i 米日	u 苦出	y 需虚褥
a 茶磕	ia 牙鸭	ua 瓦刮	
ə 破黑饿	iə 鞋贴惹	uo 锅活	yə 靴弱
ai 开麦		uai 快摔	
ei 赔给		uei 贵吹对	
ɑu 抱超	iɑu 笑孝药饶		
ou 走瘦	iou 酒九揉		
an 南馋	iɛn 箭剑染	uan 穿官乱	yɛn 全权软
ən 针根	in 秦勤人	uən 春困蹲孙	yn 军闰
ɑŋ 忙抗	iɑŋ 箱香让	uɑŋ 光王	
əŋ 疼坑扔	iŋ 清轻停		
oŋ 东功			yoŋ 穷绒
m̩ 墓木			

说明：[ə] 的实际音值是 [ɤ]，[iə][yə] 的实际音值是 [iɛ][yɛ]。

3. 声调（4个）

阴平 31 东该灯风 通开天春 搭哭拍切
阳平 35 门龙牛油 铜皮糖红 急刻 毒白盒罚
上声 213 懂古鬼九 统苦讨草 买老五有 谷百节塔
去声 53 动罪近后 冻怪半四 痛快寸去 卖路硬乱 洞地饭树 六麦叶月

说明：阳平 [35] 调上升幅度明显，与獐子岛、蓉花山、大魏家 3 地的 [445] 调听感上存在差异。

八 万家岭方言音系

1. 声母（18 个）

p 八病	pʰ 派爬	m 米麦	f 飞饭	l 老连
t 多毒	tʰ 天甜	n 脑年		
tɕ 酒九	tɕʰ 清轻		ɕ 想响	
tʂ 蒸纸早字争	tʂʰ 除耻草辞齿		ʂ 书烧三四捎	
k 高共	kʰ 开狂		x 灰后	
ø 安用王云热				

说明：古精知庄章组声母全读为 [tʂ] 组。

2. 韵母（35 个）

ɿ 丝枝知迟

ɚ 二儿	i 米日	u 苦出	y 需虚褥
a 茶磕	ia 牙鸭	ua 瓦刮	
ə 破黑麦	iə 鞋贴惹	uo 饿活	yə 靴弱
ai 开买		uai 快摔	
ei 赔对		uei 贵吹	
ɑu 抱超	iɑu 笑孝药饶		
ou 走瘦	iou 酒九揉		
an 南馋乱	iɛn 箭剑染	uan 穿官	yɛn 全权软
ən 针蹲孙	in 秦勤人	uən 春困	yn 军闰
aŋ 忙抗	iɑŋ 箱香让	uɑŋ 光王	
əŋ 疼坑扔	iŋ 清轻停		
oŋ 东功			yoŋ 穷绒

说明：[ə] 的实际音值是 [ɤ]，[iə][yə] 的实际音值是 [iɛ][yɛ]。

3. 声调（4个）

阴平 312 东该灯风 通开天春 拍

阳平 35 门龙牛油 铜皮糖红 急 毒白盒罚

上声 213 懂古鬼九 统苦讨草 买老五有 谷百搭节 哭塔切刻

去声 53 动罪近后 冻怪半四 痛快寸去 卖路硬乱 洞地饭树 六麦叶月

说明：阳平 [35] 调上升幅度明显，与獐子岛、蓉花山、大魏家 3 地的 [445] 调听感上存在差异。

附录二　大连 18 个方言点语音专题代表字的读音

说明：

（1）共收录胶辽官话 18 个方言点的语音专题代表字 632 个，排列顺序同《方言调查字表》（1981 年版）。其中革镇堡、杏树屯、亮甲店、大魏家、复州、万家岭、皮口、普市、安波_汉、庄河市、蓉花山、大长山、广鹿、獐子岛 14 个方言点的发音人是汉族人，营城子、七顶山、三台、安波_满 4 个方言点的发音人是满族人。

（2）围绕大连方言的声母、韵母和声调特点收录代表字，选字原则主要有二：一是选取口语常用字，尽量反映大连方言的口语情况；二是主要围绕大连方言的声母、韵母和声调共计 13 个语音专题选取。这 13 个语音专题分别是：精组、知庄章组、日母、见晓组、果摄见系一等、蟹摄开口二等见系、来母蟹止摄开口三四等和深臻曾梗摄开口三四等入声、蟹止山臻端系合口、入声字的韵母、调类和调值、清入字、次浊平声字、次浊入声字。

（3）因为新派读音多与北京官话相同或相近，故有新老异读的字多只列老派读音。

（4）所列各点的材料均来自笔者调查。

例字	挪	箩	罗~锅/姓	锣	搓	歌	哥	蛾小~
中古音	果开一平歌泥	果开一平歌来	果开一平歌来	果开一平歌来	果开一平歌清	果开一平歌见	果开一平歌见	果开一平歌疑
革镇堡	₋nuo	₋luo	₋luo	₋luo	₋tshuo	₋kə	₋kə	₋ə
营城子	₋nuo	₋luo	₋luo	₋luo	₋tshuo	₋kə	₋kə	₋ə
杏树屯	₋nuo	₋luo	luo⁼	₋luo	₋tshuo	₋kə	₋kə	₋uo
亮甲店	₋nuo	₋luo	luo⁼	₋luo	₋tshuo	₋kə	₋kə	₋uo
大魏家	₋nuo	₋luo	₋luo	₋luo	₋tshuo	₋kə	₋kə	₋ə
七顶山	₋nuo	₋luo	₋luo	₋luo	₋tshuo	₋kə	₋kə	₋ə
复州	₋nuo	₋luo	₋luo	₋luo	₋tshuo	₋kə	₋kə	₋uo
万家岭	₋nuo	₋luo	₋luo	₋luo	₋tʂhuo	₋kə	₋kə	₋ə
三台	₋nuo	₋luo	₋luo	₋luo	₋tshuo	₋kə	₋kə	₋ə
皮口	₋nuo	₋luo	luo⁼	₋luo	₋tshuo	₋kə	₋kə	₋uo
普市	₋nuo	₋luo	luo⁼	₋luo	₋tshuo	₋kə	₋kə	₋uo
安波汉	₋nuo	₋luo	luo⁼	₋luo	₋tshuo	₋kə	₋kə	₋uo
安波满	₋nuo	₋luo	₋luo	₋luo	₋tshuo	₋kə	₋kə	₋uo
庄河市	₋nuo	₋luo	luo⁼	₋luo	₋tshuo	₋kə	₋kə	₋uo
蓉花山	₋nuo	₋luo	luo⁼	₋luo	₋tshuo	₋kə	₋kə	₋uo
大长山	₋nuo	₋luo	luo⁼	₋luo	₋thuo	₋kə	₋kə	₋uo
广鹿	₋nuo	₋luo	luo⁼	₋luo	₋tshuo	₋kə	₋kə	₋uo
獐子岛	₋nuo	₋luo	₋luo	₋luo	₋thuo	₋kə	₋kə	₋uo

附录二 大连18个方言点语音专题代表字的读音

例字	鹅~子	俄老~(苏)	荷~花/~包	河	左	那	个	饿
中古音	果开一平歌疑	果开一平歌疑	果开一平歌匣	果开一平歌匣	果开一上哿精	果开一去箇泥	果开一去箇见	果开一去箇疑
革镇堡	₌ə	₌ə	₌xə	₌xə	ˉtsuo	naiˉ	kəˉ	uoˉ
营城子	₌ə	₌ə	₌xə	₌xə	ˉtsuo	naˉ	kəˉ	əˉ
杏树屯	₌uo	₌uo	xəˉ	xuoˉ	tsuoˉ	niəˉ	kəˉ	uoˉ
亮甲店	₌uo	₌uo	xəˉ	xəˉ	ˉtsuo	niəˉ	kəˉ	uoˉ
大魏家	₌ə	₌ə	₌xə	₌xə	ˉtsuo	niəˉ	kəˉ	uoˉ
七顶山	₌ə	₌ə	₌xə	₌xə	₌tsuo	niəˉ	kəˉ	əˉ
复州	₌uo	₌uo	₌xə	₌xuo	ˉtsuo	niəˉ	kəˉ	uoˉ
万家岭	₌uo	₌uo	₌xə	₌xə	ˉtʂuo	niəˉ	kəˉ	uoˉ
三台	₌ə	₌uo	₌xə	₌xə	ˉtsuo	neiˉ	kəˉ	əˉ
皮口	₌uo	₌uo	xəˉ xuoˉ 烟~包	xəˉ	tsuoˉ	niəˉ	kəˉ	uoˉ
普市	₌uo	₌uo	xəˉ	xəˉ	ˉtsuo	niəˉ	kəˉ	uoˉ
安波汉	₌uo	₌uo	xəˉ	₌xuo	ˉtsuo	niəˉ	kəˉ	uoˉ
安波满	₌uo	₌uo	₌xə	₌xə	ˉtsuo	niəˉ	kəˉ	uoˉ
庄河市	₌uo	₌uo	xuoˉ	xuoˉ	ˉtsuo	niəˉ	kəˉ	uoˉ
蓉花山	₌uo	₌uo	₌xə	xuoˉ	ˉtsuo	niəˉ	kəˉ	uoˉ
大长山	₌uo	₌uo	xəˉ xuoˉ	xuoˉ	tuoˉ	niəˉ	kəˉ	uoˉ
广鹿	₌uo	₌uo	xuoˉ	xuoˉ	ˉtsuo	niəˉ	kəˉ	uoˉ
獐子岛	₌uo	₌uo	xuoˉ ₌xuo	₌xuo	tuoˉ	niəˉ	kəˉ	uoˉ

211

例字	贺_{祝~/~龙}	磨_{~刀}	骡	锅	棵	和_{~气}	禾	窝
中古音	果开一去箇匣	果合一平戈明	果合一平戈来	果合一平戈见	果合一平戈溪	果合一平戈匣	果合一平戈匣	果合一平戈影
革镇堡	xəʔ	₌mə	₌luo	₌kuo	₌khə	₌xə	₌xə	₌uo
营城子	xəʔ	₌mə	₌luo	₌kuo	₌khə	₌xə	xəʔ	₌uo
杏树屯	xuoʔ	₌mə	luoʔ	₌kuo	₌khuo	xəʔ	xəʔ	₌uo
亮甲店	xuoʔ	məʔ	luoʔ	₌kuo	₌khə	xəʔ	xəʔ	₌uo
大魏家	xəʔ	₌mə	₌luo	₌kuo	₌khə	₌xə	₌xə	₌uo
七顶山	xəʔ	₌mə	₌luo	₌kuo	₌khə	₌xə	xəʔ	₌uo
复州	xuoʔ	₌mə	₌luo	₌kuo	₌khə	₌xə	₌xə	₌uo
万家岭	xuoʔ	₌mə	₌luo	₌kuo	₌khə	₌xə	xəʔ_多 xuoʔ_少	₌uo
三台	xuoʔ	₌mə	₌luo	₌kuo	₌khə	₌xə	xuoʔ	₌uo
皮口	xuoʔ	₌mə	luoʔ	₌kuo	₌khuo	xuoʔ	xəʔ	₌uo
普市	xuoʔ	₌mə	luoʔ	₌kuo	₌khə	xəʔ	xuoʔ	₌uo
安波_汉	xəʔ	₌mə	luoʔ	₌kuo	₌khə	xəʔ	xəʔ	₌uo
安波_满	xuoʔ	₌mə	₌luo	₌kuo	₌khə	₌xə	₌xə	₌uo
庄河市	xuoʔ	₌mə	luoʔ	₌kuo	₌khuo	xuoʔ	xuoʔ	₌uo
蓉花山	xəʔ xuoʔ	₌mə	₌luo	₌kuo	₌khə	₌xə	₌xə	₌uo
大长山	xuoʔ	₌mə	luoʔ	₌kuo	₌khuo	xəʔ	xəʔ	₌uo
广鹿	xuoʔ	₌mə	₌luo	₌kuo	₌khuo	xəʔ	xuoʔ	₌uo
獐子岛	xuoʔ	₌mə	luoʔ	₌kuo	₌khuo	₌xə	₌xə	₌uo

附录二 大连18个方言点语音专题代表字的读音

例字	坐	锁	果	火	祸	磨_{石~}	座_{~位}	座_{—~山}
中古音	果合一上果从	果合一上果心	果合一上果见	果合一上果晓	果合一上果匣	果合一去过明	果合一去过从	果合一去过从
革镇堡	tsuoꜗ	ꜛsuo	ꜛkuo	ꜛxuo	xuoꜗ	məꜗ	tsuoꜗ	ꜛtsuo
营城子	tsuoꜗ	ꜛsuo	ꜛkuo	ꜛxuo	xuoꜗ	məꜗ	tsuoꜗ	ꜛtsuo
杏树屯	tsuoꜗ	ꜛsuo	ꜛkuo	ꜛxuo	xuoꜗ	məꜗ	tsuoꜗ	ꜛtsuo
亮甲店	tsuoꜗ	ꜛsuo	ꜛkuo	ꜛxuo	xuoꜗ	məꜗ	tsuoꜗ	ꜛtsuo
大魏家	tsuoꜗ	ꜛsuo	ꜛkuo	ꜛxuo	xuoꜗ	məꜗ	tsuoꜗ	ꜛtsuo
七顶山	tsuoꜗ	ꜛsuo	ꜛkuo	ꜛxuo	xuoꜗ	məꜗ	tsuoꜗ	ꜛtsuo
复州	tsuoꜗ	ꜛsuo	ꜛkuo	ꜛxuo	xuoꜗ	məꜗ	tsuoꜗ	ꜛtsuo
万家岭	tʂuoꜗ	ꜛʂuo	ꜛkuo	ꜛxuo	xuoꜗ	məꜗ	tʂuoꜗ	ꜛtʂuo
三台	tsuoꜗ	ꜛsuo	ꜛkuo	ꜛxuo	xuoꜗ	məꜗ	tsuoꜗ	ꜛtsuo
皮口	tsuoꜗ	ꜛsuo	ꜛkuo	ꜛxuo	xuoꜗ	məꜗ	tsuoꜗ	ꜛtsuo
普市	tsuoꜗ	ꜛsuo	ꜛkuo	ꜛxuo	xuoꜗ	məꜗ	tsuoꜗ	ꜛtsuo
安波_汉	tsuoꜗ	ꜛsuo	ꜛkuo	ꜛxuo	xuoꜗ	məꜗ	tsuoꜗ	ꜛtsuo
安波_满	tsuoꜗ	ꜛsuo	ꜛkuo	ꜛxuo	xuoꜗ	məꜗ	tsuoꜗ	ꜛtsuo
庄河市	tsuoꜗ	ꜛsuo	ꜛkuo	ꜛxuo	xuoꜗ	məꜗ	tsuoꜗ	ꜛtsuo
蓉花山	tsuoꜗ	ꜛsuo	ꜛkuo	ꜛxuo	xuoꜗ	məꜗ	tsuoꜗ	ꜛtsuo
大长山	tuoꜗ	ꜛsuo	ꜛkuo	ꜛxuo	xuoꜗ	məꜗ	tuoꜗ	ꜛtuo
广鹿	tsuoꜗ	ꜛsuo	ꜛkuo	ꜛxuo	xuoꜗ	məꜗ	tsuoꜗ	ꜛtsuo
獐子岛	tuoꜗ	ꜛsuo	ꜛkuo	ꜛxuo	xuoꜗ	məꜗ	tuoꜗ	ꜛtuo

例字	课	卧	和~面	和洗一~	妈	麻手~了	麻大~	拿
中古音	果合一去过溪	果合一去过疑	果合一去过匣	果合一去过匣	假开二平麻明	假开二平麻明	假开二平麻明	假开二平麻泥
革镇堡	khə˃	ə˃	xuo˃	不说	₌ma	₌ma	₌ma	₌na
营城子	khə˃	₌uo	xuo˃	不说	₌ma	₌ma	₌ma	₌na
杏树屯	khə˃	uo˃	xuo˃	xuo˃	₌ma	₌ma	ma˃	₌na
亮甲店	khə˃	₌uo	xuo˃	xuo˃	₌ma	₌ma	ma˃	₌na
大魏家	khə˃	ə˃	xuo˃	不说	₌ma	₌ma	₌ma	₌na
七顶山	khə˃	uo˃	xuo˃	不说	₌ma	₌ma	₌ma	₌na
复州	khə˃	uo˃	xuo˃	xuo˃	₌ma	₌ma	₌ma	₌na
万家岭	khə˃	ə˃	xuo˃	xuo˃	₌ma	₌ma	₌ma	₌na
三台	khə˃	ə˃	xuo˃	xuo˃	₌ma	₌ma	₌ma	₌na
皮口	khə˃	₌uo	xuo˃	xuo˃	₌ma	₌ma	₌ma	₌na
普市	khə˃	₌uo	xuo˃	xuo˃	₌ma	₌ma	ma˃	₌na
安波汉	khə˃	uo˃	xuo˃	xuo˃	₌ma	₌ma	₌ma	₌na
安波满	khə˃	uo˃	xuo˃	xuo˃	₌ma	₌ma	₌ma	₌na
庄河市	khə˃	uo˃	xuo˃	xuo˃	₌ma	₌ma	ma˃	₌na
蓉花山	khə˃	uo˃	xuo˃	xuo˃	₌ma	₌ma	ma˃	₌na
大长山	khə˃	uo˃	xuo˃	xuo˃	₌ma	₌ma	ma˃	₌na
广鹿	khə˃	ə˃	xuo˃	xuo˃	₌ma	₌ma	ma˃	₌na
獐子岛	khə˃	uo˃	₌xuo	₌xuo	⁼ma	₌ma	₌ma	₌na

附录二　大连 18 个方言点语音专题代表字的读音

例字	茶	楂山~	沙	牙	芽	亚	斜	车
中古音	假开二平麻澄	假开二平麻庄	假开二平麻生	假开二平麻疑	假开二平麻疑	假开二去禡影	假开三平麻邪	假开三平麻昌
革镇堡	₌tsha	₌tsa	₌sa	₌ia	₌ia	⁼ia	₌ɕiə	₌tʂhə
营城子	₌tsha	₌tsa	₌sa	₌ia	₌ia	⁼ia	₌ɕiə	₌tʂhə
杏树屯	tshaᵓ	₌tsa	₌sa	₌ia	₌ia	⁼ia	ɕiəᵓ	₌tɕhiə
亮甲店	tshaᵓ	₌tsa	₌sa	₌ia	₌ia	⁼ia	ɕiəᵓ	₌tʂhə
大魏家	₌tsha	₌tsa	₌sa	₌ia	₌ia	⁼ia	₌ɕiə	₌tʂhə
七顶山	₌tsha	₌tsa	₌sa	₌ia	₌ia	⁼ia	₌ɕiə	₌tʂhə
复州	₌tsha	₌tsa	₌sa	₌ia	₌ia	⁼ia	₌ɕiə	₌tʂhə
万家岭	₌tʂha	₌tʂa	₌ʂa	₌ia	₌ia	⁼ia	₌ɕiə	₌tʂhə
三台	₌tʂha	₌tʂa	₌ʂa	₌ia	₌ia	⁼ia	₌ɕiə	₌tʂhə
皮口	tshaᵓ	₌tsa	₌sa	₌ia	₌ia	⁼ia	ɕiəᵓ	₌tɕhiə
普市	tshaᵓ	₌tsa	₌sa	₌ia	₌ia	⁼ia	₌ɕiə	₌tʂhə
安波汉	tshaᵓ	₌tsa	₌sa	₌ia	₌ia	⁼ia	₌ɕiə	₌tʂhə
安波满	₌tsha	₌tsa	₌sa	₌ia	₌ia	⁼ia	₌ɕiə	₌tʂhə
庄河市	tshaᵓ	₌tsa	₌sa	₌ia	₌ia	⁼ia	ɕiəᵓ	₌tɕhiə
蓉花山	tshaᵓ	₌tsa	₌sa	₌ia	₌ia	⁼ia	ɕiəᵓ	₌tʂhə
大长山	tshaᵓ	₌tsa	₌sa	₌ia	₌ia	⁼ia	ʃə	₌tʃhə
广鹿	tshaᵓ	₌tsa	₌sa	₌ia	₌ia	⁼ia	ɕiəᵓ	₌tɕhiə
獐子岛	₌tsha	₌tsa	₌sa	₌ia	₌ia	⁼ia	₌ʃə	₌tʃhə

例字	蛇	爷_	姐	惹	跙斜靠	耍	模~子	炉
中古音	假开三平麻船	假开三平麻以	假开三上马精	假开三上马日	假开三去祃清	假合二上马生	遇合一平模明	遇合一平模来
革镇堡	₌ʂə	₌iə	⁼tɕiə	⁼iə	₌tɕʰiə	⁼sua	mu⁼	₌lu
营城子	₌ʂə	₌iə	⁼tɕiə	⁼iə	₌tɕʰiə	⁼sua	₌mu	₌lu
杏树屯	ɕiə⁼	₌iə	⁼tɕiə	⁼iə	₌tɕʰiə	⁼sua	₌mu	₌lu
亮甲店	ʂə⁼	₌iə	⁼tɕiə	⁼iə	₌tɕʰiə	⁼sua	₌mu	₌lu
大魏家	₌ʂə	₌iə	⁼tɕiə	⁼iə	₌tɕʰiə	⁼sua	₌mu	₌lu
七顶山	₌ʂə	₌iə	⁼tɕiə	⁼iə	₌tɕʰiə	⁼sua	₌mu	₌lu
复州	₌ʂə	₌iə	⁼tɕiə	⁼iə	₌tɕʰiə	⁼sua	₌mu	₌lu
万家岭	₌ʂə	₌iə	⁼tɕiə	⁼iə	₌tɕʰiə	⁼ʂua	₌mu	₌lu
三台	₌ʂə	₌iə	⁼tɕiə	⁼iə	₌tɕʰiə	⁼ʂua	₌mu	₌lu
皮口	ɕiə⁼	₌iə	⁼tɕiə	⁼iə	₌tɕʰiə	⁼sua	₌mu	₌lu
普市	ʂə⁼	₌iə	⁼tɕiə	⁼iə	₌tɕʰiə	⁼sua	₌mu	₌lu
安波汉	ʂə⁼	₌iə	⁼tɕiə	⁼iə	₌tɕʰiə	⁼sua	₌mu	₌lu
安波满	⁼ʂə	₌iə	⁼tɕiə	⁼iə	₌tɕʰiə	⁼ʂua	₌mu	₌lu
庄河市	ɕiə⁼	₌iə	⁼tɕiə	⁼iə	₌tɕʰiə	⁼sua	₌mu	₌lu
蓉花山	ʂə⁼	₌iə	⁼tɕiə	⁼iə	₌tɕʰiə	⁼sua	₌mu	₌lu
大长山	ʃə⁼	₌iə	⁼tʃə	⁼iə	₌cʰiə	⁼sua	₌mu	₌lu
广鹿	ɕiə⁼	₌iə	⁼tɕiə	⁼iə	₌tɕʰiə	⁼sua	₌mu	₌lu
獐子岛	₌ʃə	₌iə	⁼tʃə	⁼iə	₌cʰiə	⁼sua	₌mu	₌lu

附录二　大连 18 个方言点语音专题代表字的读音

例字	努	组	怒	做	做~饭	驴	徐	猪
中古音	遇合一上姥泥	遇合一上姥精	遇合一去暮泥	遇合一去暮精	遇合一去暮精	遇合三平鱼来	遇合三平鱼邪	遇合三平鱼知
革镇堡	₌noŋ	ꞌtsu	noŋ⁼	tsuo⁼	tsou⁼	₌ly	₌ɕy	₌tʂu
营城子	₌noŋ	ꞌtsu	noŋ⁼	tsuo⁼	tsou⁼	₌ly	₌ɕy	₌tʂu
杏树屯	nu⁼	₌tsu	nu⁼	tsuo⁼	tsou⁼	₌ly	ɕy⁼	₌tɕy
亮甲店	nu⁼	₌tsu	nu⁼	tsuo⁼	tsou⁼	₌ly	ɕy⁼	₌tʂu
大魏家	ꞌnu	₌tsu	nu⁼	tsuo⁼	tsou⁼	₌ly	₌ɕy	
七顶山	₌nu	₌tsu	nu⁼	tsuo⁼	tsuo⁼	₌ly	₌ɕy	₌tʂu
复州	ꞌnu	₌tsu	nu⁼	tsuo⁼	tsou⁼	₌ly	₌ɕy	₌tʂu
万家岭	ꞌnu	ꞌtʂu	nu⁼	tʂuo⁼	tʂou⁼	₌ly	₌ɕy	₌tʂu
三台	₌nu	₌tsu	nu⁼	tsuo⁼	tsuo⁼	₌ly	₌ɕy	₌tʂu
皮口	nu⁼	₌tsu	nu⁼	tsuo⁼	tsou⁼	₌ly	ɕy⁼	₌tɕy
普市	ꞌnu	ꞌtsu	nu⁼	tsuo⁼	tsou⁼	₌ly	ɕy⁼	₌tʂu
安波汉	ꞌnu	₌tsu	nu⁼	tsuo⁼	tsou⁼	₌ly	ɕy⁼	₌tʂu
安波满	ꞌnoŋ	ꞌtsu	noŋ⁼	tsuo⁼	tsou⁼	₌ly	₌ɕy	₌tʂu
庄河市	ꞌnu	₌tsu	nu⁼	tsuo⁼	tsou⁼	₌ly	ɕy⁼	₌tɕy
蓉花山	ꞌnu	₌tsu	nu⁼	tsuo⁼	tsou⁼	₌ly	ɕy⁼	₌tɕy
大长山	nou⁼	₌tu	nou⁼	tuo⁼	tsou⁼	₌ly	ʃu⁼	₌tʃu
广鹿	ꞌnou	₌tsu	nou⁼	tsuo⁼	tsou⁼	₌ly	ɕy⁼	₌tɕy
獐子岛	ꞌnu	₌tu	nu⁼	tuo⁼	tsou⁼	₌ly	₌ʃu	₌tʃu

217

例字	除	锄	梳	书	渠~道	鱼	去	符~合
中古音	遇合三平鱼澄	遇合三平鱼崇	遇合三平鱼生	遇合三平鱼书	遇合三平鱼群	遇合三平鱼疑	遇合三去御溪	遇合三平虞奉
革镇堡	₌tʂhu	₌tshu	₌su	₌ʂu	tɕy⁼	₌y	khə⁼	₌fu
营城子	₌tʂhu	₌tshu	₌su	₌ʂu	tɕy⁼	₌y	khə⁼	₌fu
杏树屯	tɕhy⁼	tshu⁼	₌su	₌ɕy	tɕhy⁼	₌y	tɕhy⁼	⁼fu
亮甲店	tʂhu⁼	tshu⁼	₌su	₌ʂu	tɕhy⁼	₌y	tɕhy⁼	⁼fu
大魏家	₌tʂhu	₌tshu	₌su	₌ʂu	⁼tɕhy	₌y	tɕhy⁼	₌fu
七顶山	₌tʂhu	₌tshu	₌su	₌ʂu	₌tɕhy	₌y	khə⁼	₌fu
复州	₌tʂhu	₌tshu	₌su	₌ʂu	tɕy⁼	₌y	tɕhy⁼	₌fu
万家岭	₌tʂhu	₌tshu	₌su	₌ʂu	tɕy⁼	₌y	tɕhy⁼	₌fu
三台	₌tʂhu	₌tshu	₌su	₌ʂu	tɕy⁼	₌y	khə⁼	₌fu
皮口	tɕhy⁼	tshu⁼	₌su	₌ɕy	tɕy⁼	₌y	tɕhy⁼	⁼fu
普市	tʂhu⁼	tshu⁼	₌su	₌ʂu	tɕy⁼	₌y	tɕhy⁼	⁼fu
安波汉	tʂhu⁼	tshu⁼	₌su	₌ʂu	tɕy⁼	₌y	tɕhy⁼	₌fu
安波满	₌tʂhu	₌tshu	₌su	₌ʂu	tɕy⁼	₌y	tɕhy⁼	₌fu
庄河市	tɕhy⁼	tshu⁼	₌su	₌ɕy	tɕy⁼	₌y	tɕhy⁼	⁼fu
蓉花山	tɕhy⁼	tshu⁼	₌su	₌ɕy	tɕy⁼	₌y	tɕhy⁼	⁼fu
大长山	tʃhu⁼	thu⁼	₌su	₌ʃu	cy⁼	₌y	chy⁼	⁼fu
广鹿	tɕhy⁼	tshu⁼	₌su	₌ɕy	tɕy⁼	₌y	tɕhy⁼	⁼fu
獐子岛	₌tʃhu	₌thu	₌su	₌ʃu	cy⁼	₌y	chy⁼	⁼fu

附录二　大连 18 个方言点语音专题代表字的读音

例字	符~画~	须	愚	娱	舞	取	乳~豆腐~	树
中古音	遇合三平虞奉	遇合三平虞心	遇合三平虞疑	遇合三平虞疑	遇合三上虞微	遇合三上虞清	遇合三上虞日	遇合三去遇禅
革镇堡	₌fu	₌ɕy	₌y	y⁼	⁼u	⁼tɕhy	⁼y	ʂu⁼
营城子	₌fu	₌ɕy	₌y	₌y	⁼u	⁼tɕhy	⁼y	ʂu⁼
杏树屯	fu⁼	₌ɕy	y⁼	y⁼	⁼u	⁼tɕhy	⁼y	ɕy⁼
亮甲店	⁼fu	₌ɕy	y⁼	y⁼	⁼u	⁼tɕhy	⁼lu	ʂu⁼
大魏家	₌fu	₌ɕy	₌y	y⁼	⁼u	⁼tɕhy	⁼y	ʂu⁼
七顶山	₌fu	₌ɕy	₌y	y⁼	⁼u	⁼tɕhy	⁼y	ʂu⁼
复州	⁼fu	₌ɕy	₌y		⁼u	⁼tɕhy	⁼y	ʂu⁼
万家岭	₌fu	₌ɕy	₌y	y⁼	⁼u	⁼tɕhy	⁼y/ ⁼lu	ʂu⁼
三台	₌fu	₌ɕy	₌y	y⁼	⁼u	⁼tɕhy	⁼y	ʂu⁼
皮口	fu⁼	₌ɕy	₌y	y⁼	⁼u	⁼tɕhy	⁼y	ɕy⁼
普市	fu⁼	₌ɕy	₌y	y⁼	⁼u	⁼tɕhy	⁼y	ʂu⁼
安波~汉~	₌fu	₌ɕy	₌y	y⁼	⁼u	⁼tɕhy	⁼y	ʂu⁼
安波~满~	₌fu	₌ɕy	₌y	y⁼	⁼u	⁼tɕhy	⁼y	ʂu⁼
庄河市	fu⁼	₌ɕy	₌y	y⁼	u⁼	⁼tɕhy	⁼y	ɕy⁼
蓉花山	₌fu	₌ɕy	₌y	₌y	⁼u	⁼tɕhy	⁼y	ɕy⁼
大长山	fu⁼	₌ʃu	y⁼	y⁼	u⁼	⁼tʃhu	⁼y	ʃu⁼
广鹿	fu⁼	₌ɕy	₌y	y⁼	⁼u	⁼tɕhy	⁼y	ɕy⁼
獐子岛	₌fu	₌ʃU	₌y	y⁼	u⁼	⁼tʃhu	⁼y	ʃu⁼

219

大连方言语音研究
The Phonological Study of Dalian Dialect

例字	来	猜	在~家	排~队	埋	秸	挨~着	拽
中古音	蟹开一平咍来	蟹开一平咍清	蟹开一上海从	蟹开二平皆并	蟹开二平皆明	蟹开二平皆见	蟹开二平皆影	蟹合二去怪崇
革镇堡	₌lai	₌tshai	tai⁼	꜀pai	₌mei	꜀kai	꜀ai	tsuai⁼
营城子	₌lai	₌tshuai	tai⁼	꜀pai	₌mei	꜀kai	꜀ai	tsuai⁼
杏树屯	₌lai	₌tshai	tai⁼	꜀pai	₌mai	₌tɕiɛi	꜀iai	tsuai⁼
亮甲店	₌lai	₌tshai	tai⁼	꜀pai	₌mai	₌tɕia	꜀ai	tsuai⁼
大魏家	₌lai	₌tshai	tai⁼	₌phai	₌mai	₌tɕiə	꜀ai	tsuai⁼
七顶山	₌lai	₌tshuai	tai⁼	꜀pai	₌mai	꜀kai	꜀ai	tsuai⁼
复州	₌lai	₌tshai	tai⁼	₌phai	₌mei	꜀kai 老 ₌tɕiə 新	꜀ai	tsuai⁼
万家岭	₌lai	₌tʂhai	tʂai⁼	₌phai	₌mei	꜀kai 老 ₌tɕiə 新	꜀ai	tʂuai⁼
三台	₌lai	₌tshai	tsai⁼	₌phai	₌mei	꜀kai	꜀ai	tsuai⁼
皮口	₌lai	₌tshai	tai⁼	꜀pai	₌mai	₌tɕiə	꜀ai	tsuai⁼
普市	₌lai	₌tshai	tai⁼	꜀pai	₌mai	₌tɕiə	꜀ai	tsuai⁼
安波汉	₌lai	₌tshai	tai⁼	phai⁼	₌mai	₌tɕiə	꜀ai	tsuei⁼
安波满	₌lai	₌tshai	tsai⁼	₌phai	₌mai	₌tɕiə	꜀ai	tsuai⁼
庄河市	₌lai	₌tshai	tei⁼	꜀pai	₌mai	₌tɕiə	꜀iai	tsuai⁼
蓉花山	₌lai	₌tshai	tai⁼	₌phai	₌mai	₌tɕiə	꜀ai	tsuei⁼
大长山	₌lai	₌tshai	tai⁼	phai⁼	₌mai	₌ɕiə	꜀iai	tuai⁼
广鹿	₌lai	₌tshai	tai⁼	꜀pai	₌mai	₌tɕiə	꜀iai	tsuai⁼
獐子岛	₌lai	₌tshai	tai⁼	꜀pai	₌mei	₌ɕiai	꜀iai	tuai⁼

附录二 大连18个方言点语音专题代表字的读音

例字	届	戒	械	柴	街	捱~搽	鞋	解~开
中古音	蟹开二去怪见	蟹开二去怪见	蟹开二去怪匣	蟹开二平佳崇	蟹开二平佳见	蟹开二平佳疑	蟹开二平佳匣	蟹开二上蟹见
革镇堡	tɕiə˧	tɕiə˧	tɕiə˧	˨tshai	˨kai老 ˨tɕiə新	˨ai	˨ɕiə	ˇkai老 ˇtɕiə新
营城子	tɕiə˧	tɕiə˧	tɕiə˧	˨tshai	˨kai老 ˨tɕiə新	˨ai	˨ɕiə	ˇkai老 ˇtɕiə新
杏树屯	tɕiə˧	tɕiɛi˧	tɕiə˧	tshai˧	˨tɕiɛi	˨iai	ɕiɛi˧	ˇtɕiə
亮甲店	tɕiə˧	tɕiə˧	tɕiə˧	tshai˧	˨tɕiə	ai˧	˨ɕiə	ˇtɕiə
大魏家	tɕiə˧	tɕiə˧	tɕiə˧	˨tshai	˨tɕiə	ai˧	˨ɕiə	ˇtɕiə
七顶山	tɕiə˧	tɕiə˧	tɕiə˧	˨tshai	˨kai	˨ai	˨ɕiə	ˇkai
复州	tɕiə˧	tɕiə˧	tɕiə˧	˨tshai	˨tɕiə	˨ai	˨ɕi	ˇtɕiə
万家岭	tɕiə˧	tɕiə˧	tɕiə˧	˨tʂhai	˨kai老 ˨tɕiə新	˨ai	˨ɕiə	ˇkai老 ˇtɕiə新
三台	tɕiə˧	tɕiə˧	tɕiə˧	˨tshai	˨kai	˨ai	˨ɕiə	ˇkai老 ˇtɕiə新
皮口	tɕiə˧	tɕiə˧	tɕiə˧	tshai˧	˨tɕiə	˨ai	ɕiə˧	ˇtɕiə
普市	tɕiə˧	tɕiə˧	tɕiə˧	tshai˧	˨tɕiə	˨ai	ɕiə˧	ˇtɕiə
安波汉	tɕiə˧	tɕiə˧	tɕiə˧	tshai˧	˨tɕiə	ai˧	ɕiə˧	ˇtɕiə
安波满	tɕiə˧	tɕiə˧	tɕiə˧	˨tshai	˨tɕiə	˨ai	˨ɕiə	ˇtɕiə
庄河市	tɕiə˧	tɕiə˧	tɕiə˧	tshai˧	˨tɕiə	˨iai	ɕiə˧	ˇtɕiə
蓉花山	tɕiə˧	tɕiə˧	tɕiə˧	tshai˧	˨tɕiə	˨iai	ɕiə˧	ˇtɕiə
大长山	ɕiə˧	ɕiə˧	ɕiə˧	tshai˧	˨ɕiə	iai˧	ɕi˧	ˇɕiə
广鹿	tɕiə˧	tɕiə˧	tɕiə˧	tshai˧	˨tɕiə	˨iai	ɕiə˧	ˇtɕiə
獐子岛	ciai˧	ciai˧	ciai˧	˨tshai	˨ciai	˨ai	˨ɕi	ˇciə

221

例字	蟹~子	矮	晒	例	厉	制~造	誓	迷~住了
中古音	蟹开二上蟹匣	蟹开二上蟹影	蟹开二去卦生	蟹开三去祭来	蟹开三去祭来	蟹开三去祭章	蟹开三去祭禅	蟹开四平齐明
革镇堡	ɕiə⁼	⁼ai	sai⁼	liə⁼	lei⁼	tʂʅ⁼	ʂʅ⁼	₌mi
营城子	ɕiə⁼	⁼ai	sai⁼	liə⁼	li⁼	tʂʅ⁼	ʂʅ⁼	₌mi
杏树屯	ɕiɛi⁼	⁼iai	sai⁼	liə⁼	lei⁼	tɕi⁼	ɕi⁼	mi⁼
亮甲店	ɕiə⁼	⁼ai	sai⁼	liə⁼	lei⁼	tʂʅ⁼	ʂʅ⁼	₌mi
大魏家	ɕiə⁼	⁼ai	sai⁼	liə⁼	lei⁼	tʂʅ⁼	ʂʅ⁼	₌mi
七顶山	ɕiə⁼	⁼ai	sai⁼	lei⁼	lei⁼	tʂʅ⁼	ʂʅ⁼	₌mi
复州	ɕiə⁼	⁼ai	sai⁼	li⁼	li⁼	tʂʅ⁼	ʂʅ⁼	₌mi
万家岭	ɕiə⁼	⁼ai	ʂai⁼	li⁼	li⁼	⁼tʂʅ	ʂʅ⁼	₌mi
三台	ɕiə⁼	⁼ai	sai⁼	liə⁼	li⁼	⁼tʂʅ	ʂʅ⁼	₌mi
皮口	ɕiə⁼	⁼iai 不高~	sai⁼	lei⁼	lei⁼	⁼tɕi	ɕi⁼	mi⁼
普市	ɕiə⁼	⁼ai	sai⁼	lei⁼	lei⁼	⁼tʂʅ	ʂʅ⁼	mi⁼
安波汉	ɕiə⁼	⁼ai	sai⁼	liə⁼	lei⁼	⁼tʂʅ	ʂʅ⁼	mi⁼
安波满	ɕiə⁼	⁼ai	sai⁼	lei⁼	lei⁼	⁼tʂʅ	ʂʅ⁼	mi⁼
庄河市	ɕiə⁼	⁼iai	sai⁼	liə⁼	liə⁼	⁼tɕi	ɕi⁼	mi⁼ ~住了，~信
蓉花山	ɕiə⁼	⁼iai	sai⁼	lei⁼	lei⁼	⁼tʂʅ	₌ʂʅ发~	mi⁼
大长山	ɕiə⁼	⁼iai	sai⁼	li⁼	lei⁼	⁼tʃi	ʃi⁼	mi⁼
广鹿	ɕiə⁼	⁼iai	sai⁼	lei⁼	lei⁼	⁼tɕi	ɕi⁼	mi⁼
獐子岛	ɕiai⁼	⁼iai	sai⁼	liə⁼	li⁼	⁼tʃi	ʃi⁼	mi⁼

附录二 大连18个方言点语音专题代表字的读音

例字	迷~信	泥	犁	西	溪本~	礼	丽	媒
中古音	蟹开四平齐明	蟹开四平齐泥	蟹开四平齐来	蟹开四平齐心	蟹开四平齐溪	蟹开四上荠来	蟹开四去霁来	蟹合一平灰明
革镇堡	₌mi	₌mi	₌lei	₌ɕi	₌ɕi	ˉlei	leiˀ	₌mei
营城子	₌mi	₌mi	₌li	₌ɕi	₌ɕi	ˉli	liˀ	₌mei
杏树屯	₌mi	₌mi	leiˀ	₌ɕi	ˉɕi	ˉlei	leiˀ	₌mei
亮甲店	miˀ	₌mi	leiˀ	₌ɕi	₌ɕi	ˉlei	leiˀ	₌mei
大魏家	₌mi	₌mi	₌lei	₌ɕi	ˉɕi	ˉlei	leiˀ	₌mei
七顶山	₌mi	₌mi	₌lei	₌ɕi	₌ɕi	ˉlei	leiˀ	₌mei
复州	₌mi	₌mi	₌li	₌ɕi	₌ɕi	ˉli	liˀ	₌mei
万家岭	₌mi	₌mi	₌li	₌ɕi	₌ɕi	ˉli	liˀ	₌mei
三台	₌mi	₌mi	₌li	₌ɕi	₌ɕi	ˉlei	liˀ	₌mei
皮口	miˀ	₌mi	leiˀ	₌ɕi	ˉɕi	ˉlei	leiˀ	₌mei
普市	₌mi	₌mi	leiˀ	₌ɕi	₌ɕi	ˉlei	leiˀ	₌mei
安波汉	miˀ	₌mi	₌lei	₌ɕi	₌ɕi	ˉlei	leiˀ	₌mei
安波满	miˀ	₌mi	₌lei	₌ɕi	₌ɕi	ˉlei	leiˀ	₌mei
庄河市	₌mi	₌mi	leiˀ	₌ɕi	ˉɕi	ˉlei	leiˀ	₌mei
蓉花山	miˀ	₌mi	₌lei	₌ɕi	₌ɕi	ˉlei	leiˀ	₌mei
大长山	miˀ	₌mi	liˀ	₌ʃi	₌ɕi	ˉlei	liˀ	₌mei
广鹿	₌mi	₌mi	leiˀ	₌ɕi	₌ɕi	ˉlei	leiˀ	₌mei
獐子岛	₌mi	₌mi	₌li	₌ʃi	₌ʃi	ˉli	liˀ	₌mei

例字	煤	推	雷	崔	腿	罪	对	队
中古音	蟹合一平灰明	蟹合一平灰透	蟹合一平灰来	蟹合一平灰清	蟹合一上贿透	蟹合一上贿从	蟹合一去对端	蟹合一去队定
革镇堡	₌mei	₌thei	₌lei	₌tshuei	⁼thei	tsuei⁼	tei⁼	tei⁼
营城子	₌mei	₌thei	₌lei	₌tshuei	⁼thei	tsuei⁼	tei⁼	tei⁼
杏树屯	mei⁼	₌thei	₌lei	₌tshei	⁼thei	tsei⁼	tei⁼	tei⁼
亮甲店	mei⁼	₌thei	₌lei	₌tshei	⁼thei	tsei⁼	tei⁼	tei⁼
大魏家	₌mei	₌thei	₌lei	₌tshei	⁼thei	tsei⁼	tei⁼	tei⁼
七顶山	₌mei	₌thei	₌lei	₌tshuei	⁼thei	tsuei⁼	tei⁼	tei⁼
复州	₌mei	₌thei	₌lei	₌tshei	⁼thei	tsei⁼	tei⁼	tei⁼
万家岭	₌mei	₌thei	₌lei	₌tʂhei	⁼thei	tʂei⁼	tei⁼	tei⁼
三台	₌mei	₌thuei	₌lei	₌tshuei	⁼thuei	tsuei⁼	tuei⁼	tuei⁼
皮口	mei⁼	₌thei	₌lei	₌tshei	⁼thei	tsei⁼	tei⁼	tei⁼
普市	mei⁼	₌thei	₌lei	₌tshei	⁼thei	tsei⁼	tei⁼	tei⁼
安波汉	mei⁼~矿 ₌mei~坯	₌thei	₌lei 打~ ₌lei~峰	₌tshei	⁼thei	tsei⁼	tei⁼	tei⁼
安波满	₌mei	₌thuei	₌lei	₌tshuei	⁼thuei	tsuei⁼	tuei⁼	tuei⁼
庄河市	mei⁼	₌thei	₌lei	₌tshei	⁼thei	tsei⁼	tei⁼	tei⁼
蓉花山	₌mei	₌thei	₌lei	₌tshei	⁼thei	tsei⁼	tei⁼	tei⁼
大长山	mei⁼	₌thei	₌lei	₌tshei	⁼thei	tsei⁼	tei⁼	tei⁼
广鹿	mei⁼	₌thei	₌lei	₌tshei	⁼thei	tsei⁼	tei⁼	tei⁼
獐子岛	₌mei	₌thei	₌lei	₌tshei	⁼thei	tsei⁼	tei⁼	tei⁼

附录二 大连 18 个方言点语音专题代表字的读音

例字	碎	蜕	岁	税	卫_{保~}	卫_{~生}	披	离
中古音	蟹合一去队心	蟹合一去泰透	蟹合三去祭心	蟹合三去祭书	蟹合三去祭云	蟹合三去祭云	止开三平支滂	止开三平支来
革镇堡	suei³	thei³	suei³	suei³	uei³	꜀suei	꜀phei	꜀lei
营城子	suei³	thei³	suei³	suei³	uei³	꜀suei	꜀phei	꜀li
杏树屯	sei³	thei³	sei³	suei³	꜀uei	꜀uei	꜀phei	꜀lei
亮甲店	sei³	thei³	sei³	suei³	꜂uei	꜂uei	꜀phei	꜀lei
大魏家	sei³	thei³	sei³	suei³	꜂uei	꜂uei	꜀phei	꜀lei
七顶山	suei³	thei³	suei³	suei³	꜀uei	꜀uei	꜀phei	꜀lei
复州	sei³	thei³	sei³	suei³	꜀uei	꜀uei	꜀phei	꜀li
万家岭	ʂei³	thei³	ʂei³	ʂuei³	꜀uei	꜀uei	꜀phei	꜀li
三台	suei³	thuei³	suei³	suei³	꜀uei	꜀uei	꜀phei	꜀li
皮口	sei³	thei³	sei³	suei³	꜂uei	꜂uei	꜀phei	꜀lei
普市	sei³	thei³	sei³	suei³	꜂uei	꜂uei	꜀phei	꜀lei
安波_汉	sei³	thei³	sei³	suei³	꜀uei	꜀uei	꜀phei	꜀lei
安波_满	suei³	thei³	suei³	suei³	꜀uei	꜂uei	꜀phei	꜀lei
庄河市	sei³	thei³	sei³	suei³	uei³	꜀uei	꜀phei	꜀lei
蓉花山	sei³	thei³	sei³	suei³	uei³	꜂uei	꜀phei	꜀lei
大长山	sei³	thei³	sei³	suei³	꜂uei	꜂uei	꜀phei	꜀li
广鹿	sei³	thei³	sei³	suei³	uei³	uei³	꜀phei	꜀lei
獐子岛	sei³	thei³	sei³	suei³	꜀uei	꜀uei	꜀phei	꜀li

大连方言语音研究
The Phonological Study of Dalian Dialect

例字	剺	撕	知	枝	儿	是	避	荔
中古音	止开三平支来	止开三平支心	止开三平支知	止开三平支章	止开三平支日	止开三上纸禅	止开三去寘并	止开三去寘来
革镇堡	₋lei	₋sʅ	₋tsʅ	₋tsʅ	₋ɚ	sʅ⁼	piᐟ	leiᐟ
营城子	₋lei	₋sʅ	₋tsʅ	₋tsʅ	₋ɚ	sʅ⁼	piᐟ	liᐟ
杏树屯	₋lei	₋sʅ	₋tɕi	₋tsʅ	₋ɚ	sʅ⁼	ʿpi	leiᐟ
亮甲店	₋lei	₋sʅ	₋tsʅ	₋tsʅ	₋ɚ	sʅ⁼	piᐟ	leiᐟ
大魏家	₋lei	₋sʅ	₋tsʅ	₋tsʅ	₋ɚ	sʅ⁼	piᐟ	leiᐟ
七顶山	不说	₋sʅ	₋tsʅ	₋tsʅ	₋ɚ	sʅ⁼	piᐟ	leiᐟ
复州	₋lei	₋sʅ	₋tsʅ	₋tsʅ	₋ɚ	sʅ⁼	piᐟ	liᐟ
万家岭	₋lei	₋sʅ	₋tsʅ	₋tsʅ	₋ɚ˞	sʅ˞⁼	piᐟ	liᐟ
三台	不说	₋sʅ	₋tsʅ	₋tsʅ	₋ɚ˞	sʅ˞⁼	piᐟ	liᐟ
皮口	₋lei	₋sʅ	₋tɕi	₋tsʅ	₋ɚ	sʅ⁼	ʿpi	leiᐟ
普市	不说	₋sʅ	₋tsʅ	₋tsʅ	₋ɚ	sʅ⁼	ʿpi	leiᐟ
安波汉	₋lei	₋sʅ	₋tsʅ	₋tsʅ	₋ɚ	sʅ⁼	piᐟ	leiᐟ
安波满	不说	₋sʅ	₋tsʅ	₋tsʅ	₋ɚ	sʅ˞⁼	piᐟ	₋lei
庄河市	₋lei	₋sʅ	₋tɕi	₋tsʅ	₋ɚ	sʅ⁼	ʿpi	leiᐟ
蓉花山	₋lei	₋sʅ	₋tsʅ	₋tsʅ	₋ɚ	sʅ⁼	ʿpi	leiᐟ
大长山	不说	₋sʅ	₋tʃʅ	₋tsʅ	₋ɚ	sʅ⁼	ʿpi	liᐟ
广鹿	₋lei	₋sʅ	₋tɕi	₋tɕi	₋ɚ	sʅ⁼	ʿpi	leiᐟ
獐子岛	₋li	₋sʅ	₋tʃʅ	₋tsʅ	₋ɚ	sʅ⁼	ʿpi	liᐟ

附录二 大连 18 个方言点语音专题代表字的读音

例字	眉眼~	霉	梨	师	姨~	姨小~子	利	四
中古音	止开三平脂明	止开三平脂明	止开三平脂来	止开三平脂生	止开三平脂以	止开三平脂以	止开三去至来	止开三去至心
革镇堡	₌mei	₌mei	₌lei	₌ʅ	₌i	₌i	lei⁼	ʅ⁼
营城子	₌mei	₌mei	₌lei	₌ʅ	₌i	₌i	li⁼	ʅ⁼
杏树屯	₌mei	mei⁼	₌lei	₌ʅ	₌i	i⁼	lei⁼	ʅ⁼
亮甲店	₌mei	mei⁼	₌lei	₌ʅ	⁼i	i⁼	lei⁼	ʅ⁼
大魏家	₌mei	⁼mei	₌lei	₌ʅ	⁼i	₌i	lei⁼	ʅ⁼
七顶山	₌mei	₌mei	₌lei	₌ʅ	₌i	₌i	lei⁼	ʅ⁼
复州	₌mei	₌mei	₌li	₌ʅ	₌i	₌i	li⁼	ʅ⁼
万家岭	₌mei	₌mei	₌li	₌ʅ	₌i	₌i	li⁼	ʅ⁼
三台	₌mei	₌mei	₌li	₌ʅ	₌i	₌i	li⁼	ʅ⁼
皮口	₌mei	mei⁼	₌lei	₌ʅ	₌i	i⁼	lei⁼	ʅ⁼
普市	₌mei	mei⁼	₌lei	₌ʅ	₌i	i⁼	lei⁼	ʅ⁼
安波汉	₌mei	₌mei	₌lei	₌ʅ	₌i	₌i	lei⁼	ʅ⁼
安波满	₌mei	₌mei	₌lei	₌ʅ	₌i	₌i	lei⁼	ʅ⁼
庄河市	₌mei	mei⁼	₌lei	₌ʅ	₌i	i⁼	lei⁼	ʅ⁼
蓉花山	₌mei	₌mei	₌lei	₌ʅ	₌i	₌i	lei⁼	ʅ⁼
大长山	₌mei	mei⁼	₌li	₌ʅ	⁼i	₌i	li⁼	ʅ⁼
广鹿	₌mei	mei⁼	₌lei	₌ʅ	⁼i	i⁼	lei⁼	ʅ⁼
獐子岛	₌mei	₌mei	₌li	₌ʅ	₌i	₌i	li⁼	ʅ⁼

227

例字	二	丝	李	耻	齿	耳	饲 ~养/~料	寺
中古音	止开三去至日	止开三平之心	止开三上止来	止开三上止彻	止开三上止昌	止开三上止日	止开三去志心	止开三去志邪
革镇堡	ɚ˃	⊂sɿ	⊂lei	⊂tʂʅ	⊆tsʅ	˃ɚ	sɿ˃	tsʅ˃
营城子	ɚ˃	⊂sɿ	⊂li	⊂tʂʅ	⊆tsʅ	˃ɚ	sɿ˃	tsʅ˃
杏树屯	ɚ˃	⊂sɿ	⊂lei	⊂tɕhi	⊂tsʅ	˃ɚ	tsʅ˃	tsʅ˃
亮甲店	ɚ˃	⊂sɿ	⊂lei	⊂tʂʅ	⊂tsʅ	˃ɚ	sɿ˃	tsʅ˃
大魏家	ɚ˃	⊂sɿ	⊂lei	⊂tʂʅ	⊂tsʅ	˃ɚ	sɿ˃	tsʅ˃
七顶山	ɚ˃	⊂sɿ	⊂lei	⊂tʂʅ	⊆tsʅ	˃ɚ	sɿ˃	tsʅ˃
复州	ɚ˃	⊂sɿ	⊂li	⊂tʂʅ	⊂tsʅ	˃ɚ	sɿ˃	tsʅ˃
万家岭	ɚ˃	⊂sɿ	⊂li	⊂tʂʅ	⊆tʂʅ	˃ɚ	sɿ˃	tʂʅ˃
三台	ɚ˃	⊂sɿ	⊂li	⊂tʂʅ	⊂tsʅ	˃ɚ	sɿ˃	tsʅ˃
皮口	ɚ˃	⊂sɿ	⊂lei	⊂tɕhi	⊂tsʅ	˃ɚ	tsʅ˃	tsʅ˃
普市	ɚ˃	⊂sɿ	⊂lei	⊂tʂʅ	⊂tsʅ	˃ɚ	tsʅ˃	tsʅ˃
安波汉	ɚ˃	⊂sɿ	⊂lei	⊂tʂʅ	⊂tsʅ	˃ɚ	sɿ˃	tsʅ˃
安波满	ɚ˃	⊂sɿ	⊂lei	⊂tʂʅ	⊂tsʅ	˃ɚ	⊂sɿ	tsʅ˃
庄河市	ɚ˃	⊂sɿ	⊂lei	⊂tɕhi	⊂tsʅ	˃ɚ	tsʅ˃老 sɿ˃新	tsʅ˃
蓉花山	ɚ˃	⊂sɿ	⊂lei	⊂tʂʅ	⊂tsʅ	˃ɚ	tsʅ˃	tsʅ˃
大长山	ɚ˃	⊂sɿ	⊂li	⊂tʃʅ	⊂tsʅ	˃ɚ	tsʅ˃	sɿ˃
广鹿	ɚ˃	⊂sɿ	⊂lei	⊂tɕhi	⊂tsʅ	˃ɚ	tsʅ˃	tsʅ˃
獐子岛	ɚ˃	⊂sɿ	⊂li	⊂tʃʅ	⊂tsʅ	˃ɚ	⊂sɿ	tsʅ˃

附录二 大连18个方言点语音专题代表字的读音

例字	事	希	嘴	蕊	睡	瑞	醉	穗
中古音	止开三去志崇	止开三平微晓	止合三上纸精	止合三上纸日	止合三上實禅	止合三上實禅	止合三去至精	止合三去至邪
革镇堡	sʅ⁼	˓ɕi	˓tsei	˓lei	suei⁼	lei⁼	tsuei⁼	suei⁼
营城子	sʅ⁼	˓ɕi	˓tsuei	˓lei	suei⁼	lei⁼	tsuei⁼	suei⁼
杏树屯	sʅ⁼	˓ɕi	˓tsei	˓lei	suei⁼	suei⁼	tsei⁼	sei⁼
亮甲店	sʅ⁼	˓ɕi	˓tsei	˓lei	suei⁼	lei⁼	tsei⁼	sei⁼
大魏家	sʅ⁼	˓ɕi	˓tsei	˓lei	suei⁼	lei⁼	tsei⁼	sei⁼
七顶山	sʅ⁼	˓ɕi	˓tsuei	˓lei	suei⁼	lei⁼	tsuei⁼	suei⁼
复州	sʅ⁼	˓ɕi	˓tsei	˓lei	suei⁼	lei⁼	tsei⁼	sei⁼
万家岭	sʅ⁼	˓ɕi	˓tʂei	˓lei	ʂuei⁼	lei⁼	tʂei⁼	ʂei⁼
三台	sʅ⁼	˓ɕi	˓tsuei	˓luei	suei⁼	lei⁼	tsuei⁼	suei⁼
皮口	sʅ⁼	˓ɕi	˓tsei	˓lei	suei⁼	suei⁼	tsei⁼	sei⁼
普市	sʅ⁼	˓ɕi	˓tsei	˓lei	suei⁼	lei⁼	tsei⁼	sei⁼
安波汉	sʅ⁼	˓ɕi	˓tsei	˓lei	suei⁼	lei⁼	tsei⁼	sei⁼
安波满	sʅ⁼	˓ɕi	˓tsuei	˓lei	suei⁼	lei⁼	tsuei⁼	suei⁼
庄河市	sʅ⁼	˓ɕi	˓tsei	˓lei	suei⁼	lei⁼	tsei⁼	sei⁼
蓉花山	sʅ⁼	˓ɕi	˓tsei	˓lei	suei⁼	lei⁼	tsei⁼	sei⁼
大长山	sʅ⁼	˓ɕi	˓tsei	˓lei	suei⁼	lei⁼	tsei⁼	sei⁼
广鹿	sʅ⁼	˓ɕi	˓tsei	˓lei	suei⁼	lei⁼	tsei⁼	sei⁼
獐子岛	sʅ⁼	˓ɕi	˓tsei	˓lei	suei⁼	suei⁼	tsei⁼	sei⁼

229

例字	追	摔	锥	谁	水	微~不至/~小	违	围
中古音	止合三平脂知	止合三平脂生	止合三平脂章	止合三平脂禅	止合三上旨书	止合三平微微	止合三平微云	止合三平微云
革镇堡	₌tsuei	₌suai	₌tsuei	₌sei	ꞈsuei	ꞈuei	₌uei	₌uei
营城子	₌tsuei	₌suai	₌tsuei	₌sei	ꞈsuei	₌uei	₌uei	₌uei
杏树屯	₌tsuei	₌suai	₌tsuei	sei⁼	ꞈsuei	₌uei	₌uei	₌uei
亮甲店	₌tsuei	₌suai	₌tsuei	sei⁼	ꞈsuei	₌uei	₌uei	₌uei
大魏家	₌tsuei	₌suai	₌tsuei	₌sei	ꞈsuei	ꞈuei	₌uei	₌uei
七顶山	₌tsuei	₌suai	₌tsuei	₌sei	ꞈsuei	ꞈuei	₌uei	₌uei
复州	₌tsuei	₌suai	₌tsuei	₌sei	ꞈsuei	₌uei	₌uei	₌uei
万家岭	₌tʂuei	₌ʂuai	₌tʂuei	₌ʂei	ꞈʂuei	₌uei	₌uei	₌uei
三台	₌tsuei	₌suai	₌tsuei	₌suei	ꞈsuei	₌uei	₌uei	₌uei
皮口	₌tsuei	₌suai	₌tsuei	sei⁼	ꞈsuei	₌uei	₌uei	₌uei
普市	₌tsuei	₌suai	₌tsuei	sei⁼	ꞈsuei	ꞈuei	₌uei	₌uei
安波汉	₌tsuei	₌suai	₌tsuei	sei⁼	ꞈsuei	ꞈuei	₌uei	₌uei
安波满	₌tsuei	₌suai	₌tsuei	₌suei	ꞈʂuei	ꞈuei	₌uei	₌uei
庄河市	₌tsuei	₌suai	₌tsuei	sei⁼	ꞈsuei	ꞈuei	ꞈuei	₌uei
蓉花山	₌tsuei	₌suai	₌tsuei	sei⁼	ꞈsuei	ꞈuei	ꞈuei	₌uei
大长山	₌tuei	₌suai	₌tuei	sei⁼	ꞈsuei	ꞈuei	ꞈuei	₌uei
广鹿	₌tsuei	₌suai	₌tsuei	sei⁼	ꞈsuei	ꞈuei	ꞈuei	₌uei
獐子岛	₌tuei	₌suai	₌tuei	₌sei	ꞈsuei	ꞈuei~小 ꞈuei~笑	ꞈuei	₌uei

230

附录二 大连18个方言点语音专题代表字的读音

例字	毛鸡~	毛发~/姓	捞	劳	熬~菜	熬~夜	草	猫
中古音	效开一平豪明	效开一平豪明	效开一平豪来	效开一平豪来	效开一平豪疑	效开一平豪疑	效开一上皓清	效开二平肴明
革镇堡	₌mau	₌mau	₌lau	₌lau	₌au	₌au	⁼tsʰau	₌mau
营城子	₌mau	₌mau	₌lau	₌lau	₌au	₌au	⁼tsʰau	₌mau
杏树屯	₌mau	mau⁼	₌lau	lau⁼	₌au	au⁼	⁼tsʰau	₌mau
亮甲店	₌mau鸡~	mau⁼发 / ₌mau姓	₌lau	lau⁼	₌au	₌au	⁼tsʰau	₌mau
大魏家	₌mau	₌mau	₌lau	₌lau	₌au	₌au	⁼tsʰau	₌mau
七顶山	₌mau	₌mau	₌lau	₌lau	₌au	₌au	⁼tsʰau	₌mau
复州	₌mau	₌mau	₌lau	₌lau	₌au	₌au	⁼tsʰau	₌mau
万家岭	₌mau	₌mau	₌lau	₌lau	₌au	₌au	⁼tʂʰau	₌mau
三台	₌mau	₌mau	₌lau	₌lau	₌au	₌au	⁼tsʰau	₌mau
皮口	₌mau	₌mau mau⁼	₌lau	lau⁼	₌au	₌au	⁼tsʰau	₌mau
普市	₌mau	₌mau	₌lau	lau⁼	₌au	₌au	⁼tsʰau	₌mau
安波汉	₌mau	₌mau	₌lau	₌lau~动 lau⁼~模	₌au	₌au	⁼tsʰau	₌mau
安波满	₌mau	₌mau	₌lau	₌lau	₌au	₌au	⁼tsʰau	₌mau
庄河市	₌mau	₌mau	₌lau	lau⁼	₌au	₌au	⁼tsʰau	₌mau
蓉花山	₌mau	₌mau	₌lau	lau⁼	₌au	₌au	⁼tsʰau	₌mau
大长山	₌mau	₌mau	₌lau	lau⁼	₌au	₌au	⁼tsʰau	₌mau
广鹿	₌mau鸡~	mau⁼发 / ₌mau姓	₌lau	lau⁼	₌au	₌au	⁼tsʰau	₌mau
獐子岛	₌mau	₌mau	₌lau	₌lau	₌au	₌au	⁼tsʰau	₌mau

231

例字	茅	挠	捎	罩	较_{比~}	孝	僄_傻	苗
中古音	效开二平肴明	效开二平肴泥	效开二平肴生	效开二去效知	效开二去效见	效开二去效晓	效开三平宵帮	效开三平宵明
革镇堡	₌mau	₌nau	₌sau	tsauᒣ	ꞌtɕiau	ɕiauᒣ	₌piau	₌miau
营城子	₌mau	₌nau	₌sau	tsauᒣ	ꞌtɕiau	ɕiauᒣ	₌piau	₌miau
杏树屯	₌mau	₌nau	₌sau	tsauᒣ	ꞌtɕiau	ɕiauᒣ	₌piau	₌miau
亮甲店	mauᒣ	₌nau	₌sau	tsauᒣ	ꞌtɕiau	ɕiauᒣ	₌piau	₌miau
大魏家	₌mau	₌nau	₌sau	tsauᒣ	ꞌtɕiau	ɕiauᒣ	₌piau	₌miau
七顶山	₌mau	₌nau	₌ʂau	tʂauᒣ	ꞌtɕiau	ɕiauᒣ	₌piau	₌miau
复州	₌mau	₌nau	₌sau	tsauᒣ	ꞌtɕiau	ɕiauᒣ	₌piau	₌miau
万家岭	₌mau	₌nau	₌ʂau	tʂauᒣ	ꞌtɕiau	ɕiauᒣ	₌piau	₌miau
三台	₌mau	₌nau	₌ʂau	tʂauᒣ	ꞌtɕiau	ɕiauᒣ	₌piau	₌miau
皮口	mauᒣ	₌nau	₌sau	tsauᒣ	ꞌtɕiau	ɕiauᒣ	₌piau	₌miau
普市	₌mau	₌nau	₌sau	tsauᒣ	ꞌtɕiau	ɕiauᒣ	₌piau	₌miau
安波_汉	₌mau	nauᒣ ~痒 ₌nau ~~	₌sau	tʂauᒣ	ꞌtɕiau	ɕiauᒣ	₌piau	₌miau
安波_满	₌mau	₌nau	₌sau	tsauᒣ	ꞌtɕiau	ɕiauᒣ	₌piau	₌miau
庄河市	₌mau	₌nau	₌sau	tsauᒣ	ꞌtɕiau	ɕiauᒣ	₌piau	₌miau
蓉花山	₌mau	₌nau	₌sau	tsauᒣ	ꞌtɕiau	ɕiauᒣ	₌piau	₌miau
大长山	mauᒣ	₌nau	₌sau	tsauᒣ	ꞌciau	ɕiauᒣ	₌piau	₌miau
广鹿	₌mau	₌nau	₌sau	tsauᒣ	ꞌtɕiau	ɕiauᒣ	₌piau	₌miau
獐子岛	₌mau	₌nau	₌sau	tsauᒣ	ꞌciau	ɕiauᒣ	₌piau	₌miau

附录二　大连 18 个方言点语音专题代表字的读音

例字	超	招	烧	饶	枵薄	摇	姚	小
中古音	效开三平宵彻	效开三平宵章	效开三平宵书	效开三平宵日	效开三平宵晓	效开三平宵以	效开三平宵以	效开三上小心
革镇堡	₌tʂʰau	₌tʂau	₌sau	₌iau	₌ɕiau	₌iau	₌iau	⁼ɕiau
营城子	₌tʂʰau	₌tʂau	₌sau	₌iau	₌ɕiau	₌iau	₌iau	⁼ɕiau
杏树屯	₌tʂʰau	₌tʂau	₌sau	₌iau	₌ɕiau	₌iau	iau⁼	⁼ɕiau
亮甲店	₌tʂʰau	₌tʂau	₌sau	₌iau	₌ɕiau	₌iau	iau⁼	⁼ɕiau
大魏家	₌tʂʰau	₌tʂau	₌sau	₌iau	₌ɕiau	₌iau	₌iau	⁼ɕiau
七顶山	₌tʂʰau	₌tʂau	₌sau	₌iau	不说	₌iau	₌iau	⁼ɕiau
复州	₌tʂʰau	₌tʂau	₌sau	₌iau	₌ɕiau	₌iau	₌iau	⁼ɕiau
万家岭	₌tʂʰau	₌tʂau	₌sau	₌iau	₌ɕiau	₌iau	₌iau	⁼ɕiau
三台	₌tʂʰau	₌tʂau	₌sau	₌iau	不说	₌iau	₌iau	⁼ɕiau
皮口	₌tʂʰau	₌tʂau	₌sau	₌iau	₌ɕiau	₌iau	iau⁼	⁼ɕiau
普市	₌tʂʰau	₌tʂau	₌sau	₌iau	₌ɕiau	₌iau	iau⁼	⁼ɕiau
安波汉	₌tʂʰau	₌tʂau	₌sau	₌iau	₌ɕiau	₌iau	iau⁼	⁼ɕiau
安波满	₌tʂʰau	₌tʂau	₌sau	₌iau	₌ɕiau	₌iau	₌iau	⁼ɕiau
庄河市	₌tʂʰau	₌tʂau	₌sau	₌iau	₌ɕiau	₌iau	iau⁼	⁼ɕiau
蓉花山	₌tʂʰau	₌tʂau	₌sau	₌iau	₌ɕiau	₌iau	iau⁼	⁼ɕiau
大长山	₌tʃʰau	₌tʃau	₌ʃau	iau⁼	₌ɕiau	₌iau	iau⁼	⁼ʃau
广鹿	₌tʂʰau	₌tʂau	₌sau	₌iau	₌ɕiau	₌iau	iau⁼	⁼ɕiau
獐子岛	₌tʃʰau	₌tʃau	₌ʃau	₌iau	₌ɕiau	₌iau	₌iau	⁼ʃau

例字	赵	扰	笑	某	亩	牡	母	走
中古音	效开三上小澄	效开三上小日	效开三去小心	流开一上厚明	流开一上厚明	流开一上厚明	流开一上厚明	流开一上厚精
革镇堡	tʂau⁼	⁼iau	ɕiau⁼	⁼mu	⁼mu	⁼mu	⁼mu	⁼tsou
营城子	tʂau⁼	⁼iau	ɕiau⁼	⁼mu	⁼mu	⁼mu	⁼mu	⁼tsou
杏树屯	tsau⁼	⁼iau	ɕiau⁼	m̩	m̩	m̩	m̩	⁼tsou
亮甲店	tʂau⁼	⁼iau	ɕiau⁼	⁼mu	⁼mu	⁼mu	⁼mu	⁼tsou
大魏家	tʂau⁼	⁼iau	ɕiau⁼	⁼mu	⁼mu	⁼mu	⁼mu	⁼tsou
七顶山	tʂau⁼	⁼iau	ɕiau⁼	⁼mu	⁼mu	⁼mu	⁼mu	⁼tsou
复州	tʂau⁼	⁼iau	ɕiau⁼	⁼mu	⁼mu	⁼mu	⁼mu	⁼tsou
万家岭	tʂau⁼	⁼iau	ɕiau⁼	⁼mu	⁼mu	⁼mu	⁼mu	⁼tʂou
三台	tʂau⁼	⁼iau	ɕiau⁼	⁼mu	⁼mu	⁼mu	⁼mu	⁼tsou
皮口	tsau⁼	⁼iau	ɕiau⁼	⁼mu	⁼mu	⁼mu	⁼mu	⁼tsou
普市	tʂau⁼	⁼iau	ɕiau⁼	m̩	m̩	m̩	m̩	⁼tsou
安波汉	tʂau⁼	⁼iau	ɕiau⁼	⁼mu	⁼mu	⁼mu	⁼mu	⁼tsou
安波满	tʂau⁼	⁼iau	ɕiau⁼	⁼mu	⁼mu	⁼mu	⁼mu	⁼tsou
庄河市	tsau⁼	⁼iau	ɕiau⁼	m̩	m̩	m̩	m̩	⁼tsou
蓉花山	tʂau⁼	⁼iau	ɕiau⁼	⁼mu	⁼mu	⁼mu	⁼mu	⁼tsou
大长山	tʃau⁼	⁼iau	ʃau⁼	m̩	m̩	m̩	m̩	⁼tsou
广鹿	tsau⁼	⁼iau	ɕiau⁼	m̩	m̩	m̩	m̩	⁼tsou
獐子岛	tʃau⁼	⁼iau	ʃau⁼	⁼mu	⁼mu	mu⁼	⁼mu	⁼tsou

附录二 大连18个方言点语音专题代表字的读音

例字	留	流	抽	绸	愁	周	揉	牛
中古音	流开三平尤来	流开三平尤来	流开三平尤彻	流开三平尤澄	流开三平尤崇	流开三平尤章	流开三平尤日	流开三平尤疑
革镇堡	₌liou	₌liou	₌tʂhou	₌tʂou	₌tʂhou	₌tʂou	₌iou	₌niou
营城子	₌liou	₌liou	₌tʂhou	₌tʂou	₌tʂhou	₌tʂou	₌iou	₌niou
杏树屯	₌liou	liou⁼	₌tʂhou	tʂou⁼	tʂhou⁼	₌tʂou	₌iou	₌niou
亮甲店	₌liou	liou⁼	₌tʂhou	tʂou⁼	tʂhou⁼	₌tʂou	₌iou	₌niou
大魏家	₌liou	₌liou	₌tʂhou	₌tʂou	₌tʂhou	₌tʂou	₌iou	₌niou
七顶山	₌liou	₌liou	₌tʂhou	₌tʂou	₌tʂhou	₌tʂou	₌iou	₌niou
复州	₌liou	₌liou	₌tʂhou	₌tʂou	₌tʂhou	₌tʂou	₌iou	₌niou
万家岭	₌liou	₌liou	₌tʂhou	₌tʂou	₌tʂhou	₌tʂou	₌iou	₌niou
三台	₌liou	₌liou	₌tʂhou	₌tʂou	₌tʂhou	₌tʂou	₌iou	₌niou
皮口	₌liou	liou⁼	₌tʂhou	tʂou⁼	tʂhou⁼	₌tʂou	₌iou	₌niou
普市	₌liou	liou⁼	₌tʂhou	tʂou⁼	tʂhou⁼	₌tʂou	₌iou	₌niou
安波汉	₌liou	liou⁼	₌tʂhou	tʂou⁼	tʂhou⁼	₌tʂou	₌iou	₌niou
安波满	₌liou	₌liou	₌tʂhou	₌tʂou	₌tʂhou	₌tʂou	₌iou	₌niou
庄河市	₌liou	liou⁼	₌tʂhou	tʂou⁼	tʂhou⁼	₌tʂou	₌iou	₌niou
蓉花山	₌liou	liou⁼	₌tʂhou	₌tʂou	tʂhou⁼	₌tʂou	₌iou	₌niou
大长山	₌liou	liou⁼	₌tʃhou	tʃou⁼	tʃhou⁼	₌tʃou	₌iou	₌niou
广鹿	₌liou	liou⁼	₌tʂhou	₌tʂou	₌tʂhou	₌tʂou	₌iou	₌niou
獐子岛	₌liou	liou⁼	₌tʃhou	₌tʃou	₌tʃhou	₌tʃou	₌iou	₌niou

235

例字	邮	油	游	酒	手	受	九	瘦
中古音	流开三平尤云	流开三平尤以	流开三平尤以	流开三上有精	流开三上有书	流开三上有禅	流开三上有见	流开三去宥生
革镇堡	₋iou	₋iou	₋iou	⁻tɕiou	⁻ʂou	ʂouˀ	⁻tɕiou	souˀ
营城子	₋iou	₋iou	₋iou	⁻tɕiou	⁻ʂou	ʂouˀ	⁻tɕiou	souˀ
杏树屯	₋iou	₋iou	₋iou	⁻tɕiou	⁻ʂou	souˀ	⁻tɕiou	souˀ
亮甲店	₋iou	₋iou	₋iou	⁻tɕiou	⁻ʂou	ʂouˀ	⁻tɕiou	souˀ
大魏家	₋iou	₋iou	₋iou	⁻tɕiou	⁻ʂou	ʂouˀ	⁻tɕiou	souˀ
七顶山	₋iou	₋iou	₋iou	⁻tɕiou	⁻ʂou	ʂouˀ	⁻tɕiou	souˀ
复州	₋iou	₋iou	₋iou	⁻tɕiou	⁻ʂou	ʂouˀ	⁻tɕiou	souˀ
万家岭	₋iou	₋iou	₋iou	⁻tɕiou	⁻ʂou	ʂouˀ	⁻tɕiou	ʂouˀ
三台	₋iou	₋iou	₋iou	⁻tɕiou	⁻ʂou	ʂouˀ	⁻tɕiou	ʂouˀ
皮口	₋iou	₋iou	₋iou	⁻tɕiou	⁻ʂou	souˀ	⁻tɕiou	souˀ
普市	₋iou	₋iou	₋iou	⁻tɕiou	⁻ʂou	ʂouˀ	⁻tɕiou	souˀ
安波汉	₋iou	₋iou	iouˀ	⁻tɕiou	⁻ʂou	ʂouˀ	⁻tɕiou	souˀ
安波满	₋iou	₋iou	₋iou	⁻tɕiou	⁻ʂou	ʂouˀ	⁻tɕiou	souˀ
庄河市	₋iou	₋iou	₋iou	⁻tɕiou	⁻ʂou	souˀ	⁻tɕiou	souˀ
蓉花山	₋iou	₋iou	₋iou	⁻tɕiou	⁻ʂou	ʂouˀ	⁻tɕiou	souˀ
大长山	₋iou	₋iou	₋iou	⁻tʃou	⁻ʃou	ʃouˀ	⁻ciou	souˀ
广鹿	₋iou	₋iou	₋iou	⁻tɕiou	⁻ʂou	souˀ	⁻tɕiou	souˀ
獐子岛	₋iou	₋iou	₋iou	⁻tʃou	⁻ʃou	ʃouˀ	⁻ciou	souˀ

附录二 大连18个方言点语音专题代表字的读音

例字	南	男	搭	答	纳~鞋底	纳出~	拉~车	拉~屎
中古音	咸开一平覃泥	咸开一平覃泥	咸开一入合端	咸开一入合端	咸开一入合泥	咸开一入合泥	咸开一入合来	咸开一入合来
革镇堡	₌nan	₌nan	⁼ta	⁼ta	₌na	₌na	⁼la	₌la
营城子	₌nan	₌nan	⁼ta	⁼ta	₌na	₌na	⁼la	₌la
杏树屯	₌nan	nan⁼	⁼ta	⁼ta	⁼na	na⁼	⁼la	₌la
亮甲店	₌nan	nan⁼	⁼ta	⁼ta	⁼na	na⁼	⁼la	₌la
大魏家	₌nan	₌nan	⁼ta	⁼ta	₌na	⁼na	⁼la	₌la
七顶山	₌nan	₌nan	⁼ta	⁼ta	na⁼	na⁼	⁼la	₌la
复州	₌nan	₌nan	⁼ta	⁼ta	⁼na	na⁼	⁼la	₌la
万家岭	₌nan	₌nan	⁼ta	⁼ta	na⁼	na⁼	⁼la	₌la
三台	₌nan	₌nan	⁼ta	⁼ta	na⁼	na⁼	₌la	₌la
皮口	₌nan	nan⁼	⁼ta	⁼ta	⁼na	na⁼	⁼la	₌la
普市	₌nan	nan⁼	⁼ta	⁼ta	⁼na	na⁼	⁼la	₌la
安波汉	₌nan	₌nan~人	⁼ta	⁼ta	⁼na	na⁼	⁼la	₌la
安波满	₌nan	₌nan	⁼ta	₌ta	⁼na	na⁼	⁼la	₌la
庄河市	₌nan	nan⁼	⁼ta	⁼ta	⁼na	na⁼	⁼la	₌la
蓉花山	₌nan	nan⁼	⁼ta	⁼ta	⁼na	na⁼	⁼la	₌la
大长山	₌nan	nan⁼	⁼ta	⁼ta	⁼na	na⁼	⁼la	₌la
广鹿	₌nan	nan⁼	⁼ta	⁼ta	⁼na	na⁼	⁼la	₌la
獐子岛	₌nan	₌nan	⁼tha	⁼ta	⁼na	₌na	⁼la	₌la

237

例字	杂	蛤~蜊	鸽	喝~水	合	盒	蓝	篮
中古音	咸开一入合从	咸开一入合见	咸开一入合见	咸开一入合晓	咸开一入合匣	咸开一入合匣	咸开一平谈来	咸开一平谈来
革镇堡	₌tsa	₌ka	₌kə	⁼xa	₌xə	₌xə	₌lan	₌lan
营城子	₌tsa	₌ka	₌kə	⁼xa	₌xə	₌xə	₌lan	₌lan
杏树屯	tsaᵓ	kaᵓ	₌kə	⁼xa	xəᵓ	xəᵓ	₌lan	lanᵓ
亮甲店	tsaᵓ	kaᵓ	₌kə	⁼xa	xəᵓ	xəᵓ	₌lan	lanᵓ
大魏家	₌tsa	不说	₌kə	⁼xa	₌xə	₌xə	₌lan	₌lan
七顶山	₌tsa	不说	₌kə	₌xə	₌xə	₌xə	₌lan	₌lan
复州	₌tsa	₌ka	₌kə	⁼xa	₌xə	₌xə	₌lan	₌lan
万家岭	₌tʂa	₌ka	₌kə 多 ₌kə 少	₌xə	₌xə	₌xə	₌lan	₌lan
三台	₌tsa	₌ka	₌kə	₌xə	₌xə	₌xə	₌lan	₌lan
皮口	tsaᵓ	kaᵓ	⁼kə	⁼xa	xəᵓ	xəᵓ	₌lan	lanᵓ
普市	tsaᵓ	kaᵓ	₌kə	₌xə	xəᵓ	xəᵓ	₌lan	lanᵓ
安波汉	tsaᵓ	kaᵓ	₌kə	⁼xa 老 ₌xə 新	xəᵓ	xəᵓ	₌lan	lanᵓ ~子
安波满	₌tsa	₌ka	₌kə	₌xə	₌xə	₌xə	₌lan	₌lan
庄河市	tsaᵓ	kaᵓ	⁼kə	⁼xa	⁼xə	xəᵓ	₌lan	lanᵓ
蓉花山	tsaᵓ	kaᵓ	⁼kə	⁼xa	xəᵓ	xəᵓ	₌lan	lanᵓ
大长山	tsaᵓ	kaᵓ	⁼kə	⁼xa	⁼xə	xəᵓ	₌lan	lanᵓ
广鹿	tsaᵓ	kaᵓ	⁼kə	⁼xa	xəᵓ	xəᵓ	₌lan	lanᵓ
獐子岛	₌tsa	₌ka	⁼kə	⁼xa	₌xuo	₌xuo	₌lan	₌lan

附录二 大连 18 个方言点语音专题代表字的读音

例字	三	呔_吃	暂	腊	蜡	塌	磕_{-倒}	磕_{-头}
中古音	咸开一平谈心	咸开一去阚定	咸开一去阚从	咸开一入盍来	咸开一入盍来	咸开一入盍透	咸开一入盍溪	咸开一入盍溪
革镇堡	₋san	⁼tai	⁼tsan	₋la	₋la	⁼tha	⁼kha	⁼kha
营城子	₋san	⁼tai	₋tsan	₋la	₋la	₋tha	⁼kha	⁼khə
杏树屯	₋san	⁼tai	⁼tsan	ˀla	ˀla	⁼tha	⁼kha	⁼kha
亮甲店	₋san	⁼tai	⁼tsan	ˀla	ˀla	⁼tha	⁼kha	⁼kha
大魏家	₋san	⁼tai	⁼tsan	laˀ	laˀ	⁼tha	⁼kha	⁼kha
七顶山	₋san	⁼tai	⁼tsan	laˀ	laˀ	⁼tha	⁼kha	⁼khə
复州	₋san	⁼tai	⁼tsan	ˀla	ˀla	⁼tha	⁼kha	⁼kha
万家岭	₋ʂan	⁼tai	⁼tʂan	laˀ	laˀ	⁼tha	⁼kha	⁼kha
三台	₋san	不说	⁼tʂan	laˀ	laˀ	不说	⁼kha	₋khə
皮口	₋san	⁼tai	⁼tsan	ˀla	ˀla	⁼tha	⁼kha	⁼kha
普市	₋san	⁼tai	⁼tʂan	ˀla	ˀla	⁼tha	⁼kha	₋khə
安波_汉	₋san	⁼tai	⁼tʂan	laˀ	laˀ	⁼tha	⁼kha	⁼kha
安波_满	₋san	⁼tai	⁼tʂan	laˀ	laˀ	⁼tha	⁼kha	₋khə
庄河市	₋san	⁼tei	⁼tsan	laˀ	ˀla	⁼tha	⁼kha	⁼kha
蓉花山	₋san	⁼tai	⁼tsan	ˀla	laˀ	⁼tha	⁼kha	⁼kha
大长山	₋san	⁼tai	⁼tsan	ˀla	ˀla	⁼tha	⁼kha	⁼kha
广鹿	₋san	⁼tai	⁼tsan	ˀla	ˀla	⁼tha	⁼kha	⁼kha
獐子岛	₋san	⁼tai	⁼tsan	ˀla	ˀla	⁼tha	⁼kha	⁼kha

例字	馋	站	插	掐用指甲~	掐~死	甲	鸭	压~坏/高血~
中古音	咸开二平咸崇	咸开二去陷知	咸开二入洽初	咸开二入洽溪	咸开二入洽溪	咸开二入狎见	咸开二入狎影	咸开二入狎影
革镇堡	₌tshan	tsanᵓ	ᶜtsha	ᶜtɕhia	₌tɕhia	ᶜtɕia	ᶜia	iaᵓ
营城子	₌tshan	tsanᵓ	₌tsha	₌tɕhia	₌tɕhia	ᶜtɕia	₌ia	₌ia
杏树屯	tshanᵓ	tsanᵓ	ᶜtsha	ᶜtɕhia	₌tɕhia	ᶜtɕia	ᶜia	iaᵓ
亮甲店	tshanᵓ	tsanᵓ	ᶜtsha	ᶜtɕhia	₌tɕhia	ᶜtɕia	ᶜia	iaᵓ
大魏家	₌tshan	tsanᵓ	ᶜtsha	ᶜtɕhia	₌tɕhia	ᶜtɕia	ᶜia	iaᵓ
七顶山	₌tshan	tsanᵓ	₌tsha	ᶜtɕhia	₌tɕhia	ᶜtɕia	₌ia	iaᵓ
复州	₌tshan	tsanᵓ	ᶜtsha	ᶜtɕhia	₌tɕhia	ᶜtɕia	ᶜia	iaᵓ
万家岭	₌tʂhan	tʂanᵓ	ᶜtʂha	ᶜtɕhia	₌tɕhia	ᶜtɕia	ᶜia	iaᵓ
三台	₌tʂhan	tʂanᵓ	₌tʂha	₌tɕhia	₌tɕhia	ᶜtɕia	₌ia	iaᵓ
皮口	tshanᵓ	tsanᵓ	ᶜtsha	ᶜtɕhia	₌tɕhia	ᶜtɕia	ᶜia	iaᵓ
普市	tshanᵓ	tsanᵓ	ᶜtsha	ᶜtɕhia	₌tɕhia	ᶜtɕia	ᶜia	iaᵓ
安波汉	tshanᵓ	tsanᵓ	ᶜtsha	ᶜtɕhia	₌tɕhia	ᶜtɕia	ᶜia	iaᵓ
安波满	₌tshan	tsanᵓ	ᶜtsha	ᶜtɕhia	₌tɕhia	ᶜtɕia	ᶜia	iaᵓ
庄河市	tshanᵓ	tsanᵓ	ᶜtsha	ᶜtɕhia	₌tɕhia	ᶜtɕia	ᶜia	iaᵓ
蓉花山	tshanᵓ	tsanᵓ	ᶜtsha	ᶜtɕhia	₌tɕhia	ᶜtɕia	ᶜia	iaᵓ
大长山	tshanᵓ	tsanᵓ	ᶜtsha	ᶜchia	₌chia	ᶜcia	ᶜia	iaᵓ
广鹿	tshanᵓ	tsanᵓ	ᶜtsha	ᶜtɕhia	₌tɕhia	ᶜtɕia	ᶜia	iaᵓ
獐子岛	₌tshan	tsanᵓ	ᶜtsha	ᶜchia	₌chia	ᶜcia	ᶜia	iaᵓ

附录二 大连18个方言点语音专题代表字的读音

例字	粘	镰	帘	尖	沾	盐	阎	闪
中古音	咸开三平盐泥	咸开三平盐来	咸开三平盐来	咸开三平盐精	咸开三平盐知	咸开三平盐以	咸开三平盐以	咸开三上琰书
革镇堡	₌nien	₌lien	₌lien	₌tɕien	₌tʂan	₌ien	₌ien	⁼ʂan
营城子	₌nien	₌lien	₌lien	₌tɕien	₌tʂan	₌ien	₌ien	⁼ʂan
杏树屯	₌nien	lien⁼	lien⁼	₌tɕien	₌tʂan	₌ien	₌ien	⁼san
亮甲店	₌nien	lien⁼	lien⁼	₌tɕien	₌tʂan	₌ien	ien⁼	⁼ʂan
大魏家	₌nien	₌lien	₌lien	₌tɕien	₌tʂan	₌ien	₌ien	⁼ʂan
七顶山	₌nien	₌lien	₌lien	₌tɕien	₌tʂan	₌ien	₌ien	⁼ʂan
复州	₌nien	₌lien	₌lien	₌tɕien	₌tʂan	₌ien	₌ien	⁼ʂan
万家岭	₌nien	₌lien	₌lien	₌tɕien	₌tʂan	₌ien	₌ien	⁼ʂan
三台	₌nien	₌lien	₌lien	₌tɕien	₌tʂan	₌ien	₌ien	⁼ʂan
皮口	₌nien	lien⁼	lien⁼	₌tɕien	₌tsan	₌ien	₌ien	⁼san
普市	₌nien	lien⁼	lien⁼	₌tɕien	₌tʂan	₌ien	₌ien	⁼ʂan
安波汉	₌nien	₌lien	₌lien	₌tɕien	₌tʂan	₌ien	ien⁼	⁼ʂan
安波满	₌nien	₌lien	₌lien	₌tɕien	₌tʂan	₌ien	₌ien	⁼ʂan
庄河市	₌nien	lien⁼	lien⁼	₌tɕien	₌tʂan	₌ien	ien⁼	⁼san
蓉花山	₌nien	₌lien	₌lien	₌tɕien	₌tʂan	₌ien	₌ien	⁼ʂan
大长山	₌nien	lien⁼	lien⁼	₌tʃan	₌tʃan	₌ien	₌ien	⁼ʃan
广鹿	₌nien	lien⁼	lien⁼	₌tɕien	₌tʂan	₌ien	ien⁼	⁼san
獐子岛	₌nien	₌lien	₌lien	₌tʃan	₌tʃan	₌ien	₌yen	⁼ʃan

241

例字	染	猎	接	折	褶	叶	页	业
中古音	咸开三上琰日	咸开三入叶来	咸开三入叶精	咸开三入叶章	咸开三入叶章	咸开三入叶以	咸开三入叶以	咸开三入业疑
革镇堡	ˤiɛn	liəˀ	ˬtɕiə	ˬtʂə	ˤtʂə	iəˀ	ˤiə	iəˀ
营城子	ˤiɛn	liəˀ	ˬtɕiə	ˬtʂə	ˬtʂə	iəˀ	ˤiə	iəˀ
杏树屯	ˤiɛn	liəˀ	ˤtɕiə	tɕiəˀ	ˤtɕiə	ˤiə	ˤiə	iəˀ
亮甲店	ˤiɛn	liəˀ	ˤtɕiə	ˤtʂə	ˤtʂə	iəˀ	ˤiə	iəˀ
大魏家	ˤiɛn	liəˀ	ˤtɕiə	ˬtʂə	ˤtʂə	iəˀ	ˤiə	iəˀ
七顶山	ˤiɛn	liəˀ	ˬtɕiə	ˬtʂə	ˤtʂə	iəˀ	ˤiə	iəˀ
复州	ˤiɛn	liəˀ	ˤtɕiə	ˬtʂə	ˤtʂə	ˤiə	ˤiə	iəˀ
万家岭	ˤiɛn	liəˀ	ˤtɕiə	ˤtʂə	ˤtʂə	iəˀ	iəˀ	iəˀ
三台	ˤiɛn	liəˀ	ˤtɕiə	ˬtʂə	ˤtʂə	iəˀ	iəˀ	iəˀ
皮口	ˤiɛn	liəˀ	ˤtɕiə	tɕiəˀ	ˤtsə	ˤiə	ˤiə	iəˀ
普市	ˤiɛn	liəˀ	ˤtɕiə	ˤtʂə	ˤtʂə	iəˀ	ˤiə	iəˀ
安波汉	ˤiɛn	liəˀ	ˤtɕiə	ˬtʂə	ˤtʂə	iəˀ	iəˀ	iəˀ
安波满	ˤiɛn	liəˀ	ˤtɕiə	ˬtʂə	ˤtʂə	iəˀ	iəˀ	iəˀ
庄河市	ˤiɛn	liəˀ	ˤtɕiə	ˤtsə	ˤtsə	ˤiə	ˤiə	iəˀ
蓉花山	ˤiɛn	ˬliə	ˤtɕiə	ˬtʂə	ˤtʂə	iəˀ	ˤiə	ˬiə
大长山	ˤiɛn	liəˀ	ˤtʃə	tʃəˀ	ˤtʃə	iəˀ	iəˀ	iəˀ
广鹿	ˤiɛn	liəˀ	ˤtɕiə	tɕiəˀ	ˤtɕiə	iəˀ	ˤiə	iəˀ
獐子岛	ˤiɛn	liəˀ	ˤtʃə	ˬtʃə	ˤtʃə	ˤiə	ˤiə	iəˀ

242

附录二　大连18个方言点语音专题代表字的读音

例字	撵夹	跌	贴	夹~住	法方~	淋	林树~/姓	临~时
中古音	咸开四平添见	咸开四入帖端	咸开四入帖透	咸开四入帖见	咸合三入乏非	深开三平侵来	深开三平侵来	深开三平侵来
革镇堡	不说	₌tiə	₌thiə	₌tɕia	ᶜfa	₌lin	₌lin	₌lin
营城子	₌tɕien	₌tiə	₌thiə	₌tɕia	ᶜfa	₌lin	₌lin	₌lin
杏树屯	₌tɕien	ᶜtiə	ᶜthiə	ᶜtɕia	ᶜfa	₌lin	lin²	₌lin
亮甲店	₌tɕien	ᶜtiə	ᶜthiə	ᶜtɕia	ᶜfa	₌lin	lin²	lin²
大魏家	₌tɕien	ᶜtiə	ᶜthiə	ᶜtɕia	ᶜfa	₌lin	₌lin	₌lin
七顶山	不说	₌tiə	₌thiə	₌tɕia	ᶜfa	₌lin	₌lin	₌lin
复州	₌tɕhien	ᶜtiə	ᶜthiə	₌tɕia	ᶜfa	₌lin	₌lin	₌lin
万家岭	₌tɕhien	ᶜtiə	ᶜthiə	₌tɕia	ᶜfa	₌lin	₌lin	₌lin
三台	不说	₌tiə	₌thiə	₌tɕia	ᶜfa	₌lin	₌lin	₌lin
皮口	₌tɕhien	ᶜtiə	ᶜthiə	ᶜtɕia	ᶜfa	₌lin	lin²	lin²
普市	₌tɕhien	ᶜtiə	ᶜthiə	ᶜtɕia	ᶜfa	₌lin	₌lin	₌lin~时,来~
安波汉	₌tɕhien	ᶜtiə	ᶜthiə	ᶜtɕia	ᶜfa	₌lin	lin²树~,姓~ / ₌lin树~	lin²
安波满	₌tɕhien	ᶜtiə	ᶜthiə	ᶜtɕia	ᶜfa	₌lin	₌lin	₌lin
庄河市	₌tɕhien	ᶜtiə	ᶜthiə	ᶜtɕia	ᶜfa	₌lin	lin²	lin²
蓉花山	₌tɕhien	ᶜtiə	ᶜthiə	ᶜtɕia	ᶜfa	₌lin	lin²	₌lin
大长山	₌chien	ᶜtiə	ᶜthiə	ᶜcia	ᶜfa	₌lin	lin²	lin²
广鹿	₌tɕhien	ᶜtiə	ᶜthiə	ᶜtɕia	ᶜfa	₌lin	lin²	₌lin
獐子岛	₌chien	ᶜtiə	ᶜthiə	₌cia	ᶜfa	₌lin	₌lin	₌lin

243

例字	临来~,光~	心	沉下~	沉重	针	深	枕名词	浸
中古音	深开三平侵来	深开三平侵心	深开三平侵澄	深开三平侵澄	深开三平侵章	深开三平侵书	深开三上寝章	深开三去沁精
革镇堡	₌lin	₌ɕin	tʂhən⁼	₌tʂhən	₌tsən	₌sən	⁼tʂən	⁼tɕhyn
营城子	₌lin	₌ɕin	tʂhən⁼	₌tʂhən	₌tsən	₌sən	⁼tʂən	⁼tɕhyn
杏树屯	lin⁼	₌ɕin	tʂhən⁼	tʂhən⁼	₌tsən	₌sən	⁼tʂən	⁼tɕhyn
亮甲店	lin⁼	₌ɕin	tʂhən⁼	₌tʂhən	₌tsən	₌sən	⁼tʂən	⁼tɕhyn
大魏家	₌lin	₌ɕin	tʂhən⁼	₌tʂhən	₌tsən	₌sən	⁼tʂən	⁼tɕhyn
七顶山	₌lin	₌ɕin	tʂhən⁼	₌tʂhən	₌tsən	₌sən	⁼tʂən	不说
复州	₌lin	₌ɕin	tʂhən⁼	₌tʂhən	₌tsən	₌sən	⁼tʂən	⁼tɕhin
万家岭	₌lin	₌ɕin	tʂhən⁼	₌tʂhən	₌tsən	₌sən	⁼tʂən	⁼tɕhyn
三台	₌lin	₌ɕin	₌tʂhən	₌tʂhən	₌tsən	₌sən	⁼tʂən	⁼tɕhyn
皮口	lin⁼	₌ɕin	tshən⁼	tshən⁼	₌tsən	₌sən	⁼tsən	⁼tɕhyn
普市	lin⁼ 光~	₌ɕin	tʂhən⁼	tʂhən⁼	₌tsən	₌sən	⁼tsən	⁼tɕhyn
安波汉	lin⁼	₌ɕin	tshən⁼ 老 tʂhən⁼ 新	tʂhən⁼	₌tsən	₌sən	⁼tʂən	⁼tɕhyn
安波满	₌lin	₌ɕin	tʂhən⁼	₌tʂhən	₌tsən	₌sən	⁼tʂən	⁼tɕhyn
庄河市	lin⁼	₌ɕin	tshən⁼	tshən⁼	₌tsən	₌sən	⁼tʂən	⁼tɕhyn
蓉花山	₌lin	₌ɕin	tʂhən⁼	tʂhən⁼	₌tsən	₌sən	⁼tʂən	⁼tɕhyn
大长山	lin⁼	₌ʃən	tʃhən⁼	tʃhən⁼	₌tʃən	₌ʃən	⁼tʃən	⁼tʃhuən
广鹿	₌lin 光~ lin⁼ 来~	₌ɕin	tʂhən⁼	tʂhən⁼	₌tsən	₌sən	⁼tsən	⁼tɕhyn
獐子岛	₌lin	₌ʃən	tʃhən⁼	₌tʃhən	₌tʃən	₌ʃən	⁼tʃən	⁼tʃhuən

附录二 大连18个方言点语音专题代表字的读音

例字	渗	枕动词	立	集	习	蛰惊~	涩	汁墨~
中古音	深开三去沁生	深开三去沁章	深开三入缉来	深开三入缉从	深开三入缉邪	深开三入缉澄	深开三入缉生	深开三入缉章
革镇堡	sənˀ	ˁtʂən	leiˀ	₌tɕi	ˁɕi	₌tʂə	ˀsə	ˀtʂɹ
营城子	sənˀ	ˁtʂən	liˀ	₌tɕi	ˁɕi	₌tʂə	ˀsə	ˀtʂɹ
杏树屯	sənˀ	tsənˀ	leiˀ	tɕiˀ	ˁɕi	tɕiəˀ	ˀsə	ˀtɕi
亮甲店	sənˀ	ˁtʂən	leiˀ	tɕiˀ	ˁɕi	tʂəˀ	ˀsə	ˀtʂɹ
大魏家	sənˀ	tsənˀ	leiˀ	₌tɕi	ˁɕi	₌tʂə	ˀsə	ˀtʂɹ
七顶山	sənˀ	tsənˀ	leiˀ	₌tɕi	ˁɕi	₌tʂə	ˀsə	ˀtʂɹ
复州	sənˀ	tsənˀ	liˀ	₌tɕi	ˁɕi	₌tʂə	ˀsə	ˀtʂɹ
万家岭	ʂənˀ	tsənˀ	liˀ	₌tɕi	ˁɕi	₌tʂə	ˀʂə	ˀtʂɹ
三台	ʂənˀ	ˁtʂən	liˀ	₌tɕi	ˁɕi	₌tʂə	ˀsə	ˀtʂɹ
皮口	sənˀ	tsənˀ	leiˀ	tɕiˀ	ˁɕi	tɕiəˀ	ˀsə	ˀtɕi
普市	sənˀ	tsənˀ	leiˀ	tɕiˀ	ˁɕi	tʂəˀ	ˀsə	ˀtʂɹ
安波汉	ʂənˀ	tsənˀ	leiˀ	tɕiˀ	ˁɕi	tʂəˀ	ˀsə	ˀtʂɹ
安波满	sənˀ	tsənˀ	leiˀ	₌tɕi 赶~ tɕiˀ ~合	ˁɕi	₌tʂə	ˀsə	ˀtʂɹ
庄河市	sənˀ	tsənˀ	ˁlei	tɕiˀ	ˁɕi	tɕiəˀ	ˀsə	ˀtɕi
蓉花山	sənˀ	tsənˀ	ˁlei	tɕiˀ ~合 ₌tɕi 赶~	ˁɕi	tʂəˀ	ˀsə	ˀtʂɹ
大长山	sənˀ	tʃənˀ	liˀ	tʃiˀ	ˁʃi	tʃəˀ	ˀsə	ˀtʃi
广鹿	sənˀ	tsənˀ	ˁlei	tɕiˀ	ˁɕi	tɕiəˀ	ˀsə	tɕiˀ
獐子岛	sənˀ	tʃənˀ	liˀ	₌tʃi	ˁʃi	₌tʃə	ˀsə	ˀtʃi

245

例字	湿	十	入	急	给	吸	伞	达
中古音	深开三入缉书	深开三入缉禅	深开三入缉日	深开三入缉见	深开三入缉见	深开三入缉晓	山开一上旱心	山开一入曷定
革镇堡	꜂ʂɿ	꜀ʂɿ	꜂y	꜂tɕi	꜂kei	꜂ɕi	꜂ʂan	꜀ta
营城子	꜂ʂɿ	꜀ʂɿ	꜂y	꜂tɕi	꜂kei	꜂ɕi	꜂ʂan	꜀ta
杏树屯	꜂ɕi	ɕi꜄	꜂y	꜂tɕi	꜂khei	꜂ɕi	꜂san	꜂ta
亮甲店	꜂ʂɿ	꜀ʂɿ	꜂y	꜀tɕi	꜂khei	꜂ɕi	꜂san	꜂ta
大魏家	꜂ʂɿ	꜀ʂɿ	꜂y	꜂tɕi	꜂khei	꜂ɕi	꜂ʂan	꜀ta
七顶山	꜂ʂɿ	꜀ʂɿ	꜂y	꜀tɕi	꜂khei	꜂ɕi	꜂ʂan	꜀ta
复州	꜂ʂɿ	꜀ʂɿ	꜂y	꜀tɕi	꜂khei	ɕi꜄	꜂ʂan	꜀ta
万家岭	꜂ʂɿ	꜀ʂɿ	꜂y	꜀tɕi	꜀khei	ɕi꜄	꜂ʂan	꜀ta
三台	꜂ʂɿ	꜀ʂɿ	꜂y	꜀tɕi	꜂kei	ɕi꜄	꜂ʂan	꜀ta
皮口	꜂ɕi	ɕi꜄	꜂y	꜂tɕi	꜂khei	꜂ɕi	꜂san	꜂ta
普市	꜂ʂɿ	꜀ʂɿ	꜂y	꜂tɕi	꜂khei	꜂ɕi	꜂ʂan	꜂ta
安波汉	꜂ʂɿ	꜀ʂɿ	꜂y	꜂tɕi	꜂khei	ɕi꜄	꜂san	ta꜄ ~到 ꜀ta ~发~
安波满	꜂ʂɿ	꜀ʂɿ	꜂y	꜂tɕi	꜂kei	ɕi꜄	꜂ʂan	꜀ta
庄河市	꜂ɕi	ɕi꜄	꜂y	꜂tɕi	꜂khei	꜂ɕi	꜂san	꜂ta
蓉花山	꜂ʂɿ	꜀ʂɿ	꜂y	꜂tɕi	꜂khei	꜂ɕi	꜂ʂan	꜂ta
大长山	꜂ʃɿ	ʃɿ	꜂y	꜂ci	꜂khei	꜂ɕi	꜂san	꜂ta
广鹿	꜂ɕi	ɕi꜄	꜂y	꜂tɕi	꜂khei	꜂ɕi	꜂san	꜂ta
獐子岛	꜂ʃɿ	ʃɿ	꜂y	꜀ci	꜂khei	꜂ɕi	꜂san	꜂ta ~到 ꜀ta ~到, 到~, 发~, 人名

246

附录二 大连18个方言点语音专题代表字的读音

例字	擸_撕	辣	擦	砸	割~苞米	葛_姓	渴	瞌~睡
中古音	山开一入曷来	山开一入曷来	山开一入曷清	山开一入曷从	山开一入曷见	山开一入曷见	山开一入曷溪	山开一入曷溪
革镇堡	₋lai	₌la	₌tsha	₌tsa	ˉka	ˉka	ˉkhə	ˉkha
营城子	₋lai	₌la	₌tsha	₌tsa	ˉka	ˉkə	ˉkhə	ˉkha
杏树屯	₋lai	ˉla	ˉtsha	tsaˀ	ˉka	ˉka	ˉkha	ˉkha
亮甲店	₋lai	ˉla	ˉtsha	tsaˀ	ˉka	ˉka	ˉkha	ˉkha
大魏家	₋lai	laˀ	ˉtsha	₌tsa	ˉka	ˉka	ˉkha	ˉkha
七顶山	₋lai	laˀ	₌tsha	₌tsa	ˉka	ˉka	ˉkha	ˉkha
复州	₋lai	ˉla	ˉtsha	₌tsa	ˉka	ˉka	ˉkha	₌kha
万家岭	₋lai	laˀ	ˉtʂha	₌tʂa	ˉka	ˉka	ˉkha	ˉkha
三台	₋lai	laˀ	₌tsha	₌tsa	ˉka	ˉka	ˉkhə	₌kha
皮口	₋lai	ˉla	ˉtsha	tsaˀ	ˉka	ˉka	ˉkha	ˉkha
普市	₋lai	laˀ	ˉtsha	tsaˀ	ˉka	ˉka	ˉkha	ˉkha
安波_汉	₋lai	laˀ	ˉtsha	tsaˀ	ˉka	ˉka	ˉkha	ˉkha
安波_满	₋lai	laˀ	ˉtsha	₌tsa	ˉka	ˉka	ˉkhə	ˉkha
庄河市	₋lai	ˉla	ˉtsha	tsaˀ	ˉka	ˉka	ˉkha	ˉkha
蓉花山	₋lai	ˉla	ˉtsha	₌tsa	ˉka	ˉka	ˉkha	ˉkha
大长山	₋lai	ˉla	ˉtsha	tsaˀ	ˉka	ˉka	ˉkha	ˉkha
广鹿	₋lai	ˉla	ˉtsha	tsaˀ	ˉka	ˉka	ˉkha	ˉkha
獐子岛	₋lai	ˉla	ˉtsha	₌tsa	ˉka	ˉka	ˉkha	ˉkha

例字	山	产	八	抹~桌子	杀	训远点~着	瞎	棉
中古音	山开二平山生	山开二上产山	山开二入黠帮	山开二入黠明	山开二入黠生	山开二去谏生	山开二入鎋晓	山开三平仙明
革镇堡	₋san	⁼san	⁼pa	₌ma	₌sa	₋ʂan	₋ɕia	₋miɛn
营城子	₋san	⁼san	⁼pa	₌ma	₌sa	₋ʂan	₋ɕia	₋miɛn
杏树屯	₋san	⁼san	⁼pa	₌ma	₌sa	₋san	₋ɕia	₋miɛn
亮甲店	₋san	⁼san	⁼pa	₌ma	₌sa	₋ʂan	₋ɕia	₋miɛn
大魏家	₋san	⁼ʂan	⁼pa	₌ma	₌sa	₋ʂan	₋ɕia	₋miɛn
七顶山	₋ʂan	⁼san	⁼pa	₌ma	₌sa	₋ʂan	₋ɕia	₋miɛn
复州	₋san	⁼san~量 ⁼tʂhan生~	⁼pa	₌ma	₌sa	₋ʂan	₋ɕia	₋miɛn
万家岭	₋ʂan	⁼ʂan老 ⁼tʂhan新	⁼pa	₌ma	₌ʂa	₋ʂan	₋ɕia	₋miɛn
三台	₋ʂan	⁼ʂan~量 ⁼tʂhan生~	⁼pa	₌ma	₌ʂa	₋ʂan	₋ɕia	₋miɛn
皮口	₋san	⁼san	⁼pa	₌ma	₌sa	₋san	₋ɕia	₋miɛn
普市	₋san	⁼tʂhan	⁼pa	₌ma	₌sa	₋san	₋ɕia	₋miɛn
安波汉	₋san	⁼san~量 ⁼tʂhan生~	⁼pa	₌ma	₌sa	₋san	₋ɕia	₋miɛn
安波满	₋ʂan	⁼san ⁼tʂhan	⁼pa	₌ma	₌sa	₋san	₋ɕia	₋miɛn
庄河市	₋san	⁼san~量 ⁼tʂhan生~	⁼pa	₌ma	₌sa	₋san	₋ɕia	₋miɛn
蓉花山	₋san	⁼tʂhan	⁼pa	₌ma	₌sa	₋san	₋ɕia	₋miɛn
大长山	₋san	⁼san	⁼pa	₌ma	₌sa	₋ʃan	₋ɕia	₋miɛn
广鹿	₋san	⁼san	⁼pa	₌ma	₌sa	₋san	₋ɕia	₋miɛn
獐子岛	₋san	⁼san	⁼pa	₌ma	₌sa	₋ʃan	₋ɕia	₋miɛn

附录二 大连 18 个方言点语音专题代表字的读音

例字	连	煎	缠	膻	癣	善	鳖	别 告~/~上
中古音	山开三平仙来	山开三平仙精	山开三平仙澄	山开三平仙章	山开三上狝心	山开三上狝禅	山开三入薛帮	山开三入薛并
革镇堡	₋lien	₋tɕien	₋tʂhan	₋san	ˉɕien	sanˉ	ˉpiə	₋piə
营城子	₋lien	₋tɕien	₋tʂhan	₋san	ˉtɕhyen	sanˉ	ˉpiə	₋piə
杏树屯	lienˉ	₋tɕien	tʂhanˉ	₋san	ˉɕien	sanˉ	ˉpiə	piəˉ
亮甲店	lienˉ	₋tɕien	tʂhanˉ	₋san	ˉɕyen	sanˉ	ˉpiə	piəˉ
大魏家	₋lien	₋tɕien	₋tʂhan	₋san	ˉɕyen	sanˉ	ˉpiə	₋piə
七顶山	₋lien	₋tɕien	₋tʂhan	₋san	ˉɕyen	sanˉ	ˉpiə	₋piə
复州	₋lien	₋tɕien	₋tʂhan	₋san	ˉɕyen	sanˉ	ˉpiə	₋piə
万家岭	₋lien	₋tɕien	₋tʂhan	₋san	ˉɕyen	sanˉ	ˉpiə	₋piə
三台	₋lien	₋tɕien	₋tʂhan	₋san	ˉɕien	sanˉ	ˉpiə	₋piə
皮口	lienˉ	₋tɕien	tʂhanˉ	₋san	ˉɕien	sanˉ	ˉpiə	piəˉ
普市	lienˉ	₋tɕien	tʂhanˉ	₋san	ˉɕyen	sanˉ	ˉpiə	piəˉ
安波汉	₋lien	₋tɕien	₋tʂhan	₋san	ˉɕyen	sanˉ	ˉpiə	piəˉ
安波满	₋lien	₋tɕien	₋tʂhan	₋san	ˉɕien	sanˉ	ˉpiə	₋piə
庄河市	lienˉ	₋tɕien	tʂhanˉ	₋san	ˉɕien	sanˉ	ˉpiə	piəˉ
蓉花山	lienˉ	₋tɕien	tʂhanˉ	₋san	ˉɕien	sanˉ	ˉpiə	piəˉ ₋piə
大长山	lienˉ	₋tʃan	tʃhanˉ	₋ʃan	ˉʃan	ʃanˉ	ˉpiə	piəˉ
广鹿	lienˉ	₋tɕien	tʂhanˉ	₋san	ˉɕien	sanˉ	ˉpiə	piəˉ
獐子岛	₋lien	₋tʃan	₋tʃhan	₋ʃan	ˉʃan	ʃanˉ	ˉpiə	₋piə

249

例字	裂~开	薛	蜇蝎子~人	蜇海~	这	舌	热	献~血
中古音	山开三入薛来	山开三入薛心	山开三入薛知	山开三入薛知	山开三入薛章	山开三入薛船	山开三入薛日	山开三去愿晓
革镇堡	liə˧	˓ɕyə	₌tʂə	₌tʂə	tɕiə˧	₌ʂə	iə˧	ɕien˧
营城子	liə˧	˓ɕyə	₌tʂə	₌tʂə	tɕiə˧	₌ʂə	iə˧	ɕien˧
杏树屯	˓liə	˓ɕyə	˓tɕiə	tɕiə˧	tɕiə˧	ɕiə˧	˓iə	˓ɕien
亮甲店	liə˧	˓ɕyə	₌tʂə	tʂə˧	tɕiə˧	ʂə˧	˓iə	ɕien˧
大魏家	liə˧	˓ɕyə	₌tʂə	₌tʂə	tɕiə˧	₌ʂə	iə˧	ɕien˧
七顶山	liə˧	˓ɕyə	₌tʂə	₌tʂə	tɕiə˧	₌ʂə	iə˧	ɕien˧
复州	˓liə	˓ɕyə	₌tʂə	₌tʂə	tɕiə˧	₌ʂə	iə˧	ɕien˧
万家岭	liə˧	˓ɕyə	₌tʂə	₌tʂə	tɕiə˧	₌ʂə	iə˧	ɕien˧
三台	liə˧	˓ɕyə	₌tʂə	₌tʂə	tsei˧	₌ʂə	iə˧	ɕien˧
皮口	˓liə	˓ɕyə	˓tɕiə	tɕiə˧	tɕiə˧	ɕiə˧	˓iə	˓ɕien
普市	˓liə	˓ɕyə	₌tʂə	tʂə˧	tɕiə˧	ʂə˧	iə˧	˓ɕien
安波汉	liə˧	˓ɕyə	₌tʂə	tʂə˧	tɕiə˧	ʂə˧	iə˧	ɕien˧
安波满	liə˧	˓ɕyə	₌tʂə	₌tʂə	tɕiə˧	₌ʂə	iə˧	ɕien˧
庄河市	˓liə	˓ɕyə	˓tɕiə	tɕiə˧	tɕiə˧	ɕiə˧	˓iə	˓ɕien
蓉花山	˓liə	˓ɕyə	₌tʂə	₌tʂə	tɕiə˧	ʂə˧	iə˧	˓ɕien
大长山	˓liə	˓ʃə	˓tʃə	tʃə˧	tʃə˧	ʃə˧	˓iə	˓ɕien
广鹿	˓liə	˓ɕyə	˓tɕiə	tɕiə˧	tɕiə˧	ɕiə˧	˓iə	˓ɕien
獐子岛	˓liə	˓ʃə	˓tʃə	₌tʃə	tʃə˧	₌ʃə	˓iə	ɕien

附录二　大连18个方言点语音专题代表字的读音

例字	揭	歇	蝎	眠	年	千	肩	趼
中古音	山开三入月见	山开三入月晓	山开三入月晓	山开四平先明	山开四平先泥	山开四平先清	山开四平先见	山开四上铣见
革镇堡	ˉtɕiə	ˍɕiə	ˉɕiə	ˍmien	ˍnien	ˍtɕʰien	ˉtɕien	ˉtɕiaŋ
营城子	ˉtɕiə	ˍɕiə	ˉɕiə	ˍmien	ˍnien	ˍtɕʰien	ˉtɕien	ˉtɕiaŋ
杏树屯	ˉtɕiə	ˍɕiə	ˉɕiə	ˍmien	ˍnien	ˍtɕʰien	ˉtɕien	ˉtɕiaŋ
亮甲店	ˉtɕiə	ˍɕiə	ˉɕiə	ˍmien	ˍnien	ˍtɕʰien	ˉtɕien	ˉtɕiaŋ
大魏家	ˉtɕiə	ˍɕiə	ˉɕiə	ˍmien	ˍnien	ˍtɕʰien	ˉtɕien	ˉtɕiaŋ
七顶山	ˉtɕiə	ˍɕiə	ˉɕiə	ˍmien	ˍnien	ˍtɕʰien	ˉtɕien	ˉtɕiaŋ
复州	ˉtɕiə	ˍɕiə	ˉɕiə	ˍmien	ˍnien	ˍtɕʰien	ˉtɕien	ˉtɕiaŋ
万家岭	ˉtɕiə	ˍɕiə	ˉɕiə	ˍmien	ˍnien	ˍtɕʰien	ˉtɕien	ˉtɕiaŋ
三台	ˉtɕiə	ˍɕiə	ˉɕiə	ˍmien	ˍnien	ˍtɕʰien	ˉtɕien	ˉtɕiaŋ
皮口	ˉtɕiə	ˍɕiə	ˉɕiə	ˍmien	ˍnien	ˍtɕʰien	ˉtɕien	ˉtɕiaŋ
普市	ˉtɕiə	ˍɕiə	ˉɕiə	ˍmien	ˍnien	ˍtɕʰien	ˉtɕien	ˉtɕiaŋ
安波汉	ˉtɕiə	ˍɕiə	ˉɕiə	ˍmien	ˍnien	ˍtɕʰien	ˉtɕien	ˉtɕiaŋ
安波满	ˉtɕiə	ˍɕiə	ˉɕiə	ˍmien	ˍnien	ˍtɕʰien	ˉtɕien	ˉtɕiaŋ
庄河市	ˉtɕiə	ˍɕiə	ˉɕiə	ˍmien	ˍnien	ˍtɕʰien	ˉtɕien	ˉtɕiaŋ
蓉花山	ˉtɕiə	ˍɕiə	ˉɕiə	ˍmien	ˍnien	ˍtɕʰien	ˉtɕien	ˉtɕiaŋ
大长山	ˉɕia	ˍɕia	ˉɕia	ˍmien	ˍnien	ˍtʃʰan	ˉɕien	ˉɕiaŋ
广鹿	ˉtɕiə	ˍɕiə	ˉɕiə	ˍmien	ˍnien	ˍtɕʰien	ˉtɕien	ˉtɕiaŋ
獐子岛	ˉɕia	ˍɕia	ˉɕia	ˍmien	ˍnien	ˍtʃʰan	ˉɕien	ˉɕiaŋ

251

例字	别~扭	憋	撇~捺，~开	捏~了他一下/~个小泥人	节	结	洁	团
中古音	山开四入屑帮	山开四入屑帮	山开四入屑滂	山开四入屑泥	山开四入屑精	山开四入屑见	山开四入屑见	山合一平桓定
革镇堡	piə˧	ˬpiə	ˬphiə	ˬniə	ˬtɕiə	ˬtɕiə	ˬtɕiə	ˬthuan
营城子	piə˧	ˬpiə	ˬphiə	ˬniə	ˬtɕiə	ˬtɕiə	ˬtɕiə	ˬthan
杏树屯	piə˧	ˬpiə	ˬphiə	ˬniə	ˬtɕiə	ˬtɕiə	tɕiə˧	than˧
亮甲店	piə˧	ˬpiə	ˬphiə	ˬniə	ˬtɕiə	ˬtɕiə	tɕiə˧	than˧
大魏家	piə˧	ˬpiə	ˬphiə	ˬniə	ˬtɕiə	ˬtɕiə	ˬtɕiə	ˬthan
七顶山	piə˧	ˬpiə	ˬphiə	niə˧	ˬtɕiə	ˬtɕiə	ˬtɕiə	ˬthuan
复州	piə˧	ˬpiə	ˬphiə	ˬniə	ˬtɕiə	ˬtɕiə	ˬtɕiə	ˬthan
万家岭	piə˧	ˬpiə	ˬphiə	ˬniə	ˬtɕiə	ˬtɕiə	ˬtɕiə	ˬthan
三台	piə˧	ˬpiə	ˬphiə	ˬniə	ˬtɕiə	ˬtɕiə	ˬtɕiə	ˬthuan
皮口	piə˧	ˬpiə	ˬphiə	ˬniə	ˬtɕiə	ˬtɕiə	tɕiə˧	than˧
普市	piə˧	ˬpiə	ˬphiə	ˬniə	ˬtɕiə	ˬtɕiə	tɕiə˧	than˧
安波汉	piə˧	ˬpiə	ˬphiə	ˬniə	ˬtɕiə	ˬtɕiə	ˬtɕiə	than˧
安波满	piə˧	ˬpiə	ˬphiə	ˬniə	ˬtɕiə	ˬtɕiə	ˬtɕiə	ˬthuan
庄河市	piə˧	ˬpiə	ˬphiə	ˬniə	ˬtɕiə	ˬtɕiə	tɕiə˧	than˧
蓉花山	piə˧	ˬpiə	ˬphiə	ˬniə	ˬtɕiə	ˬtɕiə	ˬtɕiə	than˧
大长山	piə˧	ˬpiə	ˬphiə	ˬniə	ˬtʃə	ˬciə	ciə˧	than˧
广鹿	piə˧	ˬpiə	ˬphiə	ˬniə	ˬtɕiə	ˬtɕiə	tɕiə˧	than˧
獐子岛	piə˧	ˬpiə	ˬphiə	ˬniə	ˬtʃə	ˬtʃə	ˬciə	ˬthan

附录二 大连18个方言点语音专题代表字的读音

例字	酸	短	断	暖~壶	乱	蒜	泼	抹
中古音	山合一平桓心	山合一上缓端	山合一上缓定	山合一上缓泥	山合一去换来	山合一去换心	山合一入末滂	山合一入末明
革镇堡	₋suan	⁼tuan	tuan⁼	⁼nan	lan⁼	suan⁼	₋phə	⁼mə
营城子	₋suan	⁼tuan	tuan⁼	⁼nan	lan⁼	suan⁼	₋phə	⁼mə
杏树屯	₋san	⁼tan	tan⁼	⁼nan	lan⁼	san⁼	₋phə	⁼mə
亮甲店	₋san	⁼tan	tan⁼	⁼nan	lan⁼	san⁼	₋phə	⁼mə
大魏家	₋san	⁼tan	tan⁼	⁼nan	lan⁼	san⁼	₋phə	⁼mə
七顶山	₋suan	⁼tan	tan⁼	⁼nan	lan⁼	suan⁼	₋phə	⁼mə
复州	₋san	⁼tan	tan⁼	⁼nan	lan⁼	san⁼	₋phə	⁼mə
万家岭	₋ṣan	⁼tan	tan⁼	⁼nan	lan⁼	ṣan⁼	₋phə	⁼mə
三台	₋suan	⁼tuan	tuan⁼	⁼nuan	luan⁼	suan⁼	₋phə	⁼mə
皮口	₋san	⁼tan	tan⁼	⁼nan	lan⁼	san⁼	₋phə	⁼mə
普兰店	₋san	⁼tan	tan⁼	⁼nan	lan⁼	san⁼	₋phə	⁼mə
安波汉	₋san	⁼tan	tan⁼	⁼nan	lan⁼	san⁼	₋phə	⁼mə
安波满	₋suan	⁼tuan	tuan⁼	⁼nan	lan⁼	suan⁼	₋phə	⁼mə
庄河市	₋san	⁼tan	tan⁼	⁼nan	lan⁼	san⁼	₋phə	⁼mə
蓉花山	₋san	⁼tan	tan⁼	⁼nan	lan⁼	san⁼	₋phə	⁼mə
大长山	₋san	⁼tan	tan⁼	⁼nan	lan⁼	san⁼	₋phə	⁼mə
广鹿	₋san	⁼tan	tan⁼	⁼nan	lan⁼	san⁼	₋phə	⁼mə
獐子岛	₋san	⁼tan	tan⁼	⁼nai	lan⁼	san⁼	₋phə	⁼mə

253

例字	掇~盆(端)	脱	夺	闩	挖	刷	刮~风	刮~胡子
中古音	山合一入末端	山合一入末透	山合一入末定	山合二平删生	山合二入黠影	山合二入辖生	山合二入鎋见	山合二入鎋见
革镇堡	꜀tə	꜂thə	₌tə	꜀suan	꜀ua	₌sua	꜀kua	꜂khua
营城子	꜀tə	₌thuo	₌tə	꜀suan	꜀ua	₌sua	₌kua	꜂khua
杏树屯	꜀tə	꜂thə	tə꜄	₌tshan	꜀ua	₌sua	꜀kua	꜂khua
亮甲店	꜀tə	꜂thə	tə꜄	₌tshan	꜀ua	₌sua	꜀kua	꜂khua
大魏家	꜀tə	꜂thə	₌tə	₌tshan	꜀ua	꜀sua	꜀kua	꜂khua
七顶山	꜀tə	₌thuo	₌tə	꜀suan	꜀ua	₌sua	꜀kua	₌khua
复州	꜀tə	꜂thə	₌tə	₌tshan	꜀ua	₌sua	꜀kua	꜂khua
万家岭	꜀tə	꜂thə	₌tə	₌tʂhan	꜀ua	₌ʂua	꜀kua	꜂khua
三台	不说	₌thuo	₌tuo	不说	꜀ua	₌ʂua	꜀kua	꜂khua
皮口	꜀tə	꜂thə	tə꜄	₌suan	꜀ua	₌sua	꜀kua	꜂khua
普兰	₌tə	꜂thə	tə꜄	₌tshan	꜀ua	₌sua	꜀kua	꜂kua
安波汉	₌tə	꜂thə	tə꜄	₌tshan	꜀ua	₌sua	꜀kua	꜂khua
安波满	₌tə	꜂thuo	₌tə	₌suan 读字音	꜀ua	₌sua	꜀kua	꜂kua
庄河市	꜀tə	꜂thə	tə꜄	₌tshan	꜀ua	꜀sua	꜀kua	꜂khua
蓉花山	₌tə	꜂thə	tə꜄	₌tshan	꜀ua	₌sua	꜀kua	꜂khua
大长山	꜀tə	꜂thə	tə꜄	₌tshan	꜀ua	₌sua	꜀kua	꜂khua
广鹿	꜀tə	꜂thə	tə꜄	₌tshan	꜀ua	₌sua	꜀kua	꜂khua
獐子岛	꜀tə	꜂thə	₌tə	₌suan	꜀ua	꜀sua	꜀kua	꜂khua

附录二 大连18个方言点语音专题代表字的读音

例字	全	穿	船	拳	缘_(人~)	缘_(有~)	转_(~弯)	软
中古音	山合三平仙从	山合三平仙昌	山合三平仙船	山合三平仙群	山合三平仙以	山合三平仙以	山合三上狝知	山合三上狝日
革镇堡	₌tɕhyen	₌tʂhuan	₌tʂhuan	₌tɕhyen	₌yen	₌yen	˪tsuan	˪yen
营城子	₌tɕhyen	₌tʂhuan	₌tʂhuan	₌tɕhyen	₌yen	₌yen	˪tsuan	˪yen
杏树屯	tɕhyenꜗ	tʂhuanꜗ	tʂhuanꜗ	tɕhyenꜗ	ienꜗ	yenꜗ	˪tsuan	˪yen
亮甲店	tɕhyenꜗ	tʂhuanꜗ	tʂhuanꜗ	tɕhyenꜗ	ienꜗ	yenꜗ	˪tsuan	˪yen
大魏家	₌tɕhyen	₌tʂhuan	₌tʂhuan	₌tɕhyen	₌ien	₌yen	˪tsuan	˪yen
七顶山	₌tɕhyen	₌tʂhuan	₌tʂhuan	₌tɕhyen	₌yen	₌yen	˪tsuan	˪yen
复州	₌tɕhyen	₌tʂhuan	₌tʂhuan	₌tɕhyen	₌ien	₌yen	˪tsuan	˪yen
万家岭	₌tɕhyen	₌tʂhuan	₌tʂhuan	₌tɕhyen	₌yen	₌yen	˪tsuan	˪yen
三台	₌tɕhyen	₌tʂhuan	₌tʂhuan	₌tɕhyen	₌yen	₌yen	˪tsuan	˪yen
皮口	tɕhyenꜗ	₌tʂhuan	tʂhuanꜗ	tɕhyenꜗ	ienꜗ	yenꜗ	˪tsuan	˪yen
普市	tɕhyenꜗ	₌tʂhuan	tʂhuanꜗ	tɕhyenꜗ	ienꜗ	yenꜗ	˪tsuan	˪yen
安波_汉	tɕhyenꜗ	₌tʂhuan	tʂhuanꜗ	tɕhyenꜗ	₌ien	₌yen	˪tsuan	˪yen
安波_满	₌tɕhyen	₌tʂhuan	₌tʂhuan	₌tɕhyen	₌yen	₌yen	˪tsuan	˪yen
庄河市	tɕhyenꜗ	₌tʂhuan	tʂhuanꜗ	tɕhyenꜗ	ienꜗ	₌yen	˪tsuan	˪yen
蓉花山	tɕhyenꜗ	₌tʂhuan	tʂhuanꜗ	tɕhyenꜗ	₌ien	₌yen	˪tsuan	˪yen
大长山	thuanꜗ	₌thuan	thuanꜗ	chyenꜗ	ienꜗ	yenꜗ	˪tuan	˪yen
广鹿	tɕhyenꜗ	₌tʂhuan	tʂhuanꜗ	tɕhyenꜗ	ienꜗ	yenꜗ	˪tsuan	˪yen
獐子岛	₌chyen	₌thuan	₌thuan	₌chyen	₌ien	₌ien	˪tuan	˪yen

例字	捲㈱	转~头,~悠	劣	绝	雪	拙	说
中古音	山合三上狝见	山合三去线知	山合三入薛来	山合三入薛从	山合三入薛心	山合三入薛章	山合三入薛书
革镇堡	⁻tɕyen	tʂuanᵓ	liəᵓ	₌tɕyə	⁻ɕyə	⁻tsuo	₌ʂuo
营城子	⁻tɕyen	tʂuanᵓ	liəᵓ	₌tɕyə	⁻ɕyə	⁻tsuo	₌ʂuo
杏树屯	⁻tɕyen	tsuanᵓ	liəᵓ	tɕyəᵓ	⁻ɕyə	⁻tsuo	⁻ɕyə
亮甲店	⁻tɕyen	tsuanᵓ	liəᵓ	tɕyəᵓ	⁻ɕyə	⁻tsuo	⁻ʂuo
大魏家	⁻tɕyen	tsuanᵓ	liəᵓ	₌tɕyə	⁻ɕyə	⁻tsuo	⁻ʂuo
七顶山	⁻tɕyen	tsuanᵓ	liəᵓ	₌tɕyə	⁻ɕyə	₌tsuo	₌ʂuo
复州	⁻tɕyen	tsuanᵓ	liəᵓ	₌tɕyə	⁻ɕyə	⁻tsuo	⁻ʂuo
万家岭	⁻tɕyen	tʂuanᵓ	⁻liə	₌tɕyə	⁻ɕyə	⁻tʂuo	⁻ʂuo
三台	⁻tɕyen	tʂuanᵓ	liəᵓ	₌tɕyə	⁻ɕyə	₌tsuo	₌ʂuo
皮口	⁻tɕyen	tsuanᵓ	liəᵓ	tɕyəᵓ	⁻ɕyə	⁻tsuo	⁻ɕyə
普市	⁻tɕyen	tsuanᵓ	liəᵓ	tɕyəᵓ	⁻ɕyə	⁻tsuo	⁻ʂuo
安波汉	⁻tɕyen	tsuanᵓ	liəᵓ	tɕyəᵓ	⁻ɕyə	⁻tsuo	⁻ʂuo
安波满	⁻tɕyen	tsuanᵓ	liəᵓ	₌tɕyə	⁻ɕyə	⁻tsuo	⁻ʂuo
庄河市	⁻tɕyen	tsuanᵓ	liəᵓ	tɕyəᵓ	⁻ɕyə	⁻tɕyə	⁻ɕyə
蓉花山	⁻tɕyen	tsuanᵓ	liəᵓ	tɕyəᵓ	⁻ɕyə	⁻tsuo	⁻ɕyə
大长山	⁻cyen	tuanᵓ	⁻liə	cyəᵓ	⁻ʃə	⁻tuo	⁻ʃuo
广鹿	⁻tɕyen	tsuanᵓ	liəᵓ	tɕyəᵓ	⁻ɕyə	⁻tsuo	⁻ɕyə
獐子岛	⁻cyen	tuanᵓ	⁻liə	₌cyə	⁻ʃə	⁻tuo	⁻ʃuo

附录二 大连18个方言点语音专题代表字的读音

例字	园	发~财	袜	撅	橛~子	月 坐~子/闰~	月 ~亮/~饼
中古音	山合三平元云	山合三入月非	山合三入月微	山合三入月见	山合三入月群	山合三入月疑	山合三入月疑
革镇堡	₌yɛn	⁼fa	₌ua	⁼tɕyə	₌tɕyə	yə⁼	yə⁼
营城子	₌yɛn	⁼fa	ua⁼	⁼tɕyə	₌tɕyə	yə⁼	yə⁼
杏树屯	yɛn⁼	⁼fa	⁼ua	₌tɕyə	tɕyə⁼	⁼yə	yə⁼
亮甲店	yɛn⁼	⁼fa	⁼ua	⁼tɕyə	tɕyə⁼	⁼yə	yə⁼
大魏家	yɛn⁼	⁼fa	ua⁼	₌tɕyə	₌tɕyə	yə⁼	yə⁼
七顶山	₌yɛn	⁼fa	ua⁼	₌tɕyə	₌tɕyə	yə⁼	yə⁼
复州	₌yɛn	⁼fa	⁼ua	₌tɕyə	₌tɕyə	⁼yə	yə⁼
万家岭	₌yɛn	⁼fa	ua⁼	⁼tɕyə	₌tɕyə	yə⁼	yə⁼
三台	₌yɛn	⁼fa	ua⁼	⁼tɕyə	₌tɕyə	yə⁼	yə⁼
皮口	yɛn⁼	⁼fa	⁼ua	₌tɕyə	tɕyə⁼	⁼yə	yə⁼
普市	yɛn⁼	⁼fa	ua⁼	₌tɕyə	tɕyə⁼	⁼yə	yə⁼
安波汉	yɛn⁼	⁼fa	ua⁼	⁼tɕyə	tɕyə⁼	⁼yə	yə⁼
安波满	₌yɛn	⁼fa	ua⁼	⁼tɕyə	₌tɕyə	yə⁼	yə⁼
庄河市	₌yɛn	⁼fa	⁼ua	⁼tɕyə	tɕyə⁼	⁼yə	yə⁼
蓉花山	₌yɛn	⁼fa	⁼ua	⁼tɕyə	₌tɕyə	⁼yə	yə⁼
大长山	yɛn⁼	⁼fa	⁼ua	₌chyə	cyə⁼	⁼yə	yə⁼
广鹿	yɛn⁼	⁼fa	⁼ua	⁼tɕyə	tɕyə⁼	⁼yə	yə⁼
獐子岛	₌yɛn	⁼fa	⁼ua	⁼chyə	₌cyə	⁼yə	yə⁼

257

例字	决	缺~人/~揍/~德	血	艮	鳞	邻	津	陈
中古音	山合四入屑见	山合四入屑溪	山合四入屑晓	臻开一去恨见	臻开三平真来	臻开三平真来	臻开三平真精	臻开三平真澄
革镇堡	₌tɕyə	⁼tɕhyə	⁼ɕiə	⁼kən	₌lin	₌lin	₌tɕyn	₌tʂhən
营城子	₌tɕyə	⁼tɕhyə	⁼ɕiə	⁼kən	₌lin	₌lin	₌tɕyn	₌tʂhən
杏树屯	tɕyə⁼	⁼tɕhyə	⁼ɕiə	⁼kən	₌lin	lin⁼	₌tɕyn	tʂhən⁼
亮甲店	tɕyə⁼	⁼tɕhyə	⁼ɕiə	⁼kən	₌lin	lin⁼	₌tɕyn	tʂhən⁼
大魏家	₌tɕyə	⁼tɕhyə	⁼ɕiə	⁼kən	₌lin	₌lin	₌tɕyn	₌tʂhən
七顶山	₌tɕyə	⁼tɕhyə	⁼ɕiə	⁼kən	₌lin	₌lin	₌tɕyn	₌tʂhən
复州	₌tɕyə	⁼tɕhyə	⁼ɕiə	⁼kən	₌lin	₌lin	₌tɕyn	₌tʂhən
万家岭	₌tɕyə	⁼tɕhyə	⁼ɕiə	⁼kən	₌lin	₌lin	₌tɕyn	₌tʂhən
三台	₌tɕyə	₌tɕhyə	⁼ɕiə	⁼kən	₌lin	₌lin	₌tɕyn	₌tʂhən
皮口	tɕyə⁼	⁼tɕhyə	⁼ɕiə	⁼kən	₌lin	lin⁼	₌tɕyn	tʂhən⁼
普市	tɕyə⁼	⁼tɕhyə	⁼ɕiə	⁼kən	₌lin	lin⁼	₌tɕyn	tʂhən⁼
安波汉	tɕyə⁼	⁼tɕhyə	⁼ɕiə	⁼kən	₌lin	lin⁼	₌tɕyn	tʂhən⁼
安波满	₌tɕyə	⁼tɕhyə	⁼ɕiə	⁼kən	₌lin	₌lin	₌tɕyn	₌tʂhən
庄河市	tɕyə⁼	⁼tɕhyə	⁼ɕiə	⁼kən	₌lin	lin⁼	₌tɕyn	tʂhən⁼
蓉花山	tɕyə⁼	⁼tɕhyə	⁼ɕiə	⁼kən	₌lin	lin⁼	₌tɕyn	tʂhən⁼
大长山	cyə⁼	⁼chyə	⁼ɕiə	⁼kən	₌lin	lin⁼	₌tʃuen	tʃhən⁼
广鹿	tɕyə⁼	⁼tɕhyə	⁼ɕiə	⁼kən	₌lin	lin⁼	₌tɕyn	tʂhən⁼
獐子岛	₌cyə	⁼chyə	⁼ɕiə	⁼kən	₌lin	₌lin	₌tʃuen	₌tʃhən

附录二 大连 18 个方言点语音专题代表字的读音

例字	真	神	仁	人	近	进	衬	笔
中古音	臻开三平真章	臻开三平真船	臻开三平真日	臻开三平真日	臻开三上隐群	臻开三去震精	臻开三去震初	臻开三入质帮
革镇堡	₌tʂən	₌ʂən	₌in	₌in	tɕin³	tɕin³	tʂhən³	˪pi
营城子	₌tʂən	₌ʂən	₌in	₌in	tɕin³	tɕin³	tʂhən³	˪pi
杏树屯	₌tsən	sən³	in³	₌in	tɕin³	tɕin³	tshən³	˪pi
亮甲店	₌tʂən	ʂən³	in³	in³	tɕin³	tɕin³	tʂhən³	˪pi
大魏家	₌tʂən	₌ʂən	₌in	₌in	tɕin³	tɕin³	tʂhən³	˪pi
七顶山	₌tʂən	₌ʂən	₌in	₌in	tɕin³	tɕin³	tʂhən³	˪pi
复州	₌tʂən	₌ʂən	₌in	₌in	tɕin³	tɕin³	tʂhən³	˪pi
万家岭	₌tʂən	₌ʂən	₌in	₌in	tɕin³	tɕin³	tʂhən³	˪pi
三台	₌tʂən	₌ʂən	₌in	₌in	tɕin³	tɕin³	tʂhən³	˪pi
皮口	₌tsən	sən³	in³	₌in	tɕin³	tɕin³	tshən³	˪pi
普市	₌tʂən	ʂən³	in³	₌in	tɕin³	tɕin³	tʂhən³	˪pi
安波汉	₌tʂən	ʂən³	in³	in³	tɕin³	tɕin³	tʂhən³	˪pi
安波满	₌tʂən	₌ʂən	₌in	₌in	tɕin³	tɕin³	tʂhuən³	˪pi
庄河市	₌tsən	sən³	in³	₌in	tɕin³	tɕin³	tshən³	˪pi
蓉花山	₌tʂən	ʂən³	in³	₌in	tɕin³	tɕin³	tʂhən³	˪pi
大长山	₌tʃən	ʃən³	in³	₌in	cin³	tʃən³	tʃhən³	˪pi
广鹿	₌tsən	sən³	in³	₌in	tɕin³	tɕin³	tshən³	˪pi
獐子岛	₌tʃən	ʃən³	₌in	₌in	cin³	tʃən³	tʃhən³	˪pi

例字	毕	必	匹	密太~了	密保~	蜜	栗	七
中古音	臻开三入质帮	臻开三入质帮	臻开三入质滂	臻开三入质明	臻开三入质明	臻开三入质明	臻开三入质来	臻开三入质清
革镇堡	₌pi	₌pi	₌phi	mi⁾	mi⁾	mi⁾	lei⁾	₌tɕhi
营城子	₌pi	₌pi	₌phi	mi⁾	mi⁾	mi⁾	li⁾	₌tɕhi
杏树屯	⁼pi	pi⁾	₌phi	⁼mi	mi⁾	mi⁾	lei⁾	⁼tɕhi
亮甲店	⁼pi	pi⁾	₌phi	⁼mi	mi⁾	mi⁾	lei⁾	⁼tɕhi
大魏家	₌pi	₌pi	₌phi	mi⁾	mi⁾	mi⁾	lei⁾	₌tɕhi
七顶山	₌pi	₌pi	₌phi	mi⁾	mi⁾	mi⁾	lei⁾	₌tɕhi
复州	⁼pi	₌pi	₌phi	mi⁾	mi⁾	mi⁾	li⁾	⁼tɕhi
万家岭	pi⁾	pi⁾	₌phi	mi⁾	mi⁾	mi⁾	li⁾	⁼tɕhi
三台	pi⁾	pi⁾	₌phi	mi⁾	mi⁾	mi⁾	li⁾	₌tɕhi
皮口	pi⁾	pi⁾	₌phi	⁼mi	mi⁾	mi⁾	lei⁾	⁼tɕhi
普市	pi⁾	pi⁾	₌phi	mi⁾	mi⁾	mi⁾	lei⁾	⁼tɕhi
安波汉	⁼pi	pi⁾	₌phi	mi⁾	mi⁾	mi⁾	lei⁾	⁼tɕhi
安波满	⁼pi	pi⁾	₌phi	mi⁾	mi⁾	mi⁾	lei⁾	⁼tɕhi
庄河市	⁼pi	pi⁾	₌phi	⁼mi	mi⁾	mi⁾	lei⁾	⁼tɕhi
蓉花山	⁼pi	pi⁾	₌phi	⁼mi	₌mi	mi⁾	lei⁾	⁼tɕhi
大长山	⁼pi	pi⁾	₌phi	⁼mi	mi⁾	mi⁾	li⁾	⁼tʃɳ
广鹿	⁼pi	pi⁾	₌phi	⁼mi	mi⁾	mi⁾	lei⁾	⁼tɕhi
獐子岛	⁼pi	pi⁾	₌phi	⁼mi	mi⁾	mi⁾	li⁾	⁼tʃɳ

附录二 大连18个方言点语音专题代表字的读音

例字	侄~女	侄~儿	虱	质~量	室	失	日	吉
中古音	臻开三入质澄	臻开三入质澄	臻开三入质生	臻开三入质章	臻开三入质书	臻开三入质书	臻开三入质日	臻开三入质见
革镇堡	⸢tʂʅ	⸢tʂʅ	⸢sə	⸣tʂʅ	⸣ʂʅ	⸢ʂʅ	iˀ	⸢tɕi
营城子	⸢tʂʅ	⸢tʂʅ	⸢sə	⸣tʂʅ	⸣ʂʅ	⸢ʂʅ	iˀ	⸢tɕi
杏树屯	tɕiˀ	tʂʅˀ	⸢ʂʅ	⸣tɕi	ɕiˀ	⸢ɕi	ˀi	⸢tɕi
亮甲店	tʂʅˀ	tʂʅˀ	⸢ʂʅ	⸣tʂʅ	⸣ʂʅ	⸢ʂʅ	iˀ	⸢tɕi
大魏家	⸢tʂʅ	⸢tʂʅ	⸢ʂʅ	⸣tʂʅ	⸣ʂʅ	⸢ʂʅ	iˀ	⸢tɕi
七顶山	⸢tʂʅ	⸢tʂʅ	⸢ʂʅ	⸣tʂʅ	⸣ʂʅ	⸢ʂʅ	iˀ	⸢tɕi
复州	⸢tʂʅ	⸢tʂʅ	⸢ʂʅ	⸣tʂʅ	⸣ʂʅ	⸢ʂʅ	iˀ	⸢tɕi
万家岭	⸢tʂʅ	⸢tʂʅ	⸢ʂʅ	⸣tʂʅ	⸣ʂʅ	⸢ʂʅ	iˀ	⸢tɕi
三台	⸢tʂʅ	⸢tʂʅ	⸢ʂʅ	⸣tʂʅ	⸣ʂʅ	⸢ʂʅ	iˀ	⸢tɕi
皮口	tɕiˀ	tʂʅˀ	⸢ʂʅ	⸣tɕi	ɕiˀ	⸢ɕi	⸢i	⸢tɕi
普市	tʂʅˀ	tʂʅˀ	⸢ʂʅ	⸣tʂʅ	⸣ʂʅ	⸢ʂʅ	iˀ	⸢tɕi
安波汉	tʂʅˀ	tʂʅˀ	⸢ʂʅ	⸣tʂʅ	⸣ʂʅ	⸢ʂʅ	iˀ	⸢tɕi
安波满	⸢tʂʅ	⸢tʂʅ	⸢ʂʅ	⸣tʂʅ	⸣ʂʅ	⸢ʂʅ	iˀ	⸢tɕi
庄河市	tɕiˀ	tʂʅˀ	⸢ʂʅ	⸣tɕi	ɕiˀ	⸢ɕi	⸢i	⸢tɕi
蓉花山	tʂʅˀ	tʂʅˀ	⸢ʂʅ	⸣tʂʅ	⸣ʂʅ	⸢ʂʅ	iˀ	⸢tɕi
大长山	tʃʅˀ	tʃʅˀ	⸢ʂʅ	⸣tʃʅ	⸣ʃʅ	⸢ʃʅ	⸢i	⸢ɕi
广鹿	tɕiˀ	tʂʅˀ	⸢ʂʅ	⸣tɕi	ɕiˀ	⸢ɕi	⸢i	⸢tɕi
獐子岛	⸢tʃʅ	⸢tʃʅ	⸢ʂʅ	⸣tʃʅ	⸣ʃʅ	⸢ʃʅ	⸢i	⸢ɕi

例字	一	门	屯~儿	蹲	孙	顿	嫩	寸
中古音	臻开三入质影	臻合一平魂明	臻合一平魂定	臻合一平魂从	臻合一平魂心	臻合一去恩端	臻合一去恩泥	臻合一去恩清
革镇堡	ˬi	ˬmən	ˬthən	ˬtən	ˬsən	tən˒	lən˒	tshuən˒
营城子	ˬi	ˬmən	ˬthən	ˬtuən	ˬsuən	tən˒	lən˒	tshuən˒
杏树屯	ˉi	ˬmən	thən˒	ˬtən	ˬsən	tən˒	lən˒	tshən˒
亮甲店	ˉi	ˬmən	thən˒	ˬtən	ˬsən	tən˒	lən˒	tshən˒
大魏家	ˉi	ˬmən	ˬthən	ˬtən	ˬsən	tən˒	lən˒	tshən˒
七顶山	ˬi	ˬmən	ˬthən	ˬtən	ˬsuən	tən˒	lən˒	tshuən˒
复州	ˉi	ˬmən	ˬthən	ˬtən	ˬsən	tən˒	lən˒	tshən˒
万家岭	ˉi	ˬmən	ˬthən	ˬtən	ˬʂən	tən˒	lən˒	tʂhən˒
三台	ˬi	ˬmən	ˬthuən	ˬtuən	ˬsuən	tuən˒	luən˒	tshuən˒
皮口	ˉi	ˬmən	thən˒	ˬtən	ˬsən	tən˒	lən˒	tshən˒
普市	ˉi	ˬmən	thən˒	ˬtən	ˬsən	tən˒	lən˒	tshən˒
安波汉	ˉi	ˬmən	thən˒	ˬtən	ˬsən	tən˒	lən˒	tshən˒
安波满	ˉi	ˬmən	ˬthən	ˬtən	ˬsuən	tuən˒	lən˒	tshuən˒
庄河市	ˉi	ˬmən	thən˒	ˬtən	ˬsən	tən˒	lən˒	tshən˒
蓉花山	ˉi	ˬmən	thən˒	ˬtən	ˬsən	tən˒	lən˒	tshən˒
大长山	ˉi	ˬmən	thən˒	ˬtən	ˬsən	tən˒	lən˒	tshən˒
广鹿	ˉi	ˬmən	thən˒	ˬtən	ˬsən	tən˒	lən˒	tshən˒
獐子岛	ˉi	ˬmən	ˬthən	ˬtən	ˬsən	tən˒	lən˒	tshən˒

附录二　大连 18 个方言点语音专题代表字的读音

例字	不_{桃~}	骨	核_{桃~}	轮_{车~}	皴	椿	春	匀₋₋₋
中古音	臻合一入没帮	臻合一入没见	臻合一入没匣	臻合三平谆来	臻合三平谆清	臻合三平谆彻	臻合三平谆昌	臻合三平谆以
革镇堡	₌pu	⁼ku	⁼ku	₌lən	₌tʂhuən	₌tʂhuən	₌tʂhuən	₌yn
营城子	₌pu	⁼ku	⁼ku	₌lən	₌tʂhuən	₌tʂhuən	₌tʂhuən	₌yn
杏树屯	⁼pu	⁼ku	kuᵓ	lənᵓ	₌tɕhyn	₌tshuən	₌tshuən	₌yn
亮甲店	⁼pu	⁼ku	kuᵓ	lənᵓ	₌tɕhyn	₌tshuən	₌tshuən	₌yn
大魏家	⁼pu	⁼ku	⁼ku	₌lən	₌tɕhyn	₌tshuən	₌tshuən	₌yn
七顶山	puᵓ	⁼ku	⁼ku	₌lən	₌tshuən	₌tshuən	₌tshuən	₌yn
复州	⁼pu	⁼ku	⁼ku	₌lən	₌tɕhyn	₌tshuən	₌tshuən	₌yn
万家岭	⁼pu	⁼ku	⁼ku	₌lən	₌tɕhyn	₌tʂhuən	₌tʂhuən	₌yn
三台	₌pu	⁼ku	₌khə	₌luən	₌tɕhyn	₌tʂhuən	₌tʂhuən	₌yn
皮口	⁼pu	⁼ku	kuᵓ	lənᵓ	₌tɕhyn	₌tshuən	₌tshuən	₌yn
普市	⁼pu	⁼ku	kuᵓ	lənᵓ	₌tɕhyn	₌tshuən	₌tshuən	₌yn
安波_汉	⁼pu	⁼ku	kuᵓ	lənᵓ	₌tɕhyn	₌tshuən	₌tshuən	₌yn
安波_满	⁼pu	⁼ku	₌ku	₌lən	₌tɕhyn	₌tshuən	₌tshuən	₌yn
庄河市	⁼pu	⁼ku	kuᵓ	lənᵓ	₌tɕhyn	₌tshuən	₌tshuən	₌yn
蓉花山	⁼pu	⁼ku	kuᵓ	lənᵓ	₌tɕhyn	₌tshuən	₌tshuən	₌yn
大长山	⁼pu	⁼ku	kuᵓ	lənᵓ	₌tʃhən	₌thuən	₌thuən	₌yn
广鹿	⁼pu	⁼ku	kuᵓ	lənᵓ	₌tɕhin	₌tshuən	₌tshuən	₌yn
獐子岛	₌pu	⁼ku	₌ku	₌lən	₌tʃhən	₌thuən	₌thuən	₌yn

263

例字	俊	顺	闰	率~领	出	怵	橘	蚊
中古音	臻合三去稕精	臻合三去稕船	臻合三去稕日	臻合三入术生	臻合三入术昌	臻合三入术船	臻合三入术见	臻合三平文微
革镇堡	tɕyn⁼	ʂuən⁼	yn⁼	suai⁼	⁼tʂhu	ɕy⁼	⁼tɕy	⊆uən
营城子	tɕyn⁼	ʂuən⁼	yn⁼	ʂuai⁼	⁼tʂhu	ɕy⁼	⁼tɕy	⊆uən
杏树屯	tɕyn⁼	suən⁼	yn⁼	suai⁼	⁼tɕhy	ɕy⁼	tɕy⁼	⊆uən
亮甲店	tɕyn⁼	suən⁼	yn⁼	suai⁼	⁼tʂhu	ɕy⁼	tɕy⁼	⊆uən
大魏家	tɕyn⁼	suən⁼	yn⁼	suai⁼	⁼tʂhu	⁼ɕy	⁼tɕy	⊆uən
七顶山	tɕyn⁼	suən⁼	yn⁼	suai⁼	⁼tʂhu	ɕy⁼	⁼tɕy	⊆uən
复州	tɕyn⁼	suən⁼	yn⁼	suai⁼	⁼tʂhu	ɕy⁼	⁼tɕy	⊆uən
万家岭	tɕyn⁼	ʂuən⁼	yn⁼	ʂuai⁼	⁼tʂhu	ɕy⁼	⁼tɕy	⊆uən
三台	tɕyn⁼	suən⁼	yn⁼	suai⁼	⁼tʂhu	ɕy⁼	⁼tɕy	⊆uən
皮口	tɕyn⁼	suən⁼	yn⁼	suai⁼	⁼tɕhy	ɕy⁼	tɕy⁼	⊆uən
普市	tɕyn⁼	suən⁼	yn⁼	suai⁼	⁼tʂhu	ɕy⁼	tɕy⁼	⊆uən
安波汉	tɕyn⁼ tsuən⁼	suən⁼	yn⁼	suai⁼	⁼tʂhu	⊆ɕyə	⁼tɕy	⊆uən
安波满	tɕyn⁼	suən⁼	yn⁼	suai⁼	⁼tʂhu	⁼ɕy	⁼tɕy	⊆uən
庄河市	tɕyn⁼	suən⁼	yn⁼	suai⁼	⁼tɕhy	ɕiə⁼	tɕy⁼	⊆uən
蓉花山	tɕyn⁼	suən⁼	yn⁼	suai⁼	⁼tɕhy	⁼ɕiə	⊆tɕy	⊆uən
大长山	tʃən⁼	suən⁼	yn⁼	suai⁼	⁼tʃhu	ʃu⁼	cy⁼	⊆uən
广鹿	tɕin⁼	suən⁼	yn⁼	suai⁼	⁼tɕhy	ɕiə⁼	tɕy⁼	⊆uən
獐子岛	tʃən⁼	suən⁼	yn⁼	suai⁼	⁼tʃhu	ɕiə⁼	cy⁼	⊆uən

264

附录二　大连 18 个方言点语音专题代表字的读音

例字	闻	文	云 天上的~	云 人名:王~	云 赵~	屈 ~原/不~	忙	狼
中古音	臻合三平文微	臻合三平文微	臻合三平文云	臻合三平文云	臻合三平文云	臻合三入物溪	宕开一平唐明	宕开一平唐来
革镇堡	₌uən	₌uən	₌yn	₌yn	⁻yn	⁻tɕhy	₌maŋ	₌laŋ
营城子	₌uən	₌uən	₌yn	₌yn	⁻yn	⁻tɕhy	₌maŋ	₌laŋ
杏树屯	₌uən	uən⁼	₌yn	yn⁼	⁻yn	⁻tɕhy	₌maŋ	₌laŋ
亮甲店	₌uən	uən⁼	₌yn	₌yn	⁻yn	⁻tɕhy	₌maŋ	₌laŋ
大魏家	₌uən	₌uən	₌yn	₌yn	₌yn	⁻tɕhy	₌maŋ	₌laŋ
七顶山	₌uən	₌uən	₌yn	₌yn	⁻yn	⁻tɕhy ₌tɕhy	₌maŋ	₌laŋ
复州	₌uən	₌uən	₌yn	₌yn	⁻yn	⁻tɕhy	₌maŋ	₌laŋ
万家岭	₌uən	₌uən	₌yn	₌yn	⁻yn	⁻tɕhy	₌maŋ	₌laŋ
三台	₌uən	₌uən	₌yn	₌yn	₌yn	⁻tɕhy	₌maŋ	₌laŋ
皮口	₌uən	₌uən	₌yn	₌yn	⁻yn	⁻tɕhy	₌maŋ	₌laŋ
普市	₌uən	₌uən	₌yn	yn⁼	⁻yn	⁻tɕhy ₌tɕhy	₌maŋ	₌laŋ
安波 汉	₌uən 新~	uən⁼ ~化	₌yn	₌yn	⁻yn	⁻tɕhy	₌maŋ	₌laŋ
安波 满	₌uən	₌uən	₌yn	₌yn	⁻yn	⁻tɕhy	₌maŋ	₌laŋ
庄河市	₌uən	uən⁼	₌yn	₌yn	⁻yn	⁻tɕhy	₌maŋ	₌laŋ
蓉花山	uən⁼	uən⁼	₌yn	₌yn	⁻yn	⁻tɕhy	₌maŋ	₌laŋ
大长山	₌uən	uən⁼	₌yn	₌yn	⁻yn	⁻chy	₌maŋ	₌laŋ
广鹿	₌uən	uən⁼	₌yn	yn⁼	⁻yn	⁻tɕhy	₌maŋ	₌laŋ
獐子岛	₌uən	₌uən	₌yn	₌yn	₌yn	⁻chy	₌maŋ	₌laŋ

265

例字	郎	仓	刚	刚_{人名}	昂	薄_{厚~}	膜	摸
中古音	宕开一平唐来	宕开一平唐清	宕开一平唐见	宕开一平唐见	宕开一平唐疑	宕开一入铎并	宕开一入铎明	宕开一入铎明
革镇堡	₌laŋ	₌tshaŋ	₌tɕiaŋ	₌kaŋ	₌aŋ	₌pə	₌mə	₌mə
营城子	₌laŋ	₌tshaŋ	₌kaŋ	₌kaŋ	ᶜaŋ	₌pə	₌mə	ᶜmə
杏树屯	laŋ⁼	₌tshaŋ	₌tɕiaŋ	₌kaŋ	₌aŋ	pə⁼	mə⁼	₌mə
亮甲店	laŋ⁼	₌tshaŋ	₌kaŋ	₌kaŋ	₌aŋ	pə⁼	mə⁼	ᶜmə
大魏家	₌laŋ	₌tshaŋ	₌kaŋ	₌kaŋ	₌aŋ	₌pə	₌mə	₌mə
七顶山	₌laŋ	₌tshaŋ	₌kaŋ	₌kaŋ	₌aŋ	₌pau	₌mə	₌mə
复州	₌laŋ	₌tshaŋ	₌tɕiaŋ	₌kaŋ	₌aŋ	₌pə	₌mə	₌mə
万家岭	₌laŋ	₌tʂhaŋ	₌tɕiaŋ	₌kaŋ	₌aŋ	₌pau_老 ₌pə_新	₌mə	₌mə
三台	₌laŋ	₌tshaŋ	₌kaŋ	₌kaŋ	₌aŋ	₌pau	₌mə	₌mə
皮口	laŋ⁼	₌tshaŋ	₌tɕiaŋ	₌kaŋ	₌aŋ	pə⁼	mə⁼	₌mə
普市	laŋ⁼	₌tshaŋ	₌kaŋ	₌kaŋ	₌aŋ	₌pə	mə⁼	₌mə
安波_汉	laŋ⁼	₌tshaŋ	₌tɕiaŋ	₌kaŋ	₌aŋ	pə⁼	mə⁼	₌mə
安波_满	₌laŋ	₌tshaŋ	₌tɕiaŋ	₌kaŋ	₌aŋ	₌pau	₌mə	₌mə
庄河市	laŋ⁼	₌tshaŋ	₌tɕiaŋ	₌kaŋ	₌aŋ	pə⁼	mə⁼	₌mə
蓉花山	laŋ⁼	₌tshaŋ	₌tɕiaŋ	₌kaŋ	₌aŋ	pə⁼	mə⁼	₌mə
大长山	laŋ⁼	₌tshaŋ	₌ciaŋ	₌kaŋ	₌aŋ	pə⁼	mə⁼	₌mə
广鹿	laŋ⁼	₌tshaŋ	₌tɕiaŋ	₌kaŋ	₌aŋ	pə⁼	mə⁼	₌mə
獐子岛	₌laŋ	₌tshaŋ	₌ciaŋ	₌kaŋ	₌aŋ	₌pə	₌mə	₌mə

附录二 大连18个方言点语音专题代表字的读音

例字	托	落_{思想~后}	落_{把人~下}	烙_{~饼}	乐_{高兴}	错_{~杂}	凿	各
中古音	宕开一入铎透	宕开一入铎来	宕开一入铎来	宕开一入铎来	宕开一入铎来	宕开一入铎清	宕开一入铎从	宕开一入铎见
革镇堡	ˆthuo	ˬluo	laˀ	ˬluo	ləˀ	tshuoˀ	ˬtsuo	kəˀ
营城子	ˆthuo	ˬluo	laˀ	lauˀ	ləˀ luoˀ	tshuoˀ	ˬtsuo	kəˀ
杏树屯	ˆthuo	ˆluo	laˀ	ˆluo	ləˀ luoˀ	tshuoˀ	tsuoˀ	ˆkə
亮甲店	ˆthuo	ˆluo	laˀ	ˆluo	ləˀ	tshuoˀ	tsuoˀ	ˆkə
大魏家	ˆthuo	luoˀ	laˀ	ˆluo	ləˀ	tshuoˀ	ˬtsuo	ˆkə
七顶山	ˬthuo	luoˀ	laˀ	lauˀ	ləˀ	tshuoˀ	ˬtsuo	kəˀ
复州	ˆthuo	luoˀ	laˀ	ˆluo	ləˀ	tshuoˀ	ˬtsuo	kəˀ
万家岭	ˆthuo	luoˀ	laˀ	lauˀ_老 luoˀ_新	ləˀ luoˀ	tʂhuoˀ	ˬtʂɑu	kəˀ
三台	ˆthuo	luoˀ	laˀ	lauˀ	ləˀ	tshuoˀ	ˬtsɑu	ˬkə
皮口	ˆthuo	ˆluo	laˀ	ˆluo	ləˀ luoˀ	tshuoˀ	tsuoˀ	ˆkə
普市	ˆthuo	ˆluo	laˀ	ˆluo	ləˀ	tshuoˀ	tsuoˀ	ˆkə
安波_汉	ˆthuo	luoˀ	laˀ	ˆluo	ləˀ	tshuoˀ	tsuoˀ	ˆkə
安波_满	ˆthuo	luoˀ	laˀ	ˬluo	ləˀ	tshuoˀ	ˬtsuo	kəˀ
庄河市	ˆthuo	ˆluo	laˀ	ˆluo	ləˀ luoˀ	tshuoˀ	tsuoˀ	ˆkə
蓉花山	ˆthuo	luoˀ	laˀ	ˆluo	ləˀ	tshuoˀ	tsuoˀ	ˆkə
大长山	ˆthuo	luoˀ	laˀ	ˆluo	ləˀ	thuoˀ	tuoˀ	ˆkə
广鹿	ˆthuo	ˆluo	laˀ	ˆluo	ləˀ	tshuoˀ	tsuoˀ	ˆkə
獐子岛	ˆthuo	ˆluo	不说	ˆluo	ləˀ luoˀ	thuoˀ	tuoˀ	ˆkə

例字	搁放	胳~膊	郝姓	鹤	恶太~了	恶~心	量~长短	梁房~
中古音	宕开一入铎见	宕开一入铎见	宕开一入铎晓	宕开一入铎匣	宕开一入铎影	宕开一入铎影	宕开三平阳来	宕开三平阳来
革镇堡	₌kau	₌kə	꜀xuo	₌xau	₌ə	꜀uo	₌lian	₌lian
营城子	₌kau	₌kə	꜀xau	₌xau	₌ə	꜀uo	₌lian	₌lian
杏树屯	꜀kə ꜀kau	꜀kə	꜀xuo	xə꜄	꜀ə	꜀uo	₌lian	₌lian
亮甲店	꜀kə	꜀kə	꜀xuo	xə꜄	꜀ə	꜀uo	lian꜄	₌lian
大魏家	꜀kau	꜀kə	不说	₌xau	꜀ə	꜀ə	₌lian	₌lian
七顶山	꜀kə ꜀kau	꜀kə	不说	₌xau	꜀ə	꜀ə	₌lian	₌lian
复州	₌kau	꜀kə	꜀xuo	xə꜄	ə꜄	꜀uo	₌lian	₌lian
万家岭	₌kau	꜀kə	꜀xuo	₌xau	ə꜄	꜀ə	₌lian	₌lian
三台	₌kau	₌kə	꜀xə	₌xau	ə꜄	꜀ə	₌lian	₌lian
皮口	꜀kau	꜀kə	꜀xuo	xau꜄	꜀ə	꜀ə	₌lian	₌lian
普市	꜀kau	꜀kə	꜀xuo	xə꜄	꜀ə	꜀uo	₌lian	₌lian
安波汉	꜀kau	꜀kə	꜀xuo	₌xau	ə꜄	꜀uo	₌lian	₌lian
安波满	꜀kau	꜀kə	꜀xuo	xə꜄	ə꜄	꜀uo	₌lian	₌lian
庄河市	꜀kau	꜀kə	꜀xuo	xau꜄	꜀ə	꜀uo	₌lian	₌lian
蓉花山	꜀kau	꜀kə	꜀xau	₌xau	꜀ə	꜀uo	₌lian	₌lian
大长山	꜀kau	꜀kə	꜀xuo	xau꜄	꜀ə	꜀uo	₌lian	₌lian
广鹿	꜀kau	꜀kə	꜀xuo	xau꜄	꜀ə	꜀uo	₌lian	₌lian
獐子岛	꜀kau	꜀kə	꜀xuo	xə꜄	꜀uo	꜀uo	₌lian	₌lian

附录二 大连18个方言点语音专题代表字的读音

例字	梁_姓	良	凉_{水~}	凉_{水~}	箱	张	疮	床
中古音	宕开三平阳来	宕开三平阳来	宕开三平阳来	宕开三平阳来	宕开三平阳心	宕开三平阳知	宕开三平阳初	宕开三平阳崇
革镇堡	₌liaŋ	₌liaŋ	₌liaŋ	₌liaŋ	₌ɕiaŋ	₌tʂaŋ	₌tʂhuaŋ	₌tʂhuaŋ
营城子	₌liaŋ	₌liaŋ	₌liaŋ	₌liaŋ	₌ɕiaŋ	₌tʂaŋ	₌tʂhuaŋ	₌tʂhuaŋ
杏树屯	liaŋ⁼	liaŋ⁼	₌liaŋ	₌liaŋ	₌ɕiaŋ	₌tsaŋ	₌tshaŋ	tshuaŋ⁼
亮甲店	liaŋ⁼	liaŋ⁼	₌liaŋ	₌liaŋ	₌ɕiaŋ	₌tʂaŋ	₌tʂhaŋ	tʂhuaŋ⁼
大魏家	₌liaŋ	₌liaŋ	₌liaŋ	₌liaŋ	₌ɕiaŋ	₌tʂaŋ	₌tʂhaŋ	₌tʂhuaŋ
七顶山	₌liaŋ	₌liaŋ	₌liaŋ	₌liaŋ	₌ɕiaŋ	₌tʂaŋ	₌tʂhuaŋ	₌tʂhuaŋ
复州	₌liaŋ	₌liaŋ	₌liaŋ	₌liaŋ	₌ɕiaŋ	₌tʂaŋ	₌tʂhaŋ	₌tʂhuaŋ
万家岭	₌liaŋ	₌liaŋ	₌liaŋ	₌liaŋ	₌ɕiaŋ	₌tʂaŋ	₌tʂhaŋ	₌tʂhuaŋ
三台	₌liaŋ	₌liaŋ	₌liaŋ	₌liaŋ	₌ɕiaŋ	₌tʂaŋ	₌tʂhaŋ	₌tʂhuaŋ
皮口	liaŋ⁼	liaŋ⁼	₌liaŋ	₌liaŋ	₌ɕiaŋ	₌tʂaŋ	₌tʂhaŋ	tʂhuaŋ⁼
普市	liaŋ⁼	liaŋ⁼	₌liaŋ	₌liaŋ	₌ɕiaŋ	₌tʂaŋ	₌tʂhaŋ	tʂhuaŋ⁼
安波_汉	liaŋ⁼	₌liaŋ_{~心}	₌liaŋ	₌liaŋ	₌ɕiaŋ	₌tʂaŋ	₌tʂhaŋ	tʂhuaŋ⁼
安波_满	₌liaŋ	₌liaŋ	₌liaŋ	₌liaŋ	₌ɕiaŋ	₌tʂaŋ	₌tʂhaŋ	₌tʂhuaŋ
庄河市	₌liaŋ	liaŋ⁼	₌liaŋ	₌liaŋ	₌ɕiaŋ	₌tsaŋ	₌tshaŋ	tshuaŋ⁼
蓉花山	₌liaŋ	liaŋ⁼	₌liaŋ	₌liaŋ	₌ɕiaŋ	₌tsaŋ	₌tshaŋ	tshuaŋ⁼
大长山	liaŋ⁼	liaŋ⁼	₌liaŋ	₌liaŋ	₌ʂaŋ	₌tʂaŋ	₌tʂhaŋ	tʂhuaŋ⁼
广鹿	liaŋ⁼	liaŋ⁼	₌liaŋ	₌liaŋ	₌ɕiaŋ	₌tʂaŋ	₌tʂhaŋ	tʂhuaŋ⁼
獐子岛	₌liaŋ	₌liaŋ	₌liaŋ	₌liaŋ	₌ʂaŋ	₌tʂaŋ	₌tʂhaŋ	₌tʂhuaŋ

269

例字	章	瓤	缰	香	羊	杨	洋	扬~场/~手
中古音	宕开三平阳章	宕开三平阳日	宕开三平阳见	宕开三平阳晓	宕开三平阳以	宕开三平阳以	宕开三平阳以	宕开三平阳以
革镇堡	₌tṣaŋ	₌iaŋ	₌kaŋ	₌ɕiaŋ	₌iaŋ	₌iaŋ	₌iaŋ	₌iaŋ
营城子	₌tṣaŋ	₌iaŋ	₌kaŋ	₌ɕiaŋ	₌iaŋ	₌iaŋ	₌iaŋ	₌iaŋ
杏树屯	₌tṣaŋ	₌iaŋ	₌kaŋ	₌ɕiaŋ	iaŋ⁼	iaŋ⁼	₌iaŋ	₌iaŋ
亮甲店	₌tṣaŋ	₌iaŋ	₌kaŋ	₌ɕiaŋ	iaŋ⁼	iaŋ⁼	₌iaŋ	₌iaŋ
大魏家	₌tṣaŋ	₌iaŋ	₌kaŋ	₌ɕiaŋ	₌iaŋ	₌iaŋ	₌iaŋ	₌iaŋ
七顶山	₌tṣaŋ	₌iaŋ	₌kaŋ	₌ɕiaŋ	₌iaŋ	₌iaŋ	₌iaŋ	₌iaŋ
复州	₌tṣaŋ	₌iaŋ	₌kaŋ	₌ɕiaŋ	₌iaŋ	₌iaŋ	₌iaŋ	₌iaŋ
万家岭	₌tṣaŋ	₌iaŋ	₌kaŋ	₌ɕiaŋ	₌iaŋ	₌iaŋ	₌iaŋ	₌iaŋ
三台	₌tṣaŋ	₌iaŋ	₌kaŋ	₌ɕiaŋ	₌iaŋ	₌iaŋ	₌iaŋ	₌iaŋ
皮口	₌tṣaŋ	₌iaŋ	₌tɕiaŋ	₌ɕiaŋ	₌iaŋ	iaŋ⁼	₌iaŋ	₌iaŋ
普市	₌tṣaŋ	₌iaŋ	₌kaŋ	₌ɕiaŋ	iaŋ⁼	iaŋ⁼	₌iaŋ	₌iaŋ
安波汉	₌tṣaŋ	₌iaŋ	₌kaŋ	₌ɕiaŋ	₌iaŋ 姓,~树	iaŋ⁼~柿子 ₌iaŋ 海~	₌iaŋ	
安波满	₌tṣaŋ	₌iaŋ	₌kaŋ	₌ɕiaŋ	₌iaŋ	₌iaŋ	₌iaŋ	₌iaŋ
庄河市	₌tṣaŋ	₌iaŋ	₌kaŋ	₌ɕiaŋ	iaŋ⁼	iaŋ⁼	₌iaŋ	₌iaŋ
蓉花山	₌tṣaŋ	₌iaŋ	₌kaŋ	₌ɕiaŋ	iaŋ⁼	iaŋ⁼	₌iaŋ	₌iaŋ
大长山	₌tʃaŋ	₌iaŋ	₌kaŋ	₌ɕiaŋ	iaŋ⁼	iaŋ⁼	₌iaŋ	₌iaŋ
广鹿	₌tsaŋ	₌iaŋ	₌kaŋ	₌ɕiaŋ	iaŋ⁼	iaŋ⁼	₌iaŋ	₌iaŋ
獐子岛	₌tʃaŋ	₌iaŋ	₌kaŋ	₌ɕiaŋ	₌iaŋ	₌iaŋ	₌iaŋ	₌iaŋ

附录二　大连18个方言点语音专题代表字的读音

例字	扬~表~	丈	上	嚷	望~~	量~数~	辆~量词~	掠
中古音	宕开三平阳以	宕开三上养澄	宕开三上养禅	宕开三上养日	宕合三去漾微	宕开三去漾来	宕开三去漾来	宕开三入药来
革镇堡	₋iaŋ	tʂaŋ⁼	ʂaŋ⁼	⁻iaŋ	uaŋ⁼	liaŋ⁼	liaŋ⁼	⁻lyə
营城子	₋iaŋ	tʂaŋ⁼	ʂaŋ⁼	₋iaŋ	₋uaŋ	liaŋ⁼	liaŋ⁼	⁻lyə
杏树屯	iaŋ⁼	tsaŋ⁼	saŋ⁼	₋iaŋ	₋uaŋ	liaŋ⁼	⁻liaŋ	⁻lyə
亮甲店	iaŋ⁼	tʂaŋ⁼	ʂaŋ⁼	₋iaŋ	uaŋ⁼	liaŋ⁼	⁻liaŋ	⁻lyə
大魏家	₋iaŋ	tʂaŋ⁼	ʂaŋ⁼	₋iaŋ	uaŋ⁼	liaŋ⁼	liaŋ⁼	⁻lyə
七顶山	₋iaŋ	tʂaŋ⁼	ʂaŋ⁼	₋iaŋ	uaŋ⁼	liaŋ⁼	liaŋ⁼	⁻lyə
复州	₋iaŋ	tʂaŋ⁼	ʂaŋ⁼	₋iaŋ	uaŋ⁼	liaŋ⁼	liaŋ⁼	⁻lyə
万家岭	₋iaŋ	tʂaŋ⁼	ʂaŋ⁼	₋iaŋ	uaŋ⁼	liaŋ⁼	liaŋ⁼	⁻lyə
三台	₋iaŋ	tʂaŋ⁼	ʂaŋ⁼	₋iaŋ	uaŋ⁼	liaŋ⁼	liaŋ⁼	⁻lyə
皮口	iaŋ⁼	tsaŋ⁼	saŋ⁼	₋iaŋ	₋uaŋ	liaŋ⁼	⁻liaŋ	⁻lyə
普市	iaŋ⁼	tʂaŋ⁼	ʂaŋ⁼	₋iaŋ	uaŋ⁼	liaŋ⁼	⁻liaŋ	⁻lyə
安波~汉~	₋iaŋ	tʂaŋ⁼	ʂaŋ⁼	₋iaŋ	₋uaŋ	liaŋ⁼	₋liaŋ	⁻lyə
安波~满~	₋iaŋ	tʂaŋ⁼	ʂaŋ⁼	₋iaŋ	₋uaŋ	liaŋ⁼	liaŋ⁼	⁻lyə
庄河市	iaŋ⁼	tʂaŋ⁼	ʂaŋ⁼	⁻iaŋ	₋uaŋ	liaŋ⁼	⁻liaŋ	⁻lyə
蓉花山	₋iaŋ	tʂaŋ⁼	ʂaŋ⁼	₋iaŋ	₋uaŋ	₋liaŋ	⁻liaŋ	不说
大长山	iaŋ⁼	tʃaŋ⁼	ʃaŋ⁼	₋iaŋ	₋uaŋ	liaŋ⁼	⁻liaŋ	⁻lyə
广鹿	iaŋ⁼	tsaŋ⁼	saŋ⁼	₋iaŋ	uaŋ⁼	liaŋ⁼	⁻liaŋ	⁻lyə
獐子岛	₋iaŋ	tʃaŋ⁼	ʃaŋ⁼	₋iaŋ	₋uaŋ	liaŋ⁼	⁻liaŋ	⁻lyə

例字	略	雀家~儿	嚼	削	焯打个~儿	勺	弱	脚
中古音	宕开三入药来	宕开三入药精	宕开三入药从	宕开三入药心	宕开三入药昌	宕开三入药禅	宕开三入药日	宕开三入药见
革镇堡	lyə⁼	꜀tɕhyə	₌tɕyə	꜀ɕyə	tsau⁼	₌suo	yə⁼	꜀tɕyə
营城子	꜀lyə	꜀tɕhyə	₌tɕiau	꜀ɕyə	₌tshau	₌suo	yə⁼	₌tɕyə
杏树屯	lyə⁼	꜀tɕhyə	tɕyə⁼	꜀ɕyə	tsau⁼	suo⁼	yə⁼	꜀tɕyə
亮甲店	lyə⁼	꜀tɕhyə	tɕyə⁼	꜀ɕyə	tsau⁼	suo⁼	yə⁼	꜀tɕyə
大魏家	lyə⁼	꜀tɕhyə	₌tɕyə	꜀ɕyə	₌tshau	₌suo	yə⁼	꜀tɕyə
七顶山	lyə⁼	꜀tɕhiau	₌tɕiau	꜀ɕyə	不说	₌ʂau	yə⁼	꜀tɕiau
复州	lyə⁼	꜀tɕhyə	₌tɕyə	꜀ɕyə	tsau⁼	₌suo	yə⁼	꜀tɕyə
万家岭	lyə⁼	꜀tɕhiau	₌tɕyə	꜀ɕyə	₌tʂhau	₌ʂau	yə⁼	꜀tɕiau
三台	lyə⁼	꜀tɕhiau	₌tɕiau	꜀ɕyə	tʂau⁼	₌suo	yə⁼	꜀tɕiau
皮口	lyə⁼	꜀tʃhuo	tɕyə⁼	꜀ɕyə	tsau⁼	suo⁼	yə⁼	꜀tɕyə
普市	lyə⁼	꜀tɕhyə	tɕyə⁼	꜀ɕyə	tsau⁼	suo⁼	yə⁼	꜀tɕyə
安波汉	liə⁼老 lyə⁼新	꜀tɕhyə	tɕyə⁼	꜀ɕyə	₌tʂhau	suo⁼	yə⁼	꜀tɕyə
安波满	lyə⁼	꜀tɕhiau	₌tɕyə	꜀ɕyə	₌tshau	₌suo	yə⁼	꜀tɕyə
庄河市	lyə⁼	꜀tɕhyə	tɕyə⁼	꜀ɕyə	tsau⁼厨师 ₌tshau百姓	suo⁼	yə⁼	꜀tɕyə
蓉花山	lyə⁼	꜀tɕhyə	tɕyə⁼	꜀ɕyə	₌tshau	suo⁼	yə⁼	꜀tɕyə
大长山	lyə⁼	꜀tʃhuo	tʃuo⁼	꜀ʃuo	tsau⁼	suo⁼	yə⁼	꜀ɕyə
广鹿	lyə⁼	꜀tɕhyə	tɕyə⁼	꜀ɕyə	tsau⁼	suo⁼	yə⁼	꜀tɕyə
獐子岛	lyə⁼	꜀tʃhuo	₌tʃuo	꜀ʃuo	tsau⁼	₌ʃuo	yə⁼	꜀ɕyə

附录二 大连18个方言点语音专题代表字的读音

例字	虐	约₋人	药	钥₋匙	郭	镢₋头	双₋₋	撞
中古音	宕开三入药疑	宕开三入药影	宕开三入药以	宕开三入药以	宕合一入铎见	宕合三入药见	江开二平江生	江开二去绛澄
革镇堡	yə⁻	⁻yə	⁼yə	₌yə	⁻kuo	₌tɕyə	₋suaŋ	tshuaŋ⁻
营城子	⁻yə	⁻yə	₌yə	iau⁻	⁻kuo	₌tɕyə	₋suaŋ	tshuaŋ⁻
杏树屯	yə⁻	⁻yə	⁻yə	⁻yə	⁻kuo	⁻tɕyə	₋suaŋ	tshuaŋ⁻
亮甲店	yə⁻	⁻yə	⁻yə	⁻yə	⁻kuo	⁻tɕyə	₋suaŋ	tshuaŋ⁻
大魏家	yə⁻	⁻yə	⁻yə	⁻yə	⁻kuo	⁻tɕyə	₋suaŋ	tshuaŋ⁻
七顶山	yə⁻	⁻yə	iau⁻	iau⁻	⁻kuo	₌tɕyə	₋ʂuaŋ	tʂhuaŋ⁻
复州	yə⁻	⁻yə	⁻yə	⁻yə	⁻kuo	⁻tɕyə	₋suaŋ	tshuaŋ⁻
万家岭	yə⁻	⁻yə	iau⁻	iau⁻	⁻kuo	⁻tɕyə	₋ʂuaŋ	tʂhuaŋ⁻
三台	yə⁻	₋iau	iau⁻	iau⁻	⁻kuo	⁻tɕyə	₋suaŋ	tshuaŋ⁻
皮口	yə⁻	⁻yə	⁻yə	⁻yə	⁻kuo	⁻tɕyə	₋suaŋ	tshuaŋ⁻
普市	yə⁻	⁻yə	⁻yə	yə⁻	⁻kuo	⁻tɕyə	₋suaŋ	tshuaŋ⁻
安波汉	yə⁻	₌yə	⁻yə	⁻yə	⁻kuo	⁻tɕyə	₋suaŋ	tshuaŋ⁻
安波满	yə⁻	⁻yə	⁻yə	⁻yə	⁻kuo	⁻tɕyə	₋suaŋ	tshuaŋ⁻
庄河市	yə⁻	₌yə	⁻yə	⁻yə	⁻kuo	⁻tɕyə	₋suaŋ	tshuaŋ⁻
蓉花山	yə⁻	₌yə	⁻yə	⁻yə	⁻kuo	⁻tɕyə	₋suaŋ	tshuaŋ⁻
大长山	yə⁻	⁻yə	⁻yə	⁻yə	⁻kuo	⁻ɕyə	₋suaŋ	thuaŋ⁻
广鹿	yə⁻	⁻yə	⁻yə	⁻yə	⁻kuo	⁻tɕyə	₋suaŋ	tshuaŋ⁻
獐子岛	yə⁻	⁻yə	⁻yə	₌yə	⁻kuo	⁻ɕyə	₋suaŋ	thuaŋ⁻

273

例字	虹	桌	戳	捉	觉感~	角桌子~/牛~	角豆~	岳
中古音	江开二去绛见	江开二入觉知	江开二入觉彻	江开二入觉庄	江开二入觉见	江开二入觉见	江开二入觉见	江开二入觉疑
革镇堡	kaŋ˧	⸌tsuo	ˈtshuo	⸌tsuo	ˈtɕyə	ˈtɕia	ˈtɕiau	yə˧
营城子	kaŋ˧	⸌tʂuo	ˈtʂhuo	⸌tʂuo	ˈtɕyə	ˈtɕia	ˈtɕiau	yə˧
杏树屯	tɕiaŋ˧	ˈtsuo	ˈtshuo	ˈtsuo	ˈtɕyə	ˈtɕia	不说	yə˧
亮甲店	tɕiaŋ˧	ˈtsuo	ˈtshuo	ˈtsuo	ˈtɕyə	ˈtɕia	ˈtɕiau	yə˧
大魏家	kaŋ˧	ˈtsuo	ˈtshuo	ˈtsuo	ˈtɕyə	ˈtɕia	ˈtɕiau	yə˧
七顶山	kaŋ˧	⸌tʂuo	ˈtshuo	⸌tsuo	ˈtɕyə	ˈtɕia	ˈtɕia	yə˧
复州	tɕiaŋ˧	ˈtsuo	ˈtshuo	⸌tsuo	ˈtɕyə	ˈtɕia	ˈtɕiau	yə˧
万家岭	kaŋ˧	ˈtʂuo	ˈtʂhuo	⸌tʂuo	ˈtɕiau	ˈtɕia	ˈtɕiau	yə˧
三台	kaŋ˧	ˈtsuo	ˈtshuo	⸌tsuo	ˈtɕiau	ˈtɕia	ˈtɕia	yə˧
皮口	tɕiaŋ˧	ˈtsuo	ˈtshuo	ˈtsuo	ˈtɕyə	ˈtɕia	不说	yə˧
普市	kaŋ˧	ˈtsuo	ˈtshuo	ˈtsuo	ˈtɕyə	ˈtɕia	不说	yə˧
安波汉	tɕiaŋ˧	ˈtsuo	ˈtshuo	ˈtsuo	ˈtɕyə	ˈtɕia	ˈtɕia	yə˧
安波满	tɕiaŋ˧	ˈtsuo	ˈtshuo	ˈtsuo	ˈtɕyə	ˈtɕia	ˈtɕiau	yə˧
庄河市	tɕiaŋ˧	ˈtsuo	ˈtshuo	ˈtsuo	ˈtɕyə	ˈtɕia	ˈtɕia	yə˧
蓉花山	tɕiaŋ˧	ˈtsuo	ˈtshuo	ˈtsuo	ˈtɕyə	ˈtɕia	ˈtɕia	yə˧
大长山	tʃaŋ˧	ˈtuo	ˈthuo	ˈtuo	ˈcyə	ˈcia	ˈcia	yə˧
广鹿	tɕiaŋ˧	ˈtsuo	ˈtshuo	ˈtsuo	ˈtɕyə	ˈtɕia	ˈtɕia	yə˧
獐子岛	tʃaŋ˧	ˈtuo	ˈthuo	ˈtuo	ˈcyə	ˈcia	ˈcia	yə˧

附录二 大连18个方言点语音专题代表字的读音

例字	学	握	增	北	墨	得_{你~去/~到}	德	特
中古音	江开二入觉匣	江开二入觉影	曾开一平登精	曾开一入德帮	曾开一入德明	曾开一入德端	曾开一入德端	曾开一入德定
革镇堡	₌ɕyə	₌ə	₌tsəŋ	⸀pə	⸗mə	₌tə	₌tə	thə⸗
营城子	₌ɕyə	₌ə	₌tsəŋ	⸀pə	⸗mə	₌tə	₌tə	thə⸗
杏树屯	ɕyə⸗	uo⸗	₌tsəŋ	⸀pə	⸗mə	⸀tə	⸀tə	thə⸗
亮甲店	ɕyə⸗	⸀uo	₌tsəŋ	⸀pə	⸗mə	⸀tə	⸀tə	thə⸗
大魏家	₌ɕyə	⸀uo	₌tsəŋ	⸀pə	⸗mə	⸀tə	₌tə	thə⸗
七顶山	₌ɕyə	₌uo	₌tsəŋ	⸀pei	⸗mə	⸀tə	⸀tə	thə⸗
复州	₌ɕyə	₌uo	₌tsəŋ	⸀pə	⸗mə	⸀tə	₌tə	thə⸗
万家岭	₌ɕiɑu	uo⸗	₌tsəŋ	⸀pə	mə⸗	⸀tə	⸀tə	thə⸗
三台	₌ɕiɑu	₌uo	₌tsəŋ	⸀pei	mə⸗	⸀tə	⸀tə	thə⸗
皮口	ɕyə⸗	₌uo	₌tsəŋ	⸀pə	⸗mə	⸀tə	⸀tə	thə⸗
普市	ɕyə⸗	₌uo	₌tsəŋ	⸀pə	⸗mə	⸀tə	⸀tə	thə⸗
安波_汉	ɕyə⸗	₌uo	₌tsəŋ	⸀pə	mə⸗	⸀tə	⸀tə	thə⸗
安波_满	₌ɕyə	₌uo	₌tsəŋ	⸀pei	⸗mə	⸀tə	⸀tə	thə⸗
庄河市	ɕyə⸗	₌uo	₌tsəŋ	⸀pə	⸗mə	⸀tə	⸀tə	thə⸗
蓉花山	ɕyə⸗	uo⸗	₌tsəŋ	⸀pə	⸗mə	⸀tə	⸀tə	thə⸗
大长山	ɕyə⸗	₌uo	₌tsəŋ	⸀pə	⸗mə	⸀tə	⸀tə	thə⸗
广鹿	ɕyə⸗	⸀uo	₌tsəŋ	⸀pə	⸗mə	⸀tə	⸀tə	thə⸗
獐子岛	₌ɕyə	₌uo	₌tsəŋ	⸀pə	⸗mə	⸀tə	⸀tə	thə⸗

大连方言语音研究
The Phonological Study of Dalian Dialect

例字	肋~巴	勒挡	勒~死	贼	塞~住	尅训斥	刻用刀~	黑
中古音	曾开一入德来	曾开一入德来	曾开一入德来	曾开一入德从	曾开一入德心	曾开一入德溪	曾开一入德溪	曾开一入德晓
革镇堡	꜁lə	꜂lə	꜂lə	꜁tsei	꜁sə	꜀khei	꜀khə	꜀xə
营城子	꜁lə	不说	꜂lə	꜁tsei	꜁sə	꜀khei	꜀khə	꜁xə
杏树屯	꜂lə	꜂lə	꜂lə	tsə꜄	꜁sə	꜀khei	꜀khə	꜀xə
亮甲店	꜂lə	꜂lə	꜂lə	tsei꜄	꜁sə	꜀khei	꜀khə	꜀xə
大魏家	꜁lə	꜂lə	꜂lə	꜁tsə	꜁sə	꜀khei	꜀khə	꜀xə
七顶山	꜁lə	꜂lə	不说	꜁tsei	꜁sə	꜀khei	꜀khə	꜀xə
复州	꜁lə	꜂lə	꜂lə	꜁tsə	꜁sə	꜀khə	꜀khə	꜀xə
万家岭	꜂lə	不说	꜂lə	꜁tṣei多 ꜁tṣə少	꜁sə	꜀khei	꜀khə	꜀xə
三台	lei꜄	꜂lə	꜂lə	꜁tsei	꜁sai	꜀khə	꜀khə	꜀xə
皮口	꜂lə	꜂lə	꜂lə	tsə꜄	꜁sə	꜀khei	꜀khə	꜀xə
普市	꜂lə	꜂lə	꜂lə	tsə꜄	꜁sə	不说	꜀khə	꜀xə
安波汉	꜁lə	꜂lə	꜂lə	tsə꜄	꜁sə	不说	꜀khə	꜀xə
安波满	꜁lə	꜂lə	꜁lei	꜁tsei	꜁sə	꜀khei	꜀khə	꜀xə
庄河市	꜂lə	꜂lə	꜂lə	tsə꜄	꜁sə	꜀khə	꜀khə	꜀xə
蓉花山	꜁lə	꜂lə	꜂lə	tsə꜄	꜁sə	khei꜄	꜀khə	꜀xə
大长山	꜂lə	꜂lə	꜂lə	tsə꜄	꜁sə	khə꜄	꜀khə	꜀xə
广鹿	꜂lə	꜂lə	꜂lə	tsə꜄	꜁sə	꜀khei	꜀khə	꜀xə
獐子岛	꜂lə	꜂lə	꜂lə	꜁tsə	꜁sə	khə꜄	꜀khə	꜀xə

附录二 大连18个方言点语音专题代表字的读音

例字	征	蒸	仍	扔	蝇绿豆~	逼	力	鲫
中古音	曾开三平蒸知	曾开三平蒸章	曾开三平蒸日	曾开三平蒸日	曾开三平蒸以	曾开三入职帮	曾开三入职来	曾开三入职精
革镇堡	₋tʂəŋ	₋tʂəŋ	ˬləŋ	₋ləŋ	ˬiŋ	ˎpi	leiˀ	ˬtɕi
营城子	₋tʂəŋ	₋tʂəŋ	ˬləŋ	₋ləŋ	ˬiŋ	ˎpi	liˀ	ˬtɕi
杏树屯	₋tʂəŋ	₋tʂəŋ	ˬləŋ	₋ləŋ	ˬiŋ	ˎpi	leiˀ	ˬtɕi
亮甲店	₋tʂəŋ	₋tʂəŋ	ˬləŋ	₋ləŋ	ˬiŋ	ˎpi	leiˀ	ˬtɕi
大魏家	₋tʂəŋ	₋tʂəŋ	ˬləŋ	₋ləŋ	ˬiŋ	ˎpi	leiˀ	ˬtɕi
七顶山	₋tʂəŋ	₋tʂəŋ	ˬləŋ	₋ləŋ	ˬiŋ	ˎpi	leiˀ	ˬtɕi
复州	₋tʂəŋ	₋tʂəŋ	ˬləŋ	₋ləŋ	ˬiŋ	ˎpi	liˀ	ˬtɕi
万家岭	₋tʂəŋ	₋tʂəŋ	ˬləŋ	₋ləŋ	ˬiŋ	ˎpi	liˀ	ˬtɕi
三台	₋tʂəŋ	₋tʂəŋ	ˬləŋ	₋ləŋ	ˬiŋ	ˎpi	liˀ	ˬtɕi
皮口	₋tʂəŋ	₋tʂəŋ	ˬləŋ	₋ləŋ	ˬiŋ	ˎpi	leiˀ	ˬtɕi
普市	₋tʂəŋ	₋tʂəŋ	ˬləŋ	₋ləŋ	ˬiŋ	ˎpi	leiˀ	ˬtɕi
安波汉	₋tʂəŋ	₋tʂəŋ	ˬləŋ	₋ləŋ	ˬiŋ	ˎpi	leiˀ	ˬtɕi
安波满	₋tʂəŋ	₋tʂəŋ	ˬləŋ	₋ləŋ	ˬiŋ	ˎpi	leiˀ	ˬtɕi
庄河市	₋tsəŋ	₋tsəŋ	ˬləŋ	₋ləŋ	ˬiŋ	ˎpi	leiˀ	tɕi55
蓉花山	₋tʂəŋ	₋tʂəŋ	ˬləŋ	₋ləŋ	ˬiŋ	ˎpi	leiˀ	ˬtɕi
大长山	₋tʃəŋ	₋tʃəŋ	ˬləŋ	₋ləŋ	ˬiŋ	ˎpi	liˀ	ˬtʃi
广鹿	₋tsəŋ	₋tsəŋ	ˬləŋ	₋ləŋ	ˬiŋ	ˎpi	leiˀ	ˬtɕi
獐子岛	₋tʃəŋ	₋tʃəŋ	ˬləŋ	₋ləŋ	ˬiŋ	ˎpi	liˀ	ˬci

277

例字	息	直	色	织~布	食	争	百	伯大~
中古音	曾开三入职心	曾开三入职澄	曾开三入职生	曾开三入职章	曾开三入职船	梗开二平耕庄	梗开二入陌帮	梗开二入陌帮
革镇堡	ɕi˥	ʈʂʅ˨	sə˥	ʈʂʅ˥	ʂʅ˨	tsəŋ˥	pə˥	pə˨
营城子	ɕi˥	ʈʂʅ˨	sə˥	ʈʂʅ˥	ʂʅ˨	tsəŋ˥	pə˥	pə˨
杏树屯	ɕi˥	tɕi˥	sə˥	tɕi˥	ɕi˥	tsəŋ˥	pə˥	pə˥
亮甲店	ɕi˥	ʈʂʅ˥	sə˥	ʈʂʅ˥	ʂʅ˥	tsəŋ˥	pə˥	pə˥
大魏家	ɕi˥	ʈʂʅ˨	sə˥	ʈʂʅ˥	ʂʅ˨	tsəŋ˥	pə˥	pə˨
七顶山	ɕi˥	ʈʂʅ˨	sə˥	ʈʂʅ˥	ʂʅ˨	tsəŋ˥	pai˥	pə˨
复州	ɕi˥	ʈʂʅ˨	sə˥	ʈʂʅ˥	ʂʅ˨	tsəŋ˥	pə˥	pə˨
万家岭	ɕi˥	ʈʂʅ˨	sə˥	ʈʂʅ˥	ʂʅ˨	tsəŋ˥	pə˥	pə˨
三台	ɕi˥	ʈʂʅ˨	sə˥	ʈʂʅ˥	ʂʅ˨	tsəŋ˥	pai˥	pə˨
皮口	ɕi˥	tɕi˥	sə˥	tɕi˥	ɕi˥	tsəŋ˥	pə˥	pə˥
普市	ɕi˥	ʈʂʅ˥	sə˥	ʈʂʅ˥	ʂʅ˥	tsəŋ˥	pə˥	pə˥
安波汉	ɕi˥	ʈʂʅ˥	sə˥	ʈʂʅ˥	ʂʅ˥	tsəŋ˥	pə˥	pə˥
安波满	ɕi˥	ʈʂʅ˨	sə˥	ʈʂʅ˥	ʂʅ˨	tsəŋ˥	pai˥	pə˨
庄河市	ɕi˥	tɕi˥	sə˥	tɕi˥	ɕi˥	tsəŋ˥	pə˥	pə˥
蓉花山	ɕi˥	ʈʂʅ˥	sə˥	ʈʂʅ˥	ʂʅ˥	tsəŋ˥	pə˥	pə˥
大长山	ʃi˥	tʃi˥	sə˥	tʃi˥	ʃi˥	tsəŋ˥	pə˥	pə˥
广鹿	ɕi˥	tɕi˥	sə˥	tɕi˥	ɕi˥	tsəŋ˥	pə˥	pə˥
獐子岛	ʃi˥	tʃi˨	sə˥	tʃi˥	ʃi˥	tsəŋ˥	pə˥	pə˨

附录二　大连18个方言点语音专题代表字的读音

例字	伯 ~大~哥	拍	拆 ~包裹/~迁	择 ~菜	窄	客 来~了	掰	麦
中古音	梗开二入陌帮	梗开二入陌滂	梗开二入陌彻	梗开二入陌澄	梗开二入陌庄	梗开二入陌溪	梗开二入麦帮	梗开二入麦明
革镇堡	₌pai	⸢phə	₌tshə	₌tsə	⸢tsə	⸢khə	₌pai	₌mə
营城子	₌pai	⸢phə	₌tshə	₌tsə	⸢tsə	⸢khə	₌pai	₌mə
杏树屯	₌pai	⸢phə	⸢tshə	tsə⸣	⸢tsə	⸢khə	⸢pə	₌mə
亮甲店	₌pai	⸢phə	⸢tshə	tsə⸣	⸢tsə	⸢khə	⸢pə	₌mə
大魏家	₌pai	⸢phə	⸢tshə	₌tsə	⸢tsə	⸢khə	⸢pə	₌mə
七顶山	₌pai	⸢phai	₌tshə ₌tshai	₌tsə	⸢tsə	⸢tɕhiə	₌pai	mai⸣
复州	₌pai	⸢phə	⸢tshə	₌tsə	⸢tsə	⸢khə	⸢pə	₌mə
万家岭	₌pai	⸢phai	⸢tʂhə	₌tʂə	⸢tsə	⸢khə	⸢pə	mə⸣
三台	₌pai	⸢phai	₌tshai	₌tsai	⸢tsai	⸢khə	₌pai	mai⸣
皮口	₌pai	⸢phə	⸢tshə	tsə⸣	⸢tsə	⸢khə	⸢pə	₌mə
普市	₌pai	⸢phə	⸢tshə	⸢tsə	⸢tsə	⸢khə	⸢pə	₌mə
安波 ₅	₌pai	⸢phə	⸢tshə	₌tsə	⸢tsə	⸢khə	⸢pə	₌mə
安波 满	₌pai	⸢phə 少 ⸢phai 多	⸢tshə	tsə⸣	₌tsə	⸢khə	₌pai	mai⸣
庄河市	₌pai	⸢phə	⸢tshə	₌tsə	⸢tsə	⸢khə	⸢pə	₌mə
蓉花山	₌pai	⸢phə	⸢tshə	⸢tsə	⸢tsə	⸢khə	⸢pə	₌mə
大长山	₌pai	⸢phə	⸢tshə	⸢tsə	⸢tsə	⸢khə	⸢pə	₌mə
广鹿	₌pai	⸢phə	⸢tshə	⸢tsə	⸢tsə	⸢khə	⸢pə	₌mə
獐子岛	₌pai	⸢phə	⸢tshə	₌tsə	⸢tsə	⸢khə	⸢pə	₌mə

例字	摘	责	革	隔	核_审~	明_~儿个	明_姓名	鸣_鸡打~儿
中古音	梗开二入麦知	梗开二入麦庄	梗开二入麦见	梗开二入麦见	梗开二入麦匣	梗开三平庚明	梗开三平庚明	梗开三平庚明
革镇堡	₌tsə	₌tsə	⁼kə	₌kə	₌xə	₌miŋ	₌miŋ	₌miŋ
营城子	₌tsə	₌tsə	⁼kə	₌kə	₌xə	₌miŋ	₌miŋ	₌miŋ
杏树屯	⁼tsə	tsə⁼	⁼kə	⁼kə	xə⁼	₌miŋ	miŋ⁼	₌məŋ
亮甲店	⁼tsə	tsə⁼	⁼kə	⁼kə	xə⁼	₌miŋ	miŋ⁼	₌məŋ
大魏家	₌tsə	₌tsə	⁼kə	⁼kə	₌xə	₌miŋ	₌miŋ	₌məŋ
七顶山	₌tsə	₌tsə	⁼kə	⁼kə	₌xə	₌miŋ	₌miŋ	₌miŋ
复州	₌tsə	₌tsə	⁼kə	⁼kə	₌xə	₌miŋ	₌miŋ	₌məŋ
万家岭	₌tʂə	₌tʂə	⁼kə	⁼kə	₌xə	₌miŋ	₌miŋ	₌miŋ
三台	₌tsai	₌tsə	⁼kə	₌kə	₌xə	₌miŋ	₌miŋ	₌miŋ
皮口	⁼tsə	tsə⁼	⁼kə	⁼kə	xə⁼	₌miŋ	miŋ⁼	₌məŋ
普市	⁼tsə	tsə⁼	⁼kə	⁼kə	xə⁼	₌miŋ	miŋ⁼	₌məŋ
安波_汉	⁼tsə	tsə⁼	⁼kə	⁼kə	xə⁼	₌miŋ	miŋ⁼	₌miŋ
安波_满	₌tsə	₌tsə	⁼kə	⁼kə	₌xə	₌miŋ	₌miŋ	不说
庄河市	⁼tsə	tsə⁼	⁼kə	⁼kə	xə⁼	₌miŋ	₌miŋ	₌məŋ
蓉花山	tsə⁼	tsə⁼	⁼kə	⁼kə	⁼kə	₌miŋ	₌miŋ	₌məŋ
大长山	⁼tsə	tsə⁼	⁼kə	⁼kə	xə⁼	₌miŋ	miŋ⁼	₌məŋ
广鹿	⁼tsə	tsə⁼	⁼kə	⁼kə	xə⁼	₌məŋ	miŋ⁼	₌məŋ
獐子岛	₌tsə	₌tsə	⁼kə	⁼kə	₌xə	₌miŋ	₌miŋ	₌məŋ

附录二 大连18个方言点语音专题代表字的读音

例字	鸣~笛	迎	名小~,报~	名有~	清	程	声	成
中古音	梗开三平庚明	梗开三平庚疑	梗开三平清明	梗开三平清明	梗开三平清清	梗开三平清澄	梗开三平清书	梗开三平清禅
革镇堡	₌miŋ	₌iŋ	₌miŋ	₌miŋ	₌tɕhiŋ	₌tʂhəŋ	₌ʂəŋ	₌tʂhəŋ
营城子	₌miŋ	₌iŋ	₌miŋ	₌miŋ	₌tɕhiŋ	₌tʂhəŋ	₌ʂəŋ	₌tʂhəŋ
杏树屯	miŋ˧	₌iŋ	₌miŋ	miŋ˧ 有~	₌tɕhiŋ	tʂhəŋ˧	₌ʂəŋ	tʂhəŋ˧
亮甲店	miŋ˧	₌iŋ	₌miŋ	₌miŋ	₌tɕhiŋ	tʂhəŋ˧	₌ʂəŋ	tʂhəŋ˧
大魏家	₌miŋ	₌iŋ	₌miŋ	₌miŋ	₌tɕhiŋ	₌tʂhəŋ	₌ʂəŋ	₌tʂhəŋ
七顶山	₌miŋ	₌iŋ	₌miŋ	₌miŋ	₌tɕhiŋ	₌tʂhəŋ	₌ʂəŋ	₌tʂhəŋ
复州	₌miŋ	₌iŋ	₌miŋ	₌miŋ	₌tɕhiŋ	₌tʂhəŋ	₌ʂəŋ	₌tʂhəŋ
万家岭	₌miŋ	₌iŋ	₌miŋ	₌miŋ	₌tɕhiŋ	₌tʂhəŋ	₌ʂəŋ	₌tʂhəŋ
三台	₌miŋ	₌iŋ	₌miŋ	₌miŋ	₌tɕhiŋ	₌tʂhəŋ	₌ʂəŋ	₌tʂhəŋ
皮口	miŋ˧	₌iŋ	₌miŋ	₌miŋ	₌tɕhiŋ	tʂhəŋ˧	₌ʂəŋ	tʂhəŋ˧
普市	miŋ˧	₌iŋ	₌miŋ	miŋ˧	₌tɕhiŋ	tʂhəŋ˧	₌ʂəŋ	tʂhəŋ˧
安波汉	miŋ˧	₌iŋ	₌miŋ	₌miŋ	₌tɕhiŋ	₌tʂhəŋ	₌ʂəŋ	tʂhəŋ˧
安波满	₌miŋ	₌iŋ	₌miŋ	₌miŋ	₌tɕhiŋ	₌tʂhəŋ	₌ʂəŋ	₌tʂhəŋ
庄河市	miŋ˧	₌iŋ	₌miŋ	₌miŋ	₌tɕhiŋ	tʂhəŋ˧	₌ʂəŋ	tʂhəŋ˧
蓉花山	₌miŋ	₌iŋ	₌miŋ	₌miŋ	₌tɕhiŋ	tʂhəŋ˧	₌ʂəŋ	tʂhəŋ˧
大长山	miŋ˧	₌iŋ	₌miŋ	miŋ˧	₌tʃhiŋ	tʃhəŋ˧	₌ʃəŋ	tʃhəŋ˧
广鹿	miŋ˧	₌iŋ	₌miŋ	₌miŋ	₌tɕhiŋ	tʂhəŋ˧	₌ʂəŋ	tʂhəŋ˧
獐子岛	₌miŋ	₌iŋ	₌miŋ	₌miŋ	₌tʃhiŋ	₌tʃhəŋ	₌ʃəŋ	₌tʃhəŋ

大连方言语音研究
The Phonological Study of Dalian Dialect

例字	轻	盈₋利	赢	惜	尺	适₋合	石	零
中古音	梗开三平清溪	梗开三平清疑	梗开三平清疑	梗开三入昔心	梗开三入昔昌	梗开三入昔书	梗开三入昔禅	梗开四平青来
革镇堡	₋tɕiŋ	₋iŋ	₋iŋ	⁼ɕi	tʂʅ	⁼ʂʅ	₋ʂʅ	₋liŋ
营城子	₋tɕiŋ	₋iŋ	₋iŋ	⁼ɕi	tʂʅ	⁼ʂʅ	₋ʂʅ	₋liŋ
杏树屯	₋tɕiŋ	₋iŋ	₋iŋ	⁼ɕi	⁼tɕhi	⁼ɕi	ɕiᵌ	₋liŋ
亮甲店	₋tɕiŋ	iŋᵌ	₋iŋ	⁼ɕi	tʂʅ	⁼ʂʅ	₋ʂʅ	₋liŋ
大魏家	₋tɕiŋ	₋iŋ	₋iŋ	⁼ɕi	tʂʅ	⁼ʂʅ	₋ʂʅ	₋liŋ
七顶山	₋tɕiŋ	₋iŋ	₋iŋ	⁼ɕi	tʂʅ	⁼ʂʅ	₋ʂʅ	₋liŋ
复州	₋tɕiŋ	₋iŋ	₋iŋ	⁼ɕi	tʂʅ	⁼ʂʅ	₋ʂʅ	₋liŋ
万家岭	₋tɕiŋ	₋iŋ	₋iŋ	⁼ɕi	tʂʅ	⁼ʂʅ	₋ʂʅ	₋liŋ
三台	₋tɕiŋ	₋iŋ	₋iŋ	⁼ɕi	tʂʅ	⁼ʂʅ	₋ʂʅ	₋liŋ
皮口	₋tɕiŋ	₋iŋ	₋iŋ	⁼ɕi	tɕhi	⁼ɕi	ɕiᵌ	₋liŋ
普市	₋tɕiŋ	₋iŋ	₋iŋ	⁼ɕi	tʂʅ	⁼ʂʅ	₋ʂʅ	₋liŋ
安波汉	₋tɕiŋ	₋iŋ	₋iŋ	⁼ɕi	tʂʅ	⁼ʂʅ	₋ʂʅ	₋liŋ
安波满	₋tɕiŋ	₋iŋ	₋iŋ	⁼ɕi	tʂʅ	⁼ʂʅ	₋ʂʅ	₋liŋ
庄河市	₋tɕiŋ	₋iŋ	₋iŋ	⁼ɕi	⁼tɕhi	⁼ɕi	ɕiᵌ	₋liŋ
蓉花山	₋tɕiŋ	₋iŋ	₋iŋ	⁼ɕi	tʂʅ	⁼ʂʅ	₋ʂʅ	₋liŋ
大长山	₋chiŋ	₋iŋ	₋iŋ	⁼ʃi	tʃhi	⁼ʃi	₋ʃi	₋liŋ
广鹿	₋tɕiŋ	₋iŋ	₋iŋ	⁼ɕi	⁼tɕhi	⁼ɕi	ɕiᵌ	₋liŋ
獐子岛	₋chiŋ	₋iŋ	₋iŋ	⁼ʃi	tʃhi	⁼ʃi	₋ʃi	₋liŋ

282

附录二 大连18个方言点语音专题代表字的读音

例字	灵_{算命真~}	灵_{起~,真~(巧)}	铃	劈	滴	历	吃_{~亏}	营_{军~,~口}
中古音	梗开四平青来	梗开四平青来	梗开四平青来	梗开四入锡滂	梗开四入锡端	梗开四入锡来	梗开四入锡溪	梗合三平清以
革镇堡	₌liŋ	₌liŋ	₌liŋ	⁼phi	⁼ti	lei⁼	⁼tʂʮ	₌iŋ
营城子	₌liŋ	₌liŋ	₌liŋ	⁼phi	⁼ti	li⁼	⁼tʂʮ	₌iŋ
杏树屯	₌liŋ	liŋ⁼	liŋ⁼	⁼phi	⁼ti	lei⁼	⁼tɕhi	iŋ⁼
亮甲店	₌liŋ	liŋ⁼	liŋ⁼	⁼phi	⁼ti	lei⁼	⁼tʂʮ	iŋ⁼
大魏家	₌liŋ	₌liŋ	₌liŋ	⁼phi	⁼ti	lei⁼	⁼tʂʮ	₌iŋ
七顶山	₌liŋ	₌liŋ	₌liŋ	⁼phi	⁼ti	lei⁼	⁼tʂʮ	₌iŋ
复州	₌liŋ	₌liŋ	₌liŋ	⁼phi	⁼ti	li⁼	⁼tʂʮ	₌iŋ
万家岭	₌liŋ	₌liŋ	₌liŋ	⁼phi	⁼ti	li⁼	⁼tʂʮ	₌iŋ
三台	₌liŋ	₌liŋ	₌liŋ	⁼phi	⁼ti	li⁼	⁼tʂʮ	₌iŋ
皮口	₌liŋ	liŋ⁼	liŋ⁼	⁼phi	⁼ti	lei⁼	⁼tɕhi	iŋ⁼ _{军~}
普市	₌liŋ	liŋ⁼	liŋ⁼	⁼phi	⁼ti	lei⁼	⁼tʂʮ	iŋ⁼
安波_汉	₌liŋ	₌liŋ	₌liŋ	⁼phi	⁼ti	lei⁼	⁼tʂʮ	iŋ⁼
安波_满	₌liŋ	₌liŋ	₌liŋ	⁼phi	⁼ti	lei⁼	⁼tʂʮ	₌iŋ
庄河市	₌liŋ	liŋ⁼	liŋ⁼	⁼phi	⁼ti	lei⁼	⁼tɕhi	iŋ⁼
蓉花山	₌liŋ	₌liŋ	₌liŋ	⁼phi	⁼ti	lei⁼	⁼tʂʮ	iŋ⁼
大长山	₌liŋ	liŋ⁼	liŋ⁼	⁼phi	⁼ti	li⁼	⁼tʃʮ	iŋ⁼
广鹿	₌liŋ	liŋ⁼	liŋ⁼	⁼phi	⁼ti	lei⁼	⁼tɕhi	iŋ⁼
獐子岛	₌liŋ	₌liŋ	₌liŋ	⁼phi	⁼ti	li⁼	⁼tʃʮ	₌iŋ

283

例字	营~城子	烔	蒙~瞎~	蒙~着头	蒙~内~	聋	笼	农
中古音	梗合三平清以	通合一平东透	通合一平东明	通合一平东明	通合一平东明	通合一平东来	通合一平东来	通合一平东来
革镇堡	₌iŋ	₌thəŋ	₌məŋ	₌məŋ	˂məŋ	₌loŋ	₌loŋ	₌noŋ
营城子	₌iŋ	₌thəŋ	₌məŋ	₌məŋ	˂məŋ	₌loŋ	₌loŋ	₌noŋ
杏树屯	₌iŋ	₌thəŋ	₌məŋ	₌məŋ	˂məŋ	₌loŋ	₌loŋ	nuᵓ
亮甲店	₌iŋ	₌thəŋ	₌məŋ	₌məŋ	˂məŋ	₌loŋ	₌loŋ	nuᵓ
大魏家	₌iŋ	₌thəŋ	₌məŋ	₌məŋ	˂məŋ	₌loŋ	₌loŋ	₌noŋ
七顶山	₌iŋ	₌thəŋ	₌məŋ	₌məŋ	˂məŋ	₌loŋ	₌loŋ	₌nu
复州	₌iŋ	₌thəŋ	₌məŋ	₌məŋ	˂məŋ	₌loŋ	₌loŋ	₌nu
万家岭	₌iŋ	₌thəŋ	₌məŋ	₌məŋ	˂məŋ	₌loŋ	₌loŋ	₌nəŋ
三台	₌iŋ	₌thəŋ	₌məŋ	₌məŋ	˂məŋ	₌loŋ	₌loŋ	₌noŋ
皮口	₌iŋ ~口, ~城子	₌thəŋ	₌məŋ	₌məŋ	˂məŋ	₌loŋ	₌loŋ	nuᵓ
普市	iŋᵓ	₌thəŋ	₌məŋ	₌məŋ	˂məŋ	₌loŋ	₌loŋ	nuᵓ
安波汉	iŋᵓ	₌thəŋ	₌məŋ	₌məŋ	˂məŋ	₌loŋ	₌loŋ	nuᵓ
安波满	₌iŋ	₌thəŋ	₌məŋ	₌məŋ	˂məŋ	₌loŋ	₌loŋ	₌noŋ
庄河市	iŋᵓ	₌thəŋ	₌məŋ	₌məŋ	˂məŋ	₌loŋ	₌loŋ	nuᵓ老 nəŋᵓ新
蓉花山	iŋᵓ	₌thəŋ	₌məŋ	₌məŋ	˂məŋ	₌loŋ	₌loŋ	nuᵓ
大长山	₌iŋ	₌thəŋ	₌məŋ	₌məŋ	˂məŋ	₌loŋ	₌loŋ	nouᵓ
广鹿	₌iŋ	₌thəŋ	₌məŋ	₌məŋ	˂məŋ	₌loŋ	₌loŋ	nouᵓ
獐子岛	₌iŋ	₌thəŋ	₌məŋ	₌məŋ	˂məŋ	₌loŋ	₌loŋ	₌nu

附录二 大连18个方言点语音专题代表字的读音

例字	翁	弄~坏	粽	扑	木发~/桃~	秃	鹿	族
中古音	通合一平东影	通合一去送来	通合一去送精	通合一入屋滂	通合一入屋明	通合一入屋透	通合一入屋来	通合一入屋从
革镇堡	₌oŋ	noŋ⁼	tsəŋ⁼	⁼phu	mu⁼	⁼thu	₌lu	⁼tshu
营城子	₌oŋ	noŋ⁼	tsəŋ⁼	⁼phu	mu⁼	⁼thu	lu⁼	⁼tshu
杏树屯	₌oŋ	nou⁼	tsəŋ⁼	⁼phu	m̩⁼	⁼thu	⁼lu	⁼tshu
亮甲店	₌oŋ	noŋ⁼	tsəŋ⁼	⁼phu	⁼mu mu⁼	⁼thu	⁼lu	⁼tshu
大魏家	₌oŋ	nəŋ⁼	tsəŋ⁼	⁼phu	mu⁼	⁼thu	lu⁼	⁼tshu
七顶山	₌oŋ	nəŋ⁼	tsəŋ⁼	⁼phu	mu⁼	⁼thu	lu⁼	⁼tshu
复州	₌oŋ	noŋ⁼	tsəŋ⁼	⁼phu	⁼mu mu⁼	⁼thu	lu⁼	⁼tshu
万家岭	₌oŋ	noŋ⁼	tʂəŋ⁼	⁼phu	mu⁼	⁼thu	lu⁼	₌tʂu
三台	₌oŋ	nəŋ⁼	tsəŋ⁼	⁼phu	mu⁼	₌thu	lu⁼	⁼tshu
皮口	₌oŋ	nou⁼	tsəŋ⁼	⁼phu	⁼mu	⁼thu	⁼lu	⁼tshu
普市	₌oŋ	noŋ⁼	tsəŋ⁼	⁼phu	m̩⁼	⁼thu	⁼lu	⁼tshu
安波汉	₌oŋ	nou⁼老 nəŋ⁼新	tsəŋ⁼	⁼phu	⁼mu mu⁼	⁼thu	⁼lu	⁼tshu
安波满	₌oŋ	noŋ⁼	tsəŋ⁼	⁼phu	⁼mu mu⁼	⁼thu	⁼lu	₌tsu
庄河市	₌oŋ	noŋ⁼	tsəŋ⁼	⁼phu	⁼mu mu⁼	⁼thu	⁼lu	⁼tshu
蓉花山	₌oŋ	noŋ⁼老 nəŋ⁼新	tsəŋ⁼	⁼phu	⁼mu mu⁼	⁼thu	⁼lu	⁼tshu
大长山	₌oŋ	nou⁼	tsəŋ⁼	⁼phu	⁼m̩	⁼thu	⁼lu	⁼thu
广鹿	₌oŋ	nou⁼	tsəŋ⁼	⁼phu	m̩ m̩⁼	⁼thu	⁼lu	⁼tshu
獐子岛	₌oŋ	noŋ⁼	tsəŋ⁼	⁼phu	⁼mu	⁼thu	⁼lu	⁼thu

例字	哭	屋	脓化~	松放~	忠	终	绒	雄
中古音	通合一入屋溪	通合一入屋影	通合一平冬来	通合一平冬心	通合三平东知	通合三平东章	通合三平东日	通合三平东云
革镇堡	ˤkhu	ˤu	₌noŋ	₌soŋ	₌tsoŋ	₌tsoŋ	₌yoŋ	₌ɕyoŋ
营城子	₌khu	₌u	₌noŋ	₌soŋ	₌tsoŋ	₌tsoŋ	₌yoŋ	₌ɕyoŋ
杏树屯	ˤkhu	ˤu	₌nou	₌soŋ	₌tsoŋ	₌tsoŋ	yoŋ˧	₌ɕyoŋ
亮甲店	ˤkhu	ˤu	₌nu	₌soŋ	₌tsoŋ	₌tsoŋ	yoŋ˧	₌ɕyoŋ
大魏家	ˤkhu	ˤu	₌nəŋ	₌soŋ	₌tsoŋ	₌tsoŋ	₌yoŋ	₌ɕyoŋ
七顶山	₌khu	₌u	₌nəŋ	₌soŋ	₌tsoŋ	₌tsoŋ	₌yoŋ	₌ɕyoŋ
复州	ˤkhu	₌u	₌nu 老 ₌nəŋ 新	₌soŋ	₌tsoŋ	₌tsoŋ	₌yoŋ	₌ɕyoŋ
万家岭	ˤkhu	ˤu	₌nəŋ	₌ʂoŋ	₌tʂoŋ	₌tsoŋ	₌yoŋ	₌ɕyoŋ
三台	ˤkhu	ˤu	₌nəŋ	₌soŋ	₌tsoŋ	₌tsoŋ	₌yoŋ	₌ɕyoŋ
皮口	ˤkhu	₌u	₌nou	₌soŋ	₌tsoŋ	₌tsoŋ	yoŋ˧	₌ɕyoŋ
普市	ˤkhu	₌u	₌noŋ	₌soŋ	₌tsoŋ	₌tsoŋ	yoŋ˧	₌ɕyoŋ
安波汉	ˤkhu	₌u	₌noŋ	₌soŋ	₌tsoŋ	₌tsoŋ	₌yoŋ	₌ɕyoŋ
安波满	ˤkhu	₌u	₌noŋ	₌soŋ	₌tsoŋ	₌tsoŋ	₌yoŋ	₌ɕyoŋ
庄河市	ˤkhu	₌u	₌noŋ	₌soŋ	₌tsoŋ	₌tsoŋ	yoŋ˧	₌ɕyoŋ
蓉花山	ˤkhu	₌u	₌nəŋ	₌soŋ	₌tsoŋ	₌tsoŋ	yoŋ˧	₌ɕyoŋ
大长山	ˤkhu	ˤu	₌nou	₌soŋ	₌tsoŋ	₌tsoŋ	yoŋ˧	₌ɕyoŋ
广鹿	ˤkhu	ˤu	₌nou	₌soŋ	₌tsoŋ	₌tsoŋ	yoŋ˧	₌ɕyoŋ
獐子岛	ˤkhu	ˤu	₌noŋ	₌soŋ	₌tsoŋ	₌tsoŋ	₌yoŋ	₌ɕyoŋ

附录二　大连18个方言点语音专题代表字的读音

例字	熊	目	穆	福	陆	宿~舍	竹	轴
中古音	通合三平东云	通合三入屋明	通合三入屋明	通合三入屋非	通合三入屋来	通合三入屋心	通合三入屋知	通合三入屋澄
革镇堡	₌ɕyoŋ	muᵌ	muᵌ	꜀fu	luᵌ	꜀ɕy	₌tsu	₌tʂou
营城子	₌ɕyoŋ	muᵌ	muᵌ	₌fu	luᵌ	꜀ɕy	₌tsu	₌tʂou
杏树屯	ɕyoŋᵌ	m̩	m̩	꜀fu	luᵌ	꜀ɕy	꜀tsu	꜀tsou
亮甲店	ɕyoŋᵌ	muᵌ	muᵌ	꜀fu	luᵌ	꜀ɕy	꜀tsu	꜀tsou
大魏家	₌ɕyoŋ	muᵌ	muᵌ	꜀fu	luᵌ	꜀ɕy	꜀tsu	₌tʂou
七顶山	₌ɕyoŋ	muᵌ	muᵌ	꜀fu	luᵌ	꜀ɕy	₌tsu	₌tʂou
复州	₌ɕyoŋ	muᵌ	muᵌ	꜀fu	luᵌ	꜀ɕy	꜀tsu	₌tʂou
万家岭	₌ɕyoŋ	muᵌ	muᵌ	꜀fu	luᵌ	꜀ɕy	꜀tʂu	₌tʂou
三台	₌ɕyoŋ	muᵌ	muᵌ	꜀fu	luᵌ	꜀ɕy	₌tʂu	₌tʂou
皮口	ɕyoŋᵌ	muᵌ	muᵌ	꜀fu	luᵌ	꜀ɕy	꜀tsu	꜀tsou
普市	ɕyoŋᵌ	m̩	m̩	꜀fu	luᵌ	꜀ɕy	꜀tsu	꜀tʂou
安波汉	₌ɕyoŋ	muᵌ	muᵌ	꜀fu	luᵌ	꜀ɕy	꜀tsu	꜀tʂou
安波满	₌ɕyoŋ	muᵌ	muᵌ	꜀fu	luᵌ	꜀ɕy	꜀tsu	₌tʂou
庄河市	ɕyoŋᵌ	m̩	m̩	꜀fu	luᵌ	꜀ɕy	꜀tsu	꜀tsou
蓉花山	ɕyoŋᵌ	muᵌ	muᵌ	꜀fu	luᵌ	꜀ɕy	꜀tsu	꜀tsou
大长山	ɕyoŋᵌ	m̩	m̩	꜀fu	luᵌ	꜀ʃu	꜀tu	꜀tʃou
广鹿	ɕyoŋᵌ	m̩	m̩	꜀fu	luᵌ	꜀ɕy	꜀tsu	꜀tsou
獐子岛	₌ɕyoŋ	muᵌ	muᵌ	꜀fu	luᵌ	꜀ʃu	꜀tu	꜀tʃou

287

例字	缩	叔	熟	肉	菊	浓	松 ~树	茸 鹿~
中古音	通合三入屋生	通合三入屋书	通合三入屋禅	通合三入屋日	通合三入屋见	通合三平钟泥	通合三平钟邪	通合三平钟日
革镇堡	₌suo	₌su	₌su	iouᴧ	₌tɕy	₌noŋ	₌ɕyoŋ	₌yoŋ
营城子	₌suo	₌su	₌ʂu	iouᴧ	₌tɕy	₌noŋ	₌ɕyoŋ	₌yoŋ
杏树屯	suoᴧ	ᶜɕy	ɕyᴧ	iouᴧ	ᶜtɕy	nuᴧ	₌ɕyoŋ	yoŋᴧ
亮甲店	suoᴧ	ᶜʂu	ʂuᴧ	iouᴧ	ᶜtɕy	nuᴧ	₌ɕyoŋ	yoŋᴧ
大魏家	₌suo	ᶜʂu	₌ʂu	iouᴧ	ᶜtɕy	₌noŋ	₌ɕyoŋ	₌yoŋ
七顶山	₌suo	₌su	₌sou	iouᴧ	₌tɕy	₌nu	₌ɕyoŋ	₌yoŋ
复州	₌suo	ᶜʂu	₌ʂu	iouᴧ	ᶜtɕy	₌nu	₌ɕyoŋ	₌yoŋ
万家岭	ʂuoᴧ	ᶜʂu	₌ʂu	iouᴧ	ᶜtɕy	₌nəŋ	₌ɕyoŋ	₌yoŋ
三台	₌suo	₌ʂu ~ ~ tʂhuᴧ 小~子	₌ʂu	iouᴧ	₌tɕy	₌noŋ	₌ɕyoŋ	₌yoŋ
皮口	suoᴧ	ᶜɕy	ɕyᴧ	iouᴧ	ᶜtɕy	nuᴧ	₌ɕyoŋ	yoŋᴧ
普市	suoᴧ	ᶜʂu	ʂuᴧ	iouᴧ	ᶜtɕy	nuᴧ	₌ɕyoŋ	yoŋᴧ
安波汉	suoᴧ	ᶜʂu	ʂuᴧ	iouᴧ	ᶜtɕy	₌nu	₌ɕyoŋ	₌yoŋ
安波满	₌suo	₌ʂu	₌ʂu	iouᴧ	ᶜtɕy	₌noŋ	₌soŋ	₌yoŋ
庄河市	suoᴧ	ᶜɕy	ɕyᴧ	iouᴧ	ᶜtɕy	₌noŋ	₌ɕyoŋ	₌yoŋ
蓉花山	suoᴧ	ᶜɕy	ɕyᴧ	iouᴧ	ᶜtɕy	nuᴧ	₌ɕyoŋ	yoŋᴧ
大长山	suoᴧ	ᶜʃu	ʃuᴧ	iouᴧ	ᶜɕy	nouᴧ	₌ʃoŋ	yoŋᴧ
广鹿	suoᴧ	ᶜɕy	ɕyᴧ	iouᴧ	ᶜtɕy	nouᴧ	₌ɕyoŋ	yoŋᴧ
獐子岛	suoᴧ	ᶜʃu	₌ʃu	iouᴧ	ᶜɕy	₌nu	₌ʃoŋ	₌yoŋ

参考文献

曹志耘:《汉语方言声调演变的两种类型》,《语言研究》1998 年第 1 期。

曹志耘:《汉语方言地图集》,商务印书馆,2008。

曹志耘:《汉语方言的地理分布类型》,《语言教学与研究》2011 年第 5 期。

曹志耘、钱曾怡:《山东方言与社会文化二题》,《山东大学学报》1991 年第 1 期。

曹志耘、王莉宁:《汉语方言平去声的全次浊分调现象》,《中国语文》2014 年第 6 期。

长海县志办公室:《长海县志》,大连出版社,2002。

陈保亚:《论语言接触与语言联盟——汉越(侗台)语源关系的解释》,语文出版社,1996。

陈舜政:《荣成方言音系》,台湾三人行出版社,1974。

程廷恒(修),张素(纂)《复县志略》,1920 瓦房店地方志编纂委员会办公室整理诠释翻印,1994。

大长山岛镇志编纂委员会:《大长山岛镇志》,黑龙江人民出版社,2010。

大连地方志编纂委员会办公室:《大连市情》,天津人民出版社,1987。

大连市甘井子区地方志编纂委员会:《甘井子区志》,方志出版社,1995。

大连市金州区地方志编纂委员会办公室:《金县志》,大连出版社,1989。

大连市史志办公室：《大连市志·民俗志》，人民出版社，2004。

《大连通史》编纂委员会：《大连通史·古代卷》，人民出版社，2007。

丁邦新：《汉语方言中的历史层次》，《中国语文》2012年第5期。

丁声树、李荣：《汉语音韵讲义》，《方言》1981年第4期。

董琼瑜：《庄河音系内部差异研究》，辽宁大学硕士学位论文，2014。

董岩：《大连方言语音研究》，中国人民大学硕士学位论文，2008。

高晓虹：《方言接触与北京话入声字的历史层次》，北京大学博士学位论文，2000。

高晓虹：《北京话入声字文白异读的历史层次》，《语文研究》2001年第2期。

高晓虹：《北京话古清入字归调历史及成因考察》，《语言教学与研究》2003年第4期。

高晓虹：《古止摄开口三等日母字在官话方言中的演变》，《语文研究》2013年第2期。

高晓虹、钱曾怡：《官话方言古知庄章声母的读音类型》，《语言学论丛》第46辑，2012。

高玉娟：《大连方言五项语音变化的社会语言学分析》，《南开语言学刊》2005年第1期。

耿振生：《北京话文白异读的形成》，《语言学论丛》第27辑，2003。

广鹿乡志编纂委员会：《广鹿乡志》，黑龙江人民出版社，2010。

黄灵燕：《清代来华西方人所描述的官话音及基础方言》，《语言学论丛》第38辑，2008。

洪小熙：《蓬莱方言语音研究》，山东大学硕士学位论文，2005。

侯精一：《试论现代北京城区话的形成》，《中国语学》（日本）第248号，2001。

侯精一：《现代汉语方言概论》，上海教育出版社，2002。

胡跃新主编《山海韵律话金州》，天津人民出版社，1987。

朱德熙编《纪念王力先生百年诞辰学术论文集》编委会：《纪念王力先生九十诞辰文集》，山东教育出版社，1991。

《纪念王力先生百年诞辰学术论文集》，商务印书馆，2002。

季永海:《从接触到融合(上)——论满语文的衰落》,《满语研究》2004年第1期。

姜广英主编《瓦房店的文化遗产》,上海社会科学院出版社,2011。

蒋希文:《从现代方言论中古知庄章三组声母在〈中原音韵〉里的读音》,《方言》1985年第1期。

靳光瑾:《北京话文白异读的形成及消长》,《语文建设》1991年第5期。

金贵士:《东北黄海沿岸几个地方的语音问题》,《吉林师大学报》1959年第1期。

金县地名办公室:《金县地名志》,大连海运学院出版社,1988。

柯蔚南:《罗杰瑞——怀念其人以及他对汉语历史语言学的贡献》,沈瑞清、焦磊、张静芬、谭雨田、覃龙璐译,《方言》2014年第2期。

厉兵:《长海方言的儿化与子尾》,《方言》1981年第2期。

李蓝:《文白异读的形成模式与北京话的文白异读》,《中国社会科学》2013年第9期。

李荣:《音韵存稿》,商务印书馆,1982.

李荣:《官话方言的分区》,《方言》1985年第1期。

李荣:《三个单字调的方言的调类》,《方言》,1985年第4期。

连疆:《文登话》,香港国际炎黄文化出版社,2006。

辽宁省普兰店市皮口街道党委纂修:《皮口镇志》,大连业发印刷有限公司,2015。

《辽宁省地图册》,星球地图出版社,2016。

林焘:《北京官话溯源》,《中国语文》1987年第3期。

林焘:《北京官话区的划分》,《方言》1987年第3期。

林焘:《林焘文选》,北京大学出版社,2010。

刘虹:《大连话语音差异与社会因素之间的关系》,《语言研究》1986年第2期。

刘勋宁:《再论汉语北方话的分区》,《中国语文》1995年第6期。

刘勋宁:《中原官话与北方官话的区别及〈中原音韵〉的语言基础》,《中国语文》1998年第6期。

刘淑学:《论古知庄章三组声母在冀州方言中的音变层次》,《语言科学》2005 年第 2 期。

刘淑学、袁学章:《论古知庄章三组声母在〈韵略汇通〉中的读音分合》,《语言科学》2012 年第 5 期。

刘宇、张松、梁晓玲:《拉林——阿勒楚喀满族京旗汉语方言岛述略》,《黑龙江民族丛刊》2011 年第 5 期。

鲁国尧:《鲁国尧语言学论文集》,江苏教育出版社,2003。

路遇:《清代和民国山东移民东北史略》,上海社会科学院出版社,1987。

陆志韦:《陆志韦近代汉语音韵论集》,商务印书馆,1988。

罗福腾:《牟平方言志》,语文出版社,1992。

罗福腾:《胶辽官话研究》,山东大学博士学位论文,1998。

〔美〕罗杰瑞:《汉语概说》,张惠英译,语文出版社,1995。

马静、吴永焕:《临沂方言志》,齐鲁书社,2003。

牛正江:《复州往事》,大众文艺出版社,2011。

平山久雄:《北京文言音基础方言里入声的情况》,《汉语史研究会论文》,日本东京,1994。

平山久雄:《平山久雄语言学论文集》,商务印书馆,2005。

钱曾怡:《胶东方音概况》,《山东大学学报》1959 年第 4 期。

钱曾怡:《文登、荣成方言中古全浊平声字的读音》,《中国语文》1981 年第 4 期。

钱曾怡:《烟台方言报告》,齐鲁书社,1982。

钱曾怡:《从汉语方言看汉语声调的发展》,《语言教学与研究》2000 年第 2 期。

钱曾怡主编《山东方言研究》,齐鲁书社,2001。

钱曾怡:《古知庄章声母在山东方言中的分化及其跟精见组的关系》,《中国语文》2004 年第 6 期。

钱曾怡:《钱曾怡汉语方言研究文选》,山东大学出版社,2008。

钱曾怡:《汉语官话方言研究》,齐鲁书社,2010。

钱曾怡:《从现代山东方言的共时语音现象看其历时演变的轨迹》,《汉语学报》2012 年第 2 期。

钱曾怡、曹志耘、罗福腾:《诸城、五莲方言的声韵特点》,《中国语文》1984 年第 3 期。

钱曾怡、曹志耘、罗福腾:《平度方言内部的语音差别》,《方言》1985 年第 3 期。

钱曾怡、曹志耘、罗福腾:《诸城方言志》,吉林人民出版社,2002。

钱曾怡、李行杰:《首届官话方言国际学术讨论会论文集》,青岛出版社,2000。

钱曾怡、太田斋、陈洪昕、杨秋泽:《莱州方言志》,齐鲁书社,2005。

青岛市史志办公室编《青岛市志·方言志》,新华出版社,1997。

山东省地方史志编纂委员会:《山东省志·方言志》,山东人民出版社,1995。

沈钟伟:《辽代北方汉语方言的语音特征》,《中国语文》2006 年第 6 期。

宋学:《辽宁语音说略》,《中国语文》1963 年第 2 期。

孙彦:《文登方言语音研究》,北京语言大学硕士学位论文,2015。

瓦房店市地方志编纂委员会:《瓦房店市志》,大连出版社,1994。

王洪君:《〈中原音韵〉知庄章声母的分合及其在山西方言中的演变》,《语文研究》2007 年第 1 期。

王洪君:《兼顾演变、推平和层次的汉语方言历史关系模型》,《方言》2009 年第 3 期。

王洪君:《层次与断阶——叠置式音变与扩散式音变的交叉与区别》,《中国语文》2010 年第 4 期。

王洪君:《历史语言学方法论与汉语方言音韵史个案研究》,商务印书馆,2014。

王力:《汉语语音史》,中国社会科学出版社,1985。

王莉宁:《汉语方言上声的全次浊分调现象》,《语言科学》2012 年第 1 期。

王莉宁:《汉语方言入声的全次浊分调现象》,《语言学论丛》第 51 辑,2015。

王淑霞:《荣成方言志》,语文出版社,1995。

吴永焕:《山东平度方言去声分归阴、阳平的语音考察》,《语言研究》

2006年第2期。

新金县志编纂委员会办公室编《新金县志》，大连出版社，1993。

熊正辉:《官话方言分 ts tṣ 的类型》，《方言》1990年第1期。

熊正辉、张振兴:《汉语方言的分区》，《方言》2008年第2期。

〔日〕桥本万太郎:《语言地理类型学》，余志鸿译，北京大学出版社，1985。

项梦冰、曹晖:《汉语方言地理学——入门与实践》，中国书籍出版社，2013。

〔苏〕谢·叶·雅洪托夫:《汉语史论集》，北京大学出版社，1986。

许敬文主编《东沟县志》，辽宁人民出版社，1996。

徐明轩、朴炯春:《威海方言志》，(韩国)学古房，1997。

杨耐思:《中原音韵音系》，中国社会科学出版社，1981。

杨耐思:《近代汉语音论》(增补本)，商务印书馆，2012。

一杉刚弘:《龙口方言研究报告》，山东大学硕士学位论文，1999。

营城子镇志编纂委员会:《营城子镇志》，中国经济出版社，2001。

于克仁:《平度方言志》，语文出版社，1992。

俞敏:《北京音系的成长和它受的周围影响》，《方言》1984年第4期。

于志培:《长海方言的内部差异》，《辽宁师范大学学报》(社科版) 1985年第4期。

张光宇:《汉语方言合口介音消失的阶段性》，《中国语文》2006年第4期。

张光宇:《汉语的鲁奇规律：古代篇》，《中国语文》2008年第4期。

张鸿魁:《明清山东韵书研究》，齐鲁书社，2005。

张世方:《汉语方言三调现象初探》，《语言研究》2000年第4期。

张世方:《社会因素与北京话清入字的今调类》，《语言教学与研究》2004年第5期。

张世方:《也谈北京官话区的范围》，《北京社会科学》2008年第4期。

张世方:《东北方言知系声母的演变》，《汉语学报》2009年第1期。

张世方:《北京官话语音研究》，北京语言大学出版社，2010.

张树铮:《山东方言日母字研究》，《方言》1985年第4期。

张树铮:《山东青州北城满族所保留的北京官话方言岛记略》,《中国语文》1995年第1期。

张树铮:《清代山东方言语音研究》,山东大学出版社,2005。

张树铮:《胶辽官话的分区(稿)》,《方言》2007年第4期。

张树铮:《山东方言语音特征的扩散方向和历史层次》,《山东大学学报》(哲学社会科学版)2007年第5期。

张廷兴:《沂水方言志》,语文出版社,1999。

张卫东:《论〈中原音韵〉的萧豪歌戈两韵并收》,《语言学论丛》第41辑,2010。

张玉来:《韵略汇通音系研究》,山东教育出版社,1995。

张玉来:《韵略易通研究》,天津古籍出版社,1999。

张玉来、耿军:《中原音韵校本附中州乐府音韵类编校本》,中华书局,2013。

獐子岛镇志编纂委员会:《獐子岛镇志》,中国社会出版社,2003。

赵日新:《汉语方言中的[i]>[ŋ]》,《中国语文》2005年第1期。

赵日新、沈明、扈长举:《即墨方言志》,语文出版社,1991。

赵荫棠:《中原音韵研究》,商务印书馆,1936。

中共长海县委员会、长海县人民政府、《长海县志》编纂委员会:《长海县志》,大连日报社印刷厂(内部发行),1984。

中国社会科学院语言研究所:《方言调查字表》,商务印书馆,1981。

中国社会科学院和澳大利亚人文科学院:《中国语言地图集·汉语方言卷》,香港朗文(远东)有限公司,1987。

中国社会科学院语言研究所、中国社会科学院民族学与人类学研究所、香港城市大学语言资讯科学研究中心:《中国语言地图集·汉语方言卷》(第2版),商务印书馆,2012。

《〈中原音韵〉新论》,北京大学出版社,1991。

周祖谟校笺《方言校笺》,中华书局,1993。

《庄河县志》编纂委员会办公室:《庄河县志》,新华出版社,1996。

后 记

这本书是在我博士学位论文的基础上修改完成的，从开始写作到最终出版，前后经历了六年的时间。相对于博士学位论文，本书没有做大的改动，只对第一章的章节内容有一些微调，此外，博士学位论文中的方言地图书中没有收入。

2013年我考入北京语言大学攻读博士学位，跟随赵日新教授学习。这一次求学，我的身份是一名在职攻读学位的高校教师，相比以前读书的机会更加宝贵了，我也倍感珍惜。

相对于硕士阶段，攻读博士学位的这三年过得漫长而艰辛，单位工作的压力、家里孩子老人的压力和学业的压力集于一身，让我常常感觉到分身乏术。但是当一切尘埃落定的时候，从前的种种辛苦都变得不值一提了。我深深地体会到，能够拥有理想并且为之奋斗的生活才是最有价值的。人生中，没有什么困难是不能克服的。

在这里，我要感谢恩师赵日新教授！老师广博的学识、深厚的涵养、宽阔的胸怀时时浸润着我，让我心怀感激，暗自努力。无论是在课堂上，还是准备开题或者撰写论文的岁月里，老师都孜孜不倦、不厌其烦地为我讲解，甚至逐字逐句帮我修改、给我示范。老师无数次启发、引导我，帮我较早地确定了毕业论文的写作方向，使我没有走弯路。因为承担着一定的教学任务，我经常在学期末回单位上课，对此老师也表示理解，从来没有为此批评、责难过我，我为遇到这样一位善解人意的老师感到幸福。得知我要出书，老师非常高兴，应允为我作序。老师既是中国语言资源保护工程核心专家组专家，承担着繁重的语保任务，还要利用假期时间带领他

后 记

的硕士生、博士生外出进行方言调查实践，此外还有常规的教学、科研工作，我为占用老师宝贵的休息时间感到愧疚。

十六年前，老师把我带入汉语方言学的世界，使我逐渐戒除年轻时的毛糙、粗心和浅薄，变成一个有耐心、坐得住、能吃苦、敢闯荡的人，对此我内心怀着深深的感激之情。老师对学生尽职尽责、关怀备至。二十多年来，他带领着一届又一届学生去往各地进行方言田野调查，从来没有间断过，这并不是每位导师都能做到的。老师学问精深，但在我们面前，并不是一个严厉的长者，更像一位无话不谈的朋友。即使我们出现错误，他也是委婉地指出，继而和风细雨、循循善诱，让我们心服口服。他是我遇到过的最温和的人，这使我们在他面前轻松自在、如沐春风，彼此之间没有任何的隔阂。尊敬的老师，在治学、为人方面，您都是我的楷模！

感谢学位论文的开题论证专家、评阅专家、答辩委员会专家，感谢老师们细心的指导及中肯的建议。感谢牡丹江师范学院文学院黑龙江省优势地方特色学科项目的资助，使本书能够出版。感谢北京语言大学语言科学院的张世方教授、黄晓东教授，两位老师借给我很多资料，对我帮助很大。感谢孙建华同学，时时与我探讨问题，教会我使用 photoshop 制作方言地图。感谢在大连遇到的各部门负责人以及热情、友好的发音人，你们的理解和配合让我的调查得以顺利进行。感谢父母和爱人对我一如既往的支持，使我能够全身心地投入论文的写作中。

不知不觉毕业四载，同学们各奔东西，老师们也不是经常得见，但我会铭记前进道路上给予我支持帮助的每一个人，将感恩的心情化作前行的动力。路漫漫其修远兮，吾将上下而求索。

刘丽丽

2020 年 12 月 1 日

图书在版编目(CIP)数据

大连方言语音研究 / 刘丽丽著. -- 北京：社会科学文献出版社，2020.12
ISBN 978-7-5201-7251-6

Ⅰ.①大… Ⅱ.①刘… Ⅲ.①北方方言-语音-方言研究-大连 Ⅳ.①H172.1

中国版本图书馆 CIP 数据核字（2020）第 175269 号

大连方言语音研究

著　者 / 刘丽丽

出 版 人 / 王利民
组稿编辑 / 宋月华
责任编辑 / 李建廷

出　　版 / 社会科学文献出版社·人文分社（010）59367215
　　　　　　地址：北京市北三环中路甲29号院华龙大厦　邮编：100029
　　　　　　网址：www.ssap.com.cn
发　　行 / 市场营销中心（010）59367081　59367083
印　　装 / 三河市龙林印务有限公司

规　　格 / 开　本：787mm×1092mm　1/16
　　　　　　印　张：19　字　数：301千字
版　　次 / 2020年12月第1版　2020年12月第1次印刷
书　　号 / ISBN 978-7-5201-7251-6
定　　价 / 128.00元

本书如有印装质量问题，请与读者服务中心（010-59367028）联系

▲ 版权所有 翻印必究